Knowledge House & Walnut Tree Publishing

Knowledge House & Walnut Tree Publishing

誰在地球的另一邊

從古代海圖看世界

梁二平 著

序言

改變世界的古代海圖

地圖是人類的描繪和概括世界的夢，這之中有宗教的夢，有財富的夢，有探險的夢，也有侵佔的夢。這種夢，先天地揉和著求知的慾望，權力意志和生存競爭。

現代英語的「Map」（地圖）這個詞，源於拉丁文「Mappa mundi」，其中的「Mappa」指的是「布料或餐巾」，而「mundi」指的是「世界」，其原始意思是「將世界畫在布上」。

其實，人類發明布的歷史並不長。從考古角度講，最初地圖一定不是畫在布上。現在存世的遠古岩畫中，可見地圖的影子，如美國愛達荷州的山岩上，大約一萬年前的岩畫，就畫有盆地與河流的符號。

最早形成地圖形態的是美索不達米亞的泥板地圖。西元前二三〇〇年左右阿卡德王朝薩爾貢一世已經有了泥板地圖。同一時期，古埃及已開始使用莎草紙記錄人類活動，現今存世的莎草紙地圖是西元前一三〇〇年的都靈莎草紙地圖，它是由拉美西斯四世陵墓書記員阿曼那科提繪製的努比亞地圖。遺憾的是收藏人類早期地圖的兩個圖書館，古巴比倫的泥板圖書館和亞歷山大圖書館，皆毀於戰火，眾多古地圖化為灰燼。

這本書所要說的海洋地圖是地圖的重要組成部分，這類地圖幾乎是與古代地圖同時誕生，但海洋地圖的不同之處在於，它改變了人類基於陸地認識世界的有限視野，從更宏觀的視角描述世界。現存最早的古代海洋地圖是西元前七世紀以泥板製作的巴比倫世界地圖。這幅地圖以巴比倫為世界中心，四周被海水環繞。地球確實被無邊的大海所覆蓋，後世證明地球百分之七十的面積被海洋覆蓋。大海不僅與陸地有著緊密的地理關係，也對人類社會發展產生重要影響，而與海緊密接觸的人類活動，深刻改變了人類歷史進程——這一切皆記錄在古代海洋地圖之中。

這本書的古代海洋地圖故事，即從泥板海洋地圖講起，止於十九世紀末已是彩色印刷海洋地圖。本書搜集了一百五十幅古代海洋地圖，確切地說是與海有關的、廣義上的古海圖。這些地圖描繪空間囊括了陸地、近海、島嶼、海岸線、海峽、海航線、入海口、四大洋和極地；其內容涉及原始航海、大航海、海盜劫掠、海上衝突、海洋分割及列強稱霸世界的海洋地理圖景。

古希臘地理學家托勒密最早以平面來展示地球，讓人類有了整體的「世界」認知，其俯瞰世界的角度領先於所有國家繪製的地圖，也影響了世界航海活動，當之無愧成為世界地圖之父。但隨著西羅馬滅亡，希臘的理性地理學很快被教會的神學所取代。古典天文學、地理學的領軍力量轉到東方，促生了阿拉伯世界的馬蒙（Al-Ma'mūn）地理學、伊斯塔赫里（Istakhri）的圓形世界地圖和回歸托勒密製圖方法的伊德里西（Al Idrisi）世界地圖……

必須指出的是，中世紀的阿拉伯，雖然是一個航海大國，也是一個繪製地圖的大國，但卻很少創作精準的航海地圖。「專業」航海圖最終在地中海誕生——它就是「波特蘭」航海圖。「Portolan」這個詞來自拉丁文，原指用文字所寫的航海指南書。由於航海指南書中通常附有航海圖，後來人們就用「波特蘭」來表示中世紀的航海圖。

波特蘭航海圖是西方精確製圖開端，比如，繪於十三世紀的「比薩航海圖」（Carta Pisana），這幅現存最早的航海圖，因其海岸線繪製精準而被地圖史學家稱為「最早的真正的地圖」；相比之下，歐洲精準的陸圖則要到十六世紀前後才出現。

在大航海之前，地中海的航海圖一直保持絕對領先的地位。如，馬略卡學派（Majorcan cartographers）製圖家亞伯拉罕・克萊斯克（Abraham Cresques）為世界貢獻了加泰羅尼亞世界航海圖（The Catalan Atlas），義大利學派不僅貢獻了比薩航海圖，還貢獻了維斯康特世界航海圖，正是地中海的先進航海圖，為大航海探險家提供了遠航指引和勇氣。

說到大航海，不能不說「文藝復興」。要指出的是「文藝復興」這個詞，完全是一種中國式誤譯。在義大利語裡它叫「Rinascimento」，只有「復興」的意思，一點「文藝」都沒有。歐洲當時就是想「復興」古羅馬與古希臘的輝煌時代。這個「復興」有文化的，也有科學的，其中就包括重印托勒密的《地理學》。如果做一點對比就會發現：熱那亞的哥倫布一四九二年發現了新大陸；佛羅倫斯的達文西一四九九年完成了「最後的晚餐」；拉菲爾離世的一五二〇年，麥哲倫正在環球航行……「復興」不只是畫畫，還有偉大的航行。

大航海使航海圖進入了新時代。地中海航海圖的各學派，很快就被大航海的尖兵葡萄牙的一眾製圖家第奧古・歐蒙（Diogo Homem）、羅伯・歐蒙（Lopo Homem）、費爾南・瓦斯・多拉多（Fernao Vaz Dourado）等創造的葡萄牙學派所覆蓋。葡萄牙學派的歷史功績在於迅速收集整理葡萄牙航海家的發現，製作出一批表現「新航線」和「新土地」的航海圖。

雖然，葡萄牙和西班牙都將最新航海圖當作國家機密加以封鎖，但這種保護與壟斷最終還是被新獨立的低地國家所打破。佛蘭德（比利時）學派的「三劍客」，即麥卡托（Gerardus Mercator）、奧特里烏斯（Abraham Ortelius）和洪第烏斯（Jodocus Hondius），他們不僅創造了製作世界航海圖和世界地圖新方法（麥卡托投影法），而且，還以市場化的方式不斷萃集並推出最新世界地圖集，終結了航海圖被少數國家掌控的歷史。

波特蘭航海圖在大航海後期，漸漸退出了歷史舞台，新航路與新海圖使天各一方的國家相互認知。值得一提的是，這一時期三位義大利傳教士和製圖家利瑪竇、羅明堅和衛匡國先後來到大明中國，他們為中國送來了世界地圖，也為世界帶去了中國地圖集。這三個人在描繪中國和認識東方的意義上，為世界地圖史做出了傑出貢獻。

誰在世界的另一邊——這本書嘗試以「圖說」和「說圖」的方式，反映被海洋隔絕的世界是怎樣被一步步地發現，又怎樣被一幅幅奇妙的地圖聯繫在一起。從中可以發現，不同時代、不同地域、不同文化背景的地圖繪製者，對空間有著不同的理解，描繪世界的方式也有所不同。可以感受到各種地圖所折射出不同的世界觀，和不同文明的神奇演進與融合。正是這些不斷進步的地圖，為人類描述了世界的邊界，從而構成了完整無缺的世界圖景。

這裡搜集了現存最早的表現陸地與海洋關係的古巴比倫泥板世界地圖、最接近現代地理學的「托勒密扇子」、最早將世界一分為三的伊西多爾「T-O」地圖、最早將世界一分為四的貝亞吐斯地圖、最早的古代航海地圖集加泰羅尼亞地圖集、最大尺幅的中世紀世界航海圖毛羅地圖、最令人不解的皮里・雷斯航海圖、最令人疑惑的哥倫布手繪美洲島嶼圖、最值得珍視的「美洲出生證明」、最早描繪香料群島的航海圖、最早描繪澳大利亞的海岸圖……這些有跡可循的內容交織在一起，似乎大致有序，又難以截然區分，所以，本書所採用的編輯體系，也只是為方便讀者閱讀所進行的粗略分類、歸納與排序，並非某種地圖史的科學定式。

現代海圖概念形成於二十世紀，「海圖」（nauticalchart通常簡化為chart）已是精確測繪海洋水域和沿岸地物的專門地圖，已完全不同於過去所說的地圖「Map」和中世紀的「Portolan」航海圖。這種「海圖」已經沒有多少故事可講了，自然也不在本書收錄的範圍。

幾千年來，人類藉助航海認識了周邊世界，又通過控制海洋確立了各自的勢力範圍與相互關係。這些古代海圖不僅記錄了人們世界觀的演進，而且體現了各自的價值觀與權力意志，有發現，也有「被發現」，有優勝劣汰，也有弱肉強食……在商船與炮艦的交替中，在血與火的洗禮中，在不斷變化的海圖中，世界漸漸鋪排出今天的格局。從這個意義上講，閱讀這些經典古代海圖就是閱讀一部「海圖版」的世界史。人類的探險精神中，先天地揉和著求知的慾望，擴張的慾望，權力意志和生存競爭。

是為序。

梁二平

二〇一五年六月於中國深圳

CONTENTS 目錄

目錄 CONTENTS

CONTENTS 目錄

目錄 CONTENTS

CONTENTS 目錄

目錄 CONTENTS

CONTENTS 目錄

目錄 CONTENTS

1 早期的世界描述——世界應有完美的形狀

人類首先是認識自己，而後才是認識世界。所以，以自我為中心看世界，應是第一世界觀；我是世界的一部分，應是第二世界觀。在華夏大地創造出「中國」一詞的時候，西方世界也創造了「歐羅巴」和「亞細亞」。中國是以中原為核心自我確認，而所謂的歐亞，則是以愛琴海為中心，如，日出之地——亞細亞。

確認自我的各國先民，多將自己放在世界的中央，但隨著文明的腳步的移動，先民們發現天外有天，地外有海，似乎感到這個世界是沒有邊界的，這種原始的地理思想，促生了先民們對「世界」或者「天下」的探索。

最早提出「地球是圓的」這一命題的是著名幾何學家、哲學家畢達哥拉斯（西元前六世紀），他從宗教的觀念出發推想大地既然是神創造的，就應該是完美的形狀，而最完全的幾何形狀，即是球形。所以，古希臘最早創建了「地球」一詞，而生活在西元前三世紀的古希臘的數學家、地理學家、天文學家埃拉托斯特尼（Eratosthenes），最早計算出了地球的直徑，並將「地球」與「寫」這兩個詞組在一起，創建了「地理」一詞，用以表示研究地球的學問。

埃拉托斯特尼是地圖學的偉大先驅，他為地圖科學設計出經緯度系統。這位阿基米德的好友，在埃及托勒密三世時，被指定為亞歷山大圖書館的館長。在那裡他製作了當時已知世界的地圖，從不列顛群島到錫蘭（今斯里蘭卡）、從裏海到衣索匹亞。遺憾的是這些地圖都佚失了，更遺憾的是地中海泛希臘化的大時代，後來被羅馬帝國所取代。

奇怪的是，接替希臘人統治地中海的羅馬人，並沒有繼承這套已有的地理學理論，而是活在自己的經驗世界裡，他們所繪的地圖完全是一種對現實世界的直接回應，不很科學，卻相當實用。在對經驗世界的地理知識搜集時，羅馬人靠的是「道路」。在著名的普丁格地圖（**Tabula Peutingeriana**）上，圖中央的地中海甚至被繪圖者伸成了一條水道。

由於羅馬人看重實際利益的爭奪，缺少科學情懷，從而導致了宗教的神秘主義抬頭，神學終於在西元五世紀時，壓過了科學，從而使歐洲進入了長達千年的黑暗時代。地圖科學自然也進入了一個很長的停滯期。這一時期的地圖，對世界的表述，雖然，仍認為世界是一個圓球，但它的格局則是依照宗教的意識與神話傳說來解釋。我們不能武斷地說，這一時期的製圖家是白癡，是一群無知的呆教士，他們都很有學問，只是他們把宗教信仰放在了科學描繪之上，他們願意用這種思維來概括地球。

中世紀最具代表性的關於世界的描述是「T-O地圖」，這種地圖的繪製目的並要非描繪地球的地理特徵，而是要解說一種思想觀念，確切地說是用《聖經》的觀念來解釋地球與人類。「T-O地圖」依宗教觀念將世界分為三個部分：亞洲、歐洲和非洲；由諾亞分給了三個兒子——閃、雅弗和含。在「T」字分割的地圖上，上部為亞洲，即東方；左下部是歐洲；右下部是非洲；那個把三大洲圍起來的「O」，是無邊的大海。這是中世紀西方世界普遍接受的世界圖景。

泡在苦水裡的世界

〰《巴比倫泥板世界地圖》〰 約西元前七世紀

大約在西元前三千年的時候，兩河流域的蘇美人就發明了用泥板來記錄人類生活的方法，這種泥板文化從西元前二千多年的古巴比倫時期，一直延續到西元前六百多年的新巴比倫時期。考古發現證明，古巴比倫泥板文獻很早就涉及到了地圖製作，在幼發拉底河出土的一塊西元前二千年左右的泥板地圖殘片上，甚至還有「第六塊泥板」的字樣，它似乎在清楚地告訴我們：西元前二千年時，古巴比倫泥板地圖就曾以「地圖集」的形式出現。不過，與那些表現城市及道路的泥板地圖殘片相比，這塊泥板地圖則以它的「宏大敘事」高居大英博物館的顯位，並且佔據了幾乎所有地圖史的首頁，因為，它是現今存世的第一幅世界地圖，也是第一幅世界海圖，後世多稱它為巴比倫泥板世界地圖。

這塊巴比倫泥板世界地圖（圖1.1），長十二・二公分，橫八・二公分，它的製作目的不明，也不具有完備的邏輯及地理學背景，但它完全符合古代世界地圖的普遍製作原則，即將製圖者自身的所在地置於世界的中央。這塊泥板世界地圖以風格化與超自然的表現，將世界概括為一個大圓，對於將世界上許多數學概念轉換成公式和定理的古巴比倫人來說，以一個抽象的圓來概括世界也不足為奇。在這個大圓之中，地圖的製作者創造了「中央」的概念，即以巴比倫為世界中心，周邊有幾個小圓圈，代表著小國或小島，圍繞著巴比倫。在這個大圓之內，除了巴比倫，最為突出的就是穿過圖中央一直向南流進波斯灣的幼發拉底河。此圖中的大海，不僅是波斯灣，還有環繞整個世界的周邊的「苦水」（Bitter

River）。

這塊泥板地圖沒有註明製作時間和作者，但從圖上方鐫刻的註釋中，可以找到「薩爾貢」的名字，根據這一重要線索，研究者推斷這幅地圖製作於「薩爾貢二世」時代。所謂，

圖1.1：巴比倫泥板世界地圖

這是現存第一幅世界地圖，也是第一幅海洋地圖，其成圖時間約為西元前七世紀左右。圖縱十二・二公分，橫八公分。

「薩爾貢」原是指西元前二三七一年統一兩河流域的阿卡德國王「宇宙四方之王」薩爾貢一世。西元前七〇〇多年時，兩河流域是亞述王朝提格拉—帕拉薩三世的天下，他的繼承者本應延為「四世」。但是，這個名叫沙魯金的王繼位後，想效仿「宇宙四方之王」薩爾貢一世，於是，自命為薩爾貢二世，並以雄霸天下的行動向薩爾貢一世致敬。這位薩爾貢二世，西元前七二二年—前七〇五年在位。他統治時期是亞述帝國的鼎盛時期，先後征服了以色列、敘利亞、烏拉爾圖王國（今土耳其凡城）——所以，在這塊泥板世界地圖上，製圖者刻上了「薩爾貢」的名字，以記錄「薩爾貢二世」雄霸「世界」的歷史。

這塊泥板世界地圖表達了巴比倫人或亞述帝國的世界觀：世界是平的——泡在苦水裡——中心在巴比倫——其他國家圍繞著這個中心——最外邊的世界，無法生活，也不可知——研究者根據泥板圖上殘存的代表海島的三個三角推斷，原圖應是七角星的樣子。通過解讀地圖上面的標註可知：第一個海島在東南部，第二個在西南……依次順時針排列。前兩個海島的描述都不準確。第三個海島「飛鳥難渡」，即不可能到達。第四個海島在西北，「白夜如晝」，夏天的夜晚短而明亮。第五個海島，在北方，完全沉睡在黑暗中——「不能見日」——蘇美人和巴比倫人可能從北部高緯度的人那裡獲得了極晝極夜的知識。第六個海島，「公牛以角攻擊來客」的地方。第七個海島在東部，因而被描述為「破曉之地」，意味它率先迎來日出。這些島嶼一般被認為是天堂與大地的橋樑，也有人認為他們代表均勻分佈於黃道上，次第顯隱於地表上的夜空星宿。至於這個世界中心和周邊，為何呈現出奇特的星狀，有人猜測可能與太陽崇拜有關，有人猜測這是巴比倫人對幾何圖形的迷戀，但也都不得要領，無法真正破題。

現在，很少有人知道薩爾貢二世了，但當年薩爾貢二世王宮門前的兩個長鬍子守護神獸石雕，仍然留在世上，現藏法國羅浮宮。

條條道路通羅馬

〰《普丁格地圖》〰 約西元前三世紀~西元三世紀

科學的和一致性的世界觀，在古代是沒有的。最初的世界就是神的世界，而後是帝王的世界，再後是帝國的世界。關於世界各國的認識不一樣，表述也不一樣，行動與結果也不一樣。

亞述帝國的世界觀：世界是平的——中心在巴比倫；到了羅馬時代，新的帝國有了新的世界觀——「條條道路通羅馬」；羅馬人對於未知世界的探索就是征戰，最終把「未知世界」變為「經驗世界」、「現實世界」，而後，再給這個世界一個解釋，如這幅羅馬時代的世界地圖——普丁格地圖（圖1.2）。

普丁格地圖是有紀錄以來第一幅羅馬帝國的完整版圖，它是一幅由十一塊羊皮組成的卷軸彩繪地圖，縱三十四公分，橫七百公分。西方研究者以字母O—XI來劃分，以便說明它所描繪的內容。它的最初版本應成於西元前三世紀至西元三世紀，有多種抄本傳世。這裡選擇的抄本是科爾馬（法國東北部阿爾薩斯的一個小鎮）修道士一二六五年的抄本，此圖於一四九四年被發現；一五〇七年由德國古董商康拉德・普丁格收藏，後人以「普丁格地圖」命名它。這個抄本的圖面訊息最早可追溯到西元七二年前，可見到龐貝城（此城西元七九年毀於火山爆發），也可以見到西元三世紀建立的梵蒂岡城國（Status Civitatis Vaticanae，意為「先知之地」）。它是所有版本中獨一無二的「古本」。這件寶物現為奧地利國家博物館收藏，是該館的鎮館之寶。

古希臘人以數為出發點，在理論上描述出了一個「數字地球」，它是個球體，有周長，有經緯

網……古希臘科學家認為，現實地理現象是凌亂的，沒有個嚴謹的數字與幾何秩序，人們幾乎無法認識和描述世界。奇怪，接替希臘人統治地中海的羅馬人，並沒有繼承這套已有的地理學理論，而是活在自己的經驗世界裡，他們所繪的地圖完全是一種對現實世界的直接回應，不很科學，卻相當實用。

在對經驗世界的地理知識搜集時，羅馬人靠的是「道路」。普丁格地圖中央的地中海，就被繪圖者伸成了一條水道。事實上，羅馬人稱地中海為「我們的海」。從普丁格地圖的第O部分可以看到羅馬艦隊曾衝出地中海，跨過多佛海峽，登上大不列顛島（此圖最西端遺失部分包含了英國、愛爾蘭，西班牙以及非洲的西北部，一九一六年由康拉德・米勒重新填補）。圖中所繪泰晤士河可謂「通江達海」的城市交通樞紐。其中的一條河，即是西元前五五年凱撒大帝登陸的地方，英國有文字紀錄的文明史即由此開始。西元四三年，羅馬克勞狄皇帝在泰晤士河畔建築了一個聚居點，取名為「倫底紐姆」（Londinium），即後來的倫敦。羅馬人締造的倫敦，後來成為了帝國遠隔海峽的一個驛站。

普丁格地圖是一個交通圖，圖中所描述的道路，在古代中國叫驛道。驛道主要是用來運送軍需糧草的，同時，也是傳遞軍令的通道。它相當於今天的國道，乃國之動脈。羅馬帝國特別重視道路，道通到哪裡，軍隊就開到哪裡，利益就到達哪裡。在古羅馬人的地圖裡，各個獨立的國家，統統變成

圖1.2：普丁格地圖

此圖中央繪有羅馬皇帝，他一手握著地球，一手握著權杖，腳下是由城牆環繞的羅馬城，圍繞城市是呈放射狀的十二條道路。

了羅馬人的驛站。道路就這樣成了羅馬時代的權力見證。在此圖中央，也就是第V部分（圖1.2），突出描繪的就是羅馬城。在羅馬城上方，繪有羅馬皇帝，他一手握著地球，一手握著權杖，腳下是由城牆環繞的羅馬城。羅馬如太陽，光芒四射。圍繞城市是呈放射狀的十二條道路。史料表明，羅馬帝國頂峰時期，有近三十條「軍用高速路」以羅馬為原點輻射出去。這些光芒一樣的道路，可以說是從四面八方通向羅馬，也可以說是由羅馬通向世界。

在為實用而繪製的普丁格地圖裡，羅馬人的亞平寧半島（Penisola Appenninica，即義大利半島），看起來好像是從西一直擴展到東方。實際上，這個地圖中描繪的線路是為了方便人的閱讀，與行政官攜帶方便，並非實現地貌，也不是完整的領土概念，地圖關鍵是想呈現距離以及路線；圖中除表現距離與十字路口外，還有海峽與港口，河流、山脈、森林和海洋；它是一個地點的匯總，以及軍旅行程；它借用地圖形式向政府展示羅馬帝國通達的世界，顯示羅馬帝國與歐、亞、非的聯繫。它顯示了西元三世紀末期，羅馬帝國佔領和管轄的橫跨歐亞非的巨大領地。

普丁格地圖的第VIII部分，表現的是埃及、敘利亞、阿拉伯。

在地中海南岸，北非呈現連綿的鋸齒狀的阿特拉斯山脈和阿爾及利亞和突尼西亞等國，經過羅馬人多次跨海進攻，已然是羅馬帝國的南部邊界線。在尼羅河三角洲的西部，作者繪出了亞歷山大港。建於博斯普魯斯海峽邊的君士坦丁堡，是黑海和愛琴海之間的通道，也是歐洲進入亞洲的通道，所以，圖中的許多條路都匯向這裡。

普丁格地圖反映了古羅馬人「開拓」的世界、認知的世界——這是其他任何國家都無力完成的巨大空間跨越和最大化的地理邊界——西至大西洋，東至印度洋——這就是當時的「世界」。普丁格地圖最初的版本應成於西元前三世紀，到西元三世紀，那是羅馬帝國一步步走向外擴張的時期。在此圖的第IX、X、XI（9、10、11）部分，繪出了耶路撒冷，羅馬帝國侵略的腳步，止於巴比倫和美索不達米亞。它的東邊是印度和斯里蘭卡，對羅馬人來說，這裡已是世界的邊了。

普丁格地圖是不按比例與真實方位繪製的典範，它只為羅馬官員使用的軍用路線服務，基本上是一個實用手冊，重要道路都註有此地到彼地的里程。地上與海上的通道，為羅馬帝國輸送軍隊，也帶回財富，成就了羅馬人揮金如土的奢華生活。陸路也好，海路也罷，在交通圖中都被整合為「道路」。羅馬人相信只要路通了，軍隊到達了，世界就通了。至於地球是不是圓的，羅馬人才懶得管。

東羅馬的兩洋世界

〰科斯馬斯《宇宙圖》〰約西元五五〇年

〰科斯馬斯《地中海與印度洋地圖》〰約西元五五〇年

普丁格地圖展現的是古羅馬帝國東征西討「條條大路通羅馬」的世界觀。那時羅馬地理學家描繪的世界，即帝國有多大，世界就畫成多大。這個跨越歐亞非三大洲的帝國，風光了幾百年之後，最終在狄奧多西一世手中解體。

狄奧多西一世是統一的羅馬帝國最後一位君主，與諸多羅馬皇帝相比，狄奧多西一世不算什麼有豐功偉績的人，但他卻在行將就木之際，推出三個重大決定：西元三九二年他頒下詔令，獨尊基督教為國教，此前羅馬人信的森林神、花神、灶神、門神等諸神，不再是國家信仰；西元三九四年，他頒下詔令，古奧運會有違基督教教旨，是異教徒活動，宣佈廢止；西元三九五年，他臨終之際，頒下最後一道詔令，將羅馬帝國一分為二，西羅馬由次子霍諾里烏斯統治，東羅馬由長子阿卡狄烏斯統治。狄奧多西一世死了，統一的羅馬結束了。

霍諾里烏斯統治西羅馬帝國，定都梅蒂奧拉努（Mediolanum，今米蘭），於西元四七六年就被日耳曼人消滅，古代歐洲的歷史由此終結，西方世界進入後世歷史學家所說的「中世紀」。

阿卡狄烏斯統治東羅馬帝國，定都君士坦丁堡，此城原為古希臘拜占廷城，西元三三〇年君士坦丁大帝將首都從羅馬遷到這裡，並改其名為君士坦丁堡（今為土耳其伊斯坦堡），東羅馬帝國也因此被稱為拜占廷帝國。

東羅馬地理學並不完全繼承托勒密的地理學，但是，至少不是在神學控制下的地理學，而是實地考察，並可以簡單應用於實際之中的地理學。這裡要講的科斯馬斯地中海與印度洋地圖，即是地中海與印度洋的地理關係的真實描述樣本。

科斯馬斯有一個傳奇的名字叫「Cosmas indicopleustes」，這個名字來自於希臘語，直譯過來就是「去過印度的航海家科斯馬斯」。人們之所以這樣稱呼科斯馬斯，是因為西元一世紀希臘匿名商人寫了一部《厄立特里亞海的航行》（*Periplus Maris Erythraei*），書中描寫了羅馬與印度的貿易往來，而科斯馬斯恰是那個時代極少數體驗過這段航程的奇人。

科斯馬斯是一位拜占廷地理學家，商人和傳教士，後來成為了隱士，不知所終。歷史文獻中查不到他的生卒年信息。在東羅馬帝國查士丁尼大帝(西元五二六年至五六五 年)執政期間，科斯馬斯曾經幾次乘船去印度，並在西元五五〇年左右，寫出十二卷的《基督教諸國風土記》（*Christian Topography*）一書。此書運用了一些前人的材料，但更多的是基於他作為一名商人經紅海至印度洋的所見所聞，科斯馬斯本人應該親自到過東非的阿克蘇姆、厄立特里亞、印度和錫蘭島（今斯里蘭卡）。西元五二二年，他去了馬拉巴爾海岸（南印度），他是第一位提到印度的敘利亞基督教徒的旅行者。這部書中除了記錄了當時基督教的傳播情況外，還記錄了各地的貿易訊息、物產、動植物、風土民情……書中對古代印度和錫蘭島的描述，不僅對當時人們瞭解印度洋極為重要，對於後世研究中世紀的史學家來說也極為重要，尤其可貴的是科斯馬斯為他所看見的新奇東西畫了一些草圖，包括地中海和印度洋地圖。

《基督教諸國風土記》成書後，一直被複製傳播，其中一些草圖和地圖也被複製保留於現存抄本之

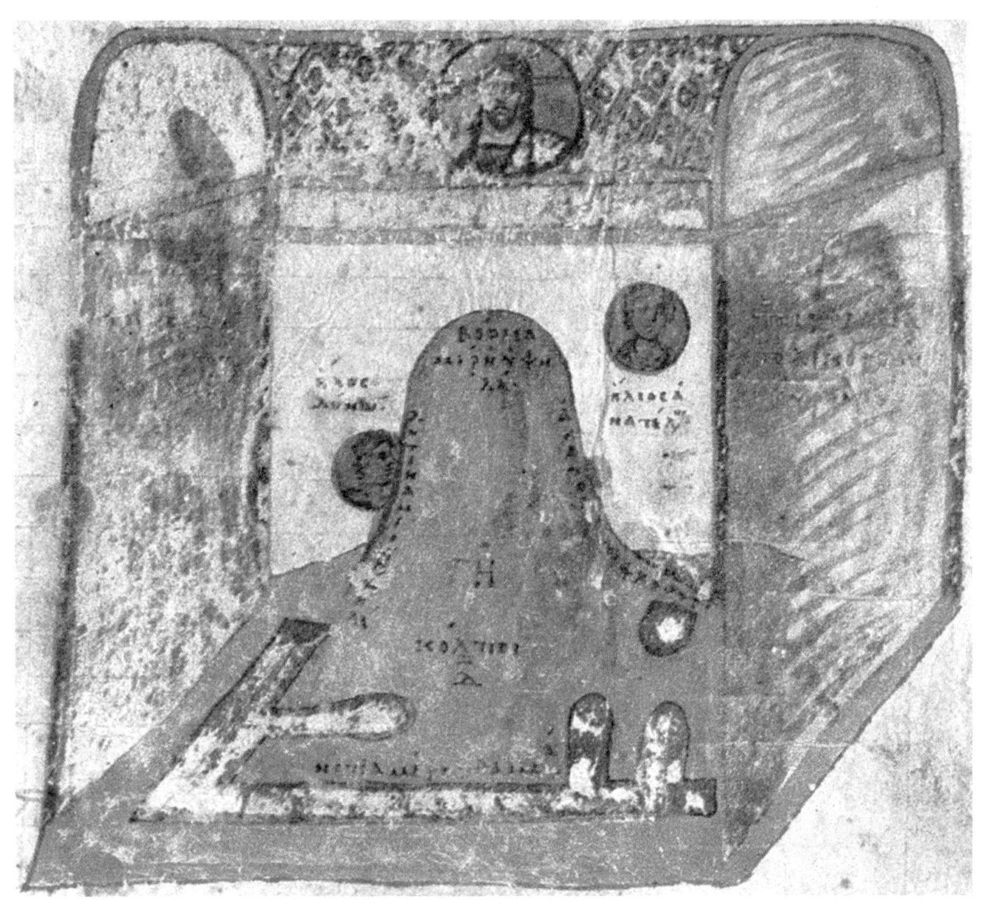

圖1.3：科斯馬斯的宇宙圖

這是十二世紀的抄本，此圖描繪的天空形狀是盒子，有一個弧形的蓋子，大地是平的，上面有高山和海洋。

中，目前可以追溯到最早的抄本是九世紀的。這部書的地理學方面的論述，有一個非常顯著的特點，就是認為的世界是平的，天空的形狀是盒子，有一個弧形的蓋子。科斯馬斯的書中留有這樣的插圖，或可稱其為宇宙圖（圖1.3），這裡選取的是十二世紀的抄本插圖。科斯馬斯反對托勒密的大地球形說，但他的宇宙圖景也不被認同。

　　值得注意的是科斯馬斯的地中海與印度洋地圖（圖1.4），這裡選取的是十一世紀的抄本插圖。此圖方位為，上北下南，圖面較為完整地顯示了地中海和印度洋的真實地理關係，地中海的西邊是開放的海峽，印度洋也是

圖1.4：科斯馬斯的地中海與印度洋地圖

這是十一世紀的抄本，此圖的方位為，上北下南，圖面較為完整地顯示了地中海和印度洋的地理關係。

開放的。在地中海的東北部繪出了海峽和黑海，更北方還繪有裏海。

此圖的下方，幾條入海的重要河流表現得基本準確，如匯入地中海的尼羅河，匯入波斯灣的幼發拉底河和底格里斯河。此外，阿拉伯半島和波斯灣也有突出描繪。

拜占廷地理學家在中世紀的表現，可以說是最接近現代地理學的，可惜他們的影響並不強大，神學的力量很快壓過了科學探索，基督教世界進入了神學描繪和解釋世界圖景的奇特時期。

毫無疑問，耶路撒冷是世界的精神中心，它被放在了整個地圖的中心位置。

拜占廷朝聖圖景

〰馬達巴的《馬賽克地圖》〰 五六〇年

東羅馬帝國也被稱為拜占廷帝國，從西元三九五至一四五三年，這個帝國統治東地中海的廣大地區千年之久，其文化印記也深深刻在這片廣闊的土地上。在地理學方面，東羅馬帝國延續古羅馬時代的實用製圖傳統，古羅馬有「條條大路通羅馬」的普丁格地圖，東羅馬則有「條條大路可朝聖」的馬達巴（Madaba）馬賽克地圖。

為了實地考察這幅著名的古地圖，我專程去了一趟馬達巴。從約旦首都安曼機場乘車去馬達巴，一路所走的高速公路與有著幾千年歷史「國王大道」幾乎是重疊的。「國王大道」是古代東地中海沿岸重要的貿易之路，西起埃及和西奈半島，向北縱跨約旦、經敘利亞大馬士革，再轉東北直到幼發拉底河。馬達巴是這條古道上的一個重要驛站，其歷史和耶路撒冷一樣，至少有三千餘年之悠久。

馬達巴因地處要津，先後被巴比倫、亞述、波斯、羅馬帝國、拜占廷帝國統治，七世紀後歸入阿拉伯帝國版圖。西元七四七年，馬達巴遭遇一場大地震，整個城市房倒屋塌，而後被滾滾黃沙埋沒。此後，這個古城在地下沉睡了一千多年。一八八四年，一批躲避戰亂的東正教徒遷居馬達巴舊城，他們打算建造一所教堂。按鄂圖曼土耳其帝國的規定，新教堂只能建造在原有教堂的地基上。經過十多年努力，他們終於申請到一座古代教堂的廢墟，並於一八九七年興建聖喬治教堂。當工人們清理廢墟時，在原來的教堂地面上發現了一幅用馬賽克鋪就的拜占廷時期的巨大地圖。原圖沒有圖名，也沒有作者名，人們就用這個城市之名命名了這幅地圖——馬達巴的馬賽克地圖。

有意思的是不僅老教堂廢墟發現了馬賽克地圖，人們在扒開黃沙重建這個城市時，發現許多老房子的地板都是以拜占廷時期的馬賽克鋪就，這些東西歷經千年已成寶物，很多人家的馬賽克地板挖掘出來後被展示在城市的博物館裡，因此，馬達巴被譽為「馬賽克之城」。今天我們來這裡參觀考察時，在街邊小店到處都可以看到馬賽克紀念品，還有大大小小的馬賽克作坊。這些作坊的主要產品，即是這裡的文化地標：馬達巴的馬賽克地圖

聖喬治教堂現在成了馬達巴的首席「景點」。這個小教堂不大，但考古發掘證明，原來的基督教堂比現在的要大許多。走入教堂即可看到祭壇前那幅著名的馬賽克地圖，這幅地圖出土時已不完整，加上新建教堂時，地圖上又建了幾個立柱，剩下地圖分佈在房柱周圍。我在地圖的上下左右走了一圈，甚至尋到最西邊的牆根下，所看到的也只是馬達巴的馬賽克地圖的殘圖「全景」（圖1.5）。據估算，原圖大約長二十五公尺，寬六公尺，佔據了老教堂正殿中央，如今只有四分之一被保存下來。據翻譯虎安良先生說，正是因為它殘破得太多，所以沒能列入世界文化遺產名錄。

馬賽克藝術歷史悠久，古巴比倫時期，人們就開始用小石頭創造馬賽克這種奇妙的視覺藝術；古希臘時期的大理石馬賽克主要為黑白兩色；古羅馬時期的彩色馬賽克已普遍使用；拜占廷時期馬賽克藝術發展到了一個高峰。基督教受到羅馬帝國承認後，馬賽克被廣泛用於教堂中的壁畫與地板。這些馬賽克藝術品不僅成為重要的藝術遺產，也是保貴的馬賽克歷史文獻。如以色列加利利湖（Sea of Galilee）邊的「五餅二魚堂（Church of the Multiplication）」裡的馬賽克「五餅二魚」畫。

馬達巴的馬賽克地圖原圖由兩百多萬塊彩石拼成，估計至少要花幾年時間才能製成如此大的地圖。此

圖以紅色用來表現建築，黃色表現沙漠與大地，藍綠色用來表現約旦河、死海和地中海。此圖的方位為上東下西，左北右南。整幅地圖覆蓋了地中海東岸（此圖的下方），從圖左的黎巴嫩至圖右側的西奈半島、尼羅河三角洲和亞歷山大港。在殘存的地圖上，仍保留有一百五十個城鎮，都標註有希臘文地名。雖然，此圖有部分缺損，但仍有非常重要的考古價值，據說根據圖中標示的地理位置進行的考古發掘工作，已經取得了很多重大發現。

至少有三個理由，我們可以將此圖看作是一幅朝聖指南地圖。首先，圖上耶路撒冷被放在了中央，表明這裡是世界的精神中心，並用大字拼寫了「聖城耶路撒冷」，它也是耶路撒冷存世的最早地圖。其次，圖上耶路撒冷的尺寸被特意畫大了，是此圖中唯一被詳細描繪的城市，聖城四周有城牆圍繞，幾個主要大門，如獅子門、金門、錫安門、大馬士革門等都有描繪，城中有一些標誌性建築，如西元四世紀君士坦丁大帝的母親下令建造的聖墓教堂，但此圖中找不到阿克薩清真寺（Al-Aqsa Mosque）和金頂清真寺（Dome of the Rock），因為它們都是西元七世紀後才開始興建，也正是根據這些建築線索，專家推斷此圖完工年份大約在五六〇年。還有，此圖不僅突出了聖城，還標出了《聖經》上提到過的許多聖蹟名，如聖城左邊的雅格井，還有《聖經》上提到的城市名，如聖城右邊的伯利恆，及圖右下方的地中海東岸的加沙等。作為朝聖指南，地圖還在約旦河邊畫了過河的小橋和渡船。

雖然，這是一幅朝聖地圖，但圖中繪有許多活潑的動物場景，如被獅子追逐的小羚羊，還有約旦河游向死海的魚，甚至清楚地描繪了魚游到了死海邊被高鹽份的水嚇得趕緊往回游的情景。這是幽默的畫法，又是科學的描繪，在嚴肅的基督徒這裡，真是難得。

今天的約旦是個阿拉伯國家，但馬達巴是約旦基督教重鎮，佔總人口百分之八的基督教徒（主要是東正教）就聚居於此，可貴的是大家和諧共處，小城安寧祥和。

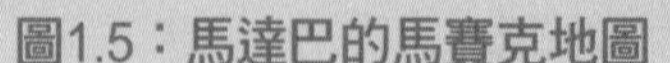

圖1.5：馬達巴的馬賽克地圖

原圖約長二十五公尺，寬六公尺，由兩百萬塊彩石拼成，考古專家認為此圖完工年份可追溯自五六〇年，它是一幅實用性很強的朝聖地圖。

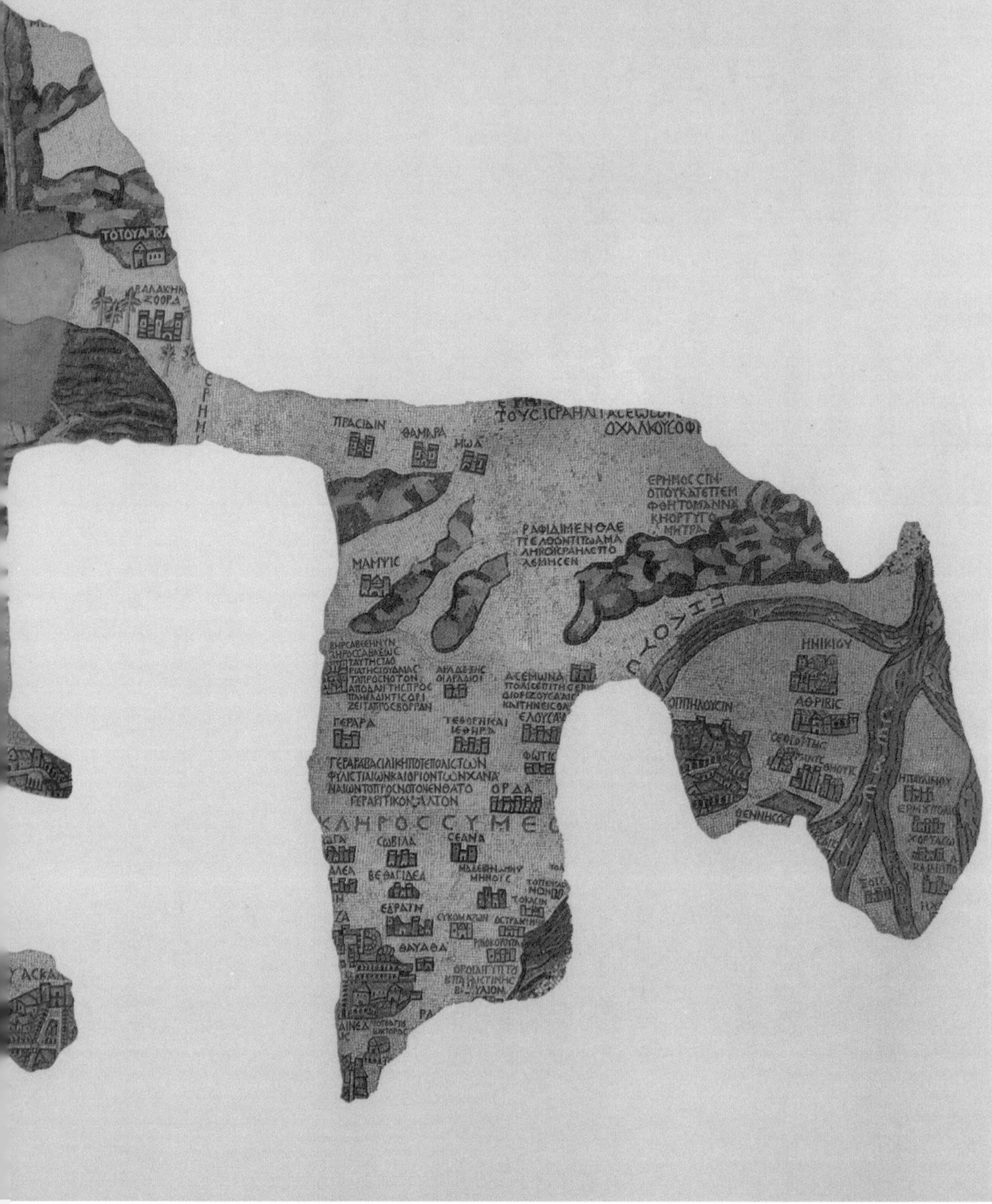

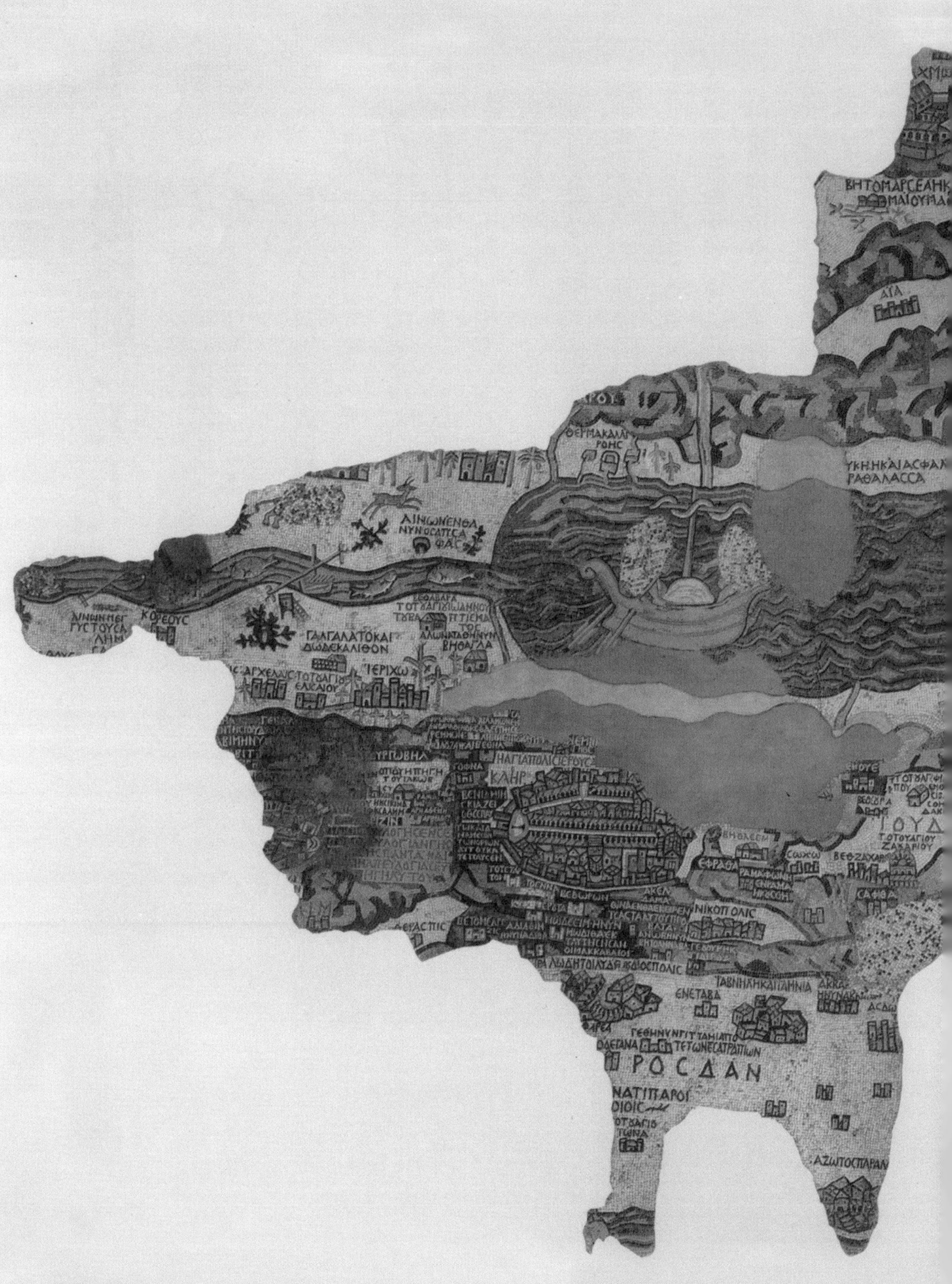
ΘΕΡΜΑΚΑΛΛΙ
ΡΟΗC
ΓΑΛΓΑΛΑΤΟΚΑΙ
ΔΩΔΕΚΑΛΙΘΟΝ
ΙΕΡΙΧΩ
ΚΟΡΕΟΥC
ΝΙΚΟΠΟΛΙC
ΕΝΕΤΑΒΑ
ΡΟCΔΑΝ
ΙΟΥΔ

洪水過後的「天下三分」

〰伊西多爾《「T-O」地圖》〰西元六二〇年

〰英格蘭的《「T-O」地圖》〰西元一二四七年～西元一二五八年

中世紀最為流行的關於世界的解釋是，上帝創造了人類後，看到人類日益墮落，決定用洪水來毀滅人類。他發現只有諾亞敬愛上帝，品行高尚，於是在發洪水時，讓諾亞造了一艘避難船。洪水過後，只有諾亞一家活了下來。諾亞將這個世界上的三塊大陸分給了他的三個兒子，長子閃得到最大的陸地亞洲，另一個兒子雅弗得到歐洲，還有一個兒子含分到的是非洲——這就是緣自基督教的「三分世界」。在這種「理論」統治下的歐洲，幾乎看不到有經緯線的地圖，影響最為廣泛的是東方在上方，聖地耶路撒冷位於地球中央的伊西多爾地圖。

伊西多爾（Isidore）是塞維亞（Sevilla）的大主教。他最著名的著作是一部百科全書式的《詞源學》（*Etymologiae*），它被視為「整個中世紀的基本著作」。《詞源學》全書共二十卷，匯錄了古代眾多作家的論述，在伊甸園的問題上，此書的說法被公認為是權威解答。它不僅指出了伊甸園的具體位置，還配了一幅世界地圖插圖，後人將這幅插圖稱為：伊西多爾地圖。六二〇年左右《詞源學》首次出版。

伊西多爾地圖按基督教理論描繪「三分世界」，地圖用一個「T」字形立在圖中央（有一種說法，「T」象徵十字架）：「T」字的上部為亞洲，即東方，伊甸園就在亞洲東面遙遠的海洋裡；「T」字的左下部是歐洲，隔著當河與亞洲相望；「T」字的右下部是非洲，隔著尼羅河與亞洲相望；歐洲與非洲中間，豎著的直線是地中海。「T」字的外圍被一個「O」形的大海環繞著。在後來的幾百年中，這種地圖成了伊西多爾普遍接受的地圖模式，後世稱它為「T-O」地圖。早期世界地圖或者海圖，也多是以「T-O」地圖描繪世界。可見「T-O」地圖，在「黑暗時代」的歐洲所佔的主導地位。

在《詞源學》中，有著中國的影子，此時是中國的隋唐時期。伊西多爾說：稱中國為賽里斯（Sinae），它位於東方的盡頭，瀕臨大洋，以出產絲綢而著名；絲綢不僅是賽里斯人的主要特產，也是他們的習俗標誌。此外，伊西多爾還說：世界上最好的鐵產自賽里斯國。賽里斯人將他們所產的鐵連同絲綢、動物毛皮一起販賣到國外。在「T-O」地圖上，亞洲最東方的陸地上，賽里斯出現在「天堂」右下方的兩條河流之間，其南側是尼羅河。這樣賽里斯國就位於亞洲的東南方，距離埃及不遠，但與實際上兩地的地理位置差得很遠了。

至今尚存的《詞源學》抄本共有五百多部，其中許多抄本附有伊西多爾地圖，這裡選擇的是較早的九世紀抄本中最古老的伊西多爾的「T-O」地圖（圖1.6），這個羊皮紙抄本現藏西班牙國家圖書館。

這份以阿拉伯文標註的抽象世界地圖已經是夠簡約的了，但接下來要講的這幅中世紀圓形世界地圖更加簡約，幾乎就是一道幾何題。這是一幅英格蘭圓形世界地圖（圖1.7），由於圖中也用直線將世界劃分成三部分，此圖的示意性，高於描述性，也被歸為「T-O」式地圖。這幅世界地圖以其強烈的觀念性，揭示了中世紀英格蘭人的世界觀：世界一分為三，即亞洲、歐洲和非洲，耶路撒冷在世界中央。雖然它也屬「T-O」地圖，但圖左側比伊西多爾的地圖多繪出了七個氣候帶，加入了希臘地理學的元素。此圖由英格蘭奧爾本修道院和懷蒙德姆修道院共同繪製，繪製時間大約在一二四七年至一二五八年之間。看上去，它不是一幅純粹的地圖，而是以一幅插圖的形式出現在某本書中。它反映出這一時期歐洲大陸的文化與宗教對這個孤懸於大西洋中的島嶼的巨大影響。

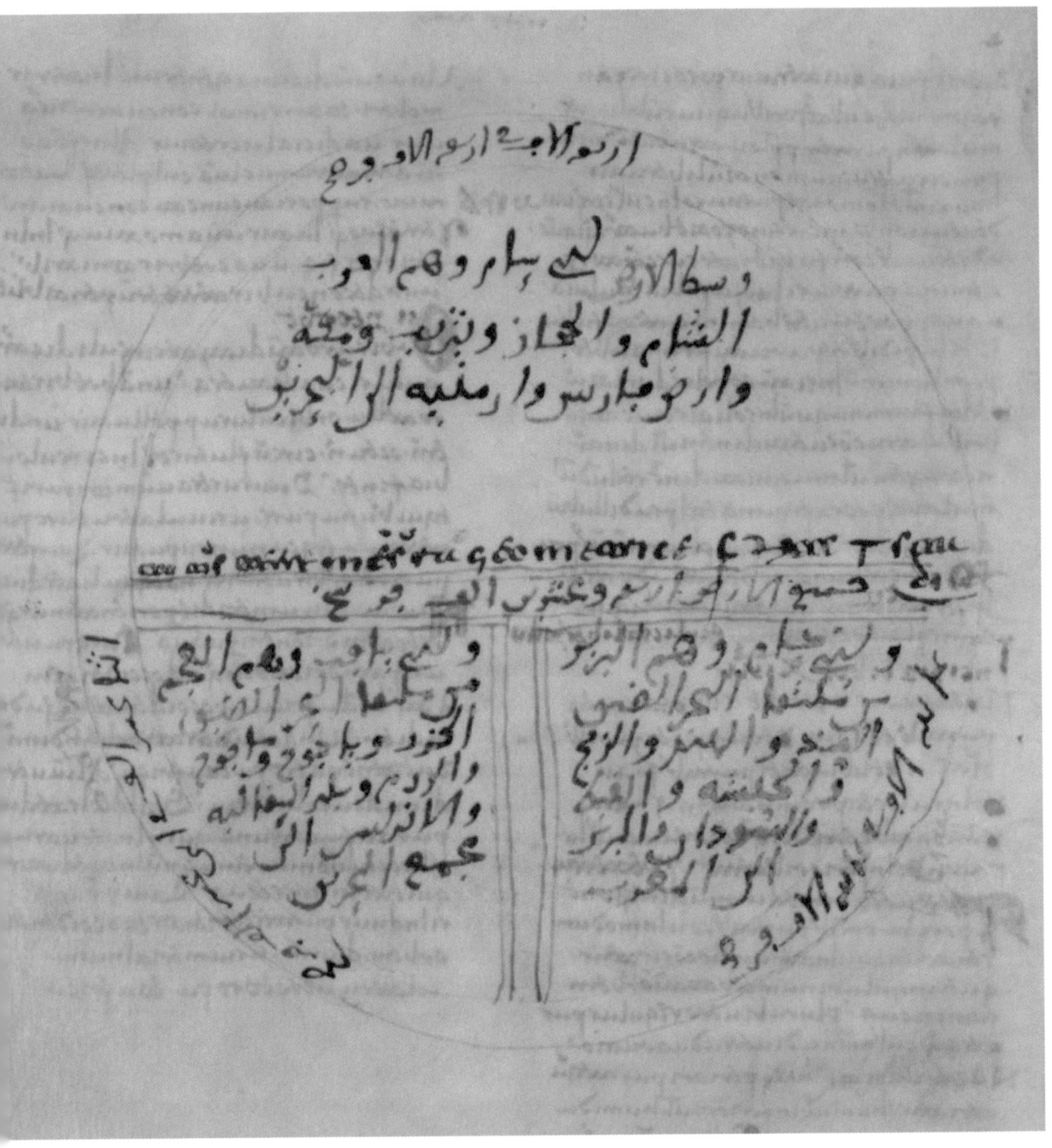

圖1.6：伊西多爾「T-O」地圖

首次以插圖的形式出現在伊西多爾的六二〇年左右出版的《詞源學》一書中。這裡選擇的是九世紀抄本中最古老的伊西多爾的「T-O」地圖，這個羊皮紙《詞源學》抄本現藏西班牙國家圖書館。

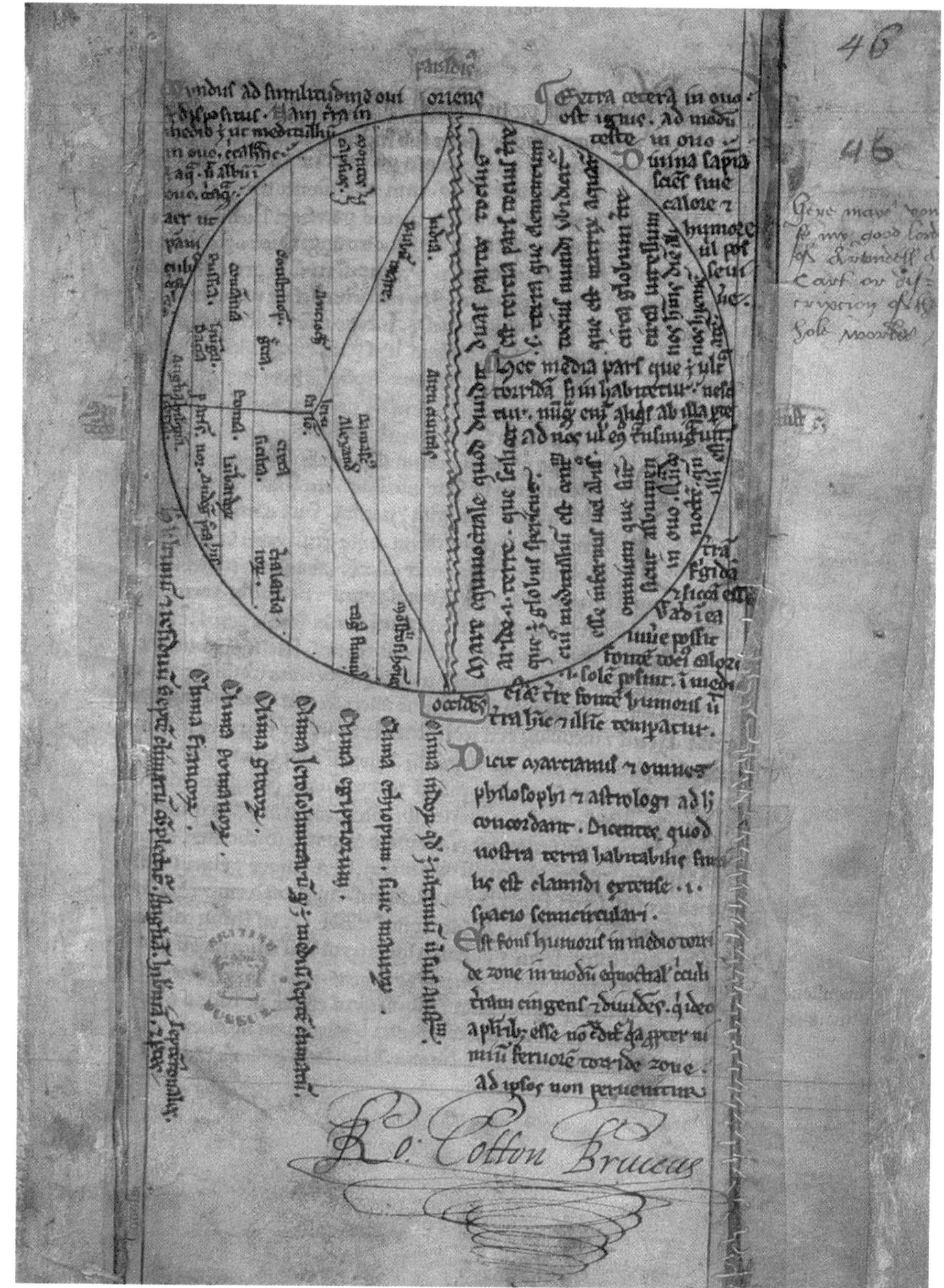

圖1.7：英格蘭「T-O」地圖

這幅大約在一二四七年至一二五八年之間，是在英格蘭繪製的「T-O」圓形世界地圖。它比伊西多爾的地圖，多了七個氣候帶。但線條更加簡約，幾乎就是一道幾何題。

反傳統的「四分天下」

〰〰《方形貝亞吐斯四大洲地圖》〰〰 西元七七六年

〰〰《圓形貝亞吐斯四大洲地圖》〰〰 西元七七六年

似乎從中世紀開始，上帝就將描繪海洋與世界的任務交給了伊比利半島。七世紀，伊比利的塞維亞大主教伊西多爾，在他編寫的《詞源學》中，繪製了將世界一分為三的伊西多爾地圖。

八世紀，伊比利天主教本篤會修道士貝亞吐斯（Beatusof），在七七六年彙編的《「啟示錄」評註》（*Commentary on the Apocalypse*）中，不僅彙集了許多學者對世界的宗教解說和世界末日的論述，還在序言中加入了一份世界地圖。

貝亞吐斯的世界地圖，與所有的「T-O」地圖一樣，東上西下，左北右南；世界被地中海、頓河與尼羅河三大水系，分成亞洲、歐洲和非洲三部分。值得注意的是貝亞吐斯在三大洲之外，又在最南方畫出了「第四大洲」，有研究者將其形象地稱為「四分天下圖」。

這幅方形貝亞吐斯四大洲地圖（圖1.8）描繪了十二門徒遊走傳教的世界圖景。地圖方位仍保持著以東方伊甸園為上的傳統，上方繪有亞當、夏娃和蛇，大地四周有大洋環繞、大洋中除了海島外，右邊有許多怪魚在游動，左邊有幾條船在划槳而行。世界的中心是地中海，立在圖中央，海水以藍色的線條表示；尼羅河位於地中海右側，多瑙河與頓河在地中海左邊，形成一個三角形。圖左下方的兩個淺黃色長方形方

圖1.8：方形貝亞吐斯四大洲地圖

伊比利天主教本篤會修道士貝亞吐斯大約在七七六年，繪製了這幅「四分天下」地圖。原圖亡佚，此方形圖為一一〇九年左右的抄本。

格，代表著不列顛和蘇格蘭兩個島嶼。有趣的是地圖右側，作者以一條紅色直線，應當是赤道，劃分出「第四大洲」，並在此註明「位於大洋以外最遠的地方，無比炎熱，生活著以大腳遮擋太陽的巨足人」。

在另一種版本的圓形貝亞吐斯四大洲地圖（圖1.9）中，在「第四大洲」的這個空間裡，作者畫了一個大腳怪人。在中世紀歐洲人的想像中「第四大洲」位於赤道以南，必定炎熱無比。所以，這裡生活著一種「獨腳人」，他們用扇子一樣的巨足來遮陽，使自己免受烈日曝曬。美學大師艾柯在他的巨著《美的歷史》中，曾選登了貝亞吐斯的這幅地圖。他認為：西方人這種對遠方民族的想像，至少從基督教的第一個世紀就開始了，比如老普利尼（the elder Pliny）一世紀的《博物志》（*Naturalis Historia*），就描寫了怪異的人與動物。以此為開端，二世紀至五世紀的西方百科圖書中，充滿了此類描述，到了八世紀，還出現了一本廣為流傳的《怪物誌》（*Liber Monstrorum*）。貝亞吐斯的四大洲世界地圖，恰恰誕生在《怪物誌》時代與那樣的氛圍之中。

貝亞吐斯「四分天下」的思想，基本上是用基督教觀念解釋世界。但還是有一位教皇在一封信中專門批判了有關「第四大洲」的觀點，認為違反了上帝創世的觀念。貝亞吐斯用地圖形象地表示了世界上存在「第四大洲」，是對正統觀念的一種反叛，某種意義上，也支持了後來的航海探索與發現。

貝亞吐斯在七七六年彙編的《「啟示錄」評註》，原書已經佚失，他繪製的地圖原圖也不復存在。但這種對世界的探索與描繪，顯然得到了大眾的支持，貝亞吐斯的「四分天下」的地圖廣為後世傳抄。據說，今天世界上還存有十四幅貝亞吐斯地圖的中世紀抄本，一類為方形圖，一類為圓形圖。這兩類地圖的色彩運用與裝飾圖案都選擇了濃重的阿拉伯風格，可見中世紀地圖中阿拉伯風格的影響範圍之廣。這裡選擇的兩幅地圖都是一一〇九年左右的抄本。

圖1.9：圓形貝亞吐斯四大洲地圖

在中世紀歐洲人的想像中「第四大洲」位於赤道以南，必定炎熱無比，這裡生活著一種「獨腳人」他們用扇子一樣的巨足來遮陽。所以，這裡畫出一個大腳怪人。此方形圖為一一〇九年左右的抄本。

英格蘭的圓形世界

〰《聖詩集》中的《世界地圖》〰西元一二六二年
〰《拉姆西橢圓世界地圖》〰西元一三二七年

英倫三島雖然漂浮於大西洋之上，但是，自從西元前五五年，凱撒大帝登陸不列顛後，其文化就再沒能擺脫歐洲大陸的影響。所以，我們看到的中世紀英格蘭繪製的世界地圖，和歐洲大陸流行的圓形地圖，如出一轍。所幸的是，這個漂在海上的島國，比歐洲大陸更好地保留下了許多這一時期的地圖。

如，這幅聖詩集中的世界地圖（圖1.10）。它出自收集聖歌的重要書籍《聖詩集》中，這部英格蘭編輯的手稿成於一二六二年，其中以插畫形式收入了這幅描述性極強的英格蘭版的世界地圖。此圖的宗教色彩突出，地圖頂部是正在祈禱的上帝。地球像皮球一樣被上帝握在手裡，兩側是兩個天使，似在呼風喚雨。圖頂部畫框裡是亞當和夏娃的頭像，它還顯示了天堂和四條以天堂為發源地的河流。

這幅中世紀的世界地圖將世界分成歐、亞、非三塊大陸，耶路撒冷為世界中心。地圖的方向是東西走向的垂直軸，東方在上部。幾個奇異的部落被顯示在圖右側非洲的西海岸。這些奇怪部落人的描繪源自於西元一世紀，老普利尼的《博物志》的記述「非洲多神奇部眾，有尼格羅者，王只一目；有塞納默吉者，顱作犬形；有阿塔巴提泰者，四足而行」，千年以來這些奇異部族都被反映在中世紀地圖上。地圖上環繞世界周圍吐氣的風神頭像代表十二種風。細看此圖，仍能看到「T-O」地圖「三分天下」的影子。

這一類的英格蘭世界地圖還有拉姆西橢圓形世界地圖（圖1.11）。

圖1.10：聖詩集世界地圖

這幅地圖繪製於一二六二年，原載於英格蘭收集聖歌的重要書籍《聖詩集》中，所以被稱為聖詩集地圖。

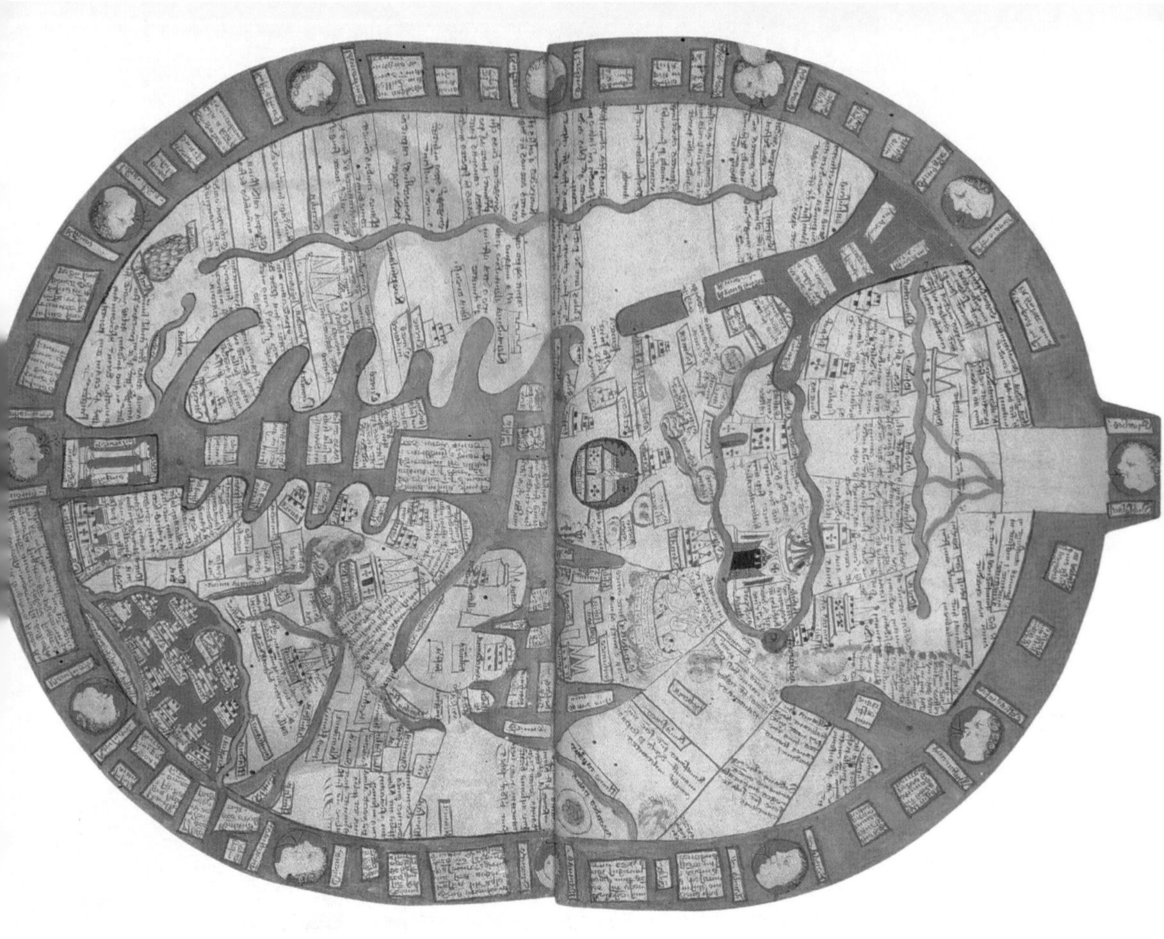

圖1.11：拉姆西橢圓世界地圖

此圖由修道士希格登一三二七年繪製，因存世抄本保存於英格蘭拉姆西修道院而被後世稱為：拉姆西橢圓世界地圖，圖縱三十四公分，橫四十六公分。

十四世紀前期，在英國切斯特一個天主教本篤會的修道院中，有一位名叫希格登（Higden）的修道士，用拉丁文撰寫了一部《世界全史》。該書第一卷是對世界地理的描述，包括世界的大小三大洲劃分；第二卷到第五卷講述世界史，其中對羅馬史的描述尤為詳細；最後兩卷全部講述英國歷史。這部大作當時獲得了英國國王的重視，國王甚至召見了希格登。

希格登的《世界全史》最早寫成於一三二七年，後來他又進行多次增補，這樣就形成了三種版本。由於當時這樣宏大的史地著作很少，後來不斷有人在此基礎上增補、續編此書。在不斷的擴充中，又有地圖進入。後人將各抄本中加入的地圖統稱為「希格登地圖」。在傳世的多幅「希格登地圖」中，名氣最大的是拉姆西（Ramsey）修道院抄本中的地圖，所以，後人用這個修道院的名字稱其為「拉姆西橢圓世界地圖」。

在拉姆西橢圓世界地圖中，世界被三大水系分割成三大洲，其中最大的水系為地中海。世界的周圍被大洋所環繞，大洋中分佈著許多小島。地圖邊框上畫有十二個頭像，代表來自不同方向的風。此圖雖是橢圓形，但結構仍與「T-O」地圖相似，都是以東方（圖右）為上，亞洲位於地圖的上方。最東邊的長方框代表天堂，有三條大河從天堂流向世界。海洋都被畫成深綠色，只有紅海及波斯灣被畫成長長的紅色。巴比倫一帶被錯誤地畫成為一個獨立的島嶼，島上畫有《聖經》所說的通天塔，巴比倫的下方還可以看到諾亞方舟。地圖中心依然是耶路撒冷城。此圖錯誤地用印度河把印度與整個歐亞大陸分開，使印度成了一個孤立的島嶼。再往東，對中國的認識則極其模糊了。

歐洲位於地圖的下方（圖左側），羅馬城畫得很大。地中海通往大西洋的出口處，畫著希臘神話中的「海克力斯之柱」。由於是英格蘭「生產」的世界地圖，所以，圖上的英格蘭十分突出，紅色的英格蘭島嶼上畫出了此圖中最多的城堡，有十幾個之多。如此一來，歐洲大陸就被矮化了，面積明顯畫小了。

非洲位於地圖上方（圖右側），有一條大河從東向西自上而下橫貫非洲大陸，然後在地下潛行接著又冒出地面，最後流入地中海。在亞洲與非洲部分還有一些文字，說明這裡生活著一些怪異的生靈。

在中世紀的圓形地圖的潮流中，唯有英格蘭繪製過這種橢圓形世界地圖。研究者也找不出這種差別的理由，但從根本上講，其變化仍沒有脫離三分天下的「T-O」地圖的模式。

現存中世紀最大的世界地圖

〰《赫里福德世界地圖》〰約西元一二九〇年

英格蘭西部有一座保存至今的十一世紀的諾曼風格大教堂——赫里福德（Hereford）大教堂，在這座中世紀教堂的牆壁上，鑲著一幅從中世紀保存至今的、尺幅最大、最為精美、最為詳細的世界地圖。這幅地圖繪在一張縱一百五十九公分，橫一百三十四公分的牛皮上。地圖作者是英格蘭三位李察家族的兄弟，他們共同創作完成了這一作品。作者之中可能有一位就是教堂的神職人員，他們把這一朝聖指南式的地圖作品捐贈給赫里福德大教堂。據專家推測此圖大約繪於一二九〇年，而今，它在這座教堂裡已「住」了七百多年。所以，人們習慣上稱它為「赫里福德世界地圖」。

赫里福德世界地圖（圖1.12）是一部瞭解古典知識的百科全書。它表明中世紀的歐洲人已經知道亞洲，但那只是一塊可聞而不可及的陸地。這幅地圖的外形是傳統的「T-O」式，但卻容納不計其數的地名和許多宗教及歷史訊息，這些都是此前的地圖所無法比擬的。地圖上有一千一百多處地名、象徵性的圖像、註文，並且有許多符號和塗色的地方。其註文取自《聖經》、基督教典籍、老普利尼的《博物志》等，彙集了地理、宗教和歷史等多門類知識。地圖的外圈是大海，大海包圍著整個世界。

赫里福德地圖以東方為上，圖中央垂直的有島嶼的深藍色海是地中海、橫在圖中央的是頓河，它的左邊是黑海、右邊是尼羅河。亞洲佔據了整個地圖版面的多半，尼羅河北部被認為是亞洲的東邊界。錫蘭位於右上方，是一個呈牙齒狀的島嶼，其底部是標成紅色的紅海（右）和波斯灣（左）。位於底格里斯河

圖1.12：赫里福德世界地圖

至今保存於英格蘭赫里福德教堂的這幅地圖，是中世紀最大最詳細的世界地圖，繪於一張牛皮紙上。縱一百五十九公分，橫一百三十四公分。

上部正中心的巴別塔是最大和最精美的建築（圖中上），因此也用了最長的篇幅對它進行記錄說明。據記載，這座城市的城牆厚二十五公尺，高一百公尺，面積達一百平方公里。城牆上可並排行駛由二十四匹馬拉的戰車。

歐洲佔據了地圖的左下方區域，最重要的就是巴黎，它是與羅馬和科姆波斯特拉一起被標為紅色的歐洲城市之一。在大洋中位於最左下方的群島是不列顛群島。標有許多地名和詳細資料的是英格蘭、蘇格蘭、威爾斯和愛爾蘭。在地圖的底部左下角，描繪的是羅馬帝國開國君主奧古斯都，正在指導勘測員們「走進這個世界的每一個角落，向元老院報告每一塊大陸」，對應的地圖底部的右下角，描繪的是一個騎馬人在同一位獵人說「去吧」，但不知說的是去向何方。

非洲位於地圖的右下方，尼羅河由西向東穿過非洲大陸，最終在尼羅河下游匯入地中海。在尼羅河急拐彎處的右側，帶有五頂帳篷的大型建築物標誌，代表著亞歷山大大帝開始發動亞洲戰役之前，在勢力觸及最遠的西南方的營地。在尼羅河東邊，標註了當年以色列人大批離開埃及的地點，繪出了他們出埃及的路線，分開的紅海（右上），最後到達樂土。

限於當時的抄寫水準，這幅地圖上也留下了許多錯誤，比如歐洲和非洲，兩個洲的標註剛好弄反了。但不管怎樣赫里福德地圖幾經風雨總算保存到了今天。一九八八年，赫里福德教堂因缺少維修費，曾將地圖運往倫敦拍賣，此舉引起當地民眾強烈反對和捐助活動，拍賣最終被取消，此圖現在仍保存在赫里福德大教堂的一座特殊建築中。

最後說一個值得收藏家關注的消息：二〇一〇年英國佛里歐出版社出版了一千幅限量版的赫里福德地圖複製品，複製地圖接近於原圖尺寸，用類似羊皮紙的合成纖維紙印刷，並裱於有上下支桿的卷軸帆布上，附有關於此圖的論文。雖然是複製品，但價格也不菲，七百五十英鎊。

消失的中世紀最大世界地圖

〰《埃布斯托夫地圖》〰約十三世紀晚期

中世紀的天主教修道院，一直是歐洲天文地理知識、文學藝術和財富的寶庫，許多傳世的著名地圖皆出自修道院，包括這裡要說的這幅中世紀歐洲最大的世界地圖。

一八三〇年，德國北部呂訥堡的埃布斯托夫（Ebstorf）鎮的一座女修道院裡，一個名叫夏洛特・馮・拉斯波格（CharlotteVon Lasperg）的修女在院內放宗教用具的雜貨間裡發現了由三十張羊皮紙組成的彩色地圖，圖縱三・五八公尺，橫三・五六公尺。圖上文字說明，主要用拉丁文寫成，也有不少地名用當時的德文方言寫成。圖上沒有作者的名字，後世以發現地稱其為「埃布斯托夫地圖」（圖1.13）。這幅地圖也沒有繪製時間，人們根據相關訊息推測此圖大約成於十三世紀晚期。

中世紀時，埃布斯托夫鎮的女修道院曾是天主教本篤會修道院。十六世紀宗教改革後，這個本篤會修道院改成新教的修道院。這幅巨大的地圖被發現後，在一八八五年重建存放它的教堂時遭到毀壞，可能遺失了幾張羊皮。隨後，此圖輾轉各地進行修復，先是運往漢諾威，一八九一年又被運往柏林進行修復，之後又被運回漢諾威保存。二次大戰時，人們曾想將它轉移到一個安全地方，但未及辦好轉運手續，一九四三年盟軍空襲漢諾威，這幅當時歐洲最大的中世紀世界地圖在戰火中化為灰燼。不幸中的萬幸是在漫長的修復過程中，專家拍攝此圖的全部照片還在，這些黑白照片成了它唯一的記錄，一九五〇年代人們根據這些照片製作了埃布斯托夫地圖複製品。

這幅埃布斯托夫地圖雖然是複製品，但仍非常震撼人心。此圖宗教意圖十分突出，整個大地被圓形的大海洋包圍，大地被鋪排於基督受難十字架上，並被基督巨大的身軀擁抱，圖上端是頭部，下端是腳，代表東西；圖左右是兩隻手，分別指向南北，心臟即世界中心是耶路撒冷。它和中世紀的「T-O」世界地圖格局一樣，也是東方在上，基督頭像旁的伊甸園裡有亞當和夏娃，群山包圍伊甸園，群山下方是恆河和它的十二條支流。在此下方偏左的位置是中國，也同樣被群山包圍著。

在亞洲北部，其顯著特徵是類似長方形的一個海角延伸到了宇宙之海中，這就是令人毛骨悚然的吃人巨獸家園；城堡堞形線條標示出傳說中的亞歷山大大帝為防範外敵入侵而修建的雄偉城牆。在圖的左邊手掌的地方，有幾個冒著火焰的祭壇表示著這裡是世界最北端。

此圖右下側為非洲，作者對非洲的描繪很簡單，它的北海岸和西海岸幾乎徑直從印度洋延伸到大西洋，而南海岸和東海岸則被描繪成一個弧狀的海岸線。非洲的主要標誌是尼羅河，製圖者認為它的源頭是位於今天摩洛哥境內的一個湖。尼羅河最初的流程是自西向東的，當它接近非洲大陸的東端時，就消失在沙漠裡，在穿過埃及時，又流向相反的方向，第一次繞開了有人居住的土地。在亞洲和非洲大陸上，四處散佈著各種詭異奇特的人物和動物圖像，還有其他一些奇怪的神話人物和精靈們。這類怪物小圖案整地圖上有幾十個之多。製圖者顯然對歐洲瞭解更多，但仍採取同樣程式化的手法來進行描繪，歐洲大地分為幾塊，並沒有精確複製海岸線或其他地理方面的細節。

此圖的訊息來源有很多，主要是經文和宗教故事，此外是古羅馬作家老普利尼《博物志》一類古典時期著作；還有一些來自於中世紀的著作，如一一五一年出版的《世界寶鑑》（*Imago Mundi*）等當時流行的宇宙論和地理學百科全書。所以，此圖地理學意義，遠低於它的文化歷史價值，正因如此，它成為中世紀歐洲人的宗教觀和想像世界的代表作品。

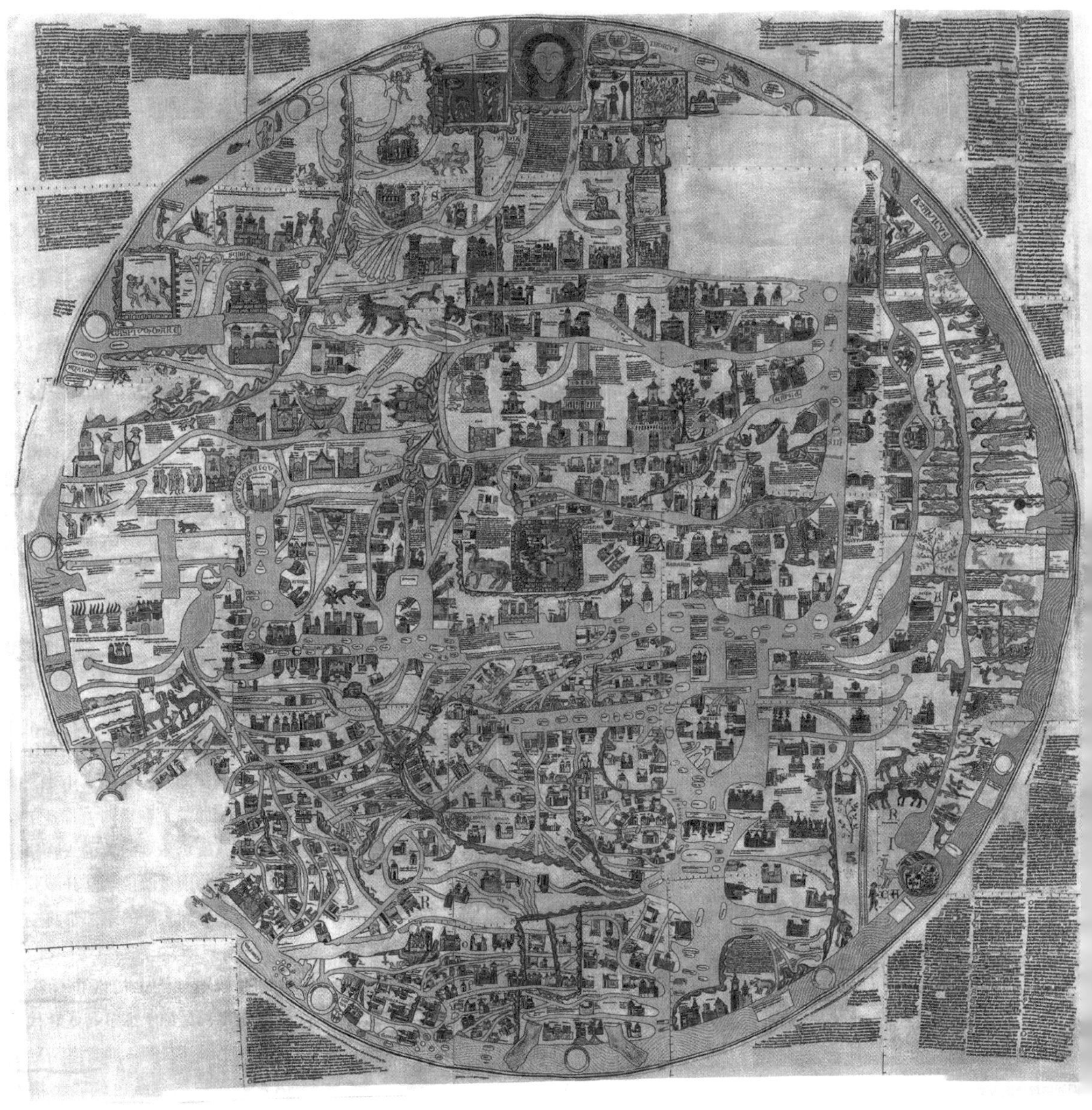

圖1.13：埃布斯托夫地圖

此圖大約成於十三世紀晚期，曾是中世紀歐洲最大的世界地圖之一，原圖縱三・五八公尺，橫三・五六公尺。一九四三年盟軍空襲漢諾威，這幅地圖在戰火中化為灰燼。萬幸的是修復此圖的全部照片還在，人們用這些照片複製了這幅世紀地圖。

最新的印刷技術最陳舊的世界觀

〰呂貝克木版印刷《世界地圖》〰西元一四七五年

第一幅真正的木版印刷圓形世界地圖，多數人認為是一四七五年在德國的呂貝克出版的《新編歷史入門》中所附的圓形世界地圖（圖1.14）。

十五世紀中期，文藝復興使歐洲人進入了「開眼看世界」的重要時期。時代發展的需要使歷史和地理書大受歡迎。一四七五年率先興起印刷業的德國，在其北部的呂貝克小城，推出了一部編年體世界歷史書。德文原名為《新編歷史入門》，一四八八年法國重印後譯為《歷史之海》。此書內容通俗，並無驚人之處，使其青史留名的是書中附有兩幅對折的帶活字的木刻地圖。其一為世界地圖，其二為巴勒斯坦地圖。地圖好似為教學參考而設計的，是超越示意圖的最早的印刷世界地圖和城市地圖。

這部書的作者和書中地圖的作者都不清楚，人們通常稱那幅世界地圖為「圓形世界地圖」。實際上，它仍是中世紀的「T-O」地圖，呈圓形的整個大地被海洋所環繞，地圖的方位為東上西下，南右北左。

地圖的上半部分為亞洲。頂端的大島是伊甸園，但伊甸園裡不是赤裸的亞當和夏娃，而是穿衣服的兩個男人。為什麼不是裸的，這個問題沒人能解釋清。從伊甸園流出四條大河，把亞洲分為東西兩半。地圖右下方為非洲，左下方為歐洲。地中海沒有被畫出來，地圖的中心是耶路撒冷城。羅馬教皇統治著羅馬和世界，在君士坦丁堡的圍牆內，教皇頭戴皇冠，手持十字架，盛裝端坐，十分威嚴。

這部出版於波羅的海之濱的《新編歷史入門》，其地圖上的國家均為被海水所包圍，在起伏海水中，每個國家均以小島或者說是小山的形象來描繪。山頂上畫有城堡或國王，國名標註在「山腰」上。在傳統格式限制之下，繪圖人努力將所有國家都放在正確的地理位置上，但多數國家的位置仍被隨機放置。

地圖上，現在可以辨認出來的地名共有一百多個，但受「T-O」繪圖方法的限制，許多國家的地理位置不能繪在正確的空間。如，歐洲西北的佛蘭德斯地區被畫在西班牙的東部，實際上應是東北偏北；愛爾蘭與葡萄牙相鄰；希臘被畫在羅馬城之北，實際上應是東面。地圖有著濃厚的繪畫風格，亞洲部分畫有食人怪物和無臂人、非洲畫有鱷魚與野獸、歐洲部分幾乎所有城堡旁都站著主教，其中多數國家為羅馬教廷所統治。

這部編年體世界歷史的出版時間，使它完全可以採用新的世界地理資訊。實際上，從十四世紀起，歐洲各地都已廣泛採用航海圖的繪製方法來製作世界地圖了；《馬可波羅遊記》一書也早已用法文出版發行了；此時的西歐，已普遍知道亞洲最東部有中國。但這些新知識都沒有在這幅地圖裡出現，此圖用的依然是古希臘和古羅馬時期的老資料。這真是件有意思的事——用最新的印刷技術來出版觀念陳舊的中世紀地圖。

這是此圖留給後世最珍貴的文化訊息：一個時代的結束，並非人們想像得那麼整齊劃一。

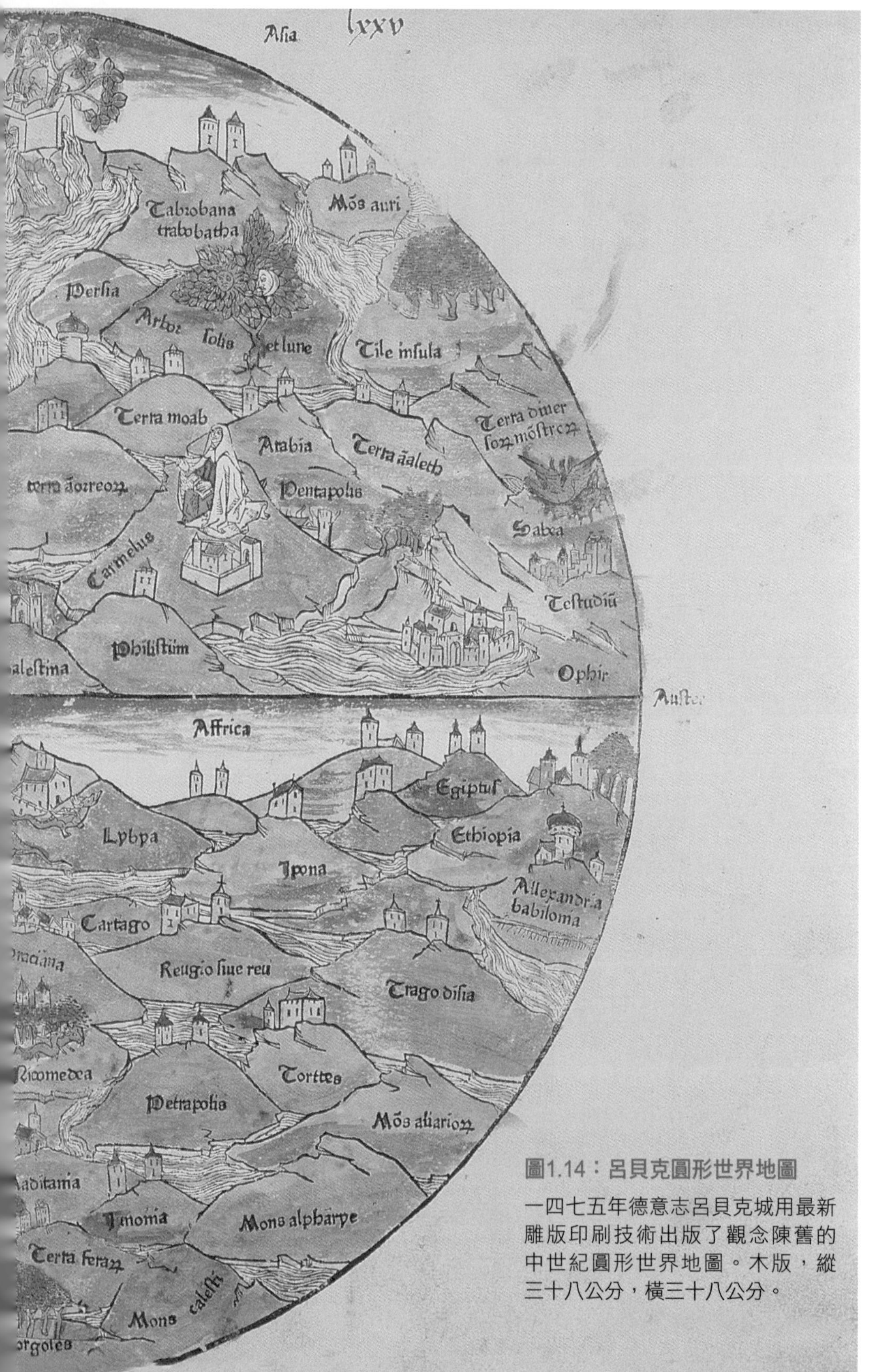

圖1.14：呂貝克圓形世界地圖

一四七五年德意志呂貝克城用最新雕版印刷技術出版了觀念陳舊的中世紀圓形世界地圖。木版，縱三十八公分，橫三十八公分。

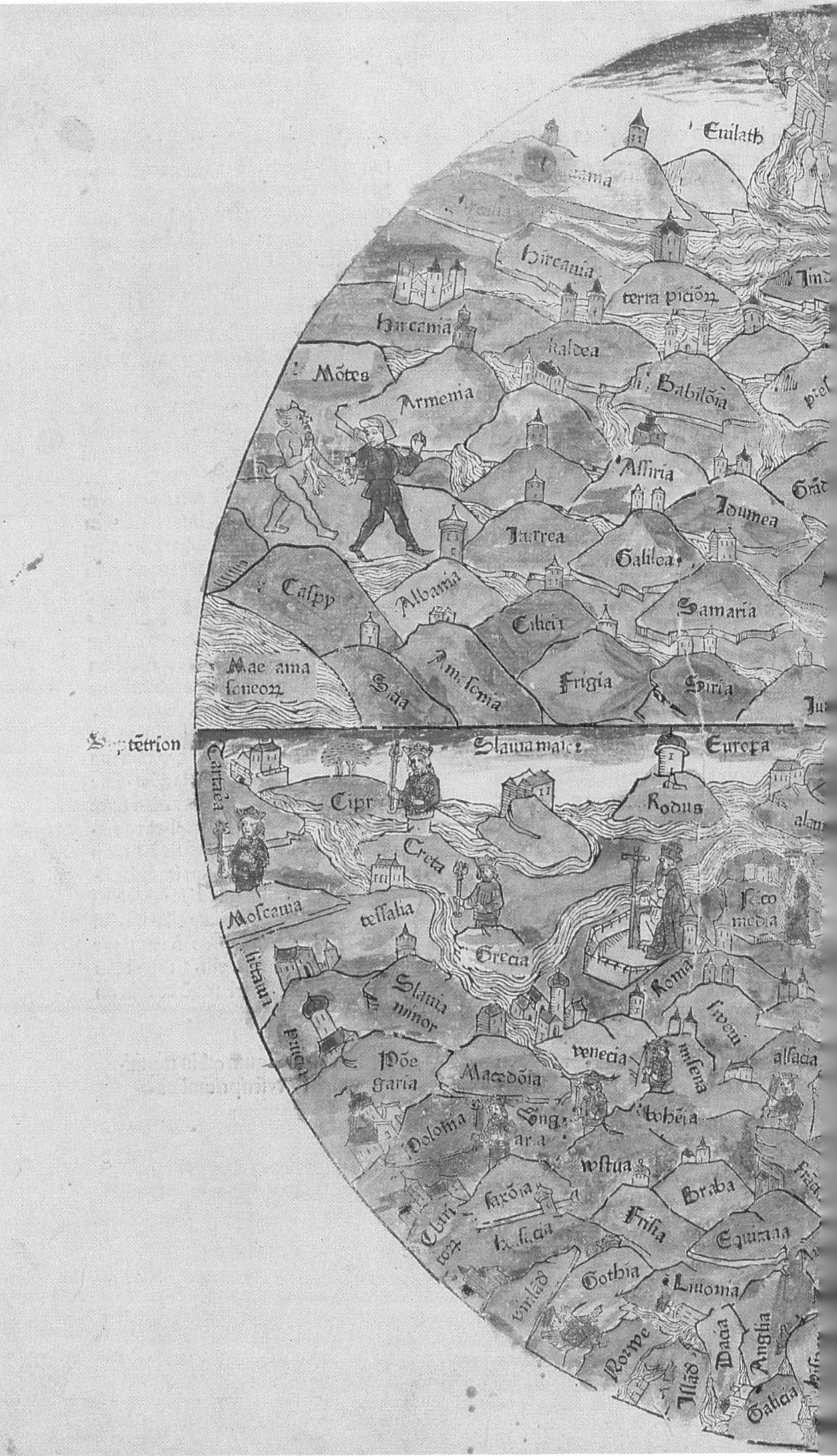

Euilath
Hircania
terra piciõꝝ
Hircania
kaldea
Mõtes
Armenia
Babilõia
Assiria
Idumea
Galilea
Caspy
Albania
Samaria
Frigia
Siria
Septẽtrion
Europa
Cipr
Rodus
Creta
Moscauia
tessalia
Grecia
Roma
Slauia minor
venecia
Macedõia
Polonia
Vng aria
bohẽia
alsacia
Braba
saxõia
Frisia
Equitania
Gothia
Liuonia
Norwe
Dacia
Anglia
Galicia

2

印度洋的世界觀——從抽象走向具象

中世紀描繪海洋與世界的地圖，完全以阿拉伯地理學為主導。這裡所說的「中世紀」，其實是歐洲人文主義者十五世紀後期才創造出來的一個歷史名詞。史學界對其時間界定大體為：從西元四七六年西羅馬帝國滅亡，至一四五三年東羅馬帝國滅亡。阿拉伯地理學恰是在這一特殊歷史背景下展開：西羅馬滅亡，令西方古典地理學走向衰退，天文學、地理學的領軍力量轉移到東方，阿拉伯由此擔當起世界地理學承前啟後的歷史重任；同時，阿拉伯帝國的崛起，領地不斷擴大，也為其地理學發展提供了廣闊的考察與描述空間，促生了風格獨特的海圖與世界地圖。

「阿拉伯」（Arab）一詞原為「沙漠」之意。從七世紀初開始，阿拉伯半島各部落以伊斯蘭教為核心建立起統一國家，隨後向「沙漠」四周迅速擴張，形成了由兩大王朝延續千年的阿拉伯帝國：

西元六六一年倭馬亞家族建立了以大馬士革為首都的阿拉伯帝國第一王朝。阿拉伯帝國由此興起，阿拉伯語成為帝國官方語言。到了八世紀初，倭馬亞王朝通過戰爭迅速擴張帝國版圖：東線至帕米爾高原，與中國大唐相對峙；東南線至印度河信德一帶；北線圍攻拜占庭首都君士坦丁堡；西線至摩洛哥，並於七一一年跨過直布羅陀海峽，攻入西歐伊比利半島和庇里牛斯山脈，成為地跨亞、非、歐三大洲的龐大軍事帝國。

西元七五〇年阿巴斯家族推翻倭馬亞王朝，建立了阿拉伯帝國第二王朝（黑衣大食）。阿巴斯王朝統治時間很長從七五〇年至一二五八年。這漫長的幾百年裡阿拉伯世紀戰亂不停。從十一世紀至十二世紀，整整兩個世紀，西方發起九次十字軍東征；進入十三世紀，從一二一九年開始，蒙古帝國的元太祖西征、元太宗西征和旭烈兀西征……直至成吉思汗之孫，蒙哥及忽必烈之弟旭烈兀於一二五八年攻陷巴格達，一二六〇年攻陷大馬士革，終結了阿拉伯帝國七百年風光。

國祚七百年的阿拉伯帝國是一個向外擴張的七百年，頻繁的海陸戰爭與商旅活動，極大地擴展了阿拉伯人的國際視野；這七百年同時也是阿拉伯世界比歐洲「文藝復興」還要早的「科學復興」的七百年。此間，在以阿拉伯語為官方語言的伊斯蘭世界裡，科學家們可以廣泛吸取世界的科學知識，人們可以自由旅行，交換訊息、探討觀點……正是在這樣的「復興」氣氛中，一種包含希臘、波斯、印度和其他宗教的文化風潮，使伊斯蘭世界在文化、科學等許多領域躍升到一個新高度。這裡僅以地理學成果為例，僅在九世紀至十世紀，就有阿爾·花剌子模《大地形狀》，伊本·庫達特拔的《道路與國家志》，雅庫比的《列國志》，馬蘇第的《黃金草原和寶石寶藏》等重要地理著作問世。同時，阿拉伯地理學家還借鑒巴比倫、印度、波斯與希臘的地理學成果，和自身旅行實踐與海上探險，製作了一批視野開闊的世界地圖和海洋地圖。

概括地講，中世紀阿拉伯世界地圖大體上有三個發展階段：一是九世紀馬蒙王朝的承繼托勒密《地理學》時期，為後世留下少量的幾經傳抄的馬蒙世界地圖。二是十世紀至十二世紀的伊斯蘭風格的抽象繪圖時期，受反對偶像崇拜的伊斯蘭文化影響，阿拉伯人放棄了具象描繪世界，以抽象的圓圈、直角、三角等圖形來概括和標註世界圖景，為世界留下了一批風格獨特的阿拉伯地圖。三是十二世紀至十三世紀的伊德里西等地理學家回歸托勒密《地理學》時期，阿拉伯地理學引領歐洲地理學走出了黑暗的中世紀。

幾百年的時間裡，幾種阿拉伯製圖流派交錯存在，為世界留下了一批奇特的地圖。如，地形描繪準確，色彩濃烈的馬蒙世界地圖；如，將阿拉伯半島畫成半圓形，非洲南部大陸不斷向東延伸彎曲的巴里希（Balkhi）學派伊斯塔赫里的圓形世界地圖；如，非洲南部沒有巨大的陸地，世界南方被海洋所覆蓋的比魯尼學派的網格世界地圖；如，回歸托勒密的製圖方法的伊德里西圓形世界地圖……不過，必須指出的是，中世紀的阿拉伯雖然是一個航海大國，也是一個繪製地圖的大國，但卻很少創作精準的航海地圖，專門用於航海的「波特蘭航海圖」，最終是在地中海誕生。

最後，還要說一說的是印度洋中的另一個古老國家印度，這個國度的中世紀地圖，完全是按照他們獨特的宗教教義來描繪現實世界，其中最不可思議的就是「耆那教的瞻部洲圖」，這樣的世界地圖完全是一個宗教迷宮，有奇異神秘的美感，但卻沒有地理學意義。

西方與東方的漫長對抗與封鎖，影響了雙方的訊息交流，但也為地圖史留下了多樣化的文化財富，並從另一面刺激了人類的探險與發現，引發了後來改變世界的大航海。

馬蒙地理學

〰《馬蒙圓形世界地圖》〰約西元八二五年

〰《馬蒙世界地圖》第一地帶〰西元八一三～西元八三三年

〰《馬蒙世界地圖》第二地帶〰西元八一三～西元八三三年

〰《馬蒙世界地圖》第三地帶〰西元八一三～西元八三三年

從七世紀至十三世紀，七百年間，阿拉伯不僅形成了龐大軍事帝國，同時，也形成了伊斯蘭文化帝國。由於伊斯蘭文化主張人們應開拓心智與視野，即便「學問，遠在中國，亦當求之」，因此，阿拉伯行走世界的旅行家輩出，隨之而來的是誕生了一批地理學家與製圖家，創造了地理史上的又一繪製地圖的高峰。

伊斯蘭輿地學真正起步階段是八世紀中期。七五〇年，阿巴斯王朝取代倭馬亞王朝成為阿拉伯帝國第二王朝。七六二年阿巴斯王朝第二任哈里發曼蘇爾，重建了新都巴格達（前都城是大馬士革）。曼蘇爾對波斯帶有強烈的喜好，採納了許多波斯帝國薩珊王朝的文化習俗，包括翻譯外國文獻。為此，曼蘇爾仿照薩珊帝國圖書館建立了一所王室圖書館，並廣泛收集世界各地的文獻，使這裡成為了希臘、波斯和印度知名作家作品的博物館，這就是後來所說的「智慧宮」（House of Wisdom）。但這一時期，阿拉伯世紀沒有多少地圖留傳下來。九世紀，哈里發馬蒙（Al-Ma'mūn）時期（八一三年至八三三年），伊斯蘭輿地學迎來第一個高峰，即馬蒙地理學時代。

馬蒙時代，農業、手工業和商業發展迅速，海、陸商道暢通無阻。海上商道分為兩路：東路從巴士拉港出波斯灣，達印度、中國；南路經紅海，出曼德海峽，通向東非沿岸和附近島嶼。陸上商道以巴格達為中心，東沿古絲綢之路，達撒馬爾罕；西至敘利亞、埃及、北非、西班牙，達西歐各國；南至葉門；北至波羅的海沿岸；對外貿易與交流（當然，還有戰爭）極大地擴大了阿拉伯人的視野。

馬蒙時代最值得一提的是將幾代哈里發創建的「智慧宮」，發展成集圖書館、研究院和翻譯館於一體的繼亞歷山大圖書館被焚燬之後的最大學術機構。從君士坦丁堡和塞浦路斯搜求到的古籍，都被運到巴格達，收藏在「智慧宮」內。同時，還開啟了著名的「翻譯運動」，許多珍貴而湮沒已久的古希臘典籍因此得以復活。阿拉伯人也由此縮短了與世界先進民族的知識差距，並創造出獨特的阿拉伯文化。

雖然，馬蒙王朝只有二十年光景，但由於國王對地理學的特別喜愛，使得阿拉伯地理學取得了傑出成就，後世也樂於將這一時期的地理學和世界地圖稱之為「馬蒙地理學」和「馬蒙世界地圖」。這一時期，產生了一位重要的阿拉伯科學家——阿爾．花剌子模（Al - Khwarizmi），這個花剌子模（今烏茲別克）的大數學家，著有《印度計算法》一書，向世界推廣了印度發明的奇妙數字和十進制，被譽為「代數之父」。同時，他還是天文學家和地理學家，他依據托勒密的《地理學》及實地勘察計算，編纂了

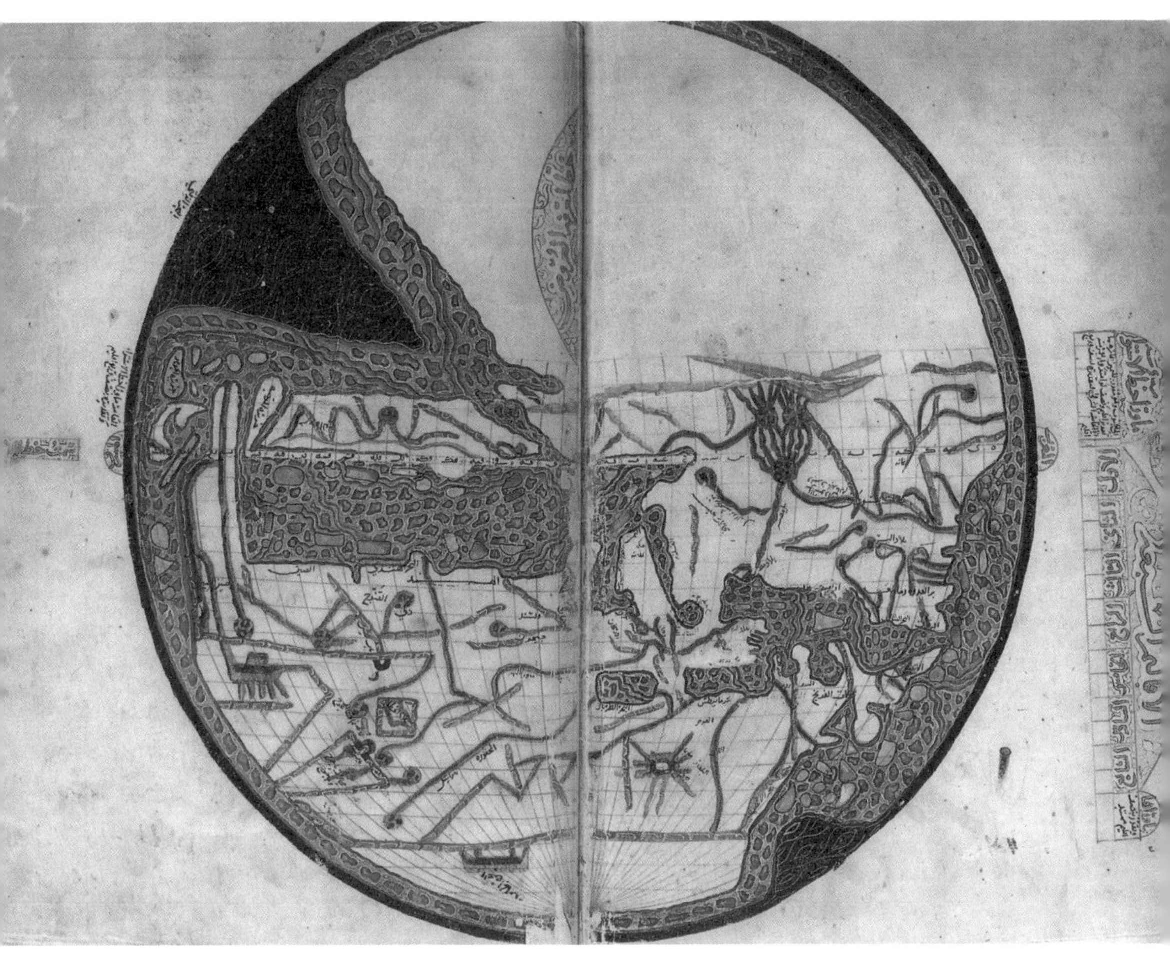

圖2.1：馬蒙圓形世界地圖

是典型的托勒密《地理學》學派的世界地圖，地圖上有經緯線，經緯網格覆蓋了大半個地球，大約創作於八二五年左右，原圖已亡佚，此幅是一三四〇年阿拉伯製圖家的抄本。

《大地形狀》一書，（阿拉伯人把托勒密的《地理學》譯作《大地形狀》（*surat al-ard*），有些地理學家直接以此作為自己著作的標題。）據說這本書中附有馬蒙世界地圖，此圖記載了地名五百三十七處，及其經緯度，並劃分了各地的地形和氣候區，闡述了對地球偏圓形狀的創見，為阿拉伯地理學的發展奠定了基礎。馬蘇第聲稱他在「智慧宮」見過馬蒙世界地圖集。但是，經歷了一〇五五年土庫曼人的塞爾柱帝國入侵巴格達和一二五八年蒙古人入侵巴格達之後，幾經洗劫的「智慧宮」裡，就再也找不到有價值的東西，後世也看不到馬蒙地圖的任何原件了，流佈於後世的皆為馬蒙地圖的抄本。這之中最為重要的「馬蒙世界地圖」抄本有兩種，一種是圓形馬蒙世界地圖；另一種是分地帶世界地圖。

馬蒙圓形世界地圖，創作於馬蒙時代，原圖已亡佚。這幅地圖是阿拉伯地理學家伊本・法德勒（Ibn Fadla）一三四〇年的抄本（圖2.1）。此圖顯然不是傳說中阿爾・花剌子模《大地形狀》的最早抄本，圖面沒有傳說中的「記載地名五百三十七處」，但它仍是典型的托勒密《地理學》學派的世界地圖。此圖在圓圖外邊畫了圖例，意在表示以經度網格為此圖的比例尺。圖上繪有經緯線，經緯網格覆蓋了大半個地球。在經線上劃分了三十六個格，每格五度，共一百八十度，與托勒密《地理學》所認識的半個地球，基本一致。此圖的方位是南方在上，並沒以麥加和耶路撒冷為世界的中心。圖中印度洋沒有依傳說畫成封閉海域，而是描繪為開放的、連接西部，環繞非洲南端的海域。值得注意的是此圖的緯度網格超過了赤道線，表明當時阿拉伯人對赤道南部的東非海岸有所認識。當然，也有專家明確表示，無法確定這幅馬蒙世界地圖是否真的存在過，或者這僅僅是一種描述存在過。

馬蒙圓形世界地圖概括性比較強，對世界各地沒有做更多的細部描繪。同時代誕生的馬蒙分地帶世界地圖，或可看作是某種補充。這組地圖與馬蒙圓形世界地圖在海洋部分繪製特色基本一樣，但陸地部

圖2.2：馬蒙世界地圖的第一地帶

非洲和印度洋。

分有所不同。這組地圖也是南方為上，但倒過來看更方便。比較古怪的是這組地圖上，並沒有標註任何地名，似乎更看重通過分地帶來詳解世界各地的全貌：

馬蒙世界地圖的第一地帶（圖2.2），描繪的即是非洲和印度洋；此圖展示了月亮山脈，尼羅河的源頭，一些湖泊（興許是維多利亞湖和艾爾伯特湖）。非洲的一角被描畫在圖的右下角。地圖的右上角則包含了紅海之南和阿拉伯半島。此間，還很完整的顯示了亞丁灣以及它的諸多島嶼。

馬蒙世界地圖的第二地帶（圖2.3），描繪的是非洲、紅海、阿拉伯半島、波斯灣、印度洋，向東展示至印度和中國。

馬蒙世界地圖的第三地帶（圖2.4），描繪的是非洲的北部地區、尼羅河入海口，地中海和紅海，東部是亞洲。

圖2.3：馬蒙世界地圖的第二地帶

非洲、紅海、阿拉伯半島、印度洋和亞洲。

圖2.4：馬蒙世界地圖的第三地帶

第二地帶的北部地區，北非、地中海和紅海。

這幾幅分地帶世界地圖，沒有省略經緯網格，而是畫出大大的網格，與圓形馬蒙世界地圖保持一致。若將這三幅分地帶圖拼在一起，幾乎就是一幅完整的馬蒙圓形世界地圖。

馬蒙時代的阿拉伯航海家長期的遠航經驗，使得他們的製圖家能夠正確地描繪非洲赤道以南的部分地區，以及非洲南端被海洋所環繞的圖景。這種認識不僅是對地球的某個區域的認識，而是關係到地球海陸分佈的大局，屬於人類對地球面貌的全局性、根本性的認識。它從根本上衝擊了中世紀歐洲狹隘的傳統觀念——「非洲南端與亞洲相連，赤道附近及其以南地區無法居住」。馬蒙世界地圖中非洲大陸南端是大海，印度洋與亞洲的海是通的，這些描繪為後來的大航海提供了理論基礎。

尼羅河與地中海及黑海

〰《馬蒙尼羅河與地中海地圖》〰西元八一三年～西元八三三年

〰《馬蒙亞速海、黑海地圖》〰西元八一三年～西元八三三年

中世紀，無論東方還是西方的世界地圖上，尼羅河都被當作一個地標性符號繪在地圖上。在西方「T-O」地圖中，尼羅河常常被畫成一條直線，但在馬蒙地理學中，尼羅河被描繪為獨特的樣子。它以「月形山」符號形式表現尼羅河源頭，以「降落傘」式符號表現青、白尼羅河兩個源流；後來，相當長時期的阿拉伯製圖家們都以這種形式表現尼羅河，伊德里西世界地圖中的尼羅河也照搬了這一模式。

這裡介紹的是一〇三七年阿拉伯製圖家阿爾・花剌子模摹繪「馬蒙地圖」中的尼羅河與地中海地圖（圖2.5），憑藉此圖人們可以看到馬蒙地理學對尼羅河與地中海的有趣描述。

此圖是書版刊載的地圖，圖右為南，圖左為北。圖的右邊，也就是南邊，是尼羅河的發源地月形山，兩條源流從月形山的東西兩邊流出，可以看出尼羅河有兩個明顯的源頭。「尼羅河」一詞，在古埃及語中就是「大河」的意思。後世勘測證明，尼羅河長六千六百七十公里，是世界上最長的河流。正如這幅古地圖所描述的它確有兩條主要的支流，東邊的青尼羅河和西邊的白尼羅河。青尼羅河發源於衣索匹亞高原，白尼羅河源於赤道線偏南一點的大湖地區，即後來的維多利亞湖。白尼羅河與青尼羅河在蘇丹首都喀土穆附近相匯，形成尼羅河。

此圖劃了幾條垂直線，左邊的幾條是地帶分區，最右邊的線不僅代表地帶分區，也代表地球赤道

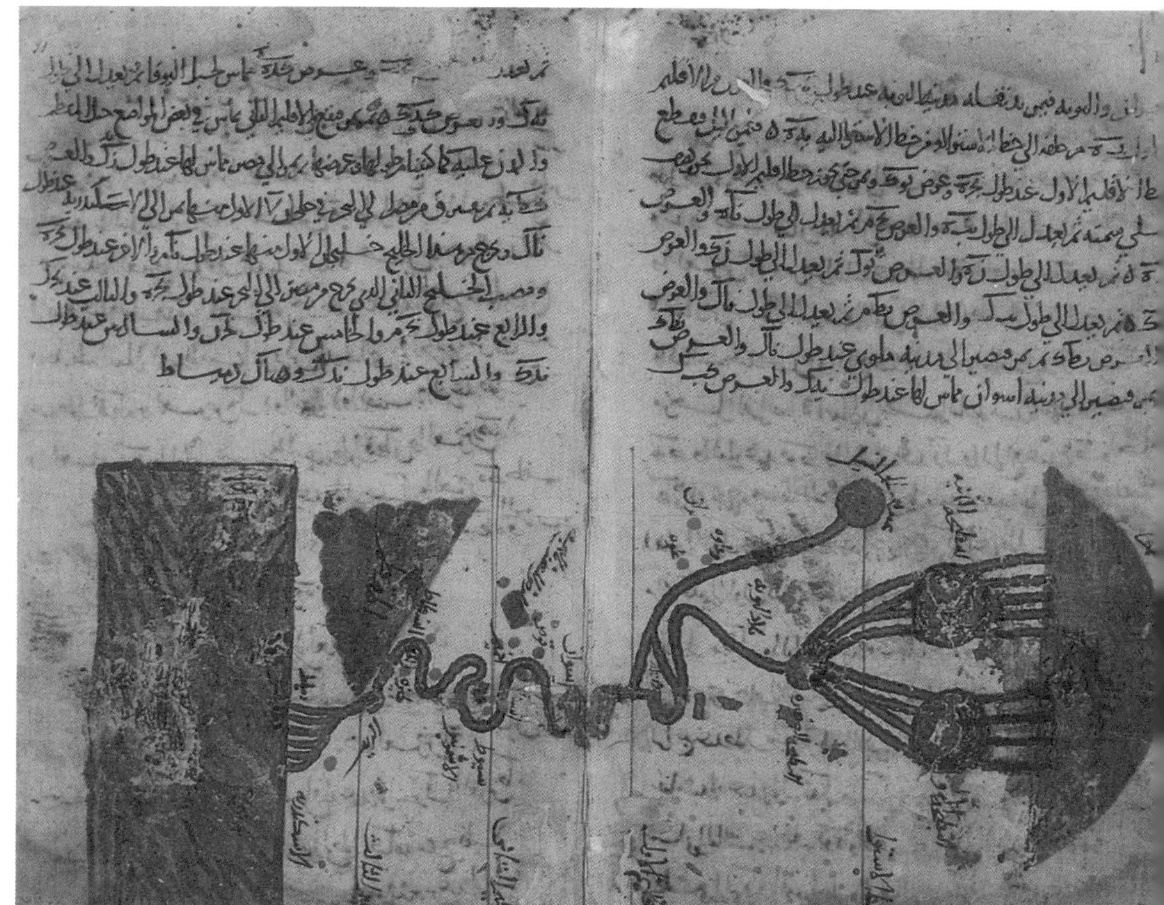

圖2.5：馬蒙尼羅河與地中海地圖

此圖是書版刊載的地圖，圖右為南，圖左為北。圖的右邊，也就是南邊，是尼羅河的發源地月形山，兩條源流從月形山的東西兩邊流出，可以看出尼羅河有兩個明顯的源頭。

線。並流的尼羅河從蘇丹向北穿過埃及，這一路所經過的地方均是沙漠。正是這條穿過沙漠的大河，成為古埃及的重要交通線，埃及文明就是依靠尼羅河而形成和興旺。埃及所有的城市皆建在尼羅河畔，所有的商業貿易也都是通過尼羅河向下游展開，一直通向地中海。

馬蒙時代，陸上商道暢通無阻。海上商道分為兩路：東路從巴士拉港出波斯灣先後征服了克里特島（Crete）和西西里島，使地中海歸入阿拉伯的版圖。此圖的左邊是尼羅河三角洲和方形的地中海，埃及的商品在亞歷山大港彙集，通過地中海販向世界。最終，阿拉伯帝國將亞歷山大港商圈與巴格達商圈，通過海陸貿易連接成巨大的阿拉伯商圈。

不僅如此，阿拉伯帝國先後擊敗了拜占庭人的進攻，簽訂了和約，所以，北方商路也保持通暢。阿拉伯製圖家阿爾・花剌子模，也摹繪「馬蒙地圖」的亞速海、黑海地圖（圖2.6），此圖描繪了北通古羅斯的海上通道，方位為上南下北，北方的亞速海是個內陸海，它的周圍有頓河、庫班河、米烏斯河，還有許多較小的河流注入其中。黑海被繪成三角形與亞速海通向南方的刻赤海峽相連。這一海陸通道北可達波羅的海，南可通過達達尼爾海峽，進入地中海，是阿拉伯帝國通道的重要組成部分。

圖2.6：馬蒙亞速海、黑海地圖

此圖方位為上南下北，北方的亞速海是個內陸海，它的周圍有頓河、庫班河、米烏斯河，還有許多較小的河流注入其中。此圖描繪了亞速海與黑海通道，南可進入地中海，北可通過陸路遠達波羅的海，構成阿拉伯帝國商圈。

阿拉伯的「世界觀」與「方法論」

〈〈《世界氣候分區地圖》〈〈約十世紀

〈〈阿里・埃米爾《朝拜祈禱世界地圖》〈〈約十世紀末～十一世紀初

〈〈伊本・瓦爾迪《朝拜祈禱世界地圖》〈〈約十五世紀前葉

雖然，阿拉伯地理學家承繼了兩河流域最早的數學理論和製圖實踐，並通過翻譯和整理古希臘和羅馬的科學著作掌握了古典地理學的先進經驗，但在十世紀，阿拉伯地理學又擺脫托勒密《地理學》的影響，進入到一個獨特的話語體系；此時的阿拉伯地理學家，一方面以大量的文字記述「大地形狀」，一方面以阿拉伯式的製圖方法製作了一批神奇的地圖。受伊斯蘭文化宗教信仰影響，此時的阿拉伯製圖家，摒棄偶像崇拜，選擇抽象方法描繪世界，使得這一時期的阿拉伯地圖，好似一個難以破解的迷宮。

阿拉伯地理學的伊斯蘭文化特色，直接影響著它的製圖準則與方法，這之中最為突出的特色，即是它的方位設定。阿拉伯人繪製的地圖，以聖地麥加為世界的中心和地圖的中心，以聖地麥加的方向南方為地圖的上方。這是閱讀中世紀阿拉伯地圖的基本路徑，當然，這一路徑也是中世紀阿拉伯製圖家當年要解決的首要問題。

阿拉伯學者從印度天文學書籍裡學習很多長度計算方法，並結合古希臘地理學，建立起「定量加描述性地理學」，此中的代表人物為比魯尼（Al-Biruni）。他發明了採用三角測量法測量大地及地面物體之間的距離的技術，發明了測量山峰和其他物體高度的方法，改進了經、緯度的測定方法。他對阿拉伯製圖學的另一重要貢獻，即用來確定穆斯林禮拜朝向的著作《城市方位坐標的確定》。

東西方早期地圖都是以宗教聖地為中心。阿拉伯地圖中心即沙特阿拉伯西邊，距離紅海大約八十公里的聖地麥加。從六世紀後半葉開始，由於埃及的混亂以及拜占庭和波斯之間的連年戰爭，使得原先的波斯灣—紅海—尼羅河的商路無法通行，商人們改走更為安全的，通過阿拉伯半島的陸路。麥加地處這個商路中段，東到波斯灣，西至紅海，北往敘利亞，南通葉門，其交通樞紐的地理位置，也使聖地麥加成為一座繁榮的商業城市。

由於宗教的、還有商業的種種需要，人們都希望地圖上能有麥加的準確定位，所以，阿拉伯地圖上，根據地理學家的測定，構建了以禁寺「天房」中心點的地圖，其符號為一個黑方圖形，有時旁邊會畫一個表現水源的「月牙」。阿拉伯語「天房」為「克爾白」（Kaaba），意為立方體，是麥加禁寺內的一個立方體殿宇。先知穆罕默德創傳伊斯蘭教後，六二三年奉真主「啟示」改定克爾白為禮拜朝向，

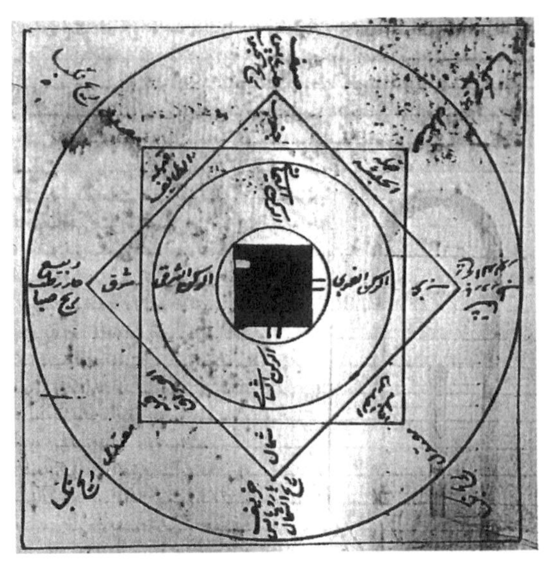

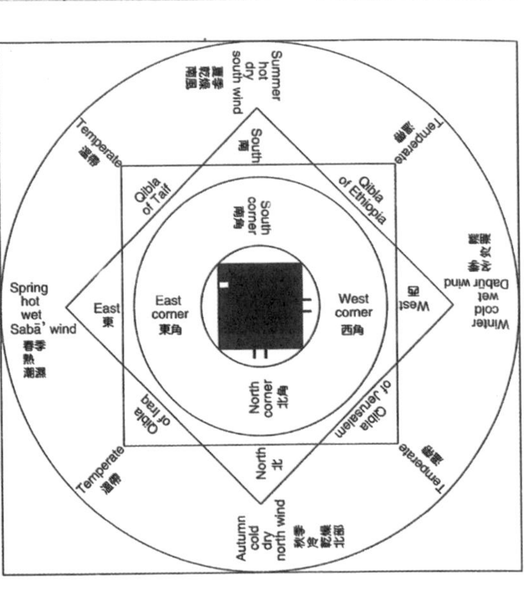

圖2.7：世界氣候分區地圖

這幅十世紀阿拉伯地理學家繪製的地圖，以克爾白為中心，將世界劃分為不同的幾何扇面中，圖中除了天房，主要表現的各方位與各方向的不同季節的不同氣候，應當是一個世界氣候分界地圖。

「天房」遂成為穆斯林朝拜的中心。所以，許多古代阿拉伯地圖是依「克爾白畫法」，先將繪圖中心「天房」位置確定後，四至才由此展開。

如，這幅十世紀阿拉伯地理學家繪製的世界氣候分區地圖（圖2.7，上為原圖，下為釋意圖），此圖以「克爾白」為中心，將世界劃分為不同的幾何扇面。這幅地圖除了天房，沒有表現其他地名，主要表現的是方位與各個方向的不同氣候，應當是一幅世界氣候分區地圖。古代阿拉伯在自然地理方面很有成就，如氣象學術語「**typhoon**」（颱風）一詞，就是源自阿拉伯語音譯「**tufan**」，而「**monsoon**」（季風）一詞，也是源自阿拉伯語「**mawsim**」。所以，氣候也是古代阿拉伯地圖描繪的重要組成部分。

中世紀初期的阿拉伯地圖，特別強調它的宗教思想表達，製圖家常以有規律的幾何圖形來描繪阿拉伯世界的中心，和由中心延展開來的世界秩序，並以這種秩序傳遞地圖的美感。如，穆罕默德·伊本·阿里·埃米爾（**al-Amiri**）的這幅朝拜世界地圖，此圖進一步發展了「克爾白畫法」，繪製出了更為詳盡，也更有秩序感的朝拜世界地圖（圖2.8，右為原圖，左為釋意圖），地圖上的「天房」仍為一個黑方圖形，旁邊畫出表現水源的「月牙」，圍繞中心的是八個半圓，分別表現了八個方向的國家，如伊拉克、土耳其、敘利亞、埃及、衣索匹亞、葉門等等，整幅地圖如一幅幾何圖畫，充滿了秩序與對稱的美感。

這種純粹的宗教背景的繪圖傳統有著強大的生命力，一直到中世紀結束時，仍有阿拉伯地理學家堅持繪製這樣的世界地圖。這裡要特別介紹一下阿拉伯歷史學家、地理學家伊本·瓦爾迪（**Ibn al-Wardi**）編寫的《科學奇觀與奇跡之書》（*The Pearl of wonders and the Uniqueness of strange things*），存世作品為一六三二年的抄本。這是一本關於地理、博物史和其他題材的文章彙編集，其中地理題材的文章佔據了該作品的主要篇幅。這部書中有兩幅地圖，其中一幅即是伊本·瓦爾迪繪製的

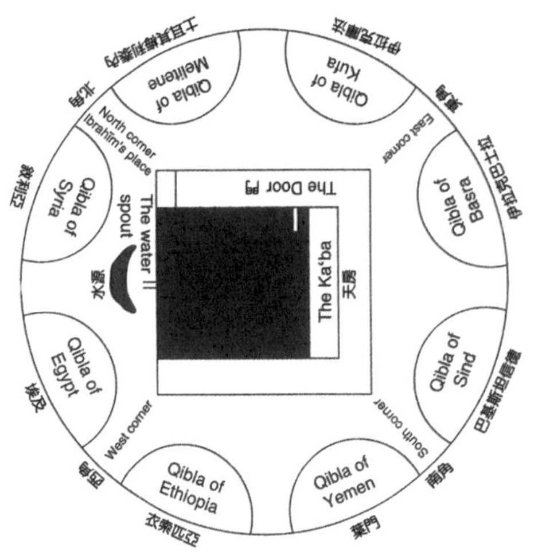

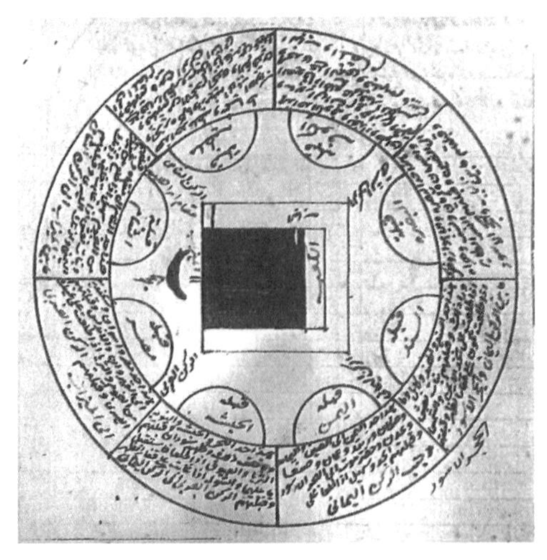

圖2.8：阿里・埃米爾朝拜祈禱世界地圖

此圖圍繞「天房」畫了八個半圓，分別註明了八個方向的國家，如伊拉克、土耳其、敘利亞、埃及、衣索匹亞、葉門等等。

圖2.9：伊本・瓦爾迪朝拜祈禱世界地圖

此圖以「天房」為中心，將世界繪成圓形，圍繞中心的是十一個半圓，分別表現了十一個方向的國家，為世界上所有國家的穆斯林指明了朝拜祈禱的方向。

朝拜世界地圖（圖2.9），此圖以「天房」為中心，將世界繪成圓形，圍繞中心的是十一個半圓，分別表現了十一個方向的國家，為世界上所有國家的穆斯林指明了朝拜的方向。

但有規律的和有秩序美的幾何形地圖，還不足以表現阿拉伯帝國的強大和認知世界的廣闊視野。所以，胡爾達茲比赫、伊斯塔赫里等地理學大師，嘗試著以更廣闊的視野和更豐富的手法來表現世界，並由此誕生了另一種圓形世界地圖。

非洲大陸與印度洋商圈

〰《伊斯塔赫里世界地圖》〰約十世紀

〰《伊本・豪卡爾世界地圖》〰約十世紀

九世紀至十世紀，伊斯蘭輿地學界誕生了幾位傑出的地理學家，伊本・胡爾達茲比赫、伊斯塔赫里和伊本・豪卡爾（**Ibn Hauqal**）。他們除了著有《道里邦國志》、《道路與邦國志》和《地球的面貌》等地理著作傳世外，還為後世留下了極為寶貴的世界地圖作品。

伊本・胡爾達茲比赫（**Ibn Khurdadh**），這位波斯地理學家曾任阿巴斯王朝傑貝勒省的郵政、情報長官。他一生至少撰寫過九部書，其中最著名的是依據托勒密的《地理學》的理論寫出的《道里邦國志》。

伊斯塔赫里的出生年歷史上沒有記錄，人們只知道他出生在伊斯塔哈里城（古波斯拜爾斯布里斯城的舊稱），今伊拉克。他一生遊歷了許多伊斯蘭國家及其他亞洲國家，到達過印度洋海岸，九五一年死在遊歷印度的旅途中。伊本・胡爾達茲比赫《道里邦國志》，對伊斯塔赫里影響很大，所以，他也寫了一本《道路與邦國志》（可能是為了避免重名，譯名略有差異），還有一部《諸域圖繪》。

在《道路與邦國志》中，伊斯塔赫里談到全球有四分之一可居住的土地面積。然後，談到了海洋，接著談到阿拉伯半島、阿拉伯灣與印度洋，再到摩洛哥與安達盧西亞，還有西西里、埃及、地中海東部、羅馬海島以及伊朗的南部、中部及北部、亞美尼亞、亞塞拜然和裏海地區，最後提到海的形狀和其

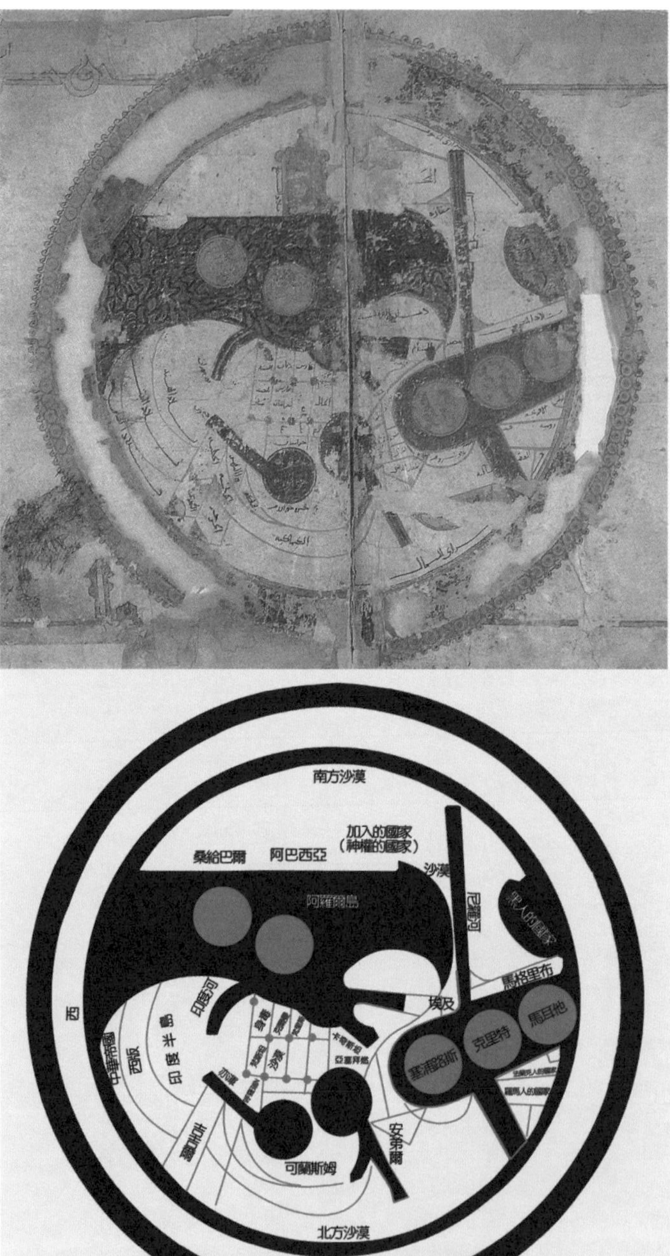

圖2.10：伊斯塔赫里世界地圖

可能是伊斯塔赫里和伊本・胡爾達茲比赫的共同作品，原圖方位是上南下北。此圖以麥加為中心，反映了巴格達在哈里發統治下的龐大帝國。原圖已失傳，此為十五世紀阿拉伯地理學家沃迪的摹寫本。

山水相連的地方及河流。他盡一切能力糾正以前地理學家的錯誤，並採取了以地圖來解釋和糾正的方式。遺憾的是他的地圖作品和他的《諸域圖繪》一樣，都沒有保留下來。他的《諸域圖繪》後來被西西里地理學家伊本・豪卡爾發展成《地球的面貌》（*The face of the Earth*）一書，這本書十世紀時有三個版本傳世。作為一部世界地圖集它包括了裏海、地中海、印度洋諸多區域。這裡介紹的伊斯塔赫里世界地圖是《地球的面貌》一一九三年版本中用到的地圖。它被李約瑟認為是伊本・胡爾達茲比赫與伊斯塔赫里的共同的作品，原本是他們的地理著作中的地圖插圖。

這幅伊斯塔赫里世界地圖（圖2.10，上為抄本圖，下為釋意圖），海水環繞的海洋味十足的世界地圖，主要表現的是伊斯蘭世界，圖的中央是麥加，阿拉伯半島與波斯灣被清晰地描繪在地圖的中央。此圖原圖方位是上南下北，以麥加為中心，以伊斯蘭世界為基準，重點反映了巴格達在哈里發統治下的龐大帝國。人類可居住的世界在這裡被描繪為四面為山海環繞的圓形世界。圖中地球的中央差不多被印度洋和地中海分成兩半；地中海裡有三個島塞浦路斯、克里特、馬耳他，歐洲的羅馬人和法蘭克人的國家被安排到角落裡；尼羅河將非洲一分為二。伊斯塔赫里所描繪的世界，可以說是十世紀阿拉伯人所認識的最大範圍的世界，這種認識可以說是領先於西方，是當時的最先進的世界地圖。

伊本・豪卡爾應當說是伊斯塔赫里的地理學理論的繼承者，他曾用三十年的時間到亞洲和非洲遙遠的地方旅行（九四三年至九六九年），是第一位深入非洲進行寫作兼旅行的穆斯林學者。他曾經沿著東非海岸到達了赤道以南二十度的地方，他注意到那裡很多人，古希臘人曾認為這裡是不適於人類居住的地方。伊本・豪卡爾的重要著作是寫於九七七年的《地球的面貌》。同時，他還繪製了一幅圓形世界地圖（圖2.11）。

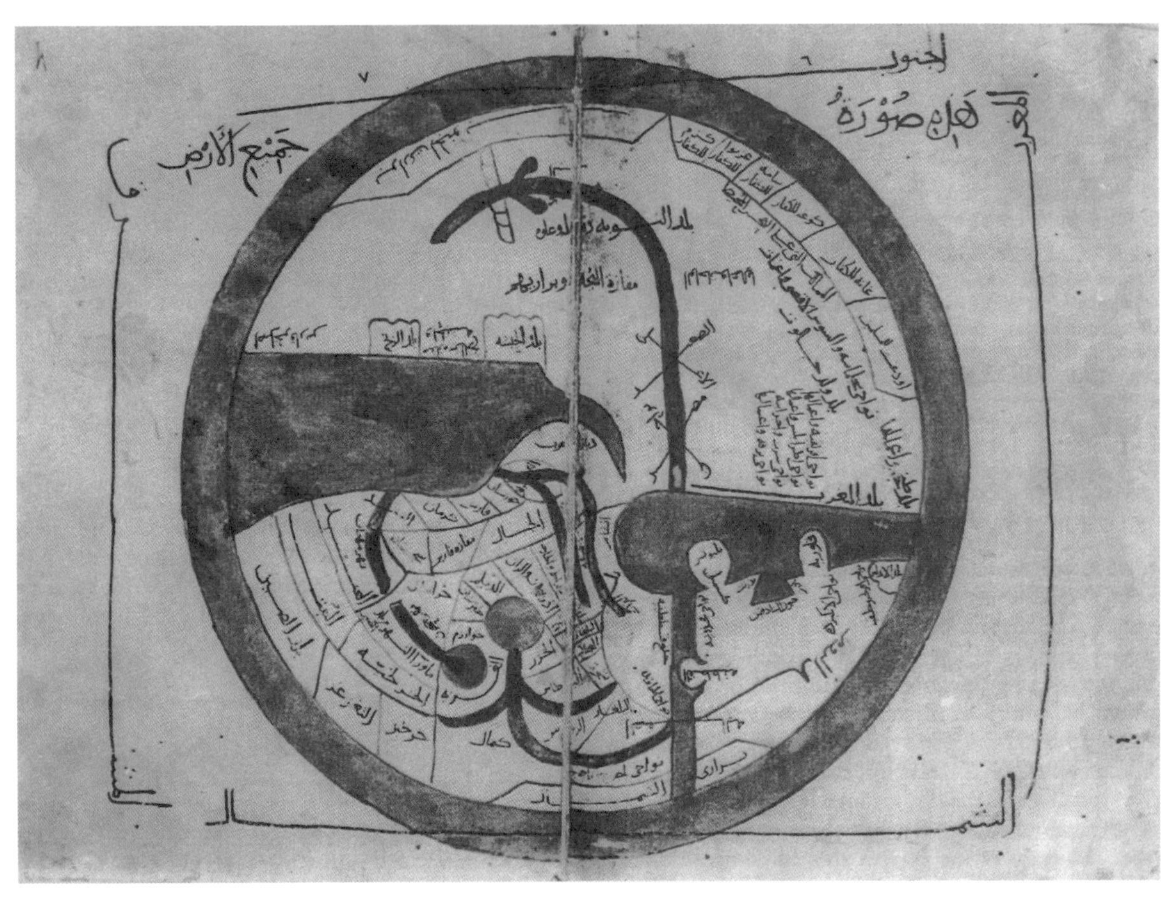

圖2.11：伊本・豪卡爾世界地圖

此圖對東非赤道及赤道以南，和西非海岸的港口與國家都有比之前人更詳細的描繪。

大約在八世紀中期，阿拉伯人在向南航行中發現了科摩羅群島，並且在那裡建立起了拓殖地；大約在九世紀，阿拉伯人在馬達加斯加島上建立起了拓殖地，並且與當地居民開展了貿易活動；阿拉伯人在印度洋西部即非洲東海岸的航海活動中佔據了主導地位。阿拉伯人從印度進口寶石、珍珠、香料、布匹等名貴貨物，然後用它們從東非沿岸居民那裡換取奴隸、象牙、紫檀木、龍涎香、動物毛皮等貨物，再把這些貨物銷往印度等東方地區；同時，上述商品也在印度、印尼等亞洲商人和東非沿岸居民之間進行直接交換。這樣，東非沿海航線與印度洋北部航線就緊密地聯繫在了一起，共存共榮。通過伊本・豪卡爾圓形世界地圖，可以看出此時阿拉伯人對東非沿岸的桑給巴爾（Zanzibar）和阿比西尼亞（Abyssinia）等港口和國家已有清楚的描繪。

不僅如此，通過伊斯塔赫里的世界地圖和伊本・豪卡爾的世界地圖，可以看出，阿拉伯地理學家已經對非洲大陸有了自己的認識。地圖上的非洲大陸並沒有與亞洲東部完全連接起來，而是為印度洋保留了一個開口，使其能夠與大西洋相通，表明非洲大陸是被海洋所環繞的，這是阿拉伯地理學對世界的一大貢獻。

以中亞為中心的世界圖景

〰《喀什葛里圓形地圖》〰西元一〇七四年

〰《伊本・瓦爾迪圓形世界地圖》〰約十五世紀前葉

在大量重要的阿拉伯輿地著作中，特別令中國地理學者感興趣的是現在能見到的最早阿拉伯世界地圖之中，有一幅重要的作品竟是由中國新疆喀什的遊子默罕默德・喀什葛里（Mahmud Kashghari）繪製。默罕默德・喀什葛里，一〇〇八年出生在今天的新疆喀什地區疏附縣烏帕爾鄉。他原本是王室家族中的一員，但因王后造反被逼出走。他遨遊天下突厥部落，晚年移居今天的伊拉克，在生命的最後時刻，他堅持返回故鄉，一一〇五年在家中去世，享年九十七歲。在烏帕爾鄉至今保存著默罕默德・喀什葛里的陵墓，現已闢為國家重點保護旅遊景區，並立有默罕默德手拿巨著《突厥語大辭典》塑像。

一〇七四年，默罕默德・喀什葛里在巴格達用阿拉伯語寫出了三卷本的《突厥語大辭典》。這一巨著的原始手稿至今未發現，現存手稿是兩百年後，從原始手稿轉抄而來。這幅圓形地圖是《突厥語大辭典》的一幅插圖，見於一二六六年的抄本（圖2.12，上為抄本圖，下為此圖的釋意圖）。現存於土耳其伊斯坦堡國立圖書館，是世界僅存的一份抄本。

這幅地圖所表現的世界是當時的作者，或當時的阿拉伯人所瞭解的世界。通過《中國古代地圖集》中所載的釋意圖，可以看出此圖對十一世紀的中亞和西域的重要國家、城鎮和突厥各部落分佈，有相當完備的註記。這是流傳至今的最早而又完整的中亞地圖。在圓圖的四角註記有：灰色表示河流，綠以表示湖海，黃色表示沙漠，紅色表示山脈。這說明雖然抄本圖上已看不清色彩了，但原抄本應是一幅彩繪地圖。

這幅地圖採用的是十世紀以來阿拉伯地圖學家通用圓形，這一時期的伊斯塔赫里、伊本・豪卡爾所繪製的地圖都是圓形的。圖中的幾何化圖形表示山川，也是阿拉伯地圖學家常用的手法。

此圖方位為，上東下西，左北右南。圖中央紅色方格（山脈）裡的註記有「八兒思罕」，它位於今天的吉爾吉斯的伊塞克湖東南岸，在西域人看來它與唐宋的吐蕃同處於東方的中心。在它的東部註記有

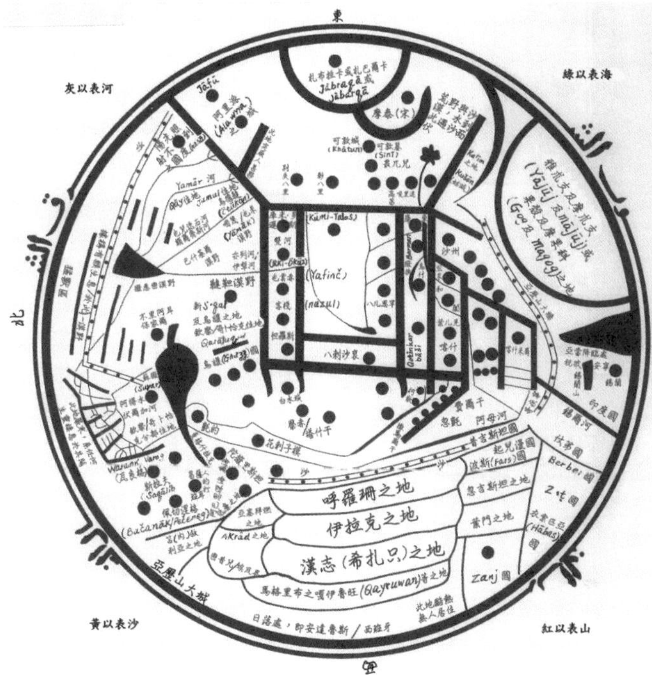

圖2.12：喀什葛里圓形地圖

此圖原刊於《突厥語大辭典》一書，這裡選用彩繪本為一二六六年的抄本，現藏伊斯坦堡國立圖書館，是世界僅存的一份抄本。

庫車、有高昌、有蒙古草原的可敦城，再東即是大宋；向西註記了波斯、伊拉克，非洲西北「馬格里布（阿拉伯語「西部」）」，最西邊註記有日落之處，「安達魯斯」，即西班牙；向南註記有作者的故鄉喀什，有印度，衣索匹亞，肯亞東部的桑給巴爾島；向北繪有伏爾加河（Волга，又譯窩瓦河），再北註記為嚴寒地，猛獸區。

順便說一下，喀什葛里圓形地圖研究的人並不多，但他的三卷本的《突厥語大辭典》已被譯成土耳其文、烏孜別克文、維吾爾文、俄文、匈牙利文、德文、日文、法文、英文、漢文等多種文字，它是研究絲綢古道上突厥各部落的語言特點、文化習俗和地理人文等的寶貴資料，現在仍是研究絲綢之路的熱門教材和史料。

不要以為這種以亞洲或以阿拉伯半島為中心的這種世界觀，或世界地圖只存在於十或十一世紀，這種觀念或傳統一直頑強地保持到中世紀結束之時。這裡要介紹阿拉伯重要的歷史學家，伊本・瓦爾迪編寫的《科學奇觀與奇跡之書》，這部手抄本內有兩幅地圖，其中一幅——圓形世界地圖。（圖2.13）

伊本・瓦爾迪圓形世界地圖。以半圓形的傳說中的加夫（qaf）山脈作為邊緣裝飾，地圖中心部分的阿拉伯半島上是麥加和麥地那。中世紀的阿拉伯帝國的首府巴格達城則繪在圖中央偏下一點的位置上，用一個同心圓來標示，這個圓的附號可能代表西元七五八年哈里發曼蘇爾在巴格達所建的圓形都城，當時的首都分為內城外城、是同心圓。此圖右下方用一個紅新月標記的是著名的君士坦丁堡。

伊本・瓦爾迪卒於一四五七年，此時已是鄂圖曼土耳其的時代，自一四五三年，十九歲的穆罕默德二世攻克君士坦丁堡後，世界已同中世紀告別，世界的中心在新的征戰中漂移，世界早就開始了新一輪的描繪。伊本・瓦爾迪仍堅守傳統的《科學奇觀與奇跡之書》，更像一部中世紀的輓歌。

圖2.13：伊本・瓦爾迪圓形世界地圖

當世界都已重返托勒密地理學時，伊本・瓦爾迪仍堅持描繪他的世界觀和他的世界格局。

封閉的兩洋與海岸

《地中海地圖》 約十一世紀

《印度洋地圖》 約十一世紀

《伊本・豪卡爾地中海地圖》 約十世紀

中世紀的阿拉伯世界版圖中，世界由兩個大洋構成，一個是地中海，一個是印度洋。這一時期伊斯蘭的世界地圖，全是在這一概念指導下繪製亞非歐世界地圖。

印度洋在西元紀年之前並不叫印度洋，而叫「厄立特里亞海」（Erythrea），這個名字最早見於古希臘地理學家希羅多德所著《歷史》一書中。其希臘文原意為紅色的海。

西元一世紀時，曾有一部傳說是長在埃及沒有留下名字的希臘商人所寫的《厄立特里亞海的航行》的地理著作。這是一部典型的「航行記」，所記述的地區包括非洲的東海岸，向南直到拉普塔（達累斯薩拉姆）；阿拉伯海岸，直到波斯灣和印度河河口；繞過印度半島，經斯里蘭卡抵達恆河河口；繼續向東，還描述了赫里色島（Chryse），即麻六甲半島；最東至提奈斯地區及其都城提奈（Thinai），但究竟是指哪裡，尚待考證。這是古代人第一次談到從海路接近中國。

書中介紹，中國的絲綢、棉花和紗線從提奈斯經過陸路被運抵巴克特利（Bactres）和巴里加扎（Barygaza），經過海路和恆河水道，被運抵馬拉巴爾（Mal-abar）海岸的利邁里（Limyrique）地區。這部航行記的資料不是第一手，不少資料是根據傳說記載的。關於東南亞的資料來源於印度航海者，他們利用季風，同遠東進行貿易。作者詳細列述了各港口的進出口貿易情況，交換的商品不勝枚舉：毛皮、象牙、絲綢、珊瑚、漆器、珍珠、玳瑁、各種香料，還有棉花、玻璃器皿、檀香、稻米、酒、小麥、金、銀、銅、錫、寶石、織物；甚至還包括奴隸和婦女。遠東地區物產富饒，商業繁榮，令人神往。

西元一世紀時，羅馬地理學家彭波尼烏斯・梅拉首次使用了「印度洋」這一名稱。十世紀時，阿拉伯地理學家伊本・豪卡爾編繪的世界地圖上使用了「印度洋」這個名字。西方人正式使用「印度洋」這一名稱是葡萄牙航海家達伽馬一四九七年東航印度之時，他將沿途所經過的洋面統稱之為「印度洋」。此後，這個名字逐漸被西方人們所接受，成為通用的稱呼。

伊斯蘭教誕生之後，阿拉伯製圖家在理論上以《古蘭經》的兩個大洋世界觀為基礎，繪製方法也尊崇不拜偶像的教義，不描繪地理具象，而以抽象方法來概括這兩大洋。八世紀至十一世紀，阿拉伯的世界地圖幾何圖形化，也非常程式化，海洋和陸地輪廓完全失真，但大體方位是對的，反映了那個時期的阿拉伯人的對自身的認識和對世界的看法。

古代阿拉伯海洋地圖多是通過書籍的插畫形式出現。其中，有一本《科學奇觀與奇跡之書》就刊載了重要的古代地中海和印度洋的兩洋圖。這部書十三世紀初出版，其出版地點可能在埃及。書中所載的地圖雖然不是第一手的，但也非常可貴，人們推測出這些地圖大約完成於十一世紀上半葉。

這幅地中海地圖（圖2.14），不描繪地理具象，完全沒有考慮它的各個半島與海岸線整體形狀，甚至沒有考慮它西邊的重要海峽，直接將它畫為一個橢圓。但此圖也有它的可貴之處，它標註了環地中海的一些港口，算是此圖中最接近真實的訊息，也是海洋地圖的重要元素。

這幅印度洋地圖（圖2.15）和前邊的地圖一樣，也不考慮它的真正形狀，也將其畫為一個橢圓，仍

把印度洋理解為一個封閉的海區。它反映了此時阿拉伯帝國仍按古希臘對海洋的錯誤理解，即海洋是有邊界的。但在印度洋沿岸，作者還是標註了重要的港口城市，具有一定的實用性。

這兩幅海洋地圖，雖然描繪了海洋、海岸、江河入海口和港口，但這種地圖不是用來航海的實用海圖，它不能幫助海員在這些海域航行。這種地圖其實是把海洋抽象化，最大的意義是讓普通人瞭解這些海洋也是世界的特定組成部分，其示意性，遠遠大於實用性。

需要指出的是中世紀的阿拉伯繪製地圖的風格，並非一成不變的，也是多樣和不斷的變化，比如伊

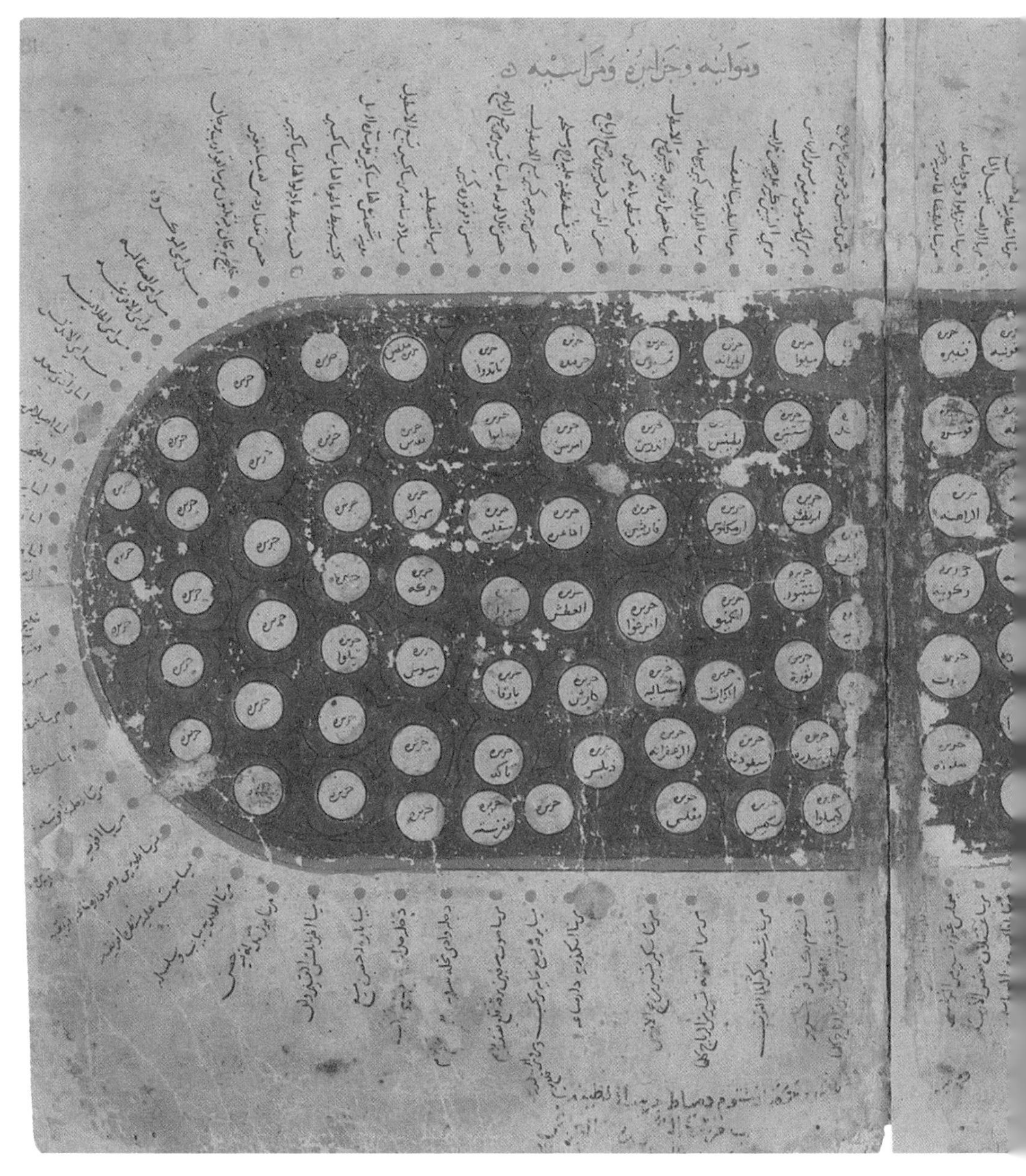

圖2.14：地中海地圖

此圖出自《科學奇觀與奇跡之書》（十三世紀初版本，原書十一世紀中葉初版）。

本·豪卡爾繪製的地中海地圖（圖2.16），就是以具象為主導。

伊本·豪卡爾在長達三十年的地理考察中，重點考察了阿拉伯世界關注的兩大洋，即印度洋與地中海。地中海，最初也不叫這個名字。古猶太人和古希臘人都簡稱之為「海」或「大海」。後來，因為瞭解到這個海位於三大塊大陸之間，拉丁文稱之為「Mare Mediterraneum」，其中「medi」意為「在……之間」，「terra」意為「陸地」，全名意為「陸地中間之海」。這個名稱始見於西元三世紀的古籍。七世紀時，西班牙作家伊西爾首次將「地中海」作為地理名稱使用。

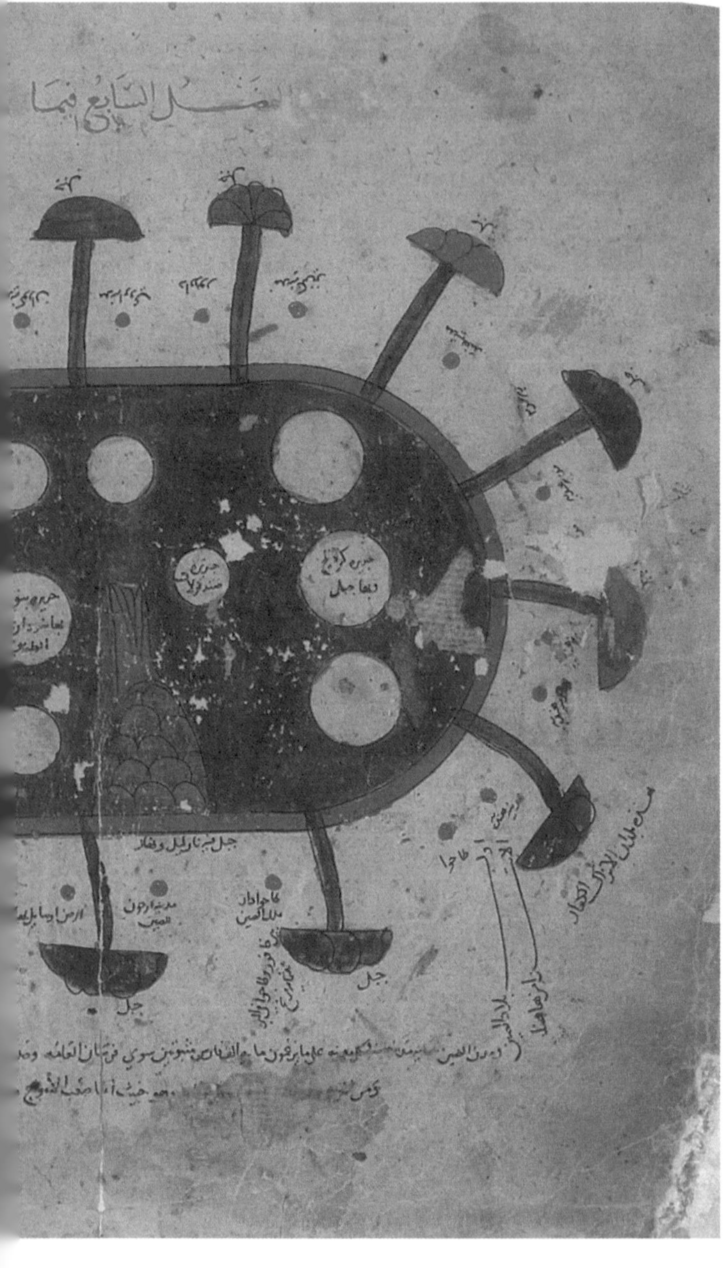

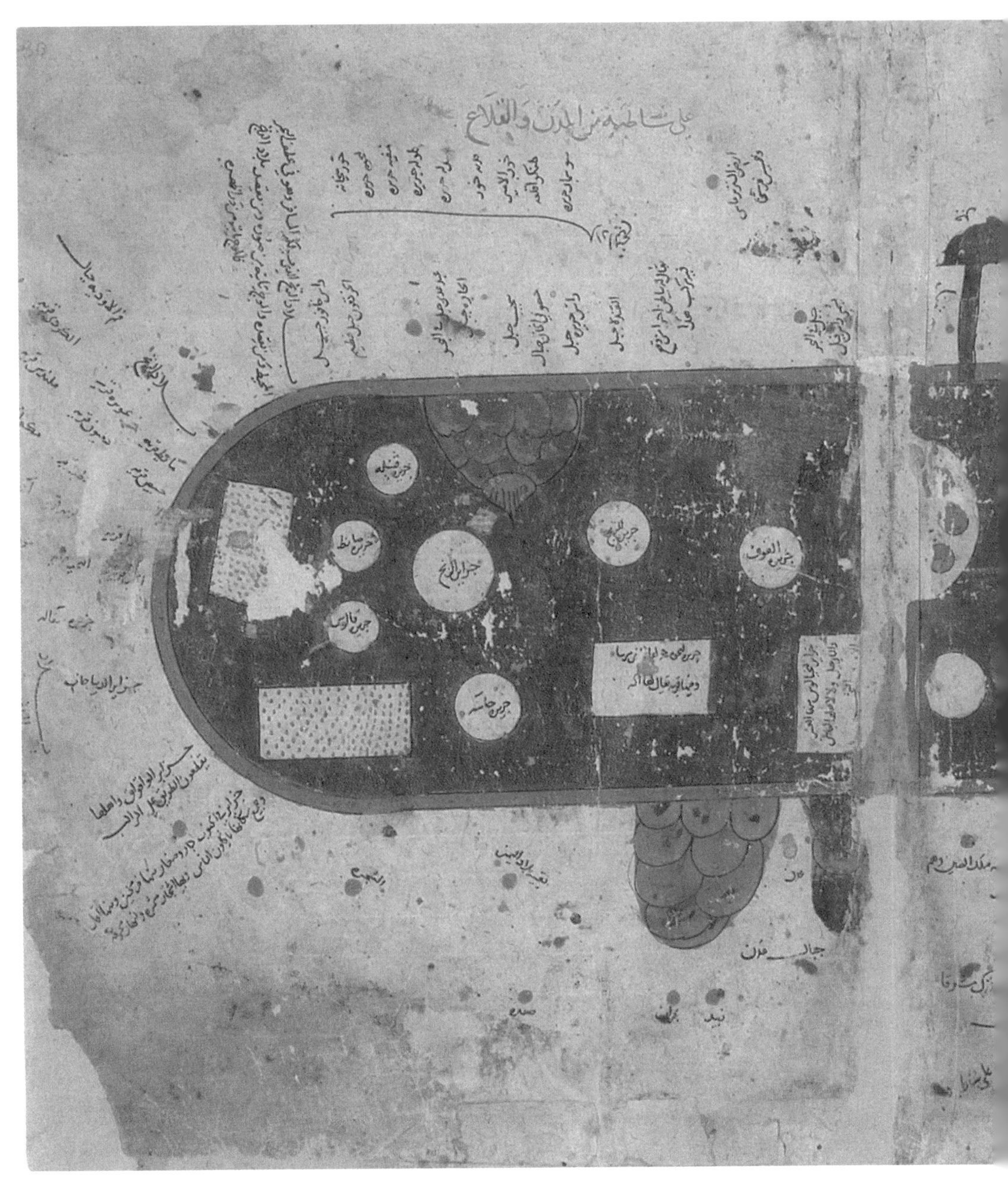

圖2.15：印度洋地圖

此圖出自《科學奇觀與奇跡之書》（十三世紀初版本，原書十一世紀中葉初版）。

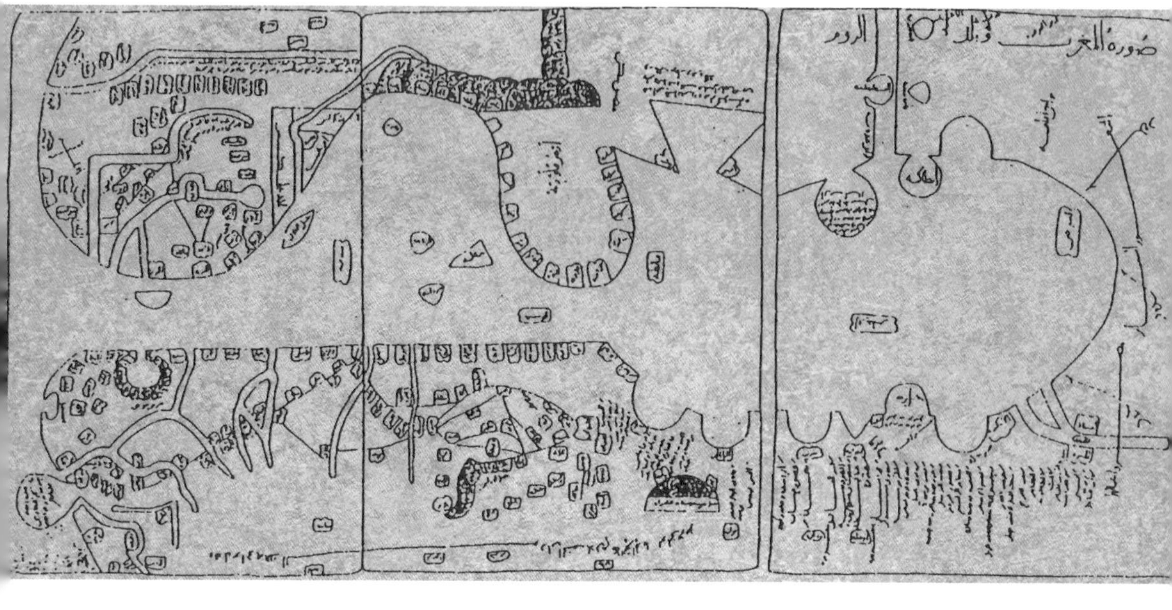

圖2.16：伊本・豪卡爾地中海地圖

它不是抽象描繪而是具象描繪。此圖基本反映了地中海的真實面貌。圖西起地中海西端的海峽，東至地中海東岸，紅海等有代表性的地標，在此圖上皆有表現。此圖記錄了許多環地中海的港口城市，呈現出鮮明的海圖特徵。

伊本・豪卡爾在他的《地球的面貌》一書中，詳細記述了穆斯林統治下的西班牙和義大利，特別是西西里。這些地方當時都被阿拉伯人佔領，僅在西西里城市巴勒摩（Palermo）一地，就有不下三百個清真寺。所以，伊本・豪卡爾繪製了地中海地圖，內容十分豐富。這幅地圖與傳統的阿拉伯世界地圖不一樣，它不是抽象描繪而是具象描繪。此圖基本反映了地中海的真實面貌。圖西起地中海西端的海峽，東至地中海東岸，紅海等有代表性的地標，在此圖上皆有表現。此圖的一大特點是記錄了許多環地中海的重要港口城市，並大多做了標註，呈現出鮮明的海圖特徵。這幅地圖是早期的、最為詳細的地中海專圖，為後來歐洲人繪製地中海航海圖奠定了基礎。

氣候帶裡的緯度

〰《世界氣候帶地圖》〰 約十世紀～十一世紀

在地球上劃分氣候帶的概念，在早托勒密時代就已提出，而最早將這一理論引入到阿拉伯地理學的是阿爾・花剌子模。他最著名的地理學著作為《大地形狀》，此書的全名為《地球的地貌——城市、山岳、海洋、島嶼及河流，阿布・賈法爾・穆罕默德・伊本・穆薩・花剌子模據托密勒的地理學所著》。這個名字雖然長，但它交代了學術源流。據說，其僅存的摹本存於斯特拉斯堡大學圖書館，其拉丁語譯文存於馬德里的西班牙國家圖書館。

在這部著作中，描述了先根據「氣候區」列出緯度和經度，「氣候區」即是一組的緯度，又以經度的次序列出每個「氣候區」。這樣以氣候區的劃分來描繪世界。此書共記載了地名五百三十七處及其經緯度，並劃分了各地的地形和氣候區，闡發了對地球偏圓形狀的創見，為阿拉伯地理學的發展奠定了基礎。但是在古老的阿拉伯語摹本及拉丁語譯本裡都沒有出現依此理論繪製的世界地圖。

在十世紀至十一世紀，阿拉伯地圖中很少有經緯度的表現，但有一種地圖是個例外，它就是氣候帶地圖。這種地圖上突出表現的就是緯度，但它常常是以一種劃分氣候帶的形式出現。如，這幅佚名作者的世界氣候帶地圖（圖2.17）。此圖大約繪製於十世紀至十一世紀，原圖亡佚，這是它的一一九二年複製本。在此圖中，北半球被清楚地劃分出七個氣候帶，從赤道開始，每十緯度為一個氣候帶，圖中突出了尼羅河，地中海和印度洋。這個緯度劃分的北半球中，地中海被較為準確地放在了北緯三十度左右的

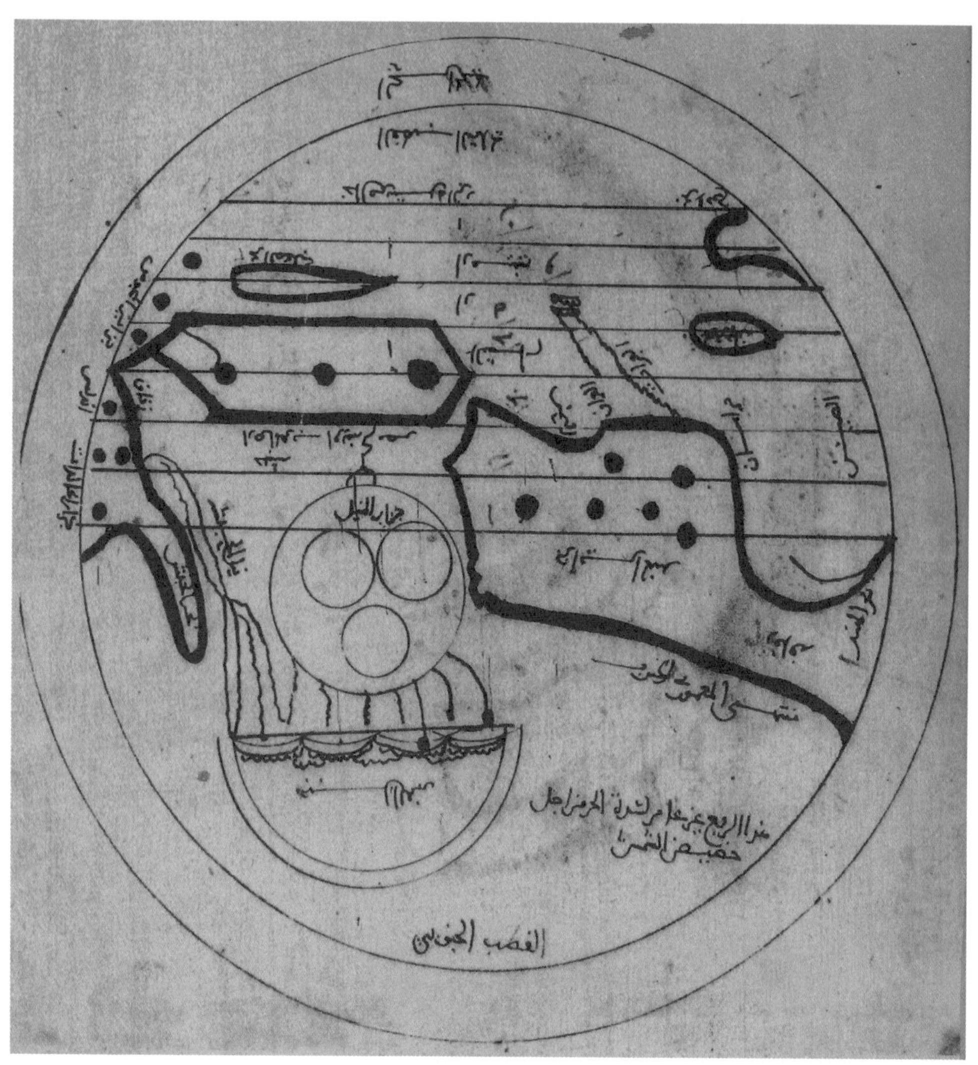

圖2.17：世界氣候帶地圖

此圖大約繪製於十世紀至十一世紀，原圖亡佚，這是它的一一九二年複製本。在此圖中，北半球被清楚地劃分出七個氣候帶，從赤道開始，每十緯度為一個氣候帶，圖中突出了尼羅河，地中海和印度洋。

位置上。

需要指出的是此圖中氣候帶的劃分線，完全沒有考慮地球的球形，所以，分界線全都畫成了直線。這個錯誤在後來的伊德里西世界地圖中得到改正，但從這幅世界圖的基本架構上講，它頗似伊德里西世界地圖的原形。

半個地球即世界

〰《伊德里西世界地圖》〰西元一一三八年～西元一一五四年

雖然，阿拉伯學者比魯尼，很早就結合印度天文學和古希臘地理學建立起「定量加描述性地理學」，並發明了採用三角測量法測量大地及地面物體之間的距離的技術，改進了經、緯度的測定方法。但在十世紀至十一世紀，伊斯蘭製圖家多傾心於「克爾白畫法」，表現麥加中心和有秩序感的抽象世界圖景，忽略了經、緯度在繪製地圖中的決定性作用，使一路領先的阿拉伯製圖學，一度處於停滯和衰落階段，直到十二世紀，伊德里西的出現，才又有了一次大的飛躍。

伊德里西出生在北非的塞卜泰（今摩洛哥休達），但很早就隨父母移居西班牙，青年在伊比利半島科爾多瓦大學讀書，後來成為通曉伊斯蘭和希臘文化，精通地理學、歷史學，還對醫學、語言學有所研究的大學者。伊德里西青年時代，曾遊歷過埃及、北非、希臘、羅馬等地，還到過小亞細亞。大約在一一三八年左右，他應西西里國王羅傑二世（Roger II）的邀請，來到巴勒莫出任宮廷地理學家。在這裡，他做了一件載入史冊的事：為羅傑二世用白銀四百六十六兩製造成一個地球儀和盤形世界地圖，球面上刻出主要的氣候地帶。雖然，那個銀盤子在一一六〇年被毀壞了，但在他的另一件傳世之作《羅傑之書》中，我們還能看到它的痕跡。《羅傑之書》是一部地理志，原名《愉快的遠行》，因是獻給國王羅傑，史稱《羅傑之書》。書中附有七十幅地圖，其中被後世稱為「伊德里西世界地圖」的最為著名。

伊德里西在書中說：「國王羅傑希望清楚地瞭解自己轄下的土地上的每一個細節，並通過精確的知識來進行統治。如此一來，他就可以知道領土、領海的邊界，道路以及航線情況……同時，他還要瞭解七個氣候帶的知識，這樣他無論何時何地都能對不同的訊息瞭如指掌」這就是國王要出此書之目的。

中世紀，阿拉伯的「翻譯運動」，已使古希臘天文學家、地理學家托勒密的《地理學》，產生了廣泛的影響，九世紀時已有了阿拉伯文抄本，但從目前的考古結果看，那時的抄本還沒附有地圖。所以，伊德里西的這幅世界地圖只能說是遵循了托勒密《地理學》的理論與風格，依據羅傑二世派往各地實測者提供的最新地理資訊，結合自己到各地遊歷經驗，利用經緯線正交的方法描繪已知世界區域，如此完成了國王所下達的「世界地圖」任務。

伊德里西的世界地圖（圖2.18），描繪了當時所知道的地球表面的一半。此圖依古代伊斯蘭地理觀念，仍然以麥加方向以南為上，以北為下。但在地形描繪上沒有採用抽象方法，而是用具象方法描繪世界，大地被表現為圓形，圖右下方的地中海與圖中央位置的阿拉伯半島和裏海，其形狀接近地理實際。但沒有繪出印度半島形狀，向東邊平直畫了過去。在圖右上方繪有埃及「月形山」為尼羅河源頭，河水注入地中海。圖左邊為大西洋，標註為「黑暗海洋」；圖右邊，馬來半島前方繪有許多島嶼，最東方或是新羅。

值得注意的是圖中從北極方向起，劃分了七個東西走向的弧線，地球被劃分為七個平行帶，即七個赤道以北氣候帶，每個氣候區按緯線等分。其實，這種氣候帶的世界地圖早在伊德里西之前就有阿拉伯製圖家在世界地圖上嘗試。當然，在細部與更多的最新地理資訊上，伊德里西世界地圖更加傑出。

此圖在西西里國王羅傑二世統治的西西里島繪製，大約成圖於一一三八年到一一五四年。它代表了當時世界地圖的最高水準，因此被後世廣為摹繪，現在人們能見到的最早摹繪圖是在一三〇〇年的

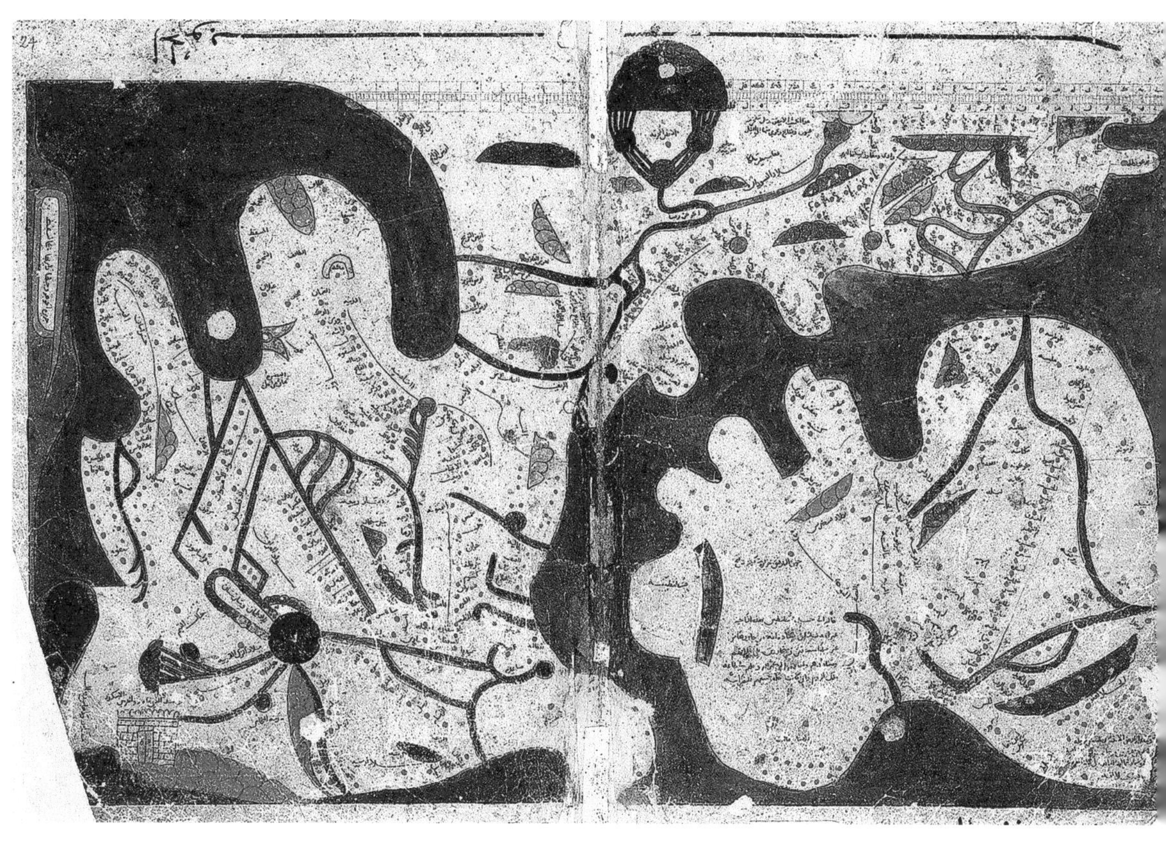

圖2.18：伊德里西世界地圖

作者遵循托勒密地圖的傳統，為西西里國王羅傑二世繪製了這幅世界地圖。原圖大約繪製於一一三八年，此為一四五〇 年左右的抄本。

抄本，此後還有一三四八年的抄本，這裡選取的是一四五〇年左右的抄本，現藏牛津博德利安圖書館（Bodleian Library）。這些抄本在各歷史時期，都有少量的地理訊息添加，但總體面貌未受影響。

開放的兩洋與未知地

〰中世紀《阿拉伯世界地圖》〰約十二世紀末

二〇一二年十月，在牛津博德利安圖書館剛剛整理出來的「珍寶展」上，我看到了這幅消失幾百年後，後來又現身的中世紀阿拉伯世界地圖，並有幸得到博德利安圖書館大衛先生贈送的此圖電子版本。據大衛先生講，博德利安圖書館，二〇〇二年從一個慈善捐助渠道獲得了一部不為世人所知的《好奇心之書》。這是一份中世紀的阿拉伯文手稿副本，專家推測它大約創作於十一世紀的埃及，約在十二世紀末完成。書中包含了無與倫比的天空和地球的插圖，其中有「河流地圖」，有「世界所有的湖地圖」，還有就是題名為「矩形世界地圖」這幅彩色地圖。捐書的慈善機構還資助研究此書，出版它的阿拉伯文和英文版本，但目前尚未見到研究成果。這裡憑自己掌握的現有訊息，解讀一下這幅奇特的中世紀阿拉伯世界地圖（圖2.19）的製圖特色：

一是地圖以麥加方向——南為上，北為下，左東，右西。圖上方阿拉伯半島的西部靠紅海邊繪有表示天房旁水源的「月牙」；

二是這一時期的地圖都以「傘形」來描繪月亮山下的尼羅河源頭，同著名的伊德里西等製圖家繪製的世界地圖（一一三八年左右）如出一轍；

三是伊德里西世界地圖出自《羅傑之書》，此圖出自《好奇心之書》，說明當時的地圖多是以插畫形式現身書籍中；

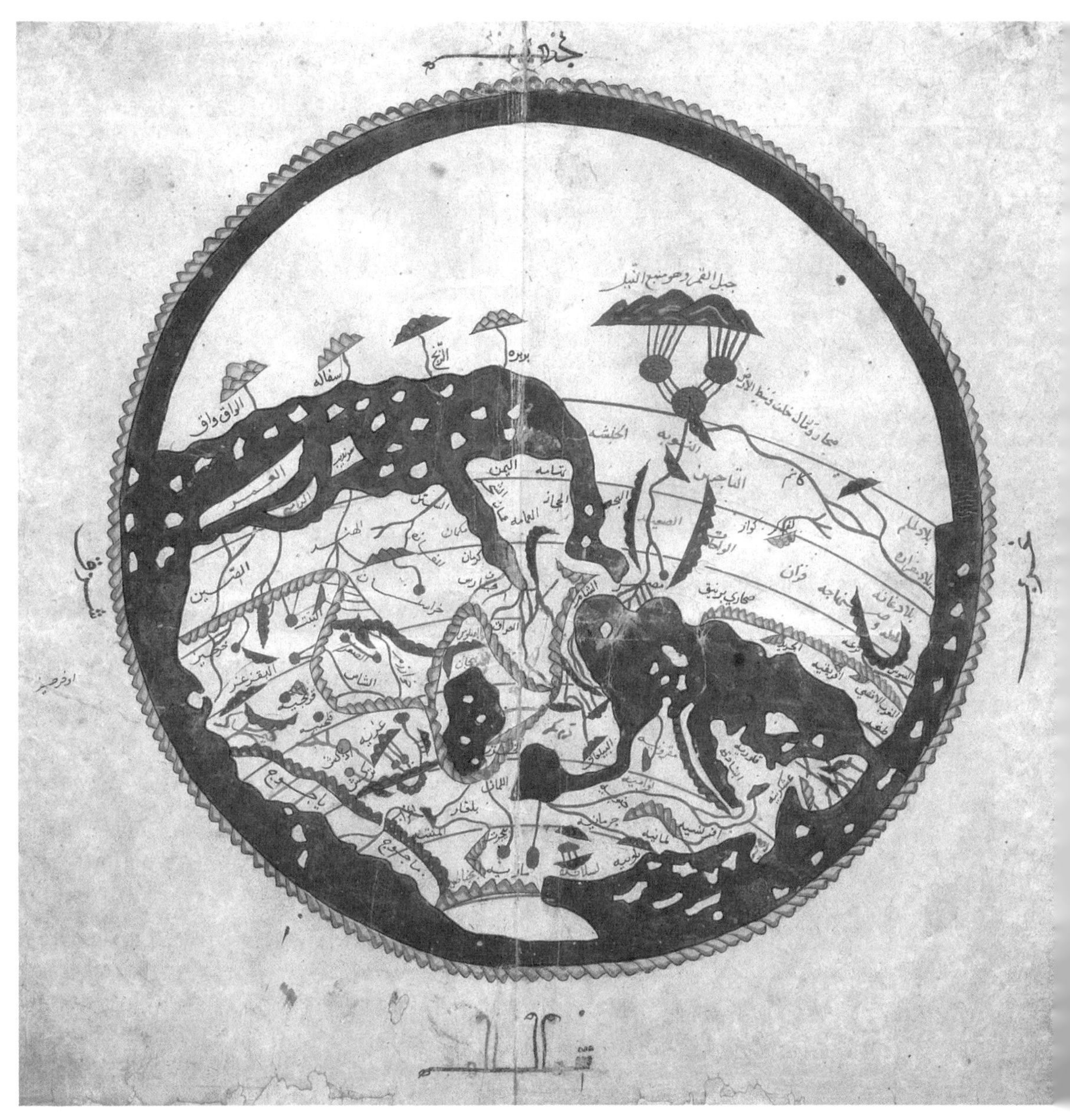

圖2.19：中世紀阿拉伯世界地圖

以麥加方向——南為上，北為下，左東右西。它是迄今為止存世不多的中世紀世界地圖之一，而此圖上端所繪比例尺是同期地圖上鮮見的。

四是圖的左邊，也就是東邊，一片島嶼被註記為「寶石島，包圍它的山脈像一個籃子」。遍地「寶石」是中世紀阿拉伯世界對東邊世界的傳統描述。這島嶼可能是麻六甲或是馬來半島，或更遠的新羅，這些地方都被阿拉伯人和西方人認作世界最東端的盡頭。

在圖的左下角，描述了傳說中亞歷山大建造的城堡，用以抵禦歌革和瑪各（Gog and Magog），據中世紀阿拉伯的《地理學》稱，中國的北面是歌革和瑪各之地，那裡住著世界以外黑暗力量的統治者……這些訊息反映了當時阿拉伯世界的「世界觀」。

值得注意的是此圖對世界的描繪，已不再將大洋畫成封閉的形狀，而是呈開放狀，地中海是向著大西洋開放的，印度洋是向著後來人們所說的太平洋開放的，它是迄今為止存世不多的中世紀阿拉伯人繪製的長方形開放式的世界地圖，而此圖上端所繪比例尺是同期地圖上鮮見的。

阿拉伯的經緯網格

〰〰《網格世界地圖》〰〰西元一二五八年
〰〰《網格波斯地圖》〰〰約十四世紀初

早在西元八二五年左右，馬蒙時期的圓形世界地圖中，就已經出現了有經緯網線的網格世界地圖。但是後來的幾百年，這種經緯線網格地圖又消失了幾百年，一直到十三世紀，阿拉伯製圖家，又開始畫網格世界地圖。這一時期的網格地圖，後世能看到的較早作品是一二五八年巴格達落入蒙古人手裡之後，由大約生活在一二〇三年至一二八三年的波斯天文、地理和博物學家札卡里亞・阿爾・卡茲維尼（Zakariya al-Qazwini）繪製的世界地圖。他嘗試在東方的世界地圖中導入托勒密《地理學》理論，以經緯坐標線網格來描繪世界。遺憾的是，他大約在一二五八年左右繪製的網格世界地圖原件已經亡佚，好在波斯作家穆斯托菲（Allah Mustawfi）在他的《編年史選》一書中編入了多幅地圖，其中就有卡茲維尼繪製的網格世界地圖。此圖雖然繪成了圓形，但仍繪有矩形網格，為後世留下了罕見的網格世界地圖。此書中還編入了穆斯托菲繪製的網格波斯地圖，為研究東方網格地圖留下了寶貴財富。

卡茲維尼的網格世界地圖（圖2.20），原圖有多大，已不得而知；刊在書中的地圖將世界畫成一個圓形，圖的直徑約十五公分。此圖保持著阿拉伯式的地圖方位，南方在上。圖面上的整個地球只北半球得到了相應的描述，而南半球則是一片海藍色表現的無邊大洋。海洋是這幅地圖的主體，在北半球有幾個大大的海灣深入大地，形成了阿拉伯半島、印度半島和馬來半島。但圖中的地中海畫得又細又小，非

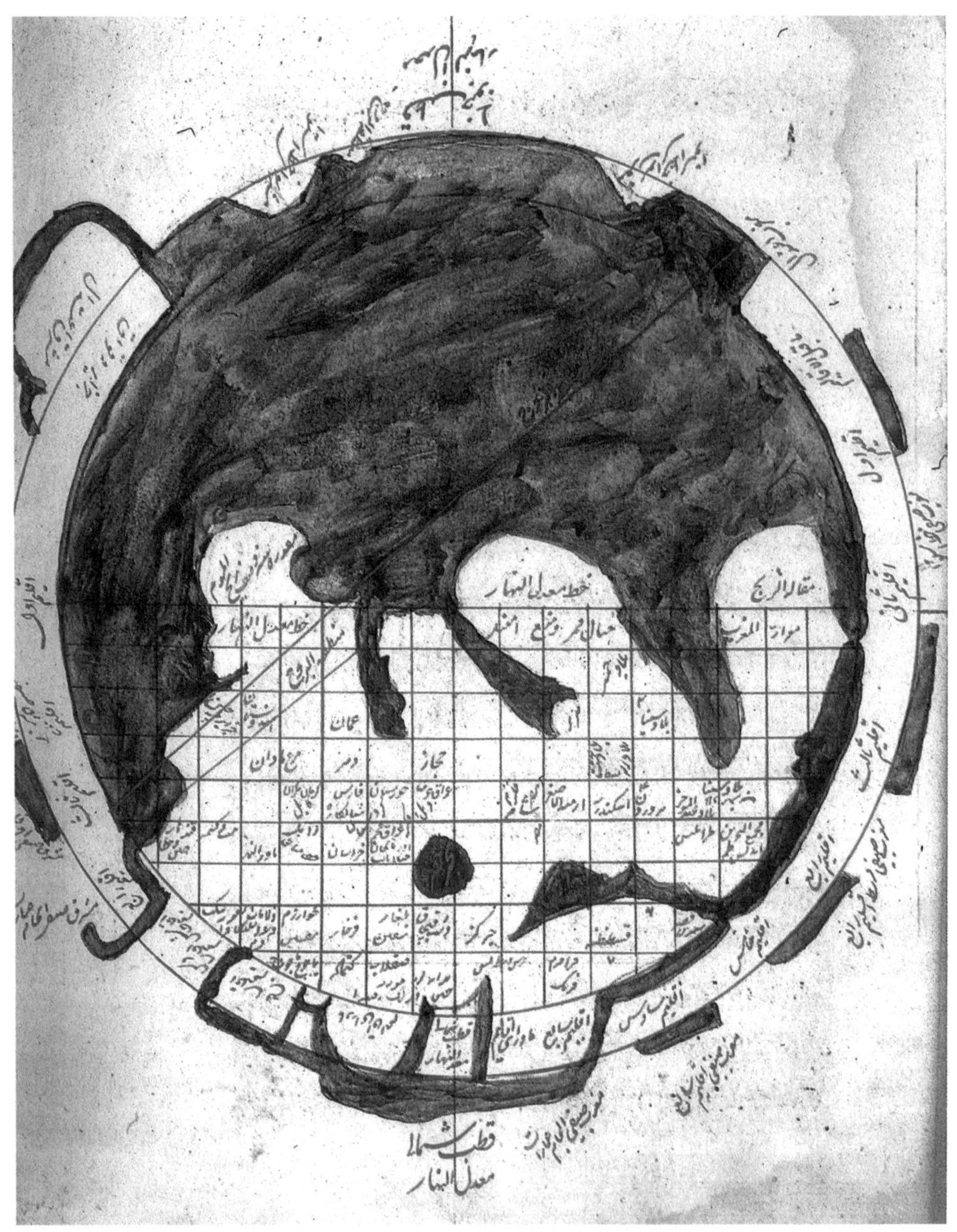

圖2.20：網格世界地圖

此圖以經緯坐標線構成的網格來描繪世界，地圖南方在上，南半球是一片海藍色表現的無邊大洋。北半球有幾個大大的海灣深入大地，形成了阿拉伯半島、印度半島和馬來半島。原圖為十三世紀中期作品，此圖為十七世紀抄本。

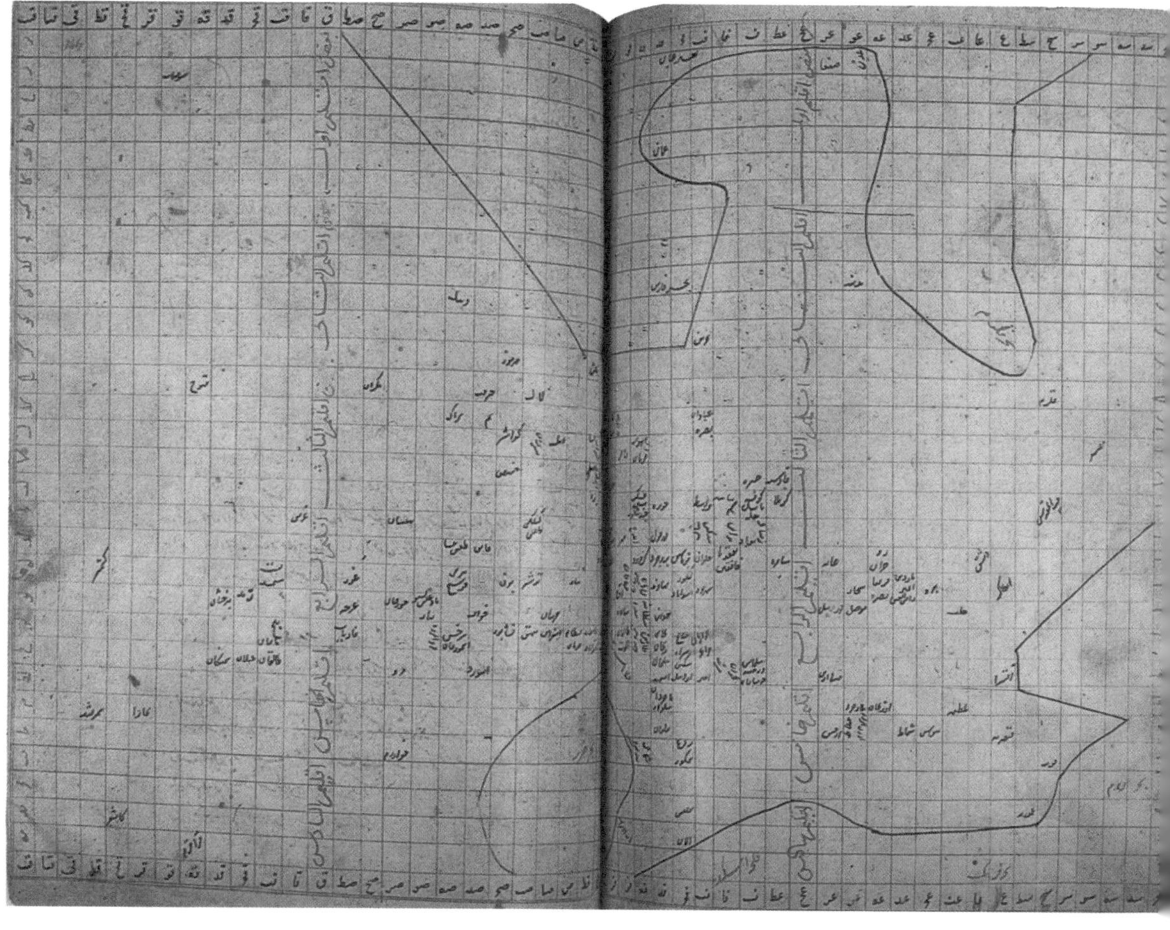

圖2.21：網格波斯地圖

這幅長方形網格地圖大約繪於十四世紀初，在縱橫兩個方向仔細標註了經度和緯度，但對地形輪廓則畫得極為簡約，此圖為十六世紀抄本。

洲大陸則被一個莫名的海灣分成了兩半，這種分岔的非洲大陸在後來的阿拉伯世界地圖中還出現過。

這幅網格地圖線畫得比較粗糙簡單，但每根經線和緯線之間的距離都是規定好的，赤道線被分為十八個網格，平均每格為十經度，共一百八十度。每一個方格中只標一個地名。值得注意的是還有一條雙線穿過地圖中央的可旋轉尺子，用來測量地圖經緯度之間的距離。

穆斯托菲的《編年

史選》中，編入了穆斯托菲繪製的一幅網格波斯地圖（圖2.21），此圖大約繪於十四世紀初。這一長方形網格地圖仔細標註了經度和緯度，但地形輪廓則畫得極為簡約。中國的地理學者很樂於將這種阿拉伯網格地圖與中國南宋時期石刻的禹跡圖作比較（後面將會專門談此圖），禹跡圖成圖於十一世紀末。圖中的「計里畫方」技法與此網格世界地圖非常相似，繪製時期至少早於這幅地圖一兩百年。雖然，兩者都屬「網格法」，但「計里畫方」的方，計的是里，而網格法的格，計的是經度和緯度，這有本質不同。

從八世紀開始，阿拉伯的天文學家與地理學家就熱衷於編製經緯度表，他們若想將經緯度表轉換為地圖上的經緯線網格，也不是難事。這種網格法是否來自中國至今沒有定論，有趣的是中國蒙元時期的元經世大典地理之圖，又完全照搬了阿拉伯的經緯度網格法，成為中國地圖中少有的經緯度網格法地圖。由此我們可以猜想，東方地圖學在中世紀，一定有著某種特殊的跨區域交流，它使得東方製圖技術領先於當時的西方世界。

這兩幅東方網格地圖誕生的時代，恰是蒙古帝國攻克巴格達和大馬士革，阿拉伯帝國滅亡的時代，此後，隨著蒙古帝國在阿拉伯世界確立自己的統治，原有的阿拉伯商圈與蒙古帝國商圈，融合成一個更大的商圈，同時，這兩個帝國的地圖文化亦相互融合，也為地圖史提供了更大也更精細的東方地圖和世界地圖。

印度的贍部洲世界觀

〰《耆那教贍部洲圖》〰約十五世紀

〰《五天竺圖》〰西元一三六四年

古代印度對世界的看法是獨特的，表現方式也非常抽象，比之中世紀的阿拉伯地圖，有過之而無不及，甚至不像地圖，而是一幅幾何圖畫，其突出代表即耆那教贍部洲圖。

印度的宗教極為複雜，耆那教是印度傳統宗教之一。耆那教產生於西元前六世紀至五世紀。目前有歷史記載的是二十三祖巴濕伐那陀和二十四祖筏馱摩那。筏馱摩那被尊為該教真正的創建者，是釋迦牟尼同時代人。筏馱摩那被弟子尊稱為偉大的英雄，簡稱大雄。「jain」（耆那）是由「jin」演變而來，其意為勝利者，是他的稱號之一，此教便由此而得名。在印度南方的卡納塔克邦，至今仍立有刻於十世紀統治南印度的恆加王朝時期，高達十七公尺的耆那教創始人筏馱摩那大雄的石雕像。

這是一幅最不像地圖的世界地圖，後世稱其為「耆那教贍部洲圖」，這裡選取的是十五世紀的一種抄本（圖2.22），它闡釋的是耆那教世界觀。耆那教承繼了婆羅門教的贍部洲世界觀，又有一定的出入，它似乎更符合古老的佛教傳統。佛教把全世界劃成四大部洲，稱為東勝神洲，南贍部洲，西牛賀洲，北俱蘆洲。印度和中國都是屬於南贍部洲。

這幅耆那教贍部洲圖，以整個贍部洲的圓形大陸為描繪對象，展現了十五世紀耆那教對宇宙和空間的圖釋。贍部洲的世界，對稱、規則、層次分明、整齊劃一，其佈局氣勢恢宏。圖中有東西走向的六條

圖2.22：耆那教贍部洲圖

約繪於十五世紀，還不算華麗，此後多個世紀，又有眾多「耆那教贍部洲圖」作品，而且越來越華麗，完全就是一件美術作品。

山脈將世界分為七個區。大陸中央為梅魯山或蒲桃島，它是梵天的城市或因陀羅的天堂。南部為背靠喜瑪拉雅山的印度，地圖的北半部是與南半部內容相同的翻版。圍繞著四周的四個主要元素為：海洋、人類居住的島嶼、寓言中的區域，以及東西延伸的大陸。海洋和島嶼環繞於南贍部洲的周邊。海洋對內是封閉的、阻隔的，對外則是開放的、延展的。在這樣的宗教地圖中，海或許也是人們對世界的又一種理解與寄托。

印度的宗教在亞洲東部曾產生過巨大影響，尤其是佛教，耆那教贍部洲圖即是隨著佛教傳播進入中國。當時的東亞佛教信徒渴望到天竺去朝聖，玄奘撰著的《大唐西域記》是人們隨身攜帶的指引書，書中的「五天竺圖」是取經路線圖。但這幅地圖並未傳世。在浩如煙海的漢文古文獻（包括大藏經）中，南贍部洲圖亦屬罕見，近似的作品僅有志磐《佛祖統紀》中的《西土五印之圖》（一二六九年）、仁潮《法界安立圖》（一六〇七）中的《南贍部洲圖》等。按照佛教的說法，在三千大千世界中，人們居住在南贍部洲／閻浮提，東南西北有四天下四主。這種說法顯然與傳統儒家的「天下」觀並不一致，所以，在中國佛教世代相傳的過程中，這個南贍部洲說被有意識地淡化了。耆那教贍部洲圖在古代中國也沒產生什麼影響。

有意思的是，在中國沒有產生影響的耆那教贍部洲圖，卻在唐宋時期經高麗傳入日本。雖然，日本人很早就接受了中國的「天下」思想，並有限度地認同中國人賦予它的「中華中心主義」內涵。但隨著統一國家的形成，日本表現出非一天下、自主天下的意向。後來，「神國」和「天皇萬世一系」漸被定為日本的立國觀念，便更不接受中國的「天下」觀了。九世紀初，日僧最澄的《內證佛法相承血脈譜》著作中，已經表現出「三國」觀。日本佛教徒認為贍部洲在須彌山之南，天竺在贍部洲的中心，中國是偏遠的國家，日本與大陸以海相隔。大陸上的天竺、中國，和海上的日本，是為「三國」。隨著三國觀的確立和流傳，印度的南贍部洲圖在日本廣泛傳播。

這幅五天竺圖（圖2.23）是日本重懷貞治三年（一三六四年）的手繪地圖，圖縱一百七十七公分，橫一百六十六公分，現藏法隆寺。從此圖的佈局來看，天竺（印度）在南贍部洲中心，「大唐國」在圖的右上方，中國東邊圓圈外面的大海中繪有一組小島，上面以漢字標註「九國」和「四國」，即日本。此圖的中國並不在世界的中央，日本和中國皆為南贍部洲外圍的偏遠國家。古高麗國也繪有類似的五天竺圖，「大唐國」的旁邊，只標出「高麗」，沒有標註「日本」，顯然，此時的高麗國並沒把日本放在眼裡。

一三六四年日本人在繪製五天竺圖時，是把印度列為世界中心的，但到了一五五〇年左右日本人繪製南贍部洲大日本國正統圖時，已開始突出自己是與印度處在同一世界中的佛教國家，並將國號冠之為「南贍部洲大日本國」。後來的事大家都知道了，淡化和摒棄中國天下觀的日本，較早地將眼光投向西方以及整個現實世界。

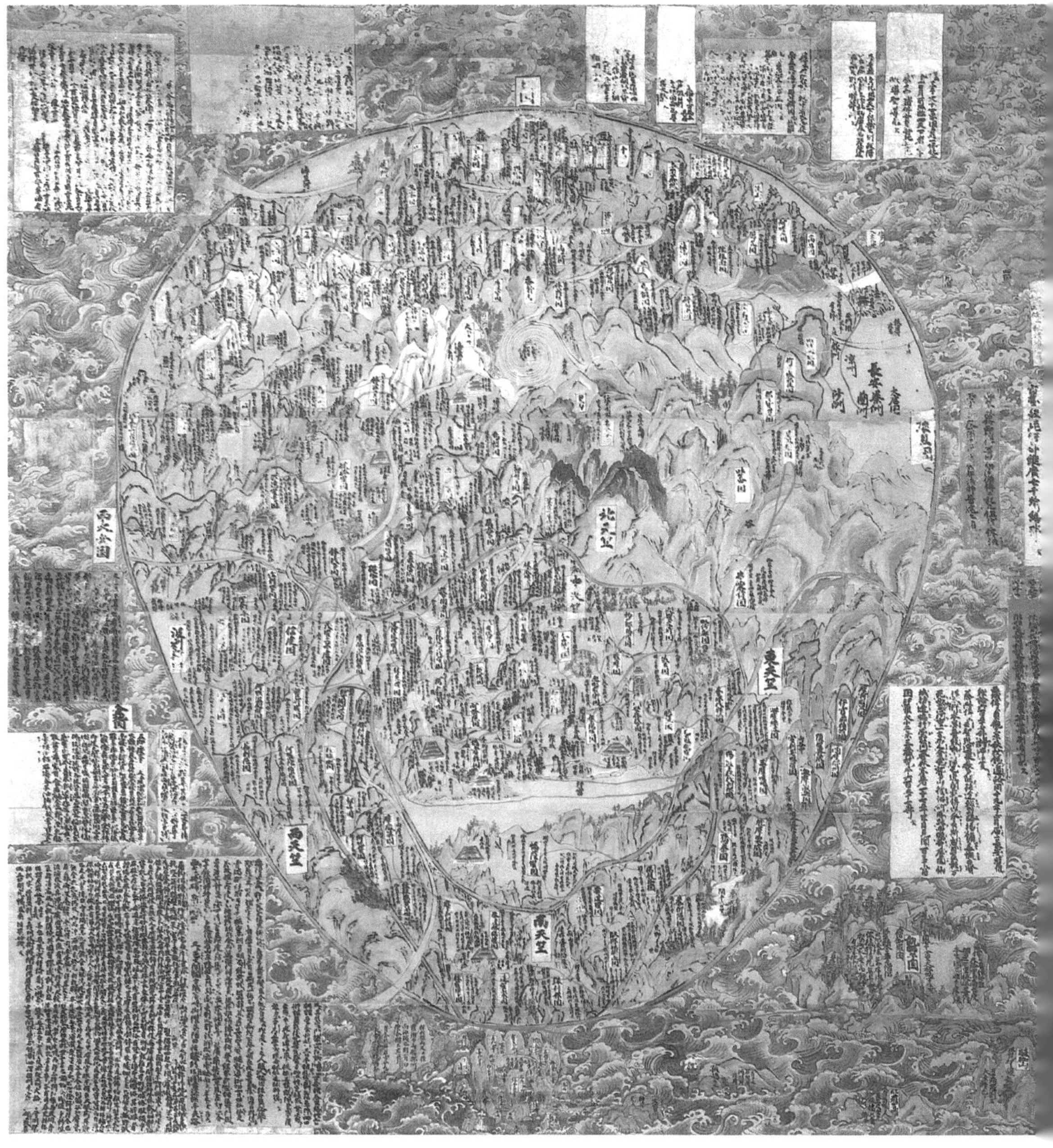

圖2.23：五天竺圖

一三六四年日本人在繪製五天竺圖時，還是把印度列為世界中心的，但一五五〇年左右日本人繪製南贍部洲大日本國正統圖時，已開始突出自己是與印度處在同一世界中的佛教國家。

3 古代中國的海洋觀——從東洋到西洋

中國古代的輿地學問中，海是被邊緣化的。在中國最古老的地理文獻《禹貢》中，記錄的都是「禹定九州」的事，關於大海，僅止於「東漸於海，西被於流沙」的泛泛之說。直到《漢書．地理志》，朝廷才首次明確了東至東海，西至越南的萬里海疆；也是在漢代，先人的地圖上才有了關於大海的描繪。

在中國湖南馬王堆漢墓出土的地形圖上，南海露出了一個小小的「月牙」，雖然，海在圖面上很小，但它是中國最早描繪大海的地圖。此後，魏晉、南北朝戰亂不停，幾乎沒為後世留下任何地圖，包括海圖，一切似乎在等待大宋來完成。

中國最早的航海圖出現在宋代，如輿地圖上就出現了海上航線的標註，航路主要是東洋日本，但航海功能還沒有從地圖中分離出來，構成航海專圖。中國最早的航海專圖，應該出現於元代，但存世作品皆是明代摹繪本，如明初的海道指南圖，被稱為最早的中國航海專圖。

明代是中國古代航海圖的繪製高峰，最著名的當然是鄭和下西洋航海圖，此外，還有近些年被重新發現的藏於牛津大學博德利安圖書館的明東西洋航海圖，還有現藏耶魯大學斯特林紀念圖書館的明清兩代民間秘傳的山形水勢圖冊，這三件地圖作品一起構成了明代的三大航海，或也可以說是中國古代的三大航海圖，這三大航海圖描繪的航路基本上是「下西洋」的航路。

宋代海洋地圖與航海圖在當時的世界是領先的，元、明兩代的航海圖在世界大航海前夜，也是與世界同步的，從東洋到西洋，中國航海家留下的海圖不多，但都不落後。可是，明代實行嚴格的海禁之後，中國的航海與海上貿易基本上轉入秘密進行。中國的航海技術與繪圖技術，在世界進入大航海時代的歷史關口，卻停下了腳步，轉眼被西方拋在了身後。這一點，通過明清兩代民間秘傳的山形水勢圖冊就可以看出，它與西方現代航海地圖的巨大差距。

不過，有一點要特別指出，古代中國地圖和海洋地圖基本上沒有受到宗教的影響。雖然，曾有過反映佛教世界觀的地圖，但這種地理思想與地圖格局，並不為中國主流意識所接受。可以說中世紀，世界上沒有受宗教思想影響的地圖是中國地圖，它直觀而具體地反映了世界的形狀，沒有巨大的變形，這是它與中世紀歐洲地圖和阿拉伯地圖最大的不同。

中國最早描繪出大海的地圖

〰《地形圖》〰約西元前一六八年

中國漢代沒有留下描繪國土的全國版圖，現在能看到的漢代地圖是一九七三年湖南馬王堆三號墓出土的三幅漢代帛地圖，它僅是「湖廣兩省」地圖，卻讓我們有幸借此看到一扇「面朝大海」的歷史之窗。馬王堆出土的三幅帛地圖成圖時間，約為漢文帝十二年（西元前一六八年）墓主入葬之前。這些地圖原圖都沒有名字，為便於後人引據，專家們根據圖中所繪主要內容進行了命名。其中與海相關的這一幅被稱為「地形圖」。

地形圖（圖3.1）的方位是上南下北，圖縱、橫各九十六公分，為正方形。圖的主區描述的是漢初長沙國桂陽郡的中部地區，相當今湖南深水（今瀟水）中上游流域。鄰區描述的是南越王趙佗割據的嶺南地區。鄰區部分比主區畫得粗略得多，既沒有標明本已納入圖中的秦南海郡，也不標明南越國都城蕃禺。鄰區中僅有今賀江流域標有兩個字——「封中」。據廣東西江的研究者考證：西江支流賀江，古稱封水。「封中」指的應是封水中部。由於「封中」與長沙國有接壤關係，故受到漢朝繪圖者的「點名」重視。

鄰區除「封中」一名外，南越國的地盤上，僅剩下一些表現江河的筆墨。這些線條十分粗略，但還是繪出了珠江三角洲的基本面貌。珠江是中國境內第三長河流，其名原指廣州到入海口的一段河道。珠江下游廣東段稱為西江，其分支東江、北江匯入珠江入海口，後來逐漸成為西江、北江、東江和珠江三

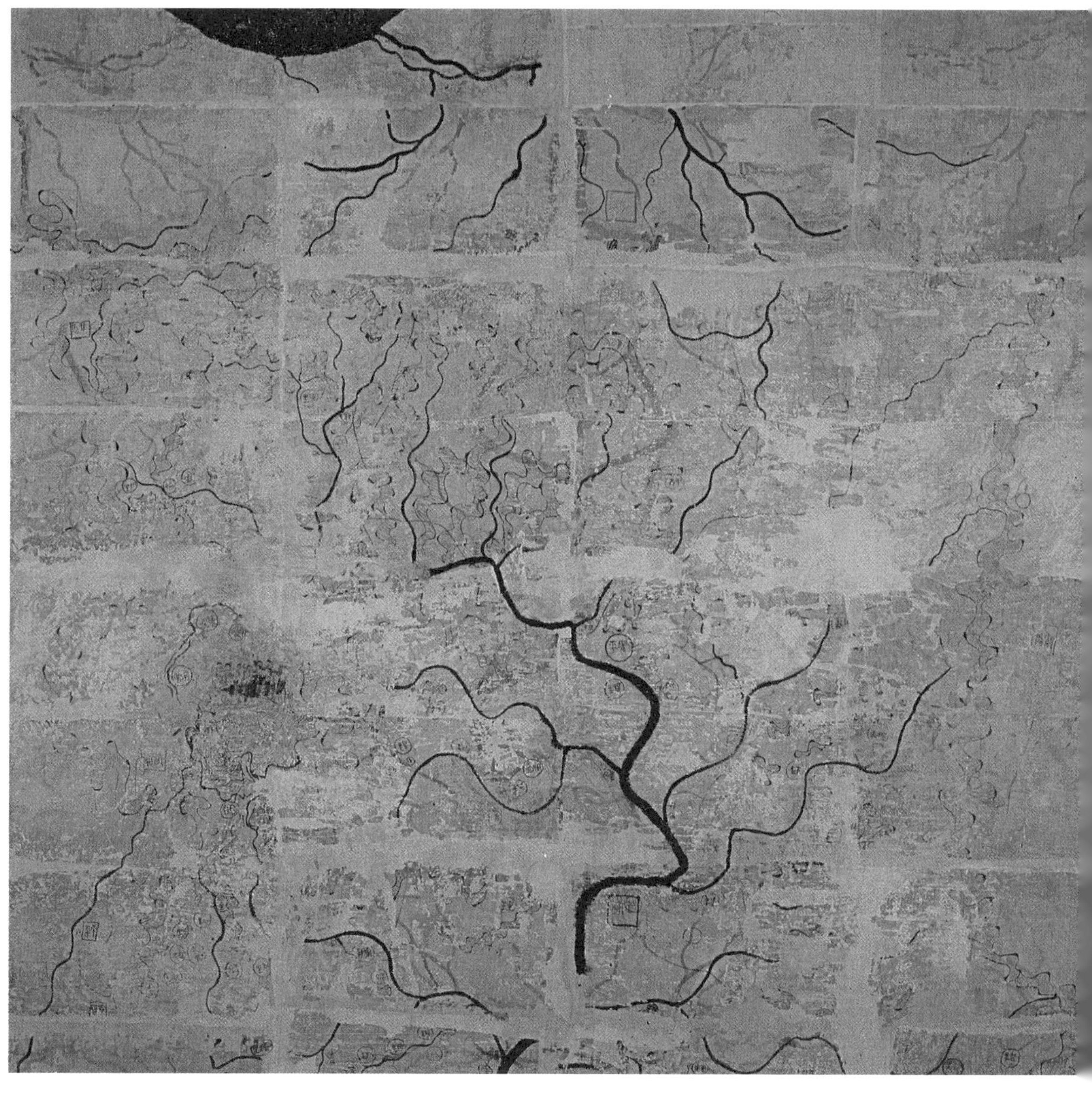

圖3.1：地形圖

此圖為帛書繪製，成圖時間約為中國漢代文帝十二年（西元前一六八年）墓主入葬之前。圖的方位為上南下北，左東右西。在圖的上部繪出了珠江入海口的南海灣，是中國現存最早的繪有海岸線的地圖。圖縱九十六公分，橫九十六公分。

角洲諸河的總稱。珠江與長江、黃河不同，它沒有統一的入海口，人們用「三江並流，八口通海」這八個字來概括珠江的入海口的特色。

鄰區幾條進入珠江三角洲的江河及其入海口都畫得都很粗略，水道全無註記；目前可辨認出約四、五條河流的匯入海灣，海岸線沒有如實畫成曲線而是繪成一個簡約的半月形；雖然，此處沒有地名標註，但從地理位置上人們仍能判斷出那個「月牙」無疑就是南海郡所依偎的南海了。這一海域部分，許多專家都有所忽略，沒有人來確認這片海在地圖史中所應有的重要「歷史地位」。不論站在海洋文化的立場上，還是站在地圖史的立場上，我都認為地形圖上的海灣部分，是長久以來被專家們忽視的地形圖中最可寶貴的另一個「身份」——它是中國現存地圖中最早描述海域的地圖，堪稱中國海圖之「祖母」。

雖然，地形圖的海岸線很不準確，只是示意性的畫了個半圓；海水還沒有像後來宋代的海圖那樣畫上波紋，只能繪成「一潭死水」；甚至，我們把海所佔比率很小的地形圖稱作一份海圖，有些勉強。但是這一小部分確實表現出了較清晰的江海關係，並含有了海圖所需要的海與海岸線的重要元素，畢竟它是一幅兩千一百多年前的地圖。

我在湖南博物館參觀馬王堆出土的帛地圖時，已經完全分辨不出帛地圖出土時的色彩了。所幸還能看到一九七三年底拍攝的斷帛照片，和率先進入此項研究的譚其驤先生當年的紀錄：「該圖用三種顏色繪製，位於圖幅左上方的珠江口以田青色繪畫，道路用淡赭色描繪，其餘內容均以黑色表示。」這段寶貴紀錄告訴我們，它是中國最早的彩色地圖，同時也讓我們瞭解到，古人對海的色彩已有所表現——「田青色」，為人們研究中國的「藍色文化」提供了重要的底色。

在這張圖上事實上存在著五條看不見的界線，即郡界、縣界、鄉界、村界，還有華夷之界——海。最後這條界，也是不可逾越的。西元前一一一年，漢武帝南征軍攻破蕃禺城。南越國謀反國相呂嘉，和國主趙建德與「其屬數百人亡入海，以船西去」，試圖「流亡海外」。漢廷即派兵海上追逃，生擒了南越國最後一帝趙建德。此時，漢武帝正在外巡遊，行至河東郡左邑縣桐鄉時（今山西境內），聽到南越國被滅的消息，非常高興，便把該地改名為「聞喜縣」（山西今仍用此名）。校尉司馬侯追逃有功，被漢武帝封為「海常侯」。

海就這樣進入了漢朝廷的視野與版圖之中。

一位仔細研究了中國南海的學者說，看不同的地圖，會對珠江口產生不同的感覺。如果看中國地圖，珠江口好像偏在南疆；如果看世界地圖那將是另一種景象：南海早在漢代就是亞洲貿易的中心地帶，後來，又是東亞與世界的絲綢、瓷器和香料貿易的核心區；麻六甲海峽又是直通印度、阿拉伯海的重要紐帶，是東西方海上貿易的咽喉……珠江口恰好坐在國際貿易的黃金通道上。

中國的海岸線從北到南很長，但真正把我們引向世界的正是這片神奇的海。

中國最早的中外海岸線地圖

〈〈《華夷圖》〉〉西元八〇一年～西元一一三六年

據文獻記載，中國的漢代曾用縑八千匹畫成全國地圖——天下大圖；西晉初年，我國第一位地圖大師裴秀曾在天下大圖的基礎上，以一寸折地百里的比例尺（約1：180萬）縮繪成一丈見方的晉代全國地圖——地形方丈圖；據說此圖曾流傳到唐代，後來又失傳了。唐代傑出地理學家賈耽沿襲裴秀的製圖方法，令繪工又繪了一幅唐代的全國地圖——海內華夷圖。此圖比裴秀地形方丈圖的面積大十倍，可惜海內華夷圖沒能保留下來。

歷史把展示大型地圖的機會留給了宋朝，宋朝特別重視地圖製作與管理，不僅多次組織編修全國或諸州府圖經，還在大觀元年（一一〇七年）成立了九域圖志局這樣的中央地圖管理機構。北宋似乎總結了漢唐用帛、紙、錦、縑製作的地圖難以傳世的教訓，想到了以碑刻的方法製作地圖。

中國的碑刻按形制、銘文、作用大體可分為：墓碑、墓誌、書畫碑、記事碑、宗教碑、天文碑和地圖碑等九類，可謂「無事不可入碑」。這裡要講的禹跡圖與華夷圖就是在這樣背景下產生的石刻地圖。這兩幅地圖刻在一塊正方形的石碑的兩面，分別表現了不同的中華與域外的海疆與海岸面貌。這塊拓印地圖的石刻印版，為正方形，長寬各一・一四公尺。

值得特別講的是石碑另一面的華夷圖（圖3.2）。僅從圖名上看，它與禹跡圖就是兩幅內容不同的地圖，前者是華夏的國圖，後者更近於世界的圖景。兩幅圖雖然同刻於一塊石碑之上，但出發點大有不同。

華夷圖顯然是以華對夷來繪圖，華夷圖中央豎刻「華夷圖」三字，方位為上北下南，四周標註東、西、南、北四個方向。圖面較詳細地表示了全國各州、府名稱和萬里海疆。雖說是「華夷」圖，但由於中國主體上是大陸國家，所以，地圖主體以中國為主，國防重點也偏於陸疆。在地圖上，人們首次看到了長城的符號。不知道為什麼華夷圖沒有採用禹跡圖所用的「計里畫方」法，所以，其海岸線、島嶼和半島等海疆元素表達得都很不夠精確，特別是山東半島與雷州半島幾乎畫「丟」了……但此圖周邊的大量文字註記，多少補充了「番夷」方面的不足，並透露出濃重的海防味道。

此圖周邊的文字記載了七十多個國家和地區的名稱，其中包括安息、波斯、大食、大秦國和條支國。然而，沒有詳細標明這些國家和地區所在的地理位置。外域的國名和地理名稱均屬於唐朝時期。關於此圖的出處，圖上刻有：「其四方番夷之地，唐賈魏公圖所載，凡數百餘國，今取其著文者載之，又參考傳記以敘其盛衰本末。」這段重要的文字，告訴我們華夷圖是以唐代賈耽於貞元十七年（八〇一年）完成的海內華夷圖為基礎經過選擇後，於偽齊阜昌七年（一一三六）重新編繪刻石的。所以，它是唐宋兩代地圖的混合體。

圖的東邊——華夷圖比禹跡圖有所進步，清楚地繪出了遼水及入海口，並在遼水東岸標註「唐安東府」。再向東又比禹跡圖多畫出了朝鮮半島。半島上標有百濟、新羅、高句麗、平壤等名，並註記「在遼東之東千里，東晉以後，居平壤世受中國討爵稾正朔」。或許，受地圖尺幅所限，朝鮮半島之東，沒有接著畫出日本。但在「東夷海中之國」的註記中，註記了日本、蝦夷（今日本北海道一帶）、女國、流球……和「宋至者日本」等文字。這是世界地圖史中，最早表現和記錄朝鮮半島和日本群島的地圖。

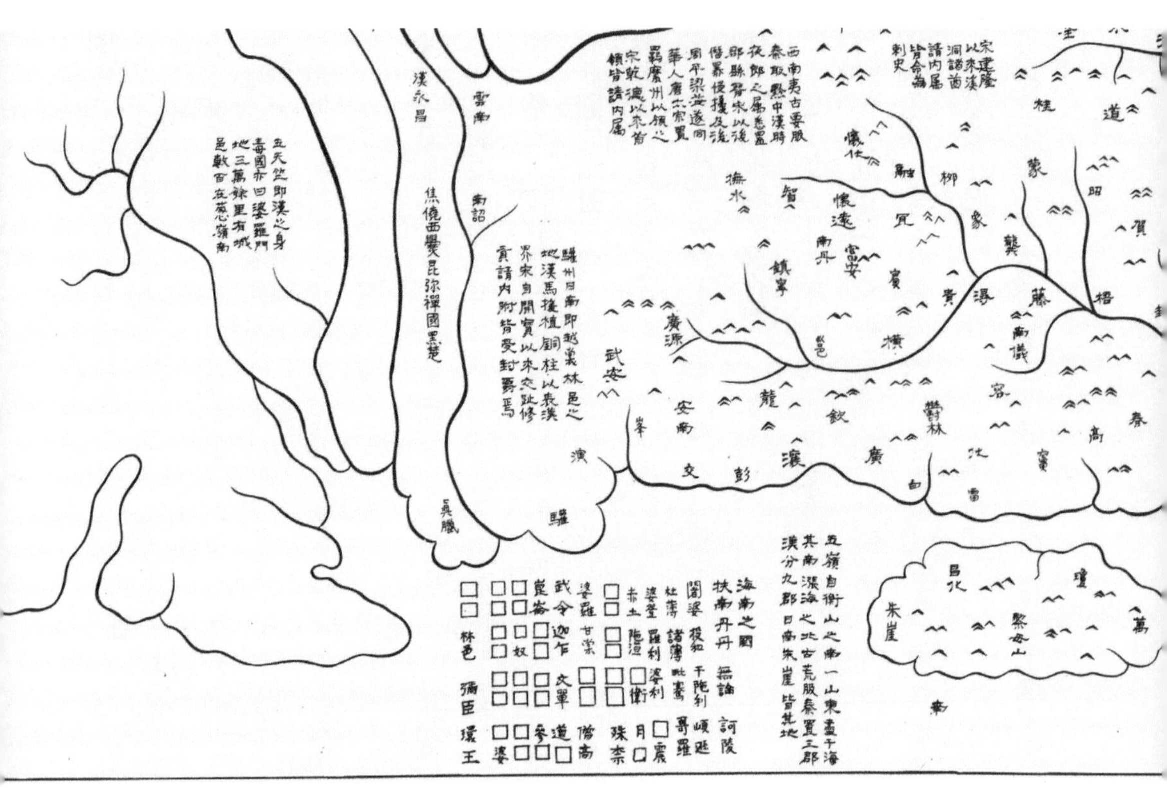

圖3.2：華夷圖（墨線圖，局部）

此圖以唐代賈耽八〇一年繪製的海內華夷圖為底圖繪製，於一一三六年刻石，此圖的左下角有著幾道重要的灣，描繪了唐代以來「下西洋」的海岸線，遠及阿拉伯半島。圖縱一百一十四公分，橫一百一十四公分，現藏中國西安碑林。

圖的南邊——南海之疆與海南島畫得基本準確。海南島上面標有朱崖、昌化、瓊、萬、黎母山等字。在海南島的旁邊註記「五嶺自衡山之南一山，東盡於海，其南漲海之北，古荒服秦置三郡，漢分九郡，口南朱崖皆其地。」再向南，「海南之國」，已出圖外，沒有畫出。但註記有扶南（今柬埔寨、老撾、越南）等幾十個國名。

圖的西南邊——以海洋地圖而論，這一部分是華夷圖中最為重要的部分。這裡看似簡單的幾道灣，記錄了唐宋兩代「下西洋」的實踐與認知：第一個灣：註記有「驩」，驩州，隋開皇十八年（五九八年）置，轄境相當今越南中部的河靜省和義安省南部。宋人製圖仍延用隋唐之名，並記有「宋自開寶以來交趾修貢」。第二個灣：註記有「真臘」，即今柬埔寨。第三個灣：沒有註記，應是向前伸展的馬來半島，但沒有繪出來，縮回來的這一灣，可能是今天的緬甸。第四個灣：註記「五天竺即漢之身毒」，即今之印度。雖然沒有繪出印度半島之形，但右側繪出了向東流入孟加拉灣的恆河；左側繪有向南流入阿拉伯海的印度河。第五個灣是大大的半島，這裡沒有註記。按地理位置推想，應是今天的巴基斯坦與伊朗，但這個圖形很不準確。第六個灣是個明顯的半島，這裡沒有註記，但從半島形狀看應為阿拉伯半島，其右側是明顯的波斯灣。這個半島圖形在中世紀之初，在阿拉伯多種地圖上已有固定的描繪。

華夷圖的夷域、海域都遠遠超出了唐代的疆域，這種視野出自何人，尚無定論。人們只是猜測海內華夷圖的作者賈耽，在任宰相前曾任負責外交事務的鴻臚，有條件向遠航黑衣大食的大唐使節和來華外交使節和商人瞭解域外地理情況，令海內華夷圖有了明顯的國際視野。

中國最早繪出海上航線的地圖

〰《輿地圖》〰西元一二六五年～西元一二六六年

輿地圖原為中國南宋時期的石刻地圖，石碑亡佚，僅存拓本，現藏於日本京都栗棘庵。中國大宋地圖為何藏於東瀛日本，話要從中日佛教交流說起。

中國唐代僧人東渡日本傳播佛教後，各種佛教學派在日本落地生根。一二五五年，源自中國的臨濟宗在京都建成了當地最大的寺院——東福寺。圓爾辨圓被敬為開山之師，圓爾一二三五年至一二四三年跨海求學，在江浙一帶學佛八年。圓爾回國後，聲名大噪，曾為當時的天皇授菩薩戒，禪法由此進入日本皇室。

圓爾在大宋學佛後，其弟子也紛紛渡海求學，其中即有寫入佛學史的日僧白雲慧曉（即佛照禪師）。史載，白雲慧曉一二六六年渡海入宋，在明州（今浙江寧波）的端岩寺學法。一二七九年，白雲慧曉返回京都時，除了帶上一些佛學書外，還從大宋帶回一張拓印地圖。日本僧人為何要帶回一張中國地圖？歷史沒留下任何記載，我想，這張地圖或許能透露一點線索。

白雲慧曉拓印的輿地圖，原是一塊石刻地圖。其圖巨大，縱二百零七公分，橫一百九十六公分。由左右兩幅拼合為一。此圖正上方刻「輿地圖」三字、左上方刻「諸路州府解額」（即科舉人數），圖中府、州、軍的名稱及數量大體與左上方刻記一致。原圖未記作者年代，後人根據圖上的政區改制內容，推定它大約繪於南宋度宗咸淳元年至二年（一二六五—一二六六）的明州，繪圖人不詳。此圖誕生之時，剛好白雲慧曉來明州端岩寺學習，所以，他有機會見到此圖原刻，並將輿地圖拓片帶回日本。輿地圖（圖3.3）是一幅包括宋代疆域及其周邊國家和地區的大型地圖。其地理範圍東及日本，西到葱嶺（今帕米爾），南涉印度及印尼（印度尼西亞）一些島嶼，北達蒙古高原。包括宋朝疆域內的政區名稱，東北部的女真、契丹、蒙兀、室韋，西北部的高昌、龜茲、烏孫、于闐、疏勒、焉耆、碎葉。東部及南部涉及到海外諸國，西南有印度、闍婆、三佛齊，以及南海上的一些島嶼，東邊繪出了日本等國。

從海圖的角度講，此圖突出了海島與航線的註記，在圖右的東海方向用方框標註了日本、毛人、流求、蝦夷、扶桑等島，尤其突出的是還繪出了多條海上航線。在長江口方向，繪有一條沿海岸北上的陰刻水路，並以方框標註「過沙路」；另一條向東延伸到日本的陰刻水路，以方框標註「大洋路」；同時，在「東海」水域，還用方框標註出「海道舟舡路」。除了標註的海路外，在崇明島和台灣一線，還以陰刻的白線描繪出幾條海路。在現存中國古代地圖中，它應是最早繪出海上交通路線的航海地圖。此時繪有航線的西方航海圖，也剛剛起步。

這幅地圖的海上交通部分，集中體現在東海一線。我們可以清楚地看到，從「崇明砂」起，有一條海路通往「蛇山」島（今崇明島以東），而後海路又通向「毛人」島，另有一條海路，向北直通「日本」島。從方位上看，位於「日本」島以南，琉球群島以北的「毛人」島，應是九州島。而白雲慧曉的師傅圓爾當年回日本，即在九州的福岡登陸的。這是一條日本僧人渡海來中國的重要海路。按照這樣的分析，白雲慧曉帶輿地圖回日本，一是讓日本人瞭解大宋的天下，二是帶回一張可供渡海的航海圖。另外，要特別指出的是，日本的地圖發展很晚，基本上要靠從中國帶回的地圖來認識世界與自身。日本自

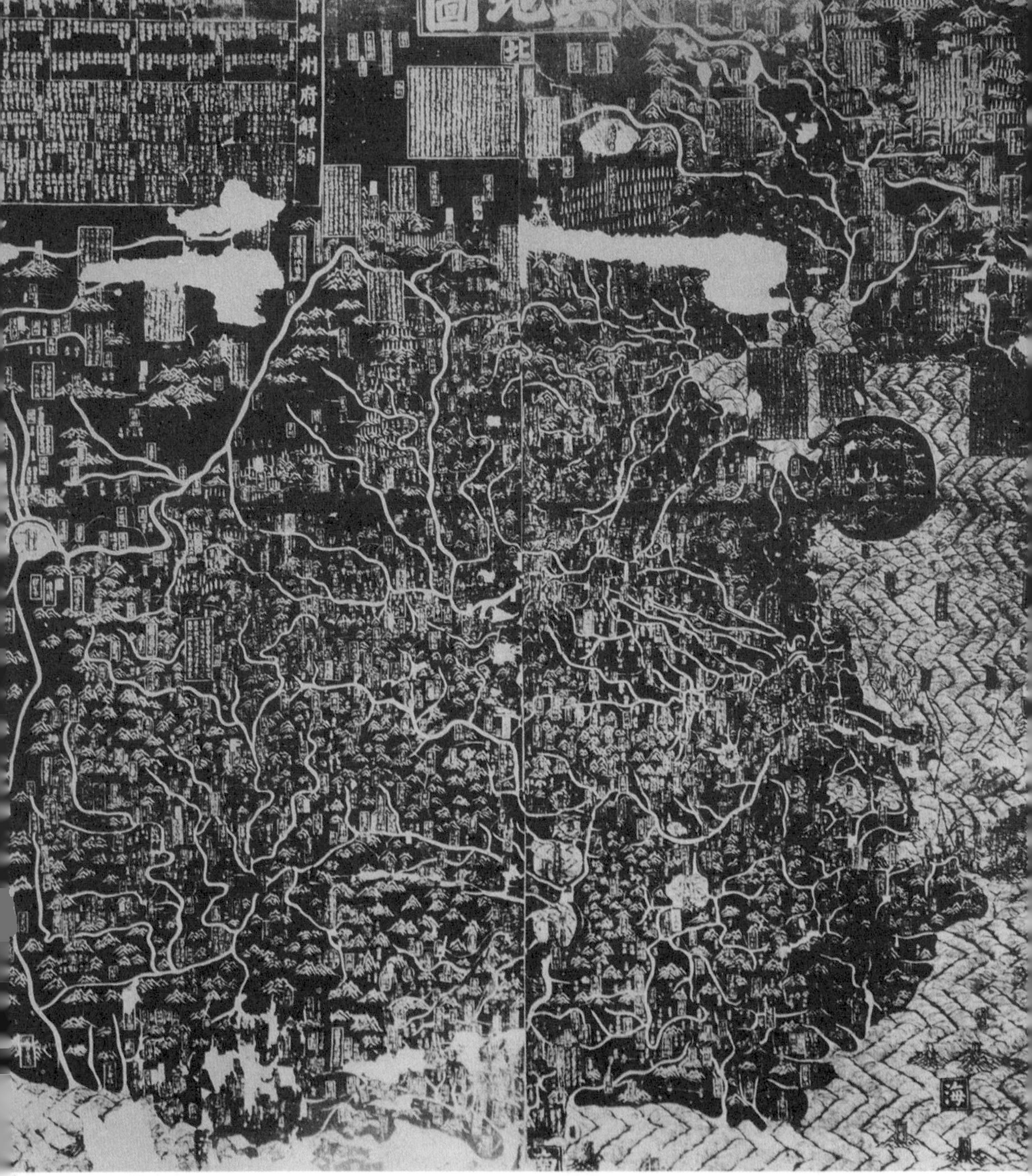

圖3.3：輿地圖

原圖為石刻圖，早已亡佚，大約繪製於中國宋朝度宗初年（西元一二六五年～一二六六年）。傳為日本僧人白雲慧曉一二七九年從大宋帶回日本。圖縱二百零七公分，橫一百九十六公分。現存於日本京都栗棘庵。

主繪製地圖的歷史要到十四世紀才開始。

中國漢代海上交通就已很發達了，東去日本、高句麗；南下爪哇；西往大竺、錫蘭的航線都已開通；到唐宋兩代，海上交通貿易更為發達；通往朝鮮半島與日本的航路《新唐書》曾有記載：「新羅梗海道，更由明、越州朝貢」。這是記載「朝貢」之路。實際上，明、越州也有大量的船在夏、秋，利用東南季風渡海，斜向東北橫渡東海至日本，或沿黃海北上，赴朝鮮半島。但唐代沒有留下一張海圖，早期宋代涉及海洋的地圖中，也沒有海上交通的描繪，更沒有航線的標示；所以，此圖在這一點上顯得尤其珍貴，可以稱作是「中國海上絲路第一圖」。

中國元代的遠航線索

〰《廣輿疆里圖》〰 西元一三六〇年

中國元代有兩位繪製地圖的大師不斷被後世提及，一位是李澤民，一位是清浚。他們最偉大的地圖作品即是朝鮮人權近在混一疆理歷代國都之圖跋中所提到的該圖母本：李澤民的聲教廣被圖和清浚的混一疆理圖。可惜，這兩幅地圖沒能傳至今天，人們只能從其他線索中推想其樣貌。關於李澤民，人們只知道他是「吳門李澤民」，沒有更多的生平線索。但清浚則不同，作為一代高僧，他的事跡在明代史料中多有記載。

清浚，號天淵，一三二八年出生於浙江台州黃岩。十三歲出家，為徑山古鼎銘公入室弟子。後在四明育王佛照祖庵五載，再後掛錫於東湖青山。元至正庚子年（一三六〇年）繪製廣輿疆里圖。明洪武年間，在朝廷主管佛教的機構任職，曾受朱元璋賜詩十二章。洪武二十五年（一三九二年），寂化於靈谷寺。

清浚的諸多史料中，對於地理學來說尤以《水東日記》為要。這部由明吏部侍郎兼文史學家葉盛所著的《水東日記》，共有三十幾卷。其中第十七卷「釋清浚廣輿疆里圖」，可見清浚留下的地圖摹本廣輿疆里圖。書中說：「予近見廣輿疆里一圖，其方周尺僅二尺許。東自黑龍江西海祠，南自雷、廉、特磨道站至歹灘、通西，皆界為方格，大約南北九十餘格，東西差少。其陰則清浚等二詩，嚴節一跋……此圖乃元至正庚子台僧清浚所畫，中界方格，限地百里，大率廣袤萬餘。其間省路府州，別以朱墨，仍書名山大川水陸限界。予喜其詳備，但與今制頗異，暇日因摹一本，悉更正之，黃圈為京，朱圈為藩，朱豎為府，朱點為州，縣繁而不盡列。若海島沙漠，道里遼絕，莫可稽考者，略敘其概焉。時景泰壬申正月，嘉禾嚴節貴中謹識。」

這段文字交代了地圖名稱為廣輿疆里、原圖繪於「元至正庚子（一三六〇年）」、作者為「僧清浚」、原圖尺寸為「其方周尺僅二尺許（約今四十四公分）」、原圖特色為「方格」、摹繪時間為景泰壬申（一四五二年）正月、摹繪者為嚴節。

這裡所引廣輿疆里圖（圖3.4）為南溟子先生貼在網上的幾個重要刻本中時間最早的，即明弘治間（一四八八年至一五〇五年）常熟徐氏刻的《水東日記》所附原圖摹本；其他幾種刻本的附圖名字略有差異，如廣輪疆里圖，但所摹都是廣輿疆里圖。

廣輿疆里圖與廣輪疆里圖的意思差不多，都是疆域廣闊之意。原圖南北九十餘格，東西近九十格。「廣輪」謂之長寬，猶言廣袤。以地圖製作而言，東西稱廣，南北稱輪。「疆里」即劃分整理，所以，此圖為疆域區劃圖。圖中標註了六百多個中國與東亞諸國的地名。

這裡將它列入海洋地圖系列，不僅因為它是一幅完整的元代中國大陸與海疆地圖，同時，它還是一幅航海圖，許多航海的訊息在圖中有所顯現：

其一，在圖右，東部杭州灣的位置上，繪出了兩條通向山東半島東邊的成山角和天津的航線與航向，似可看作元朝廷海道漕運的印記，明代的新河海運圖在此位置上即有「元運故道」的標註。但此圖沒有像宋代海圖那樣標註通往日本的航線，它從側面印證了元兩次遠征日本失敗之後，終斷了這條海上貿易航線。

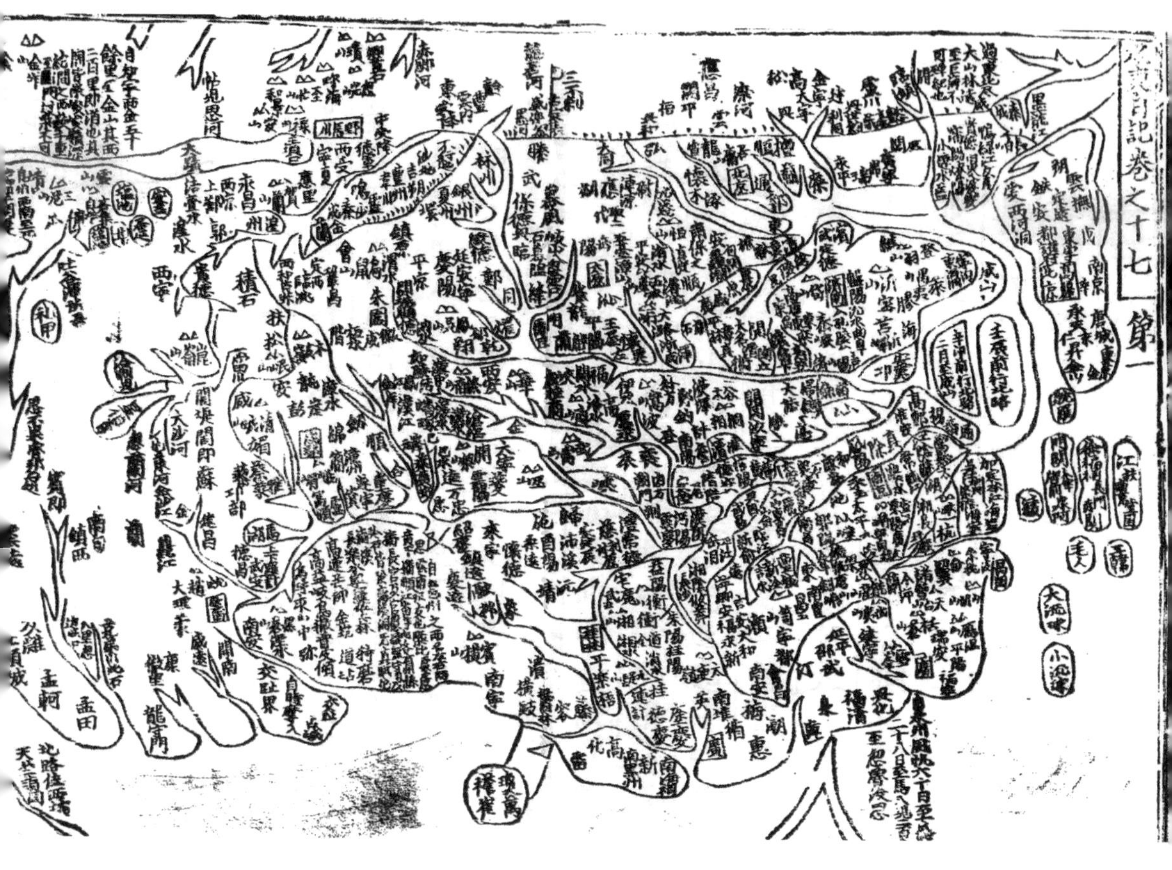

圖3.4：廣輿疆里圖

此圖為中國明代弘治間（一四八八年至一五〇五年）常熟徐氏刻的《水東日記》卷十七「釋清浚廣輿疆里圖」所附清浚的「廣輿疆里圖」摹本。它不僅佐證了元代海上貿易繁盛，還可看作是鄭和下西洋航線圖的一個伏筆。圖縱四十四公分，橫四十四公分。

其二，在圖左下，孟加拉灣東部「江頭城（今緬甸北部八莫）」的位置上，標註有「此路使西域天竺諸國」，顯示出十三世紀蒙古西侵割斷了中國和阿拉伯經印度的陸路貿易之後，對西域的貿易從陸路移到海上的實情。

其三，在圖右下，泉州位置上，標註了更詳細的下西洋航線「自泉州風帆，六十日至爪哇，百二十八日至馬八兒，二百餘日至忽魯沒思」。這裡的「爪哇」即今之印尼，「馬八兒」即今之印度半島西南馬拉巴爾海岸。南印度一帶宋代就與中國交往，元代再次成為溝通東西方海上貿易的要道。此航線的終點是「忽魯沒思」，即今之荷姆茲海峽一帶。這一航線的標示不僅佐證了泉州是元代對外貿易大港的地位，或可看作是鄭和下西洋航線圖的一個伏筆。

但此圖並非清浚地圖的原樣複製，此圖沒有原圖的「畫方」，圖上的「北京」、「南京」和「寧波」等地名，更是明代的產物。嚴節在跋中亦說明了「若海島沙漠，道里遼絕，莫可稽考者，略敘其概焉」，所以，不知道摹繪者刪略了原圖多少海外描繪。此為無法補救的遺憾，但仍不失其重要的歷史價值。

中國最早的遠洋航海圖

〰〰《鄭和航海圖》〰〰西元一四二一年～西元一六二八年

鄭和下西洋是中國大明皇帝批准的國家工程，但這麼重要的事情卻沒能留下任何官方文獻。有一個說法是，人們不想朝廷再搞這種勞民傷財的工程，有意把歷史文獻給銷毀了。有學者統計，從洪武到成化年間的一百多年間，大明共產白銀三千萬兩。鄭和七下西洋的財政撥款加在一起是七百萬兩。國家財政幾乎要被七下西洋搞崩潰了，反對者自然不少。所以，鄭和死去兩百多年之後，鄭和下西洋的航海圖才莫名其妙地出現在崇禎元年（一六二八年）刊刻的《武備志》一書之中。

《武備志》這部兵書，運用了大量前朝軍事檔案，在談海防建設時，選刊了《自寶船廠開船從龍江關出水直抵外國諸番圖》，後人簡稱為「鄭和航海圖」。圖前有一個一百四十二字的序言，但它對此圖出自何時、何人、是抄本還是改寫本……皆沒有交代。

鄭和航海圖原手捲式，地圖採用寫景法呈「一」字展繪，在編入《武備志》時，由於過於長，被改為書本式，割為二十四頁，自右而左，錄圖二十頁，共四十幅，其中國內十八幅，國外二十二幅，最後附「過洋牽星圖」兩幅。

鄭和航海圖繪製了南京以下長江段、東海和南海直至印度洋波斯灣的航路以及沿海地形。圖上標示了港灣、江河入海口、島嶼、礁石、淺灘、沙洲、沿岸城鎮、衛所等設防地點以及可供導航用的山峰、塔、寺院、橋樑、旗杆等顯著物標。陸上詳細註記地名、國名等共五百多個，可考的三百五十個，

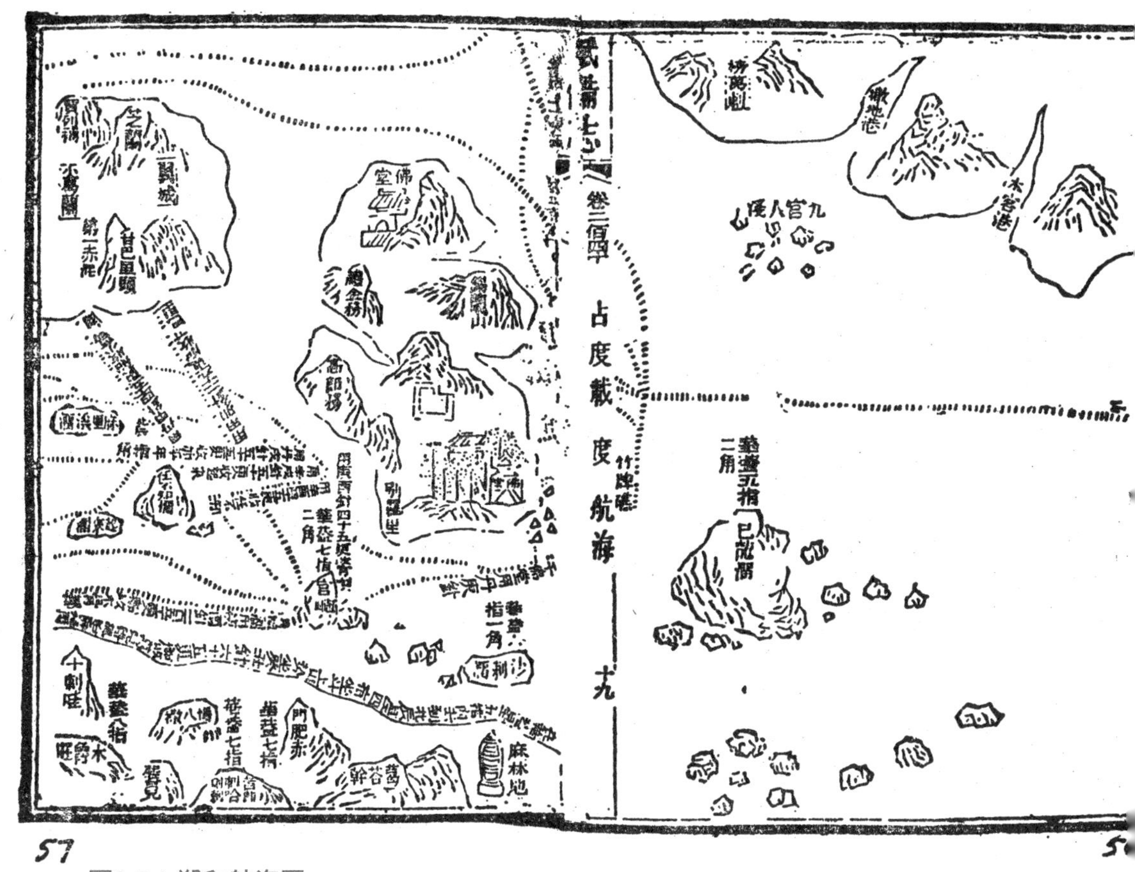

圖3.5：鄭和航海圖

原圖採用寫景法呈「一」字展繪，編入《武備志》時，改為書本式，自右而左，錄圖四十幅，國內十八幅，國外二十二幅。最後附「過洋牽星圖」兩幅。陸上詳細註記地名、國名等共五百多個。它是西方大航海前夜的中國遠洋航海的寶貴紀錄。

一百五十個考證不出。

從鄭和航海圖（圖3.5）所列地點來看，該圖應繪製於第六次（一四二一年）下西洋之後，全圖以南京為起點，最遠至非洲東岸的慢八撒，麻林地（今肯亞蒙巴薩、馬林迪）——這也是多數學者贊同鄭和遠航最遠到達東非肯亞的主要證據。圖中標明航隊航線及所經亞洲各國的方位，航道遠近、深度，以及航行的方向、牽星高度，還一一註明何處有礁石淺灘。圖中列舉自江蘇太倉至忽魯謨斯（伊朗荷姆茲）的針路（以指南針標明方向的航線）共五十六條航線，由忽魯謨斯回太倉的針路共五十三條航線。往返針路全不相同，表明船隊在遠航中已靈活地採用多種針路以適應和利用季風洋流，體現了高超的航海技術和較高的海洋氣象科學水準。

鄭和航海圖是以行船者的主觀視覺來繪製的，遇山畫山，遇島畫島，突出了海岸線、離岸島嶼、港口、江河口、淺灘、礁石以及陸地上的橋樑、寺廟、寶塔、旗杆等沿岸航行的標誌。航海者觀海看圖，只要依「景」而行，就可以到達目的地。中國古代的江河航行地圖，大多是這種山水畫式的繪法。雖然不與世界上的海圖「接軌」，但亦實用可行。如上水時上北下南，下水時上南下北等。

鄭和航海圖的比例混亂，航程總圖和山陸島嶼放大圖繪在一起，但又採取了不同的辦法，加以區分和說明，比如用虛線表示航線，在離岸較遠的航線上註記了針位（航向、方位）和更數（航程、距離），有時還用文字註記出航道深度、航行注意事項，是我國最早不依附海道專書而能獨立指導航海的地圖。從它所標註的亞、非廣闊海域來說，鄭和航海圖也稱得上是世界現存最早航線最遠的航海圖集。

鄭和航海圖不是單一的航海圖，它是「航海日誌」和「航線圖」的混一體，同時，還是中國航海圖和阿拉伯航海圖的混一體。此圖不僅有中國指南針的「針路」色彩，而且，還有阿拉伯天文航海的「牽星」技術，如圖中註記的天體高度「指」，就是阿拉伯人觀測星星使用的單位，最終在圖面上表現為鄭和船隊的「過洋牽星」術。雖然，鄭和航海圖的數學精度很低，但完成度很高，可以肯定它是一幅指導鄭和下西洋的實用航海圖。

東西方海上貿易航線圖

〰〰《明代東西洋航海圖》〰〰西元一五六六年～西元一六〇二年

明代東西洋航海圖（圖3.6）是一幅真正的海上貿易航線圖。此圖現屬牛津大學博德利安圖書館。二〇〇八年左右牛津大學在整理館藏文獻時被重新發現。引起了香港學者錢江博士的注意。二〇一一年十月，此圖首次在牛津展出時，我曾去牛津專程考察過此圖。

這是一件保存較完好的彩色絹本地圖，其精確尺寸為縱一百五十八公分，橫九十六公分。地圖旁的英文說明的大意是：「雪爾登中國地圖（一六二〇年代）：這是一幅了不起的彩繪地圖，一六五九年入藏博德利安圖書館。它原來擁有者是約翰・雪爾登（John Selden），是位律師、歷史和語言學者。最近我們對此圖進行了修復和研究。它大約是晚明時期的作品，地圖顯示了中國、韓國、日本、菲律賓、印尼、東南亞和印度的一部分地區，同時還顯示了由泉州港發往這些地區的航線。地圖左側接近印度卡里卡特，最西端的一段文字顯示了亞丁、安曼和荷姆茲海峽的航向。此圖的特別之處在於，它是中國地圖中最早的，不僅顯示航線，而且將中國描繪成東亞和東南亞的一部分，而不是世界中心的地圖。」

從英國回來後，我策劃了此圖的專題研討會，請葛劍雄教授擔任本次論壇的學術主持。京、滬、深、港等地多位古地圖專家、航海史專家的積極參與。研討會認為，此圖雖然沒有作者名，但從圖面提供的訊息看，這是一幅反映明朝福建海上貿易活動的航海圖，圖中所有的航線都是從漳泉兩地出發，其繪製者很有可能是閩南海商。此圖的描繪重點放在了南中國海，以及日本群島、琉球群島、菲律賓群島等貿易活動頻繁的海域；東南最遠到香料群島馬魯古，西邊最遠到印度西岸卡里卡特；其實用性及其遠洋航海的意義都不亞於鄭和航海圖。

按照圖中的地名標註，可以判斷該圖繪製時間應該在一五六六年至一六〇二年之間。專家們根據地圖所描述的區域、海域等等元素，認為圖名應為「明代東西洋航海圖」。從圖中所有出發港都是漳泉二港，繪製者很可能是福建海商，或移民漳泉的阿拉伯海商漢化後人。

圖3.6：明代東西洋航海圖

約繪於一五六六年至一六〇二年，絹本彩繪，圖縱一百五十八公分，橫幅九十六公分。現藏英國牛津博德利安圖書館中國文獻館。

站在中國海圖史的視角審視這幅地圖，它改寫了中國海圖史，填補多項「空白」。其一，它是中國第一幅標有羅盤與比例尺的古代航海圖；其二，從航行距離看，它還是中國第一幅實測式的遠洋實用航海圖，此圖幾乎具備了現代航海圖的所有特徵——繪有羅盤比例尺、海岸線描述準確、航線標示清楚、沿海口岸城市註記翔實，甚至島嶼、礁沙都標示清楚；其三，它還是中國第一幅明確繪出澎台與南海四島準確位置的海圖。

錢江先生統計出此圖共畫出十八條國際航線，其中有六條東洋航路，即漳泉往琉球、長崎、呂宋航路和潮州往呂宋、蘇祿、文萊航路。十二條西洋航路，即漳泉經占城、柬埔寨往咬留吧（巴達維亞，今雅加達），往滿剌加（麻六甲），往暹羅（泰國），往大泥、吉丹，往舊港及萬丹（印尼）等航路，還有由滿剌加往阿齊、池汶、馬神的航路；還有由滿剌加沿馬來半島西岸北上緬甸南部的航路，還有繞蘇門答臘南岸的航路，最西邊有阿齊入印度洋往印度古里的航路……等等。

此圖的航路繪製相當精確，這是一幅完好的航海總圖，可以說與當時的大航海時代完全接軌。這也吻合了中國明代隆慶年間（一五六六年至一五七二年）穆宗同意解除福建海禁，准許漳泉海商赴東西洋貿易的大背景。同時，由於西方列強的進入南洋，這一時期的大明海商的海上貿易已進入了大的國際貿易圈。

此外，它還是中國第一幅準確表現中國與東亞地區地理關係的海圖。在中國古代的世界地圖上，中國永遠在中央，外國如彈丸小圈，散佈於周邊。但這幅地圖卻真實描述了東南洋與中國的地理關係，將中國與東南亞融為一體的東亞格局。僅此一點，它就有資格補充到今後的古代中國地圖思想史中。皇家的「天下觀」與民間的「海洋觀」，在歷史上並不是統一的，民間有更加獨立的務實的地理思想與世界觀。

4 理性回歸——重新發現托勒密

必須說明將西元二世紀地理學大師克羅狄斯．托勒密放在中世紀之後來講，並非排序上的錯誤，而是在漫長的中世紀，受羅馬宗教集團神權至上的高壓統治，「地平說」與「三分天下」盛行，使托勒密《地理學》埋沒了近千年，所以，這裡是從它「重見天日」的時間來介紹這位偉大地理學家和他的地理學理論。

首先要弄清的是埃及有兩個「托勒密」，他們是很容易被張冠李戴。先說一下埃及托勒密王朝。它是古埃及最終失去獨立地位的王朝。從托勒密一世起到女王克麗歐佩托拉七世（即埃及艷后），這個王朝統治埃及近三百年（西元前三〇五到西元前三〇年）。這一時期，埃及是全盤「希臘」化的王國。托勒密一世原是馬其頓人，曾是馬其頓亞歷山大國王手下的一員大將，亞歷山大死後（西元前三二三年）他被任命為埃及總督。從西元前三〇五年起，這位總督自稱為「托勒密一世」，埃及人也接受了這位侵略者作為埃及法老的繼承者。托勒密王朝對埃及的世系統治，一直到羅馬軍隊在西元前三〇年征服埃及為止。

托勒密王室中，兄妹或姊弟通婚的很多。男性後代多稱「托勒密」，女性多稱「克麗歐佩托拉」。埃及最後的法老，即是人們熟知的「亡國之君——埃及艷后」——克麗歐佩托拉七世。她先後與兩個弟弟結婚，並聯合執政。後來，她又利用羅馬軍隊首領凱撒，趕弟弟下台，自己當了法老，與兒子托勒密十五世——小凱撒一起執政。

現在，再來說偉大的天文學、地理學大師托勒密，他的父母都是希臘人，但他出生在埃及。一二七年托勒密被送到埃及港口城市亞歷山大求學，在世界上藏書最多的亞歷山大圖書館，托勒密最終成為影響世界的天文學、地理學大師。托勒密王朝與學者托勒密相去甚遠，但也不是一點關係都沒有。埃及豔后的父親托勒密十二世，與大學問家的托勒密是同族，從這裡論大學問家的托勒密還是與王室沾親的人呢。

上知天文、下識地理的托勒密，一生著有四本重要著作：《天文學大成》（*Almagest*）、《地理學》（*Geography*）、《天文集》（*Handy Tables*）和《光學》（*Optics*）。其中，八卷本的《地理學》對世界影響最大。遺憾的是托勒密地理學與製圖學理論，後來受到了羅馬教廷神權至上的衝擊，地平說再度盛行，地圖成為神權控制下的宗教讀本，失去了真實的樣貌。本應廣為推進的《地理學》遺產消失了近千年，歐洲地圖學在黑暗中徘徊近千年。

值得一提的是，九世紀初阿巴斯帝國的馬蒙時期，建立了「智慧宮」，開啟了「百年翻譯運動」，使許多古希臘、羅馬、波斯的重要著作被譯成阿拉伯文。古希臘文的托勒密《地理學》手抄本由此被轉譯成阿拉伯文。雖然，此後的阿拉伯文《地理學》譯本也散失了，但它對阿拉伯地理學的影響有目共睹。

托勒密《地理學》不僅是文字論述，還繪製了世界上最早最科學的世界地圖。在托勒密世界地圖上，世界不以耶路撒冷為中心，不以麥加為中心，也不以巴格達為中心，托勒密似乎不追求中心的確定，而是更在意世界的東西兩極，他認為西極是加那利群島，東極在賽里斯「絲國」即中國。世界有多寬，決定了商圈有多大，當時世界商圈是以埃及亞歷山大港為中心，向地中海與厄立特里亞海（印度洋）東西兩邊展開的世界海圖與大貿易圈。

托勒密最大貢獻在於讓人類對地球有了整體的「世界」認知，其俯瞰世界的角度領先於所有國家繪製的地圖，也影響了世界的航海活動，當之無愧地成為世界地圖之父，被神一般地置於各種地圖的頂端。

希臘地理學的世界分帶地圖

〈《世界分帶地圖》〉約九世紀

〈《世界分帶地圖》〉西元一四八三年

龐大的羅馬帝國，在三九五年分裂為東西兩部分。四七六年西羅馬帝國滅亡，其先進的科學與知識也隨之衰退。托勒密的《地理學》幾乎被遺忘了，希羅多德、埃拉托斯特尼、斯特拉波這些科學巨匠的論述也不再被視作權威。五世紀的西方世界對希臘地圖學已不再感興趣了，唯有羅馬的馬克羅比烏斯（Macrobius）寫過一部附有地圖的著作《「西庇阿之夢」評釋》，留下了這一時期希臘地理學的一點理性之光。

大概在四三〇年左右，羅馬帝國的官員馬克羅比烏斯，在古羅馬著名政治家與哲學家西塞羅的名作《西庇阿之夢》（*Somnium Scipionis*）的基礎上，撰寫了《「西庇阿之夢」評釋》（*Commentari in Somnium Scipionis*）。

西庇阿是羅馬帝國的一位將軍和戰神。西元前二〇二年他率領羅馬軍隊在最後一次布匿戰爭中，將漢尼拔率領的迦太基軍隊徹底打敗，迫使迦太基帝國放棄了北非以外的所有領土，臣服於羅馬帝國。《西庇阿之夢》的內容是，西庇阿在馬西尼薩國王的盛情款待下疲倦地進入夢鄉，他見到了自己的祖父，阿非利加的征服者大西庇阿，大西庇阿對他的未來進行了光輝的預言。隨即西庇阿的父親保羅也出現在夢裡。他們為西庇阿解讀了宇宙的奧秘。

馬克羅比烏斯的「評釋」，是對「夢境」的解釋。書中加入了古希臘地理學說：地球位於宇宙的中央，日月星辰圍繞地球旋轉，太陽是地球的八倍。地球上有四大陸地，其中兩大塊位於南半球，兩大塊位於北半球；在南半球，也應當有一個類似於地中海的海灣。這四大塊陸地被海洋所分割。由於太陽運行位置的不同，地球上出現了不同的氣候帶。無論南半球的兩塊大陸還是北半球的兩塊大陸，都可以劃分為五個氣候帶，即兩個寒帶，兩個溫帶，一個熱帶。寒帶和熱帶都是極端的氣候，或者太冷，或者太熱，人類根本無法居住，只有溫帶才適合人類生活。歐洲人所生活、所知道的區域，就位於北半球兩塊大陸中的一塊。在地球上，應當還有三塊可供人類居住的區域。馬克羅比烏斯在文字「評釋」之外，還附加了地圖。

《「西庇阿之夢」》評釋》的原書和原圖後來都失傳了，現在所見到的都是中世紀抄本。大英圖書館藏有一部馬克羅比烏斯的《「西庇阿之夢」》評釋》抄本，據推測抄寫時間大概在九世紀末。在這部抄本中附有一幅世界分帶地圖（圖4.1）。地圖北方朝上，中間是一條筆直的海洋（即熱帶之所在，但圖中沒有標出「熱帶」的名稱），它的上下方各有一塊陸地。其實，這幅圖所表現的只是人類所居住的這一面，地球的另一個半面（即背面）並沒有畫出來，那裡應當還有兩塊南北對稱的陸地。在這幅地圖上接近南北兩極的地方，各有一個寒帶，並標明是「inhabitabilis」（無法居住的）。然後是兩個溫帶，南半球的溫帶，標明是「temperata antetorum」（對面的溫帶）；北半球的溫帶，標明是「temperata nostra」（我們的溫帶），也就是歐亞大陸。在歐亞大陸上，有四大海灣，其中最大的是地中海（沒有標出名稱），此外就是圖中央的「Rubrum mare」（紅海），「Mare Caspium」（裏海）和圖右邊的「Indicammare」（印度洋）。地中海上方，畫有蘑菇狀的亞速海。

圖4.1：世界分帶地圖

最初的世界分帶地圖非常粗糙，兩個寒帶，兩個溫帶，一個熱帶，地理資訊很少。該抄本大約繪製於九世紀末。

羅馬人的世界分帶地圖前期的抄本，保留了以北極星為指引的希臘文化傳統，其方位為上北下南。地圖上所劃分的五個帶分別是：北寒帶（北極圈）、北溫帶（北迴歸線）、熱帶（赤道）、南溫帶（南迴歸線）和南寒帶（南極圈）。作者認為，地球上只有北溫帶適於人居，海洋包圍了大塊的陸地，並將熱帶從中分開，人類無法通過。馬克羅比烏斯除了給各個

圖4.2：世界分帶地圖

此圖是一四八三年印刷版《「《西庇阿之夢」評釋》中的世界分帶地圖，增加了更多的新訊息。

氣候帶命名之外，還標出了紅海、印度洋和裏海的位置。

一四八三年木刻印刷版《「西庇阿之夢」評釋》中的世界分帶地圖（圖4.2），此時重新出版的托勒密《地理學》已經出現，所以此類地圖除了氣候帶，還在圖中加入了新的地理資訊。並將托勒密的製圖傳統、古羅馬和古希臘的宇宙學與中世紀的宇宙學連接起來，為地理學的復興和大發現時代拉開了序幕。

不斷擴展的「托勒密扇子」

〰《克里特島地圖》〰 西元一四〇六年

〰《托勒密世界地圖》〰 西元一四七七年

九世紀初，阿巴斯帝國的馬蒙時期創建了「智慧宮」，開啟了阿拉伯世界「百年翻譯運動」，使托勒密《地理學》在東方產生了廣泛影響，而後，托勒密的《地理學》又藉助西方文藝復興時掀起的「翻譯運動」，轉而「回歸」西方世界。

十二世紀，阿拉伯世界已有了托勒密《地理學》阿拉伯抄本；十三世紀，拜占庭學者將阿拉伯文的《地理學》譯成希臘文；十四世紀羅馬人又將希臘文《地理學》譯成拉丁語；從已知的文獻看，當時拉丁文《地理學》裡並沒附有地圖，僅有製作地圖的方法和世界是圓的理論。但從存世的一四〇六年拉丁文《地理學》抄本看，已有了地圖插圖。如，這幅克里特島地圖（圖4.3），此圖不僅描繪了克里特島，旁邊還列舉了克里特島的坐標系和經緯度。

一四七七年義大利的波隆那城（這裡的「波隆那書展」至今仍是世界四大書展之一），印刷出版了有二十七幅地圖的托勒密地圖集，書中第一幅地圖為世界地圖。在此地圖集中，按托勒密投影法，世界地圖被畫成扇面形，後人將這類地圖戲稱為「托勒密扇子」。

這種扇面形托勒密世界地圖（圖4.4），將圖上各層級的緯線圓弧都以懸在北方上空的一個點為中心向南方排列，而經線則呈直線形式向南輻射。在托勒密的地圖理論中，世界地圖的經度僅為一百八十

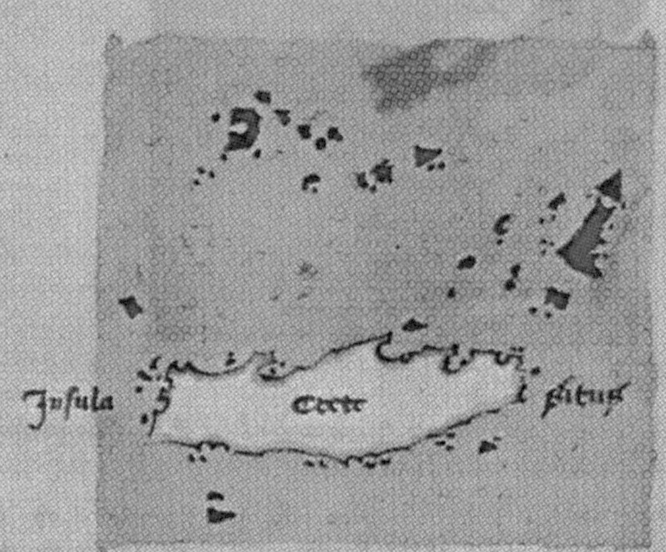

圖4.3：克里特島地圖

這是一四〇六年《地理學》拉丁文抄本中的插圖，此頁列舉了克里特島的坐標系和經緯度。

度（圖下方圓弧邊註有緯度刻度），緯度所表示的空間僅為北緯六十三度至南緯十六度（圖右側圓弧邊註有經度刻度），因為，古羅馬時代的地理學家所知道的「有人居住的世界」僅在此範圍之內。此圖左側，最西邊排列七個小島構成的群島被標註為「Fortunatar Insula」（福島），作為世界的西極——零經度。後世普遍認為「福島」指的是加那利群島（Canary Islands，距非洲大陸西岸一百多公里的火山島，現屬西班牙）。但「福島」的位置畫得不準確，畫到了北迴歸線以南了，而它實際位置應在北緯三十度左右。「托勒密扇子」對世界的最大貢獻，就是讓人們通過地圖對地球有了整體性的認識。

雖然，限於當時的認識，托勒密世界地圖只畫出了半個地球，而且，按托勒密的錯誤算法，地中海的長度被誇大了許多，但在十五世紀後期到十六世紀初期的不斷傳播中，托勒密世界地圖又被不斷地加入新的地理知識進行修正。比如，印度以東的資訊，已向東延伸到了東亞，甚至遠東地區；而向北延伸的部分也大大超出了托勒密的原始邊界，斯堪地那維亞也收入了圖中；這些資訊皆來自人們的最新發現，古典的「扇子」，有了「當代」的功能。

圖4.4：托勒密世界地圖

一四七七年義大利波隆那出版的托勒密世界地圖集，書中第一幅地圖為世界地圖，依據托勒密投影法世界地圖被畫成扇面形，後人將這類世界地圖稱為「托勒密的扇子」。

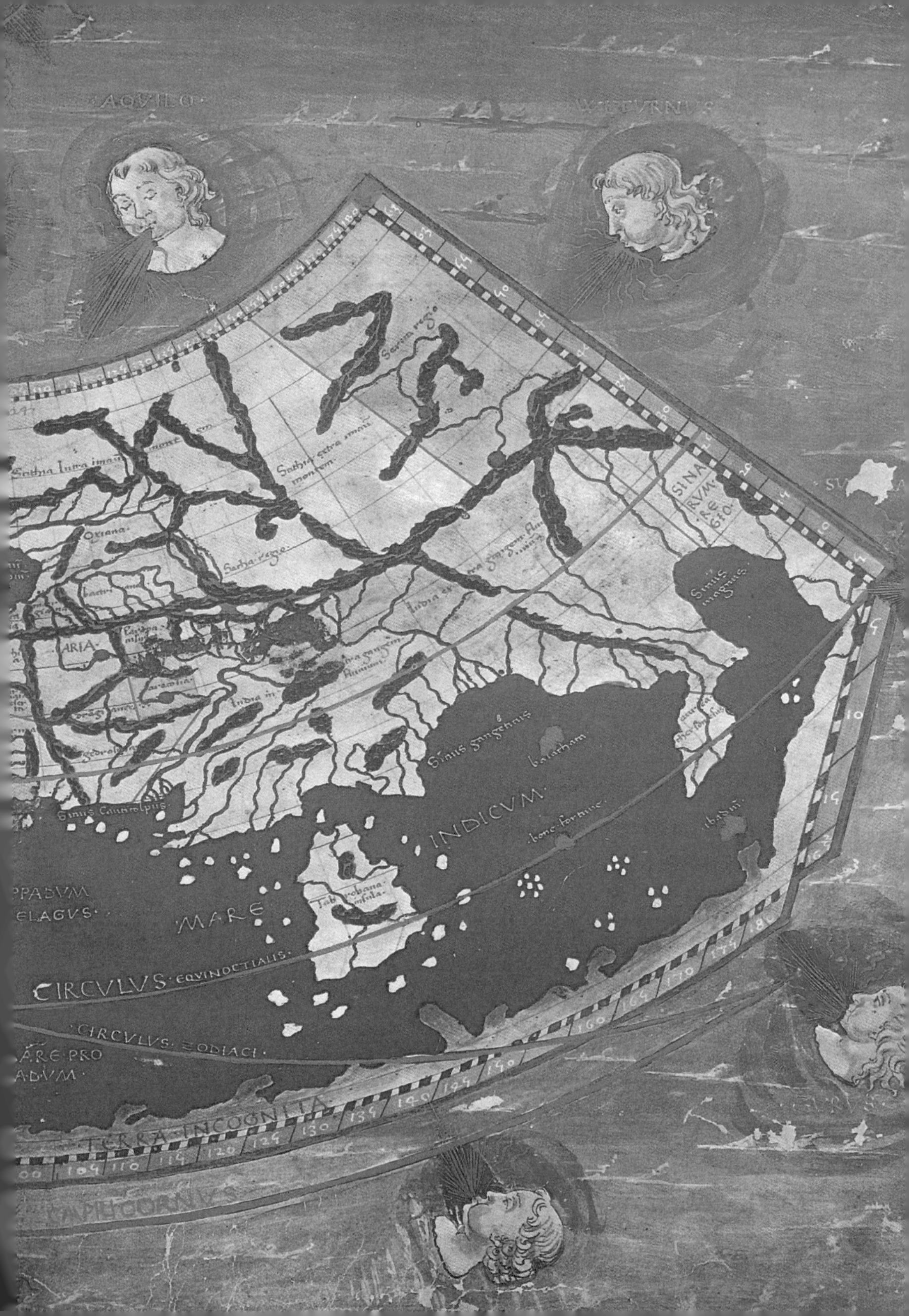
AQVILO
SINARVM REGIO
Sinus magnus
Sinus gangeticus
INDICVM
MARE
ARIA
Taprobana insula
CIRCVLVS EQVINOCTIALIS
CIRCVLVS ZODIACI
TERRA INCOGNITA

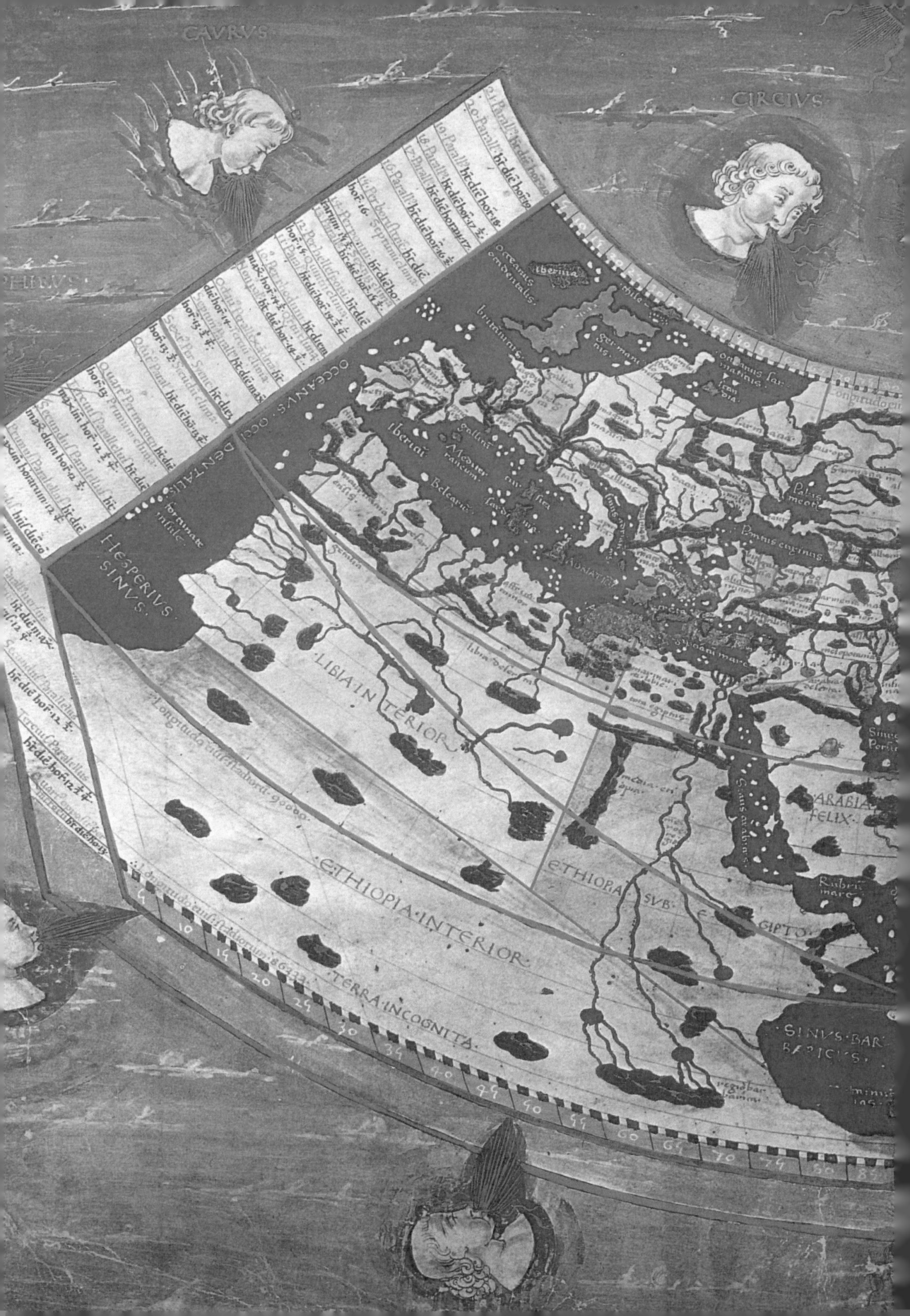

CAVRVS
CIRCIVS
HESPERIVS SINVS
LIBIA INTERIOR
ETHIOPIA INTERIOR
TERRA INCOGNITA
ETHIOPIA SVB EGIPTO
ARABIA FELIX
SINVS BARBARICVS

托勒密的歐洲格局

〈〈〈《亞平寧半島地圖》〈〈〈西元一四七七年

〈〈〈《希臘半島地圖》〈〈〈西元一四七七年

一四七七年義大利的波隆那出版了有二十七幅地圖的托勒密地圖集，這個版本中包含了一些最早和最優秀的銅版印刷作品。這些版畫最初由德國人康拉德・斯維赫伊姆（Konrad Sweynheym）在羅馬製作，他與他的夥伴阿諾德・潘納爾茲（Arnold Pannartz）一起，於一四六五年在薩伯卡（Subiaco）創辦了第一家義大利出版社。康拉德・斯維赫伊姆在一四七七年去世。這些版畫後來由阿諾德家族完成並出版。這一古老的版本現藏義大利那不勒斯國家圖書館。

一四七七年波隆那出版的托勒密地圖集，每幅地圖均印刷在兩張單獨的對面頁上，共有二十七幅地圖。首頁是世界地圖，即前文說過的「托勒密扇子」；而後是十幅歐洲地圖，一、英國；二、西班牙；三、法國；四、德國；五、奧地利與匈牙利；六、亞平寧半島；七、西西里島與撒丁島；八、烏克蘭與黑海；九、羅馬尼亞、保加利亞、土耳其；十、希臘半島；再後是四幅非洲地圖，一、摩洛哥、阿爾及利亞；二、利比亞；三、埃及；四、非洲中部北部；最後是十二幅亞洲地圖，一、鄂圖曼土耳其；二、俄國；三、裏海；四、敘利亞與伊拉克；五、波斯；六、阿拉伯半島和波斯灣；七、中亞西部；八、中亞東部；九、巴基斯坦；十、印度；十一、馬來半島；十二、錫蘭。這些地圖除了第一幅世界地圖是「扇子」形，其他地圖全是「梯子」形。

這裡我們先說說歐洲部分。歐洲第一圖為英國，把英國排第一，不是因為這個國家重要，而是地圖集編排是按托勒密的零度經線為起點，自西向東排，所以，英國地圖排在第一位。而後是西班牙、法國、德國、奧地利、匈牙利、義大利……最後是希臘。

亞平寧半島地圖（圖4.5），位於地中海之北，是南歐洲三大半島當中的一個，西邊是伊比利半島，東邊是巴爾幹半島。此圖完好地表現了亞平寧半島長靴子形象。在長靴上，從北到南繪出十分突出的長長山脈，這就是亞平寧山脈，它從西北部阿爾卑斯山脈起，一直延伸至西西里島西邊埃加迪群島（**Aegadian Islands**），總長約一千四百公里。海中描繪了科西嘉島，但沒有細繪它南邊的撒丁島，因為十四世紀，薩丁尼亞（撒丁島）成為愛比利亞（今天的西班牙）的一部分。由此也可以看出，這部托勒密地圖集，已不完全是西元二世紀的樣子，而是綜合了當時的地理資料。

希臘半島地圖（圖4.6），希臘半島位於巴爾幹半島南部，西臨亞德里亞海，東瀕黑海，南濱愛奧尼亞海（**Ionian**）和愛琴海。這個半島歷史悠久，也是托勒密祖先的故土，是古希臘文化發祥地，也是古希臘地理學的發祥地之一。此圖是托勒密地圖集歐洲部分的最後一圖。此圖的海岸、島嶼和港口繪得十分精確，如伯羅奔尼撒半島和克里特島所處緯度，在北緯三十六度上下，與今天的地圖完全吻合。圖中其他星羅棋佈的小島嶼，也皆有標註，沒有一個空白。整個地圖畫得特別細，地理資訊佈滿了半島。

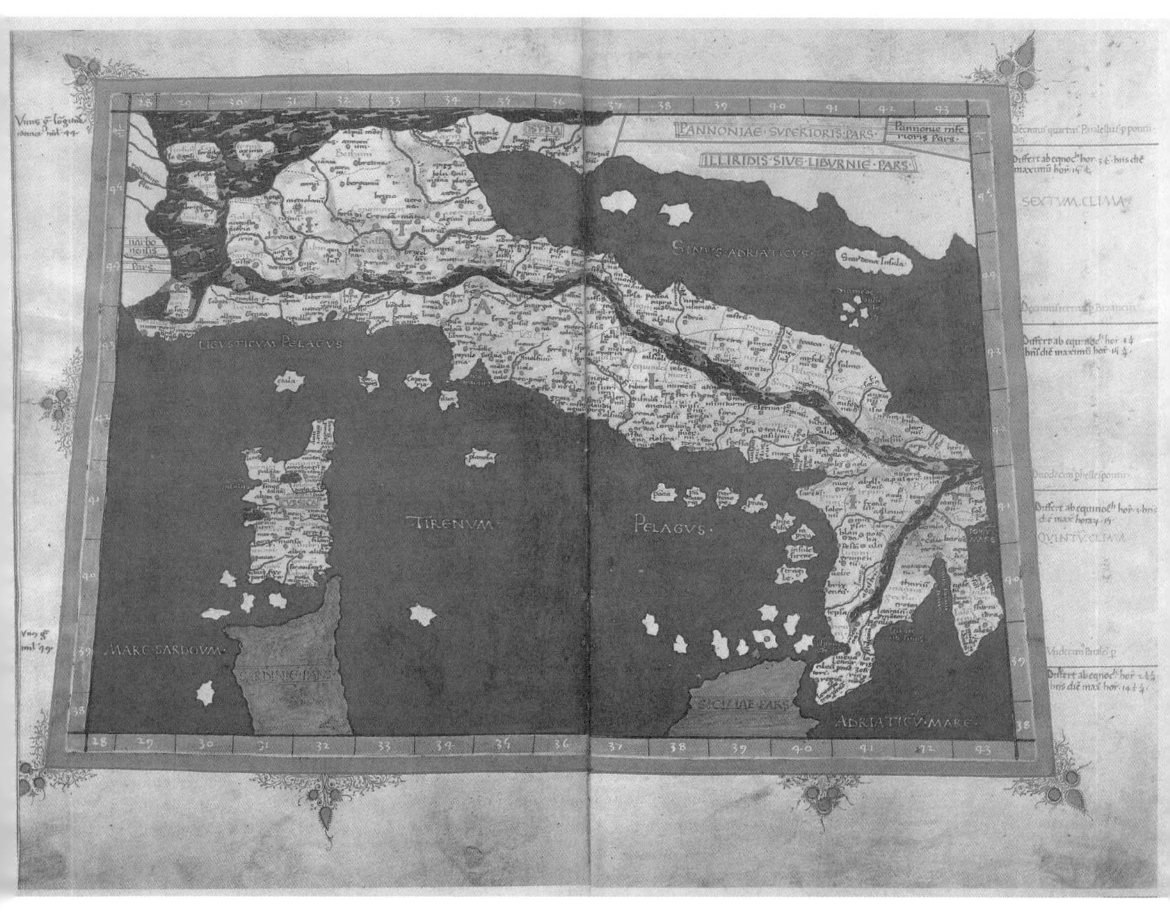

圖4.5：亞平寧半島地圖

此圖涵蓋了整個亞平寧半島，還有科西嘉島。原載一四七七年版托勒密地圖集。

圖4.6：希臘半島地圖

此圖主要表現的是巴爾幹半島南部，和科西嘉島，原載一四七七年版托勒密地圖集。

托勒密的非洲格局

〰《非洲中部和北部地圖》〰西元一四七七年

一四七七年義大利波隆那版的托勒密地圖集，共有二十七幅地圖，其中有四幅是非洲地圖，是歐、亞、非三洲中製圖最少的大洲。這四幅非洲地圖為，一、摩洛哥和阿爾及利亞，二、利比亞，三、埃及，四、非洲中部北部。實際上，第四幅非洲中部北部地圖，完全包括了前三幅地圖的內容，也可看作是非洲總圖。但這個所謂的非洲總圖，只畫出了半個非洲大陸，南部非洲完全沒有描繪。

這幅非洲中部和北部地圖（圖4.7），基本反映了托勒密《地理學》對非洲的認識。雖然，托勒密出生在埃及，並在當時世界上最著名的亞歷山大圖書館工作，但他並沒有掌握更多的非洲地理訊息。

此圖的左邊，也就是非洲西部，在今天的摩洛哥北部海岸做了許多標註。這裡的地理「發現」是後來的阿拉伯人完成的。六八二年阿拉伯人進軍到摩洛哥海岸，被大西洋所阻不能再向西前進，誤認為這裡是世界最西的地方，於是把它稱為「馬格里布」（Maghreb），阿拉伯語意為最遠的「西方」、「日落的地方」。後來，「馬格里布」泛指埃及以西的北非地區。與西北非洲相比，托勒密非常熟悉東北非洲，也就是埃及。此圖對這個文明古國描繪得很細，尤其是著名的尼羅河，青尼羅河、白尼羅河兩個源頭描繪得十分清楚。還有紅海和東非之角描繪得也十分準確。

受當時的條件所限，托勒密對赤道以南的非洲瞭解甚少，人們認為赤道附近酷熱，沒有人在那裡生活，而更南邊的非洲，將無限向南伸展，使印度洋處於封閉狀態。

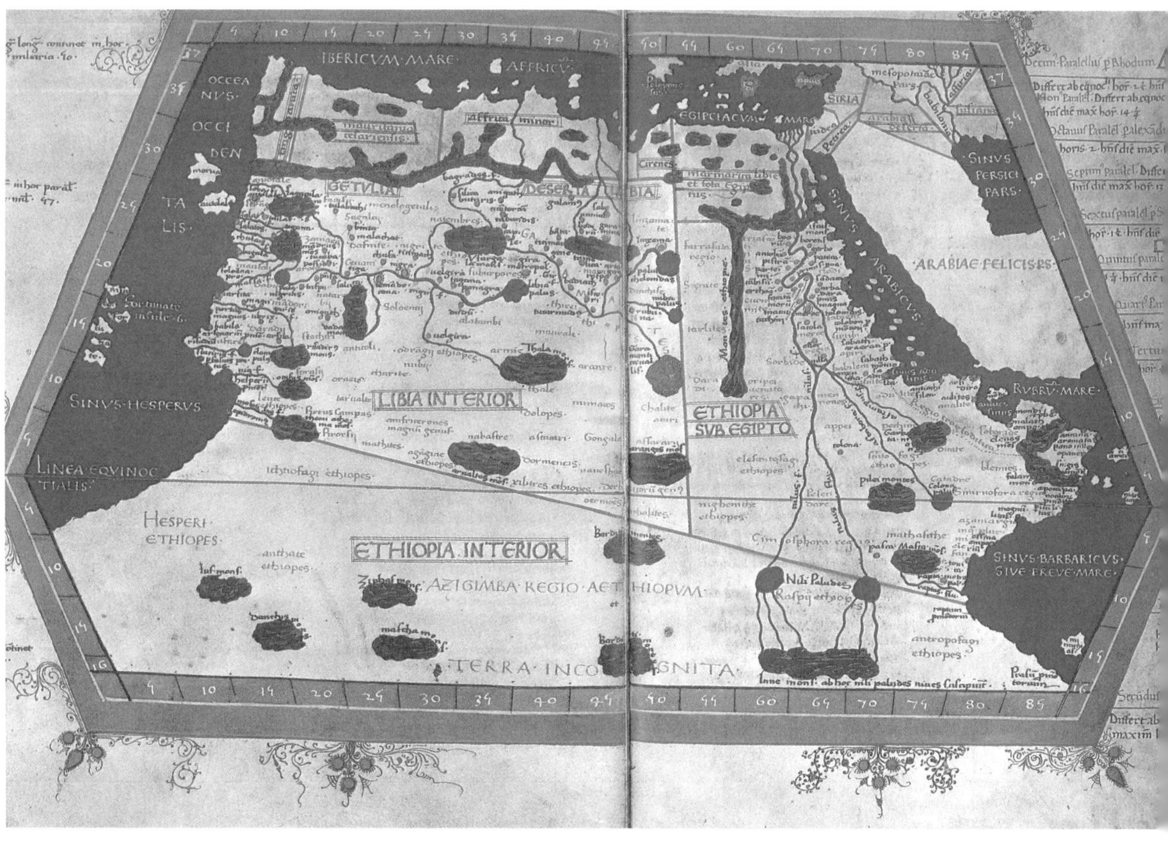

圖4.7：非洲中部和北部地圖

此圖涵蓋了「馬格里布」和埃及，還有赤道以南至南緯十六度的廣大地區。原載一四七七年版托勒密地圖集。

托勒密時代限於當時的歷史條件，只能描繪出了半個非洲大陸，後來，阿拉伯帝國進入非洲，對非洲的描繪更進了一步，中世紀的阿拉伯人甚至到達了馬達加斯加海岸，非洲大陸也被描繪為是被海洋環繞的大陸。但真正環繞非洲，並描繪完整的非洲大陸，是葡萄牙人迪亞士（Bartolomeu Dias）和達伽馬的大航海探險航行，非洲大陸才最終露出真容。

托勒密的亞洲格局

〰〰《阿拉伯半島和波斯灣地圖》〰〰西元一四七七年

〰〰《印度地圖》〰〰西元一四七七年

〰〰《馬來半島地圖》〰〰西元一四七七年

一四七七年義大利波隆那版的托勒密地圖集，共有二十七幅地圖，其中亞洲地圖為最多，有十二幅之多，由此可見托勒密對亞細亞，或者說，大航海初期，歐洲對亞洲的關注是多麼熱切。

阿拉伯半島和波斯灣地圖（圖4.8），此圖是第六幅亞洲地圖，圖中央是阿拉伯半島，左邊是紅海，依當時的叫法「紅海」標註為「Sinus Arabicus」（阿拉伯灣），在紅海出口海峽處則標註為「Rvbrv Mare」（紅海）。圖右上方為波斯灣，下方為印度洋。圖中的印度洋、阿拉伯半島和波斯灣的不同地理特點均十分清晰地顯現。

印度地圖（圖4.9），此圖是第十幅亞洲地圖，涵蓋了印度半島重要的訊息。圖中央標註出「INDIA INTRA CANGEM」，但半島形狀有些平緩，沒有半島特徵。南部標有「Mare」（大海），圖邊的緯度標尺標示為北緯十二度至二十度的半島縱深，與今天測繪數據北緯十二度至二十三度，僅有一點差距，已是難能可貴了。

馬來半島（圖4.10），此圖是第十一幅亞洲地圖。今天的馬來半島上有馬來西亞、泰國、緬甸三個國家：緬甸的最南部位於半島的西北，中部及東北屬於泰國的南部，餘下的南部又稱西馬來西亞或馬來

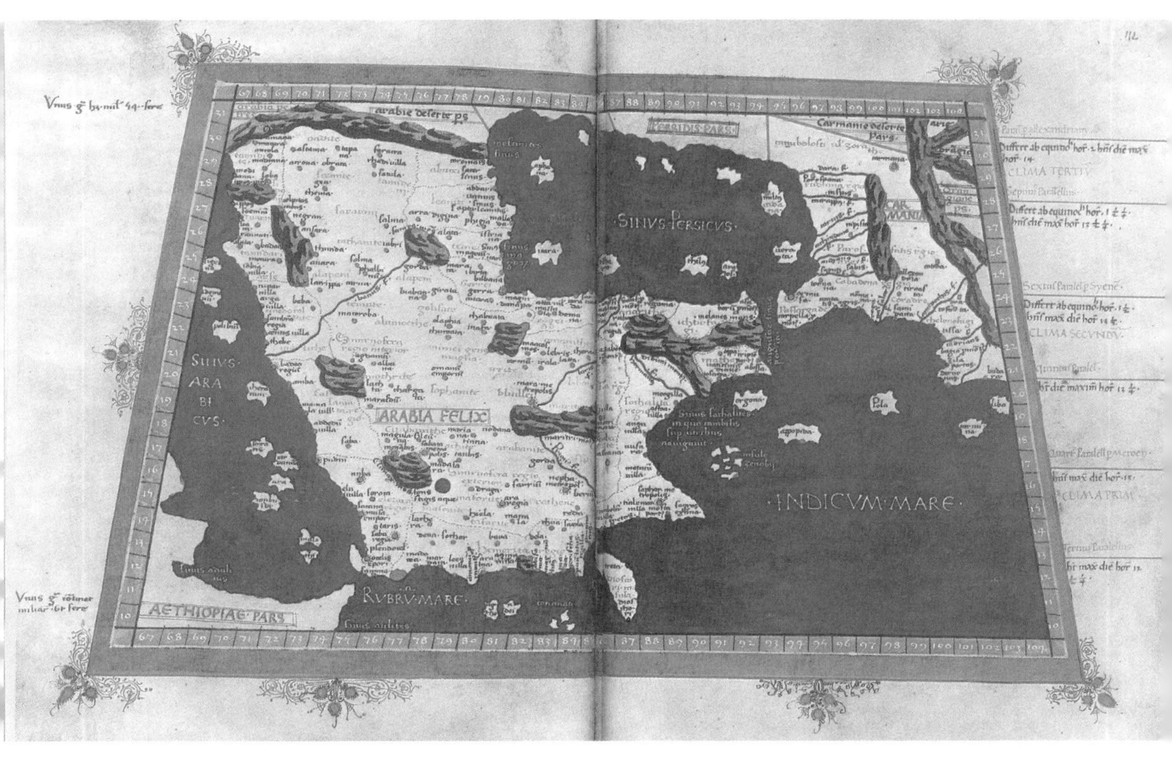

圖4.8：阿拉伯半島和波斯灣地圖

此圖涵蓋了阿拉伯半島。原載一四七七年版托勒密地圖集。

亞半島。在這幅古老的地圖上，這一地區被描繪成一個「馬蹄形」的半島。古代西方對東方的財富充滿美好想像，對東方海島一概認為是金島和銀島，托勒密也是認為馬來半島是個「黃金半島」（Golden Chersoneve）。進入到後來的大航海時代，這裡的島嶼一律被畫成寶石狀，五彩繽紛。

在托勒密《地理學》中，曾較明確地描繪了世界西極在「福島」，即加那利群島，但對東極的描繪卻很模糊，認為最東邊是賽里斯「Sinae」，即中國。托勒密地圖集中亞洲最東邊的一幅地圖僅繪到馬來半島和中南半島的泰國灣和南海西側的一部分，而且，中南半島一直向南延伸與所謂南方大陸相連，使印度洋成為一個封閉的大洋。所謂賽里斯和「絲國」在這裡仍是語焉不詳。西

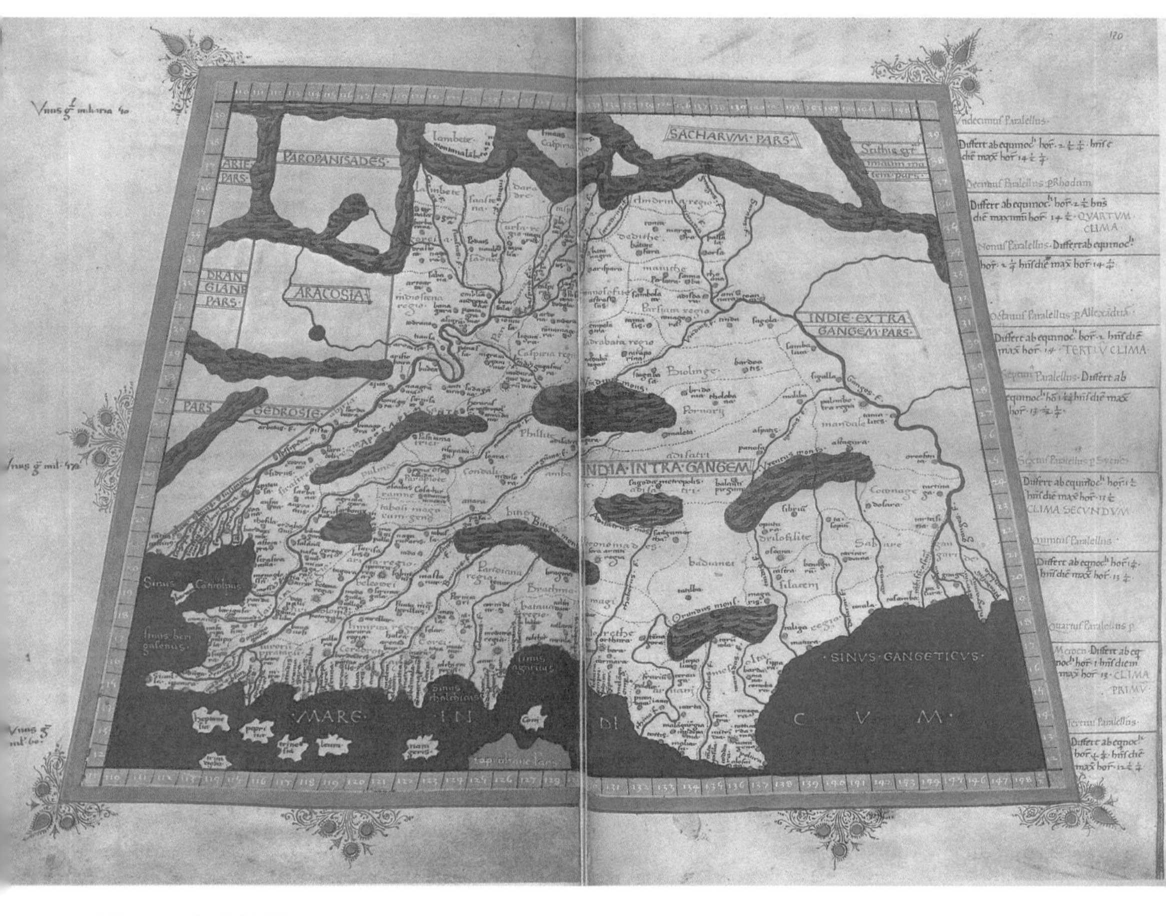

圖4.9：印度地圖

此圖涵蓋了印度半島。原載一四七七年版托勒密地圖集。

方人「復甦」托勒密地圖時，葡萄牙航海家還沒有繞過非洲大陸打通東方航線，也不瞭解阿拉伯航海家早已掌握的通往中國的航海資訊。所以，這一版本中沒有補入新的東方地理訊息，使這一版本的托勒密《地理學》更具「原生態」意義。

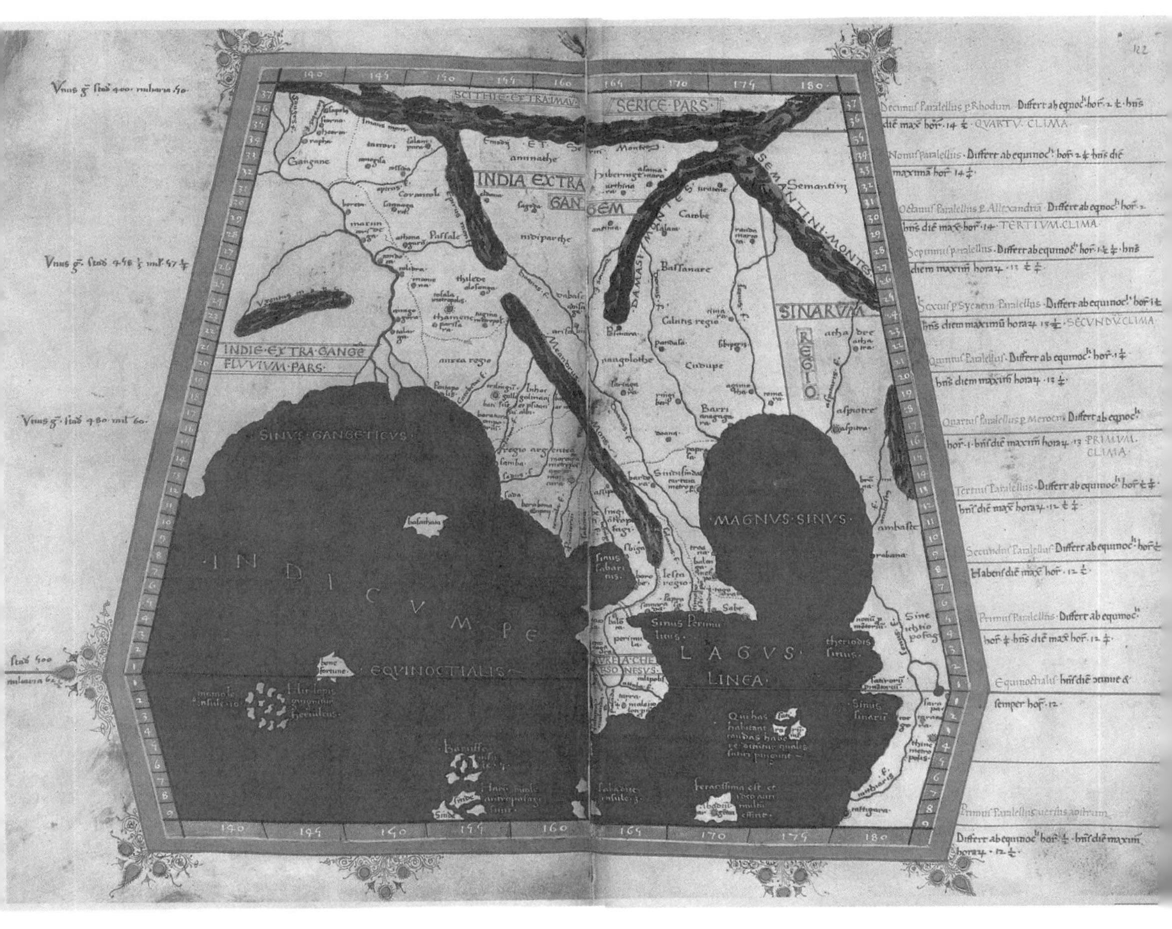

圖4.10：馬來半島地圖

此圖涵蓋了馬來半島。原載一四七七年版托勒密地圖集。

5 早期航海圖——網格為圖與羅盤定向

地球表面百分之七十是藍色的海洋，地球生物約有百分之八十在海洋之中。海洋為人類生存和發展提供了豐富寶藏和無窮資源。所以，不論是從事海洋捕撈，海上運輸，海上貿易，還是從海上軍事活動的方方面面來講，人類與海洋打交道的歷史，都不比人類與陸地上打交道晚多少。至遲在新石器時代晚期，人類就有了航海活動。在非洲北部、在歐洲南部的地中海地區和亞洲廣闊的太平洋地區，新石器時代創造的岩畫、壁畫、彩陶器物中，都有人類早期航海活動的紀錄。有了文字之後，人類早期海上活動的記載就更多了，比如偉大的《荷馬史詩》。

「最早」的航海圖已經「早」到我們看不見了。學者們也只能通過一些相關的文字與圖畫來推測航海圖的「起源」。以歷史悠久為出發點進行研究與推衍，有人認為海圖應源自古代埃及，或者是早期稱雄海上的腓尼基（今敘利亞一帶），也有可能來自海戰不斷的古代希臘。

我們失去了與遠古航海圖見面的機緣，但有一種奇特的原始航海圖，卻奇跡般地「活」了下來。房龍（**Hendrik Willem van Loon**）曾在他的《房龍地理》（*Van Loon's Geography*）一書中提到過這種原始海圖——這種海圖不是畫在紙上，也不是繪在羊皮上，它是沒有「紙文化」的太平洋島嶼土著用椰子葉或樹枝編織的航海圖，學者們稱他為「波里尼西亞編織航海圖」。

在南部歐洲、北部非洲和小亞細亞，它們的地圖史，幾乎就是一部海圖史。就是在中世紀盛行的

「T-O」地圖中，我們也會發現那個「T」是大河與海，那個「O」是包圍大陸的大洋。「海」的意思已然存在，「航」的想法尚未突出。

某種意義上講，是阿拉伯人的航海活動影響了地中海。這之中，阿拉伯帝國入侵並佔領南歐時影響最大。此間，歐洲人從阿拉伯人那裡學會了使用三角帆；至少在十世紀，阿拉伯人已經改良了中國指南針，有了簡單的磁性羅盤，此後羅盤開始在地中海航行中普及，使此前的近岸靠陸上景物航行，變為靠方向定位遠離海岸航行。

由於羅盤的出現，使得製作海圖所需的方位表達變得清晰了。於是，在宗教意味濃厚的「T-O」地圖仍統治歐洲地理的中世紀，不同於「T-O」地圖的「波特蘭」航海圖亦誕生了。「Portolan」一詞源自拉丁語「Portolano」原指用文字所寫的航海指南書，由於這類書籍中通常都附有航海圖，後來人們逐漸用「Portolan」來表示中世紀的航海圖。現在人們能看到最早的波特蘭航海圖，即大約一二九〇年在熱那亞繪製的比薩航海圖。

必須指出的是，在歐洲人引以為傲的比薩航海圖誕生之時，阿拉伯人也繪出了沒有羅盤線，而有經緯線的網格遠洋航海圖，其代表作品有馬可波羅從阿拉伯帶回歐洲的幾幅重要的東方航海圖。也正是《馬可波羅遊記》特殊力量，點燃歐洲大陸的東方夢，引領他們通過大航海走向東方並繞行世界。

活著的原始航海圖

〰《波里尼西亞編織航海圖》〰今模擬圖

在廣闊的太平洋存在著一個至今沒有破解的史前航海謎團：波里尼西亞的先民是怎樣、又是從哪裡，來到世界最大的群島——北起夏威夷群島，南至紐西蘭，東至復活節島，西至巴布亞紐幾內亞——波里尼西亞群島之上？

在夏威夷考察，我曾參觀過一個波里尼西亞文化的專題展，據專家講，至少在西元前一千五百年左右，波里尼西亞人的祖先就從其他地方遷移到這個群島的核心區了。這個龐大的族群包括毛利人、薩摩亞人、湯加人、圖瓦盧人、夏威夷人、塔希提人、托克勞人、庫克島人、瓦利斯人、紐埃人、復活節島人等十多個支系；屬南方蒙古人種和澳大利亞人種的混合類型。

波里尼西亞人到底從什麼方向來的，專家們也說法不一。

亞洲說認為，在原始航海的條件下，從亞洲大陸或東南亞地區，利用密克羅尼西亞和美拉尼西亞兩大群島（今巴布亞紐幾內亞與澳大利亞西北部），作為跳板或中轉站，似比較容易來到太平洋中央的波里尼西亞群島核心區。

美洲說認為，從航海的角度講，從美洲越洋而來，距離比亞洲遠，而且缺少島嶼作為跳板，但太平洋中部赤道南北兩側，南赤道洋流和北赤道洋流都是自東向西流動，從美洲方向可藉強大洋流和季風，順流順風，一路漂來。而從亞洲東行，不要說用古代航海工具，木筏或獨木小船，就是用近現代帆船，

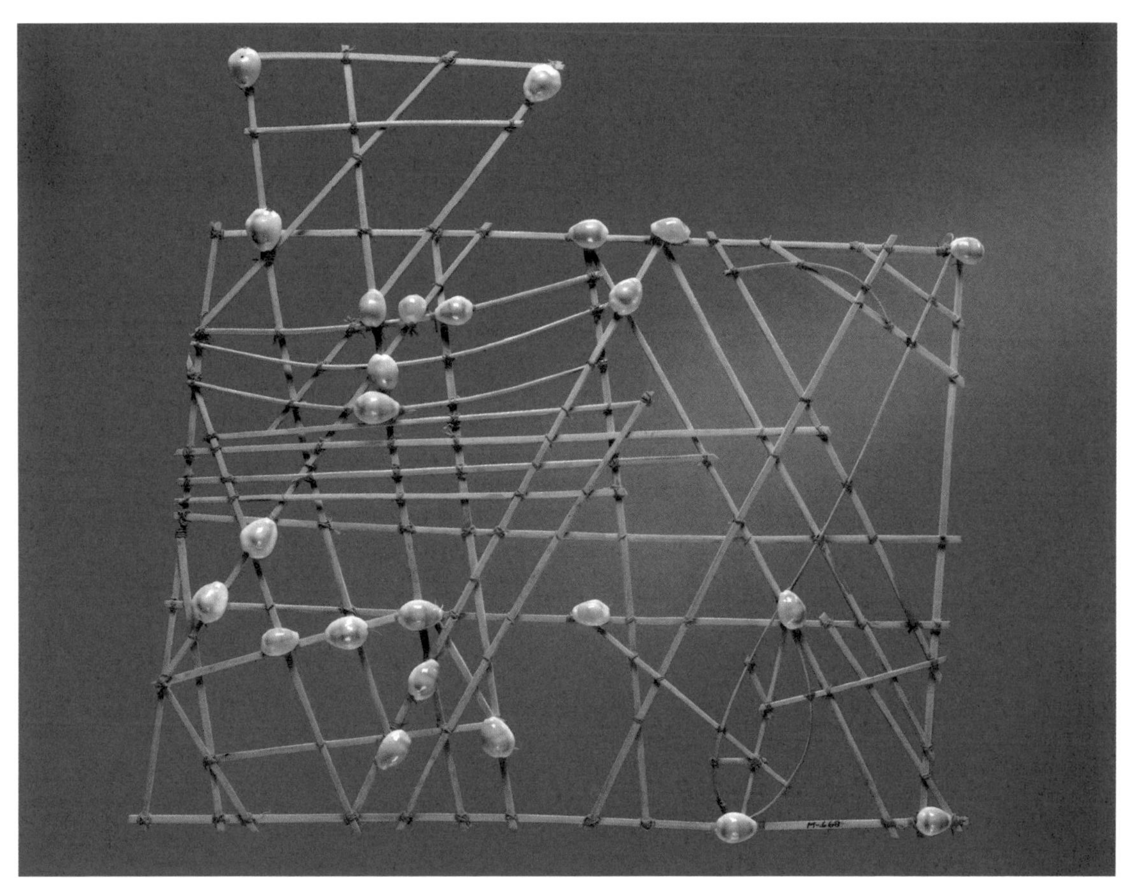

圖5.1：波里尼西亞編織航海圖

幾千年前，波里尼西亞先民就會用樹枝編成的古航海圖指引深海航行，此為模擬的古代波里尼西亞航海圖。

逆風逆流而上都十分困難。

不論從西方來，還是從東方來，波里尼西亞先民，能從遠方來到夏威夷和復活節島這樣遙不可及的地方，他們一定是古代的航海天才。幸運的是，現代人仍有機會見到波里尼西亞人用椰子葉或樹枝編成的古代航海圖，這種航海圖有很好的坐標系統，有的表達了簡單的經緯關係，有的還表現了洋流。

這裡選用的是專家模擬的古代波里尼西亞人航海圖（圖5.1），它完全是單向使用的，往返不可用同一海圖。據研究波里尼西亞文化的學者講，在今天的馬紹爾群島，還有少數土著能解讀這種航海圖，所以，從某種意義上，這種古老的航海圖仍然「活著」。

中世紀的「波特蘭」航海圖

〰《比薩航海圖》〰西元一二九〇年

十三世紀中期，隨著歐洲人對阿拉伯帝國進行一輪又一輪的十字軍遠征，歐洲人漸漸收復了被阿拉伯人佔領的南部歐洲和地中海島嶼，開始建立起以亞平寧半島城邦為中心的海上貿易商圈。海上貿易新秩序的建立，也促生了一種全新的海圖在地中海航海實踐中流行，它就是波特蘭海圖。

波特蘭航海圖的最大特色之一就是圖面繪有羅盤花，或稱「指南玫瑰」，葡萄牙水手也稱它為「風的玫瑰」（Rosa dos Ventos），它替代了古地圖中作為方向的記號的希臘神話裡的各路「風神」。從羅盤放射出恆向線（Rhumb Line），可以指示的方向多達三十二個，沿著其中的方向線航行，可以抵達某個港口。波特蘭航海圖的另一特色就是對沿海地區港口標註得很仔細，陸地則因無用或無知留有空白，或繪滿圖案來充填。這種航海圖拋棄了以往的宗教地圖的世界觀，轉而面對現實世界，進行真實而實用的描繪和指引。這些航海圖形象地記錄了那個時代的航海印跡，其圖多是用墨水繪在不超出一平方公尺的羊皮紙上，少數航海圖是由幾張羊皮組成。有時，人們還將幾張海圖合在一起組成一部地圖集。

有人認為，亞平寧半島上的航海家在十三世紀中期，率先在歐洲使用羅盤來引領航海。這種說法是否準確，尚無定論，但人們在亞平寧半島西海岸的比薩，發現的比薩航海圖，至少是對此說的一個有力支持。中世紀的波特蘭航海圖存世不足兩百幅，這幅比薩航海圖被認為是世界現存最早的羅盤航海圖，現藏法國國家圖書館。

比薩航海圖（圖5.2），圖縱五十公分，橫一百零五公分，大約繪製於一二九〇年，作者不詳，繪製地點可能在地中海的航海重鎮熱那亞。此圖上只有沿海地名而無內陸地名，因此可以斷定它是用途明確的航海圖。需要指出的是比薩航海圖上，並沒有波特蘭航海圖上都有的羅盤花。這幅航海圖上分別畫有兩個圓周，並且均被分成十六等分，從各等分點引出許多方位線，相當於羅盤引出的恆向線。這些線如蜘蛛網般覆蓋了全圖，使得方位表示相當明確：其四大方位，即東西南北，是黑線；其二分之一方位，即東北、東南、西北、西南，是綠線；四分之一方位，即東北東、北東北等等是紅線。仔細閱讀地圖，可以讀出完整的地中海海岸線和黑海海岸線；左邊圓的中央是科西嘉和撒丁島，左下是直布羅陀海峽，右上是亞平寧半島的「靴子」；右邊圓的中央是希臘半島，下方是北非海岸……此圖上部的中央和右側小圓圈內繪有比例尺。

此圖因沒有考慮地球的球面，只依實測距離與方位製作而成，因而又被稱為「平面航海圖」。這種航海圖在經、緯度跨度都很小的地中海（東西長約四千公里，南北寬約一千八百公里），並無太大誤差，故而很受航海家歡迎。這幅航海圖最值得稱道的是它的精準性。它也因此被稱譽為「最早的真正的地圖」，因為歐洲大陸的實測地形圖要到十六世紀前後才出現。

圖5.2：比薩航海圖

這幅波特蘭航海圖因在比薩發現，而被稱為比薩航海圖，大約繪製於一二九〇年。此圖作者不詳，繪製地點可能在地中海航海重鎮熱那亞。原圖繪於羊皮紙上，圖縱五十公分，橫一百零五公分，現藏法國國家圖書館。

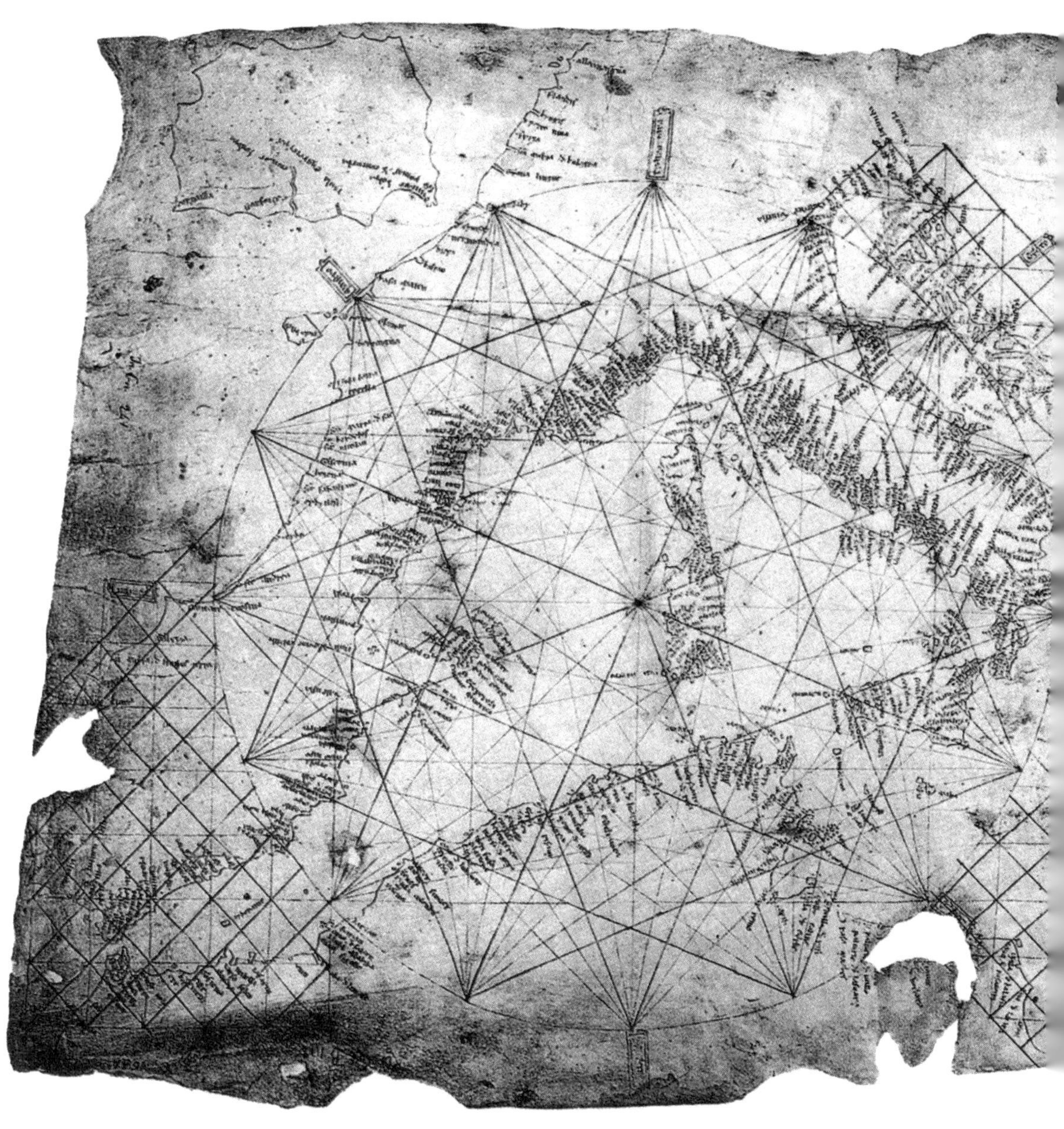

馬可波羅的航海圖

《北半球網格航海圖》 約十三世紀末

《印度洋鄰近地區地圖》 約十三世紀末

雖然，阿拉伯人在中世紀出版了大量關於東方的地理著作，並繪製了大量的東方地圖，但東西方幾百年對抗嚴重阻礙了東方最新地理訊息進入西方，所以，一直到十四世紀初《馬可波羅遊記》出現，西方世界才又一次點燃追逐東方黃金夢的激情，《馬可波羅遊記》隨之變成了東方探險的「領航圖」。

蒙古帝國通過三次西征，消滅並佔領了阿拉伯帝國，這種侵略破壞了業已形成的阿拉伯帝國商圈，但也由此擴張了蒙古帝國的商圈，形成了跨歐亞大陸的更大商圈，將東西方的「草原之路」和「海上之路」統合在一起。歐亞大陸的商貿活動開始出現陸地與海洋聯動的局面。馬可波羅的東方之旅，恰好是陸路而來，海路而歸，沒有什麼比他的傳奇更吻合那個時代的迫切需要了。

馬可波羅，一二五四年出生在威尼斯的富商家庭，十七歲時遠離故土，隨父親和叔叔，由陸路東行，歷時四年，於一二七五年到達元朝大都（今北京）。他在中國遊歷了十七年，而後，由海路返回威尼斯。回國後，馬可波羅參加了一二九八年威尼斯和熱那亞的海戰，戰敗後成了熱那亞的俘虜。在獄中馬可波羅結識了生命中最重要的朋友魯斯蒂謙（Rustigielo）。馬可波羅把自己在蒙元中國所見所聞講給作家朋友聽，魯斯蒂謙用法語記錄整理，於一二九九年編撰出《馬可波羅遊記》一書，馬可也在這年出獄，第二年，也就是一三〇〇年，這部書就走向了市場，至一三二四年馬可波羅逝世時，這部遊記已被翻譯成多種歐洲文字，廣為流傳。

馬可波羅描述中國的內容固然重要，但也很容易使人忽略了他回程所走海路的重要價值。事實上，馬可波羅從泉州乘船西行，經波斯返回威尼斯的這段海上遊歷，也為中世紀歐洲留下了重要的東方航海訊息，但幾百年來，很少有人進行這方面的研究。

一八八七年義大利青年馬西安・羅斯（Marcian Rossi）移民到美國，向美國國會圖書館捐贈了一箱十四份十三世紀的羊皮紙資料，他告訴一位歷史學家這些文件繼承自家族一位先人，這位先人是一位海軍上將，馬可波羅本人將這些文件交給了他。羅斯後來在加州聖荷西工作，有六個孩子，是一位裁縫。羅斯的重孫說：「地圖上的海量資料——我相信曾祖父是沒有足夠的學識捏造這些資料出來。」這些古文獻中就有五幅據說是馬可波羅所擁有過的航海圖。

一九三〇年代瑞典歷史學家里奧・巴格羅（Leo Bagrow）在一九四八年第五期的《世界形象》（*Imago Mundi*）雜誌上公佈了這些「馬可波羅航海圖」。並報導了馬西安・羅斯收藏馬可波羅於一二九五年帶回威尼斯的航海圖。這些航海圖為人們提供了非常難得的中世紀阿拉伯的遠航視野，或可再次證明馬可波羅確實到過中國，並從海上乘船經阿拉伯回到威尼斯。

這五幅地圖中，最值得說說的是兩幅圖面上若干漢字的航海圖。一幅研究者稱它為「北半球網格航海圖」（圖5.3），另一幅研究者稱它為「有大船的航海圖」現被華盛頓特區的國會圖書館研究收藏。「北半球網格航海圖」的畫法，並非中國「計里畫方」，而是阿拉伯式的經緯網格法。早在九世紀時，阿拉伯就曾在世界地圖中使用經緯網格法，此後又消亡了幾百年。十三世紀中葉，經緯網格法又回歸印度洋。值得注意的是在這幅網格地圖頂部格子裡，有一排漢字「七」，而底部格子中則是一排羅馬字

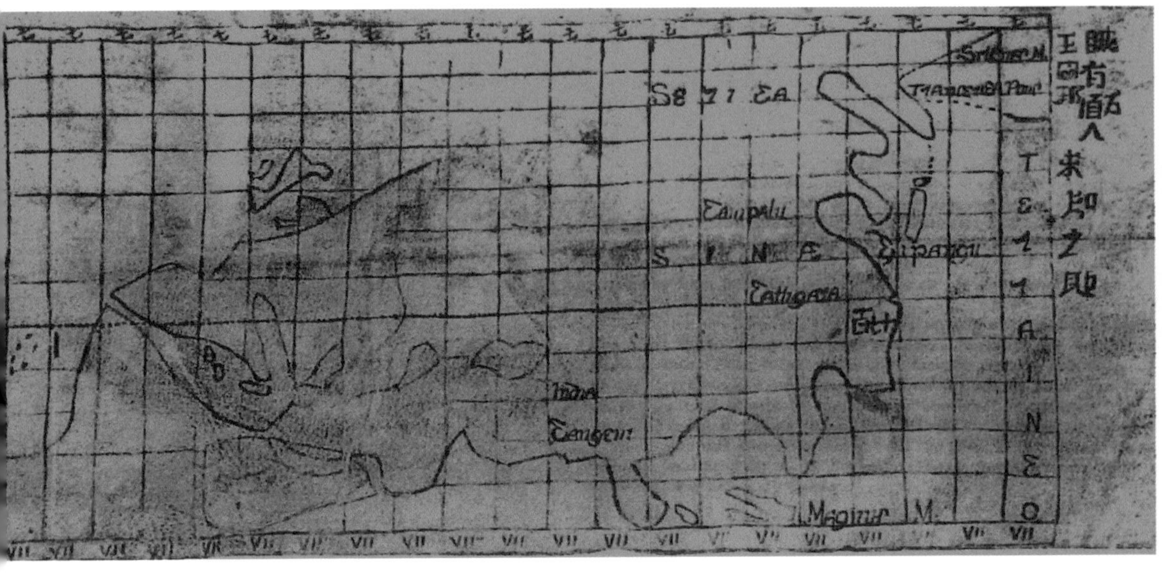

圖5.3：北半球網格航海圖

此圖最為寶貴的是圖面上留下了馬可波羅的漢字註記。圖右邊可以清楚地看到「百萬人」，「百七十」，中國之東甚至還有一行中國文言「未知之也」，表明中國之東是不可知之地。

「VII」。此圖橫向坐標有二十格，每格為經度七度，全圖跨度為一百四十度。最西邊繪有七個小島組成的群島，應是托勒密《地理學》的「西極」——加那利群島，為零經度；最東邊繪出了朝鮮半島，也有日本群島的影子。《馬可波羅遊記》稱日本為「Cipangu」，這裡註記為「Kipangu」。拉丁文中C通K，所以註記的是日本。過去人們一直認為「日本」首次出現於西方地圖上，是一四五七年問世的「毛羅地圖」（Fra Mauro Mappa Mundi）。這個紀錄或許該改寫了。圖中央以拉丁文註記「Sina」應是「支那」，梵語稱「Sino」即古代「中國」。在中國東部渤海灣對應的陸地處，註記有「Kampalu」即汗八里（大汗的城，元大都）。印度洋沿岸的註記有「India」，位置也較準確。此圖對於歐洲和北非的海岸線的描繪過於簡單。說明作者主要想表現的是人們想瞭解的東方和中國。

更有趣的是，這幅地圖上留下了幾個漢字。圖右邊似「王城」兩字。指的應是大王之城大都。這個註記旁邊還有「百萬人」，下面還有「百七十」……這些明顯是後加到圖上的幾組漢字，似乎印證了馬可波羅描述中國時最愛用的「百萬」這個詞。在圖右側還有一行漢字「未知之也（或，未知之地）」，這種在地圖邊際註明「未知之地」的註記，東西方地圖上都有這一傳統，它表明註記人認為中國之東是不可知之地。雖然，沒有證據顯示馬可波羅會寫漢字，但這些漢字至少說明了此圖與中國有著某種特殊的聯繫。

另一幅地圖被研究者稱為「印度洋鄰近地區地圖」（圖5.4），此圖描繪的東西範圍是從東非到日本，圖上以特別顯著的羅馬數字標註了五個島，自西向東，第一個島看不清字，從位置上看，應當是馬達加斯加島；第二個島是「Saliqe」，為錫蘭島；第三個島，從位置看可能是蘇門答臘；第四個島註記「jaba diu」，意為「更遠的爪哇」；第五個島註記為「Sativorum」，意為「播種之地」，但是哪個島，還說不清。這些島都是古時的重要貿易港口。中國渤海對應的陸地上註記「Kampalu」（汗八里）。北部海面上長長的島嶼旁註記「Kipangu」，即日本。可能是日本南端的九州島。圖上最北邊的一串小島，或是日本北方諸島。

此圖左邊，自上而下分別註記的是「persis」（波斯），「arabia」（阿拉伯）和「aethiopia」（衣索匹亞）。圖中間是「India」（印度）和「Oceanus Indicus」（印度洋）。研究稱這幅地圖很可能是由馬可波羅親自製圖，地圖清楚地描繪了馬來半島和麻六甲海峽，看得出作者對印度洋與太平洋的通道十分熟悉。但存世的這幅圖已不是原件，而是後世的抄本，有可能抄本的作者又做了某些補充。

現在來說說這些航海圖在地圖史上的重要價值：

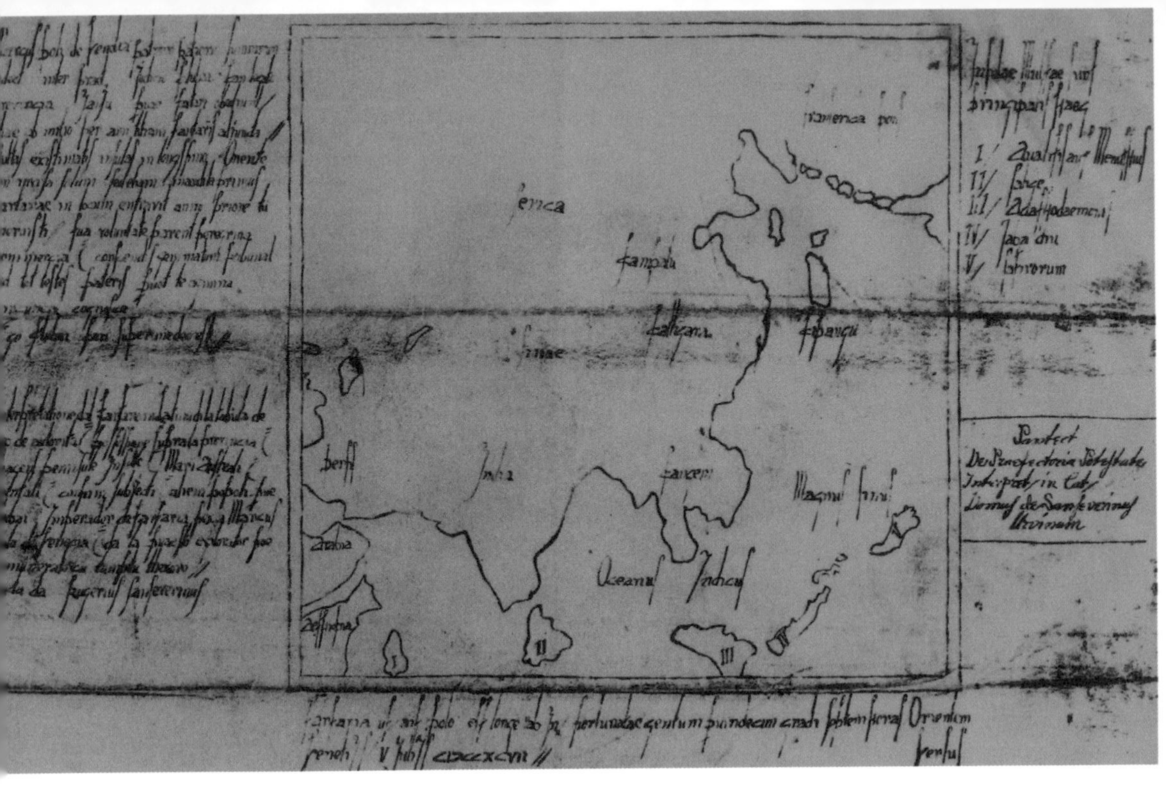

圖5.4：印度洋鄰近地區地圖

此圖描繪的東西範圍是從東非到日本，這是十三世紀少見的對東亞地區和中國海岸準確描繪的航海圖。圖上以特別顯著的羅馬數字標註了五個島，皆為當時的重要海上貿易港口。

首先，馬可波羅一家一二九五年才返回到威尼斯，也就是說這些航海圖的繪製時間，或早於一二九五年，或就在這一時段，如果是抄本，至少也反映了那一時期，印度洋航海家的太平洋航海的實際行動。其二，雖然，它們只是航海草圖，卻完全遵循了托勒密《地理學》的傳統，其科學性和實用性很強。圖上沒有繪指南羅盤和恆向線，而是繪有精確的經緯線網格，這種網格遠洋航海圖，完全獨立於中世紀的「波特蘭航海圖」之外，同時，它也不同於阿拉伯中世紀航海圖，而自成體系，或可看作是東西航海圖的融合與獨特創造。其三，這些航海圖對東亞和對中國、朝鮮半島、日本群島的描繪，不僅是阿拉伯地圖中最早的一批作品，也遠遠領先於歐洲製圖家對東亞的描繪。其四，這些航海圖來自阿拉伯或波斯，但圖面主要使用拉丁文，還有一部分用了漢字。這種載有多種文字的航海草圖，再次證明了中世紀的印度洋航海家所繪製海圖的包融性和國際化。所以，這些航海圖在海圖史上有著非常重要的價值，它們至少是阿拉伯地圖和西方地圖中，最早畫出麻六甲海峽的航海圖、最早畫出中國海岸線的航海圖、最早畫出並標註日本群島的航海圖……最早詳細畫出從阿拉伯至中國、朝鮮半島和日本群島航路的航海圖。

那麼，如此先進的完整的連通東西方的航海圖是怎麼繪製出來的呢？我想，蒙古帝國的擴張是一個重要因素，元朝中國與西亞保持著頻繁的貿易往來，並且在東起日本、朝鮮半島，西至阿拉伯半島、東非沿岸的廣闊海域建立起了多條穩定的國際航線，使印度洋航海家有條件進入太平洋，也有機會得到中國地圖，並一同繪製出橫跨東西方海域的航海圖。這不是不可能的。

這筆寶貴的地理學財富被馬可波羅帶到了當時僅限於地中海航海的歐洲，可以想見其認識價值將有多大，也完全可以推想：歐洲航海圖中，不斷融入《馬可波羅遊記》元素，或許不完全來自文字描述，很有可能，某些歐洲製圖家直接見過這些馬可波羅帶回歐洲的最新的東方航海圖。

最後說一句，幾百年來，東西方都有學者懷疑馬可波羅到過中國，這些重要的航海圖，尤其是註有漢字的航海圖，再次表明馬可波羅不僅到過中國，而且，確實是從海路經阿拉伯返回熱那亞，並為歐洲帶回了重要的航海情報，或許，這些航海圖太重要了，以至被深藏起來，久久不見天日，甚至被破壞、被埋沒和被誤解。

擺脫文字走向獨立的航海圖

〰〰《維斯康特航海圖》〰〰西元一三二〇年

熱那亞似乎肩負著人類航海事業的某種使命，它為世界貢獻了比薩航海圖，而後又貢獻了傑出的製圖家——維斯康特（Vesconte Maggiolo），當然，後來還貢獻了發現新大陸的航海家哥倫布、發現北美的航海家卡伯特（John Cabot）。

維斯康特出生在熱那亞的一個貴族家庭中，受熱那亞航海與商貿活動的影響，他很早就迷上了地理學，先後繪製了多幅航海圖，有地中海圖、有黑海圖，還有大西洋沿岸圖。與以往的製圖師不同，維斯康特是第一位地圖上都留下簽名，及製圖日期的人，他也因此被認為是「第一位職業製圖家」。

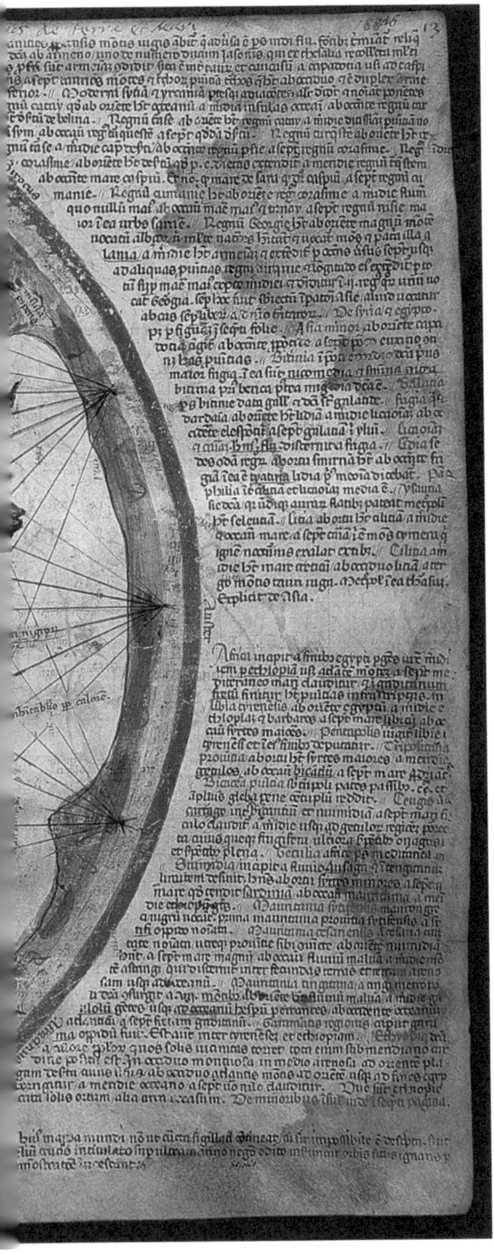

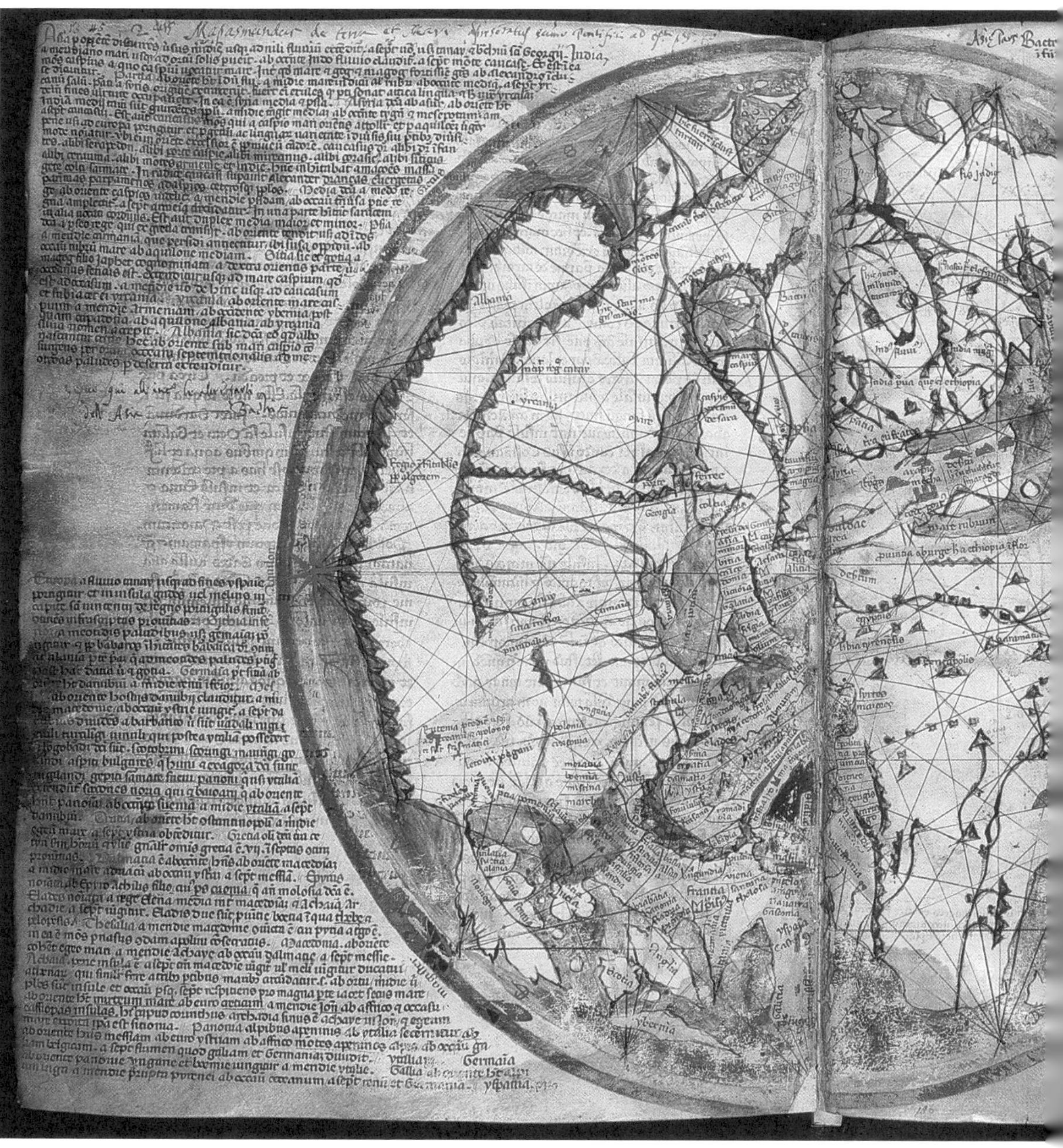

圖5.5：維斯康特航海圖

此圖繪製於一三二〇年，它代表了航海圖由文字的附屬品走向獨立表達的新路線。

維斯康特生活的時代，基督教的十字軍東征（一〇九六至一二九一年）已經結束，但地中海東部地區的伊斯蘭教勢力仍在不斷擴張。一位名叫聖納多・馬力諾（Sanudo Marino）的基督徒，為此寫了一部鼓動歐洲人再度東征的書——《十字之忠秘典》（*Liber secretorum fidelium Crucis*）。雖然，他的號召沒有得到響應，但在一三〇六年到一三二一年之間，不少人抄錄了他的著作。一些抄本還加入了多幅地圖，其中就有維斯康特這幅波特蘭航海圖樣式的世界航海圖。

維斯康特在一三二〇年繪製的這幅地圖（圖5.5），具有明顯的航海圖特徵：一是在圖的左側也就是北方，繪有圖上唯一的指南玫瑰，這大約是波特蘭航海圖上最早顯現的指南玫瑰；二是此圖在大海與陸地上都繪出了航海圖所特有的恆向線；三是此圖較為準確地表現了大西洋、地中海、黑海，及與黑海相連的亞速海等海洋的形狀；四是此圖沿用了中世紀地圖的基本方位：上東下西，左北右南，即亞洲朝上，大西洋在下，左側為歐洲，右側為非洲。

此圖的歐洲部分繪得比較正確，其海岸線形狀與實際地形十分吻合。圖中的阿拉伯半島和波斯灣，基本上處於圖中央，半島上突出了聖地麥加的城市形象。接著向東描繪的是波斯，再向東是印度；對於印度以西，太平洋地區的亞洲，作者瞭解很少，但還是有所描繪，向東繼續延伸的海岸線已包括了中國，甚至還有朝鮮半島的影子。

圖中的海洋與河流用綠色表示；山脈用褐色鋸齒表示；城市用紅色城堡表示；雖然，維斯康特描繪的是海洋中的世界，但所描繪的世界有一定完整性。

維斯康特的這幅地圖，內容豐富，訊息量大，它標誌著航海圖正由文字敘述的附屬品走向獨立表達的新路線，預示著歐洲地圖學史新階段的到來。

最早的航海地圖集

〰《加泰羅尼亞世界地圖》〰西元一三七五年

〰《埃斯特—加泰羅尼亞世界地圖》〰西元一四五〇年

早期的航海圖都繪在一張羊皮上，繪製內容過多的大型航海圖時，人們就將幾張羊皮圖縫合在一起組成「地圖集」。這裡介紹的加泰羅尼亞世界地圖（圖5.6），即是中世紀航海地圖集中的極品，它反映了這一時期的航海圖特色：一是海岸線的輪廓都相當準確；二是有宗教的內容減少了，突出了一些商貿內容與商路；三是不論海上還是陸上都繪出指南羅盤和恆向線；四是大型航海圖不僅用於航海，而且成為一種室內的奢華裝飾品。

在中世紀的波特蘭航海地圖上，沒有經緯線，有的只是一些從中心有序地向外輻射的互相交叉的恆向線。在現今發現最早的航海圖比薩航海圖上，首先使用了這種恆向線，但沒有繪出羅盤，或指南玫瑰。維斯康特在一三二〇年繪製的世界航海地圖上，在北方繪出了一個羅盤花。這個加泰羅尼亞航海地圖集，也只在開頭部分繪出一個羅盤花，但它比維斯康特所繪製的羅盤花已經精緻多了。

加泰羅尼亞是古代阿拉貢王國的領地，也代指阿拉貢王國，在今天西班牙東北部。這幅地圖的繪製者亞伯拉罕·克萊斯克是當時繪圖界馬略卡派的領軍人物。馬略卡島是阿拉貢王國東南部地中海裡的一個島嶼，當時歸阿拉貢王國所轄。此地是古代歐洲兩大海圖生產中心之一，另一個是亞平寧半島北部地區。受阿拉伯繪圖風格的影響，馬略卡人也喜歡用鮮艷明快的風格繪製航海圖。所以，這種航海圖也被

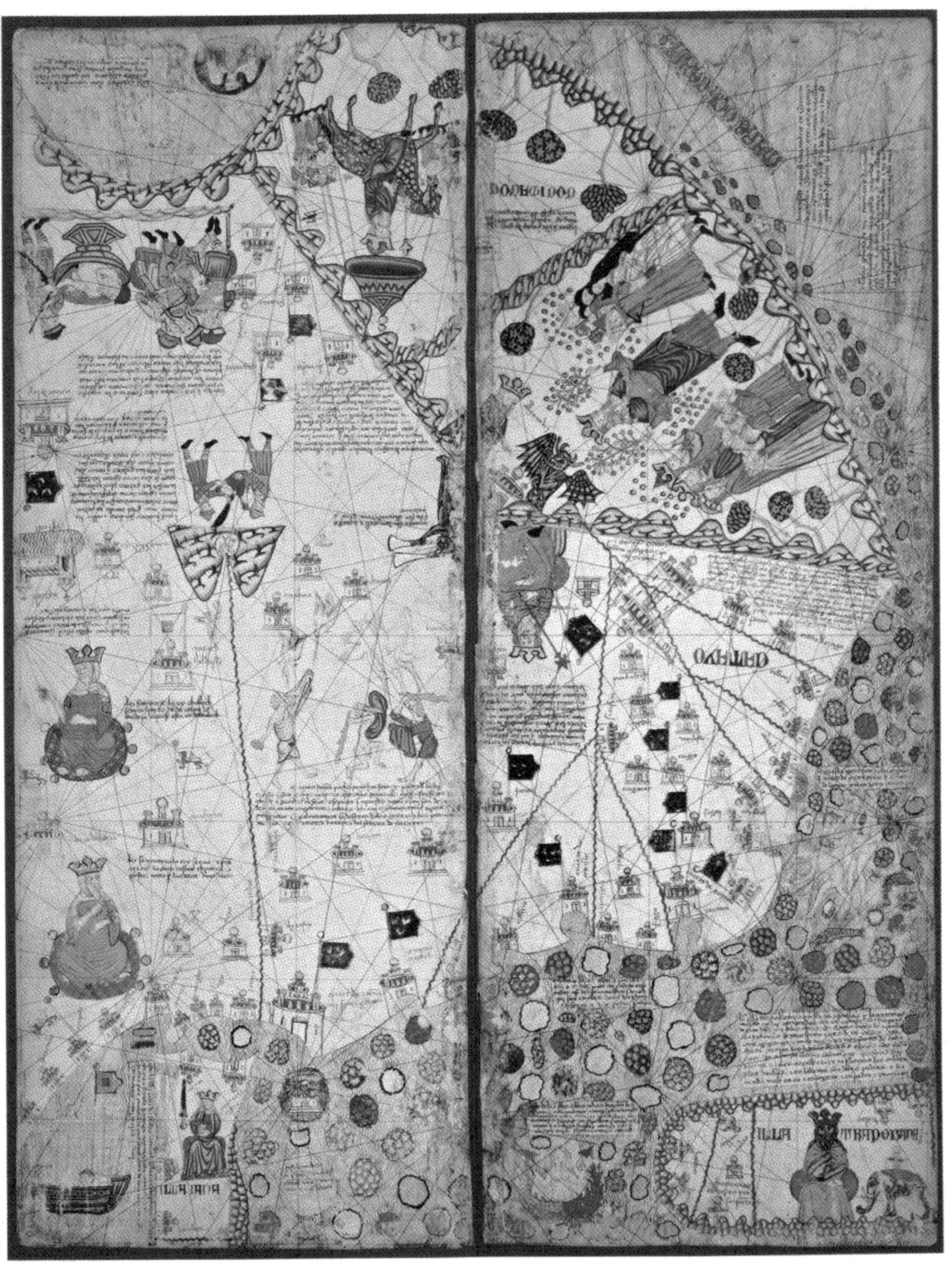

圖5.6：加泰羅尼亞世界地圖

由亞伯拉罕・克萊斯克於一三七五年繪製，原圖繪在六張大羊皮紙上，全長近六公尺，現藏在法國皇家圖書館。

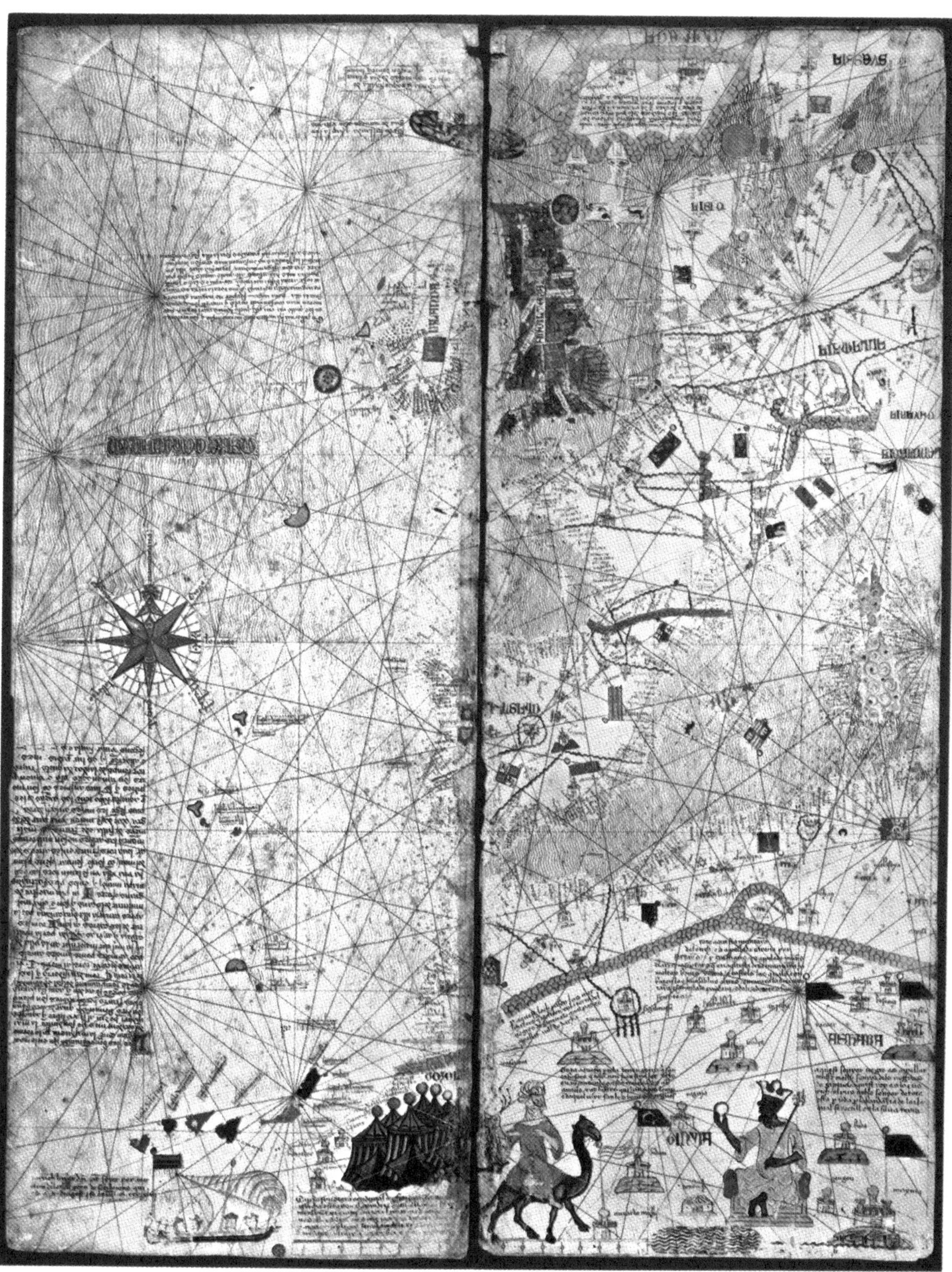

稱為「加泰羅尼亞波特蘭航海圖」，後來在大航海時代被廣泛使用。

這幅地圖繪出了北迴歸線以北，北極圈以南的歐亞大陸從直布羅陀到中國東海的廣大地區，還包括非洲北部地區。作者為什麼要繪製這樣一幅巨大的世界地圖呢？據說，當時是法國國王查理五世希望從阿拉貢國王那裡獲得一份最新、最翔實的世界地圖。於是，阿拉貢國王就讓宮廷御用製圖學家亞伯拉罕・克萊斯克繪製了這幅世界地圖。此圖至今仍被看作是法國國寶，珍藏在法國皇家圖書館中。

此圖最初繪在六張大羊皮紙上，每張羊皮紙又粘在木板上。由於不斷地翻閱，對折處斷成兩半，於是變成了十二張羊皮紙的「地圖集」了。其中，前四張羊皮紙上是關於天文、地理和航海方面的圖表、數據資料及文字描述，如日月、星辰、曆法、潮汐、構成世界的四大元素（土、水、火、氣）、世界各大洲的劃分等等；後面的八張羊皮紙上繪有巨大的世界地圖。這裡介紹的是它的地圖部分，每一張羊皮紙為縱六十九公分，橫四十九公分；八幅地圖構成了近四公尺的長卷。地圖為彩繪，金葉裝飾，被譽為是「中世紀最好、最完備的世界地圖集」。

中世紀的歐洲地圖多數繪成車輪形，而這幅地圖則採取了類似中國「通景畫」的繪製方法，繪成東西方向的超長畫卷，同時也沒有放棄波特蘭航海圖的特色，繪有大量恆向線。據說，阿拉貢國王非常希望知道世界東西兩端的詳情，而對歐亞大陸的北部及非洲南部不太感興趣。地圖以北為上，而不像中世紀地圖那樣以東為上，或以南為上。此外，作者運用了航海圖的繪製方法，恆向線不僅繪在海上，也繪到了陸地上，表達了強烈的探索欲與方向感。他也因此被稱為「航海圖與指南針大師」。

此圖廣泛吸取最新地理知識來描繪新的世界。在非洲西海岸部分，繪有一艘單桅小帆船，旁邊的文字註明「一名叫喬姆費雷爾的船員，在一三四六年尋找黃金之河的航海探險中遇難」。可見阿拉貢國王對西非黃金十分關注。在東方和北方部分，鋪排著濃重的《馬可波羅遊記》的色彩。據中國內蒙古學者研究，此區域繪出了蒙元的幾大兀魯斯（即汗國）：金帳汗國、伊兒汗國、察合台汗國和大元帝國。每個汗國都描繪了一個統治者的畫像：金帳汗國是札尼別汗；伊兒汗國的畫像不知是誰，只是提到他是桃里寺（伊兒汗國的都城）的統治者；察合台汗國是卻伯；大元帝國是忽必烈；每個汗國的城市都用統治王朝的旗幟標註。

關於中國陸地部分，地圖上有很多文字說明和插畫：北方是契丹，這裡有大汗及其都城汗八里（帝都北京）；忽必烈的坐像上方以拉丁文註記：「全韃靼人之最大君主，名忽必烈，英明睿智。」南方是蠻子，沿海註記有刺桐（泉州）和行在（杭州）。關於中國周邊的海洋部分，地圖上的文字說明寫道：中國周邊的海洋中有七千五百四十八個島嶼，盛產香料與珠寶——這些內容顯然來自馬可波羅。在中國南海之中，繪有個巨大的島，並有文字說明：島上居民十分奇特，他們高大無比，皮膚黝黑，智力低下，好食人肉。此島西側，畫有一個上半身為女人下半身為魚的海妖。再向西是中南半島，而後是印度半島。此圖算得上對東方尤其是對中國所做的最詳盡，也最先進的地理描述了。所以，我甚至猜想作者有可能見到，或知道馬可波羅從東方帶回歐洲的東方航海圖。

此地圖對今天的南歐著墨不多，這一帶他們太熟悉，但對於「西班牙南部與北非」部分則很下功夫，圖的左側突出展示了直布羅陀海峽兩岸的訊息：海峽的寬度，兩岸的海岸線，鄰岸綿延的山脈與散落的城市。作者在非洲部分細心描繪了豐富的黃金與象牙。在西北非位置上手握黃金的應該是西撒哈拉的馬里帝國（Mali Empire）統治者曼薩・穆薩（Mansa Musa）。這位國王曾因在一三二四年赴麥加朝聖時，以一百頭駱駝載著黃金，一路揮霍而名揚天下。這個故事被在亞歷山大經商的威尼斯人帶回了歐洲，引起了歐洲人對非洲財富的興趣。所以，曼薩・穆薩被畫到了地圖上，在他的身後還繪出了非洲北部的山脈與有駱駝行走的商道。

在西部非洲的大西洋沿海，作者繪出了對歐洲人意義非常的加那利群島，它是古典希臘地理學中描述的世界最西邊界，也是後來西方人打入非洲和跨越大西洋的重要據點。據信，歐洲人大約是在一三三六年發現此地。此圖從加那利群島「起步」，一直描畫到中國的廣闊地域，彙集了當時最新的地理新知識，也映照出歐洲人開始海外探險的心路歷程。

加泰羅尼亞世界地圖是那個時代最權威的世界地圖，所以，也成為後世繪製世界地圖的模本，比如，埃斯特—加泰羅尼亞世界地圖（圖5.7），就受到它的巨大影響。由於此圖曾歸義大利歷史上著名的埃斯特（Este）家族所有，所以，後人稱它為埃斯特—加泰羅尼亞世界地圖，現藏義大利摩德納（Modena）的埃斯特圖書館。這幅地圖繪製於一四五〇年，與一三七五年版畫在六張羊皮紙的加泰羅尼亞世界地圖不同，它只畫在一張羊皮紙上，地圖也由長方形改為圓形，直徑約為一百一十五公分。兩幅地圖的風格相似，地圖上都畫滿了波特蘭航海圖上所特有的恆向線，表明這兩幅地圖，都是重要的航海圖。

圖5.7：埃斯特—加泰羅尼亞世界地圖

繪製於一四五〇年，此圖曾歸義大利歷史上著名的埃斯特家族所有，現藏義大利摩德納的埃斯特圖書館。

薩爾茲堡修道士的航海夢

〰《瓦爾斯格普航海圖》〰西元一四四八年

十五世紀中期，歐洲各國對航海事業有了異乎尋常的重視，海圖需求也進入了一個高峰，出現了許多專為航海繪製的地圖，但水準參差不齊。這是薩爾茲堡（Salzburg，今奧地利薩爾茲堡州首府）的修道士安德里亞斯・瓦爾斯格普（Andreas Walsperger）一四四八年繪製的圓形世界地圖（圖5.8）。圖註稱，此圖依據「托勒密《地理學》關於經度、緯度、氣候帶的記述」繪製；是「供人們在各大海洋中航行之用的、真正的、完整的航海圖」。實際上，圖中這兩方面的內容並不多。或許，在那個時期，不寫這樣的「說明」就跟不上時代的腳步。

瓦爾斯格普航海圖特別注重大地與天空的關係，在圖的外圍繪有九道圓環，代表日月星辰的運行軌道，它們都圍繞地球在運轉，這是托勒密的天文學觀點。此圖明顯受到阿拉伯地圖的影響，方位是南上北下。圖的上方是非洲，南部非洲已伸到了圈外；下方是歐洲，歐洲北部畫了巨大的波羅的海；亞洲在左側，地圖的中心是耶路撒冷城，大地的四周是海洋。

此圖中央紅紅的一大塊是紅海，不過它被誇大了；裏海也被錯畫成一個大海灣與印度洋的那個長長海灣相對，這樣就使得中亞成了一個非常狹隘的陸橋，而東亞部分則成了一個半島，呈南北走向。在東部的亞洲大地上有尖尖的塔樓高聳入雲，代表的是伊甸園，有幾條河流從伊甸園裡流出來。

由於作者是以圓形來表現世界，所以，海岸線尤其是靠近圖邊的部分都被畫成弧形，失去了真實的面貌，這就是薩爾茲堡一個修道士的航海夢——航海與航海圖都在等待新時代的到來。

圖5.8：瓦爾斯格普航海圖

這是薩爾茲堡修道士瓦爾斯格普一四四八年繪製的所謂「真正的、完整的航海圖」，實際上，圖中這兩方面的內容並不多。或許，在那個時期，不寫這樣的「説明」就跟不上時代的腳步。

大航海前夜的地理描繪

﹏《熱那亞的世界航海圖》﹏西元一四五七年

這幅地圖被以製圖地點名之謂「熱那亞的世界航海圖」（圖5.9），出自哥倫布的故鄉熱那亞的製圖學校，出版時間為一四五七年，但沒有作者署名。此圖描繪了歐洲人啟動大航海之前，對世界海洋與大陸的基本認識，也是那個時期，在熱那亞所能得到的最新地理訊息。

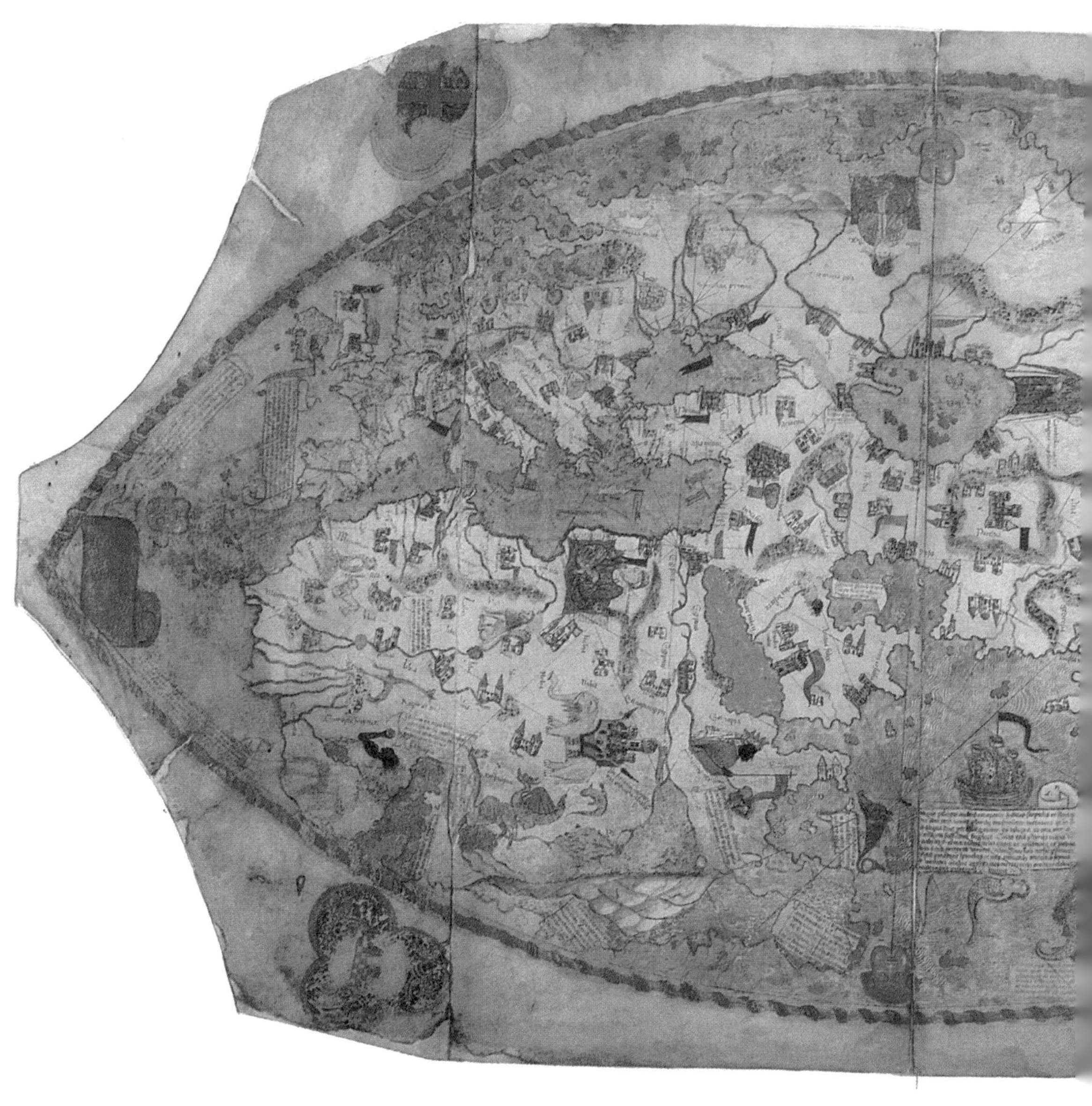

圖5.9：熱那亞的世界航海圖

此圖出自哥倫布的故鄉熱那亞，於一四五七年出版，這是一幅用於航海的世界地圖，也是一幅「為航海所繪製」的世界航海圖，現藏於佛羅倫斯中央國家圖書館。

剛剛走出中世紀的歐洲製圖師，似乎非常樂於與中世紀宗教味道濃重的世界地圖劃清界線，表示自己是新時代的代表。熱那亞作為地中海的航海強邦，使作者有底氣在此圖標題中聲明：「這是為航海所繪製的真實世界地圖，不包含任何虛幻的內容。」雖然，此圖外表上很像中世紀地圖，實際上，它卻是一張地道的貿易航海圖，圖面依照熱那亞航海圖的製作傳統，繪有恆向線，以及比例尺。此圖現藏於佛羅倫斯中央國家圖書館。

十五世紀，歐洲已有了更多的大西洋航行，製圖者已將新的發現和擴大的世界地理認識放入到最新繪製的地圖中。此圖對印度洋的印度半島與中南半島的描述，基本上是托勒密世界地圖的形狀，沒有什麼新進展。此圖沒有繪羅盤花，圖的四周仍然繪有四方風神。但此圖對中國的描述已相當清楚，並且在中國東部繪出兩個大島，應該是朝鮮和日本，雖然，錯將朝鮮半島繪成島嶼，但它仍是歐洲人對日本群島與朝鮮半島最早的也相對準確的描繪。

值得注意的是，圖中的非洲大陸還是與地球的南端相連接的，這裡繪有冰山，這個傳統描繪對未來的非洲探索，無疑是令人沮喪的訊息；而大西洋歐洲部分與亞洲東部之間沒有任何阻隔的資料，又無疑為未來的跨越大西洋的探險活動，提供了盲目樂觀的「前景」。

最大幅的中世紀航海圖

〰《毛羅世界航海圖》〰 西元一四五九年

十五世紀初期，在西非航海取得成功的葡萄牙，為了更久遠的航海計畫，由國王阿方索五世出資邀請高人繪製一幅大型世界航海圖，要在「托勒密的世界地圖」之外，探索新的天地。為此，葡萄牙派人到威尼斯卡瑪爾迪（Camaldolese）找到了著名的修道士製圖家費拉・毛羅（Fra Mauro），為他提供充足的經費和葡萄牙人海外探險獲得的最新地理成果，希望他能畫出一幅全新的世界航海圖。

毛羅在威尼斯潟湖穆拉諾島上的聖米切爾修道院中設立地圖工坊，和另一位助手威尼斯的製圖師安德列亞・比安科（Andrea Bianco）於一四四八年接手這項工程，經過幾年的努力於一四五三年完成這幅巨型地圖。葡萄牙人迫不及待地趕到威尼斯，將地圖運回里斯本，阿方索五世見了非常高興，特為毛羅頒發了勳章。由於此圖是威尼斯製圖家完成的，所以威尼斯當局也獲得了一件此圖的副本，這個副本完成於一四五九年。後來，葡萄牙國王的原圖遺失了，這份副本就成了此圖僅存的版本。

毛羅世界航海圖繪在羊皮紙上（圖5.10），它保持著傳統世界地圖的圓形版式，直徑約為一百九十六公分，是現存最大的中世紀航海圖。毛羅地圖沿襲了阿拉伯人的製圖傳統，仍以南方為上。圖右上是非洲，右下方是歐洲，歐洲的地中海、黑海和波羅的海都描繪得很精細準確。圖左為亞洲，亞洲部分主要資料源於《馬可波羅遊記》。作者自己也承認對於亞洲不甚瞭解，所以把亞洲的城市都畫得大一些，以填滿地圖的空白空間。其中便有今天的北京，不過圖中的城市都是文藝復興時期威尼斯建築

圖5.10：毛羅世界航海圖

這幅繪製於一四五九年的世界航海圖，是現存最大的中世紀航海圖，繪在羊皮紙上，呈圓形，直徑約有一百九十六公分。現藏於威尼斯國家聖馬可圖書館。

圖5.11：毛羅世界航海圖（局部）

圖左下方描繪了中國，分別標註為「SERICA」和「CHATAIO」，指的都是「中國」，畫出了有蒙古大帳篷的元大都，不過都是威尼斯的建築風格。

風格。圖的東邊有一個島，可能是傳說中的日本。除《馬可波羅遊記》之外，還吸收了環球旅行的熱那亞和威尼斯的旅行家和商人對亞洲的描述。地圖的巨大尺幅使毛羅能夠添加大量的註釋，為地理和歷史訊息提供更充分的展示空間。

不過，對於航海史來說，此圖的重要價值在於它的繪製時間——一四五三年。此時，離葡萄牙航海家迪亞士在一四八八年發現好望角還有三十年。但在這幅地圖的非洲最南端好望角的位置上，已清楚地標出了迪布角（cauo de diab），和它附近的馬達加斯加島及莫三比克海峽。更令人驚奇的是在這個海角附近，毛羅還畫了兩條船，並有一段註記「這條阿拉伯式樣的船由印度洋繞過了迪布角來到了大西洋」，有人認為，毛羅的航海圖表明，已經有人先於迪亞士發現了好望角。但也有人認為，中世紀的傳統觀念認為，世界周圍被海洋所包圍，描繪這樣的概念，非洲最南端必然要畫出一個「角」，以表達大陸被水包圍的情形。

事實上，中世紀的許多阿拉伯地圖在描繪非洲大陸時，都會畫出這種非洲之「角」。有可能是葡萄牙將從阿拉伯得到地理資訊提供給毛羅，令他有自信將非洲繪製成為獨立的大陸，印度洋與大西洋在非洲大陸南端交融。

早在一三八九年，中國的大明混一圖，就已經將非洲作為一個與南極大陸並不相連的三角形大陸描繪出來。但此前的西方世界，卻一直認為非洲南端是與陸地相連的。毛羅的航海圖，可以說向葡萄牙國王透露了重要的地理資訊：繞過非洲南端，可以進入亞洲。四十年後，當葡萄牙人達伽馬在一四九八年駕船抵達印度時，西方人終於得以見到地圖上所說的許多東西。

6 大航海尖兵——葡萄牙開闢繞過非洲的新航線

中文的「葡萄牙」一詞，誕生於十六世紀初。當年的葡萄牙人遠涉重洋來澳門時，嶺南人用粵語譯出這個國名。歪打正著，它像法國一樣是個盛產葡萄和葡萄酒的國家，而那個「牙」也暗合了它武裝到牙齒的當年。

時勢造英雄，但英雄常常是得了天時、地利與人和的那一個。大航海為何由小小的葡萄牙張起第一面風帆，得地利也。「PORTUGAL」（葡萄牙）——在葡語中是「溫暖的港灣」之意。它的「溫暖」是因為受大西洋暖流的關照：冬不結冰，夏不炎熱。葡萄牙的另一個「地利」，就是它不是地中海國家，它是一個大西洋國家，天然地排擠在歐洲的貿易體系之外。這是它的困境，也是它的航海動力。所以，很早之前，伊比利半島的人就在大西洋裡「開發」維德角群島（Cape Verde Islands）、加那利群島，並沿非洲海岸向南探索。

西元七一一年，阿拉伯人從北非跨海攻入伊比利半島，此後的幾百年間，伊比利人的主要任務有兩個，一是驅逐摩爾人，二是謀求獨立。八六一年，葡萄牙國王阿方索（Alfonso II）曾宣佈過獨立，但西班牙卻不予承認，為此兩個國家經歷了多年的戰爭。一一四三年葡萄牙藉助十字軍的力量趕走了摩爾人；隨後，又藉助羅馬教廷的權威，擺脫了西班牙的控制，正式成立了葡萄牙王國。在內陸幾乎沒有擴展餘地的葡萄牙，獨立後又用了百年時間，才徹底收復了所有國土。此後，葡萄牙又用了百年時間，在一二九七年正式確立了王國的國界。

伊比利半島上的葡萄牙和西班牙，正好處在兩個大陸和兩個海洋之間，在地理位置上，更便於同地球上的其他地方建立聯繫，剩下的就是勇氣與運氣的問題了。獨立後的葡萄牙，有「資格」也有能力，開始考慮它的海外擴張戰略。此時的葡萄牙是幸運的，獨立後幾代領袖人物都熱衷於航海，從恩里克王子（Infante D. Henrique）到若昂二世（João II），不僅啟動了整個歐洲的大航海，而且，通過迪亞士、達伽馬發現好望角和繞過非洲大陸的新航路……成為與西班牙平起平坐的海上強國。幾百年間，這個「牙」幾乎啃食了半個地球，而它「咬」的第一口就是非洲。

此時，英法兩國的百年戰爭剛剛宣告結束。英法兩國這才發現，世界已經完全變了，一海之隔的葡萄牙和西班牙已經在地球的東邊和西邊，各自發現了屬於他們的新大陸和新財富。於是，追逐著葡萄牙和西班牙的殖民腳步，迅速投入到大航海浪潮之中……

北大西洋的幽靈群島

〰《匹茲加諾的航海圖》〰 西元一四二四年

自托勒密時代起，西北非和大西洋就是地理學家關注的重要對象。托勒密《地理學》在描繪世界西極時，將西非的福島作為世界的西極，同時也是零度經線穿過的地方（今西經十五度左右，北緯二十八度左右）。這個距非洲西海岸約一百三十公里的群島，據稱，西元前四〇年毛利塔尼亞國王尤巴二世的遠征隊最先佔領了此島，見島上有許多軀體巨大的狗，遂稱該群島為「canes」（加那利島），意為「狗島」。後來，羅馬人又遠征到這裡，見島上風光綺麗，氣候宜人，又把它稱為「Fortuna」（福島）。

事實上，在這條所謂「零度經線」上，除了加那利群島，還有兩個群島，一個是北邊的馬德拉群島（Madeira），一個是更北一些的亞速群島（Azores）——這幾個北大西洋群島一直被中世紀傳說稱為「幽靈群島」或「魔鬼群島」。

雖然，西元九九九年已經佔領了西北非洲的阿拉伯開始到加那利群島經商，此後，西班牙卡斯蒂利亞王國亨利三世派法國探險家於一四〇四年登陸加那利群島，但是，關於這一海域的航海圖，很晚才由威尼斯製圖家繪製出來。

這是一幅已知的最早描繪北大西洋東海岸神秘群島的航海圖，此圖繪在一張羊皮上，圖縱五十七公分，橫九十公分，製圖時間為一四二四年。一九五三年人們在著名收藏家托馬斯（Thomas Phillipps）爵士圖書館眾多手稿中發現了這幅波特蘭式的航海圖。圖上簽名部分似乎修改過，紅外線掃瞄顯示

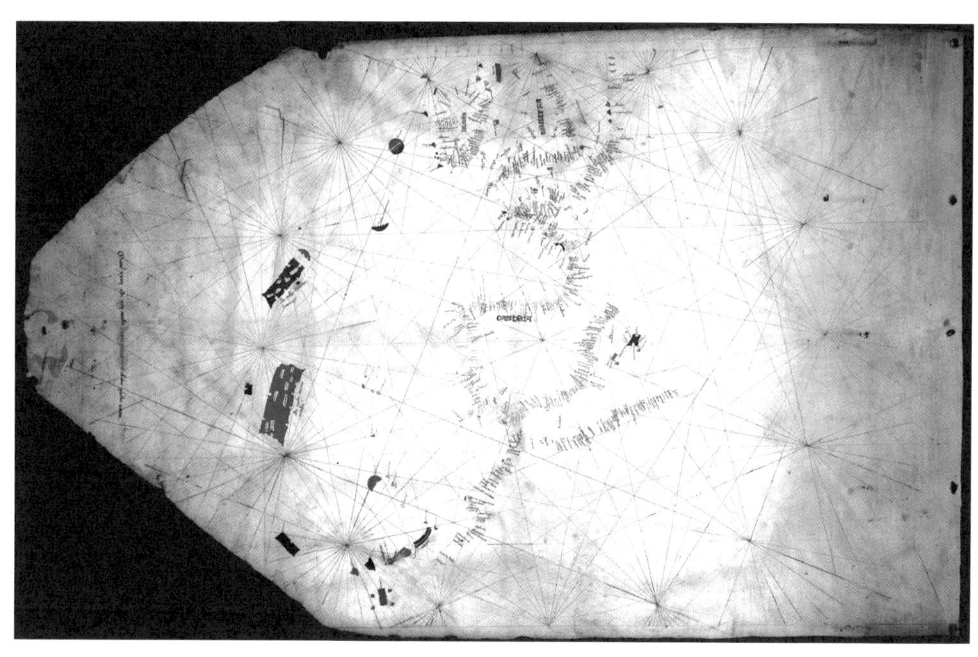

圖6.1：匹茲加諾航海圖

描繪了傳說與現實中的北大西洋東海岸的幾個群島。此羊皮地圖繪於一四二四年，圖縱五十七公分，橫九十公分，現藏美國明尼蘇達大學圖書館。

簽名為「祖阿尼・匹茲加諾」（Zuane Pizzigano）。研究者因此稱它為「匹茲加諾航海圖（圖6.1）」。匹茲加諾出身於威尼斯製圖世家。此圖現藏美國明尼蘇達大學圖書館。

匹茲加諾航海圖描繪了傳說與現實中的北大西洋東海岸的幾個群島。在大西洋北部海面上，作者繪出了一個藍色矩形島，標註為「魔鬼島」（satanazes），其北邊的傘形紅色小島是另一個未知小島。一些歷史學家推測「魔鬼島」傳說可能來自北歐神話。在「魔鬼島」的南部，作者繪出了一個紅色矩形島，標註為「安特里亞島」（Antillia），此島是中世紀晚期歐洲人在西非加那利群島及亞洲的中間，虛構出來的一個「幽靈島」，島上標註有七個完全虛構的城市。這兩個矩形標記的大島首次出現在大西洋海圖上。

雖然，這藍、紅兩個矩形大島被作者標註為虛構的「魔鬼島」和「幽靈島」，但實際上，這幅波特蘭航海圖是一幅實用地圖，此圖頂部清楚地繪出了一條比例尺，比例尺分為八個部分，每一部分進一步細分為五格，比例約為一：六五〇〇。人們由此分析此圖，它也是對真實存在的加那利群島、馬德拉群島、亞速群島和維德角群島的描繪，尤其是此圖下方靠近西非海岸的地方，所繪藍綠島嶼的位置十分接近現實中的加那利群島，而最南端的紅色方島，標註為「Himadoro」，周圍環繞著四個較小島，這一描繪更加接近現實中的維德角群島。

雖然，大西洋上的這些島嶼有著「魔鬼島」和「幽靈島」的壞名聲，但伊比利亞半島上的葡萄牙和西班牙，在兩個大陸和兩個海洋之間尋求發展與擴張，必然要面對和征服這些神秘島嶼，而後，才能同地球上的其他地方建立聯繫。事實上，歐洲大航海的尖兵葡萄牙和西班牙正是從大西洋開始他們的世界探險與掠奪：一四一八年葡萄牙人發現並佔領了馬德拉群島，一四二七年葡萄牙登陸亞述群島，後來佔領了這一群島。從一四九二年開始，哥倫布率領西班牙船隊四次西航美洲，都是以加那利群島為基地進行跨洋探險。

從西非揚帆的大航海

〰《西非之角航海圖》〰 西元一四九八年

「葡萄牙」（Portugal）——在葡語中是「溫暖的港灣」之意。葡萄牙不止是一個港灣，它的西岸是一個港灣群，因為西班牙半島上四條最大的河流全都在葡萄牙西部海岸流入到大西洋，這種河海相連的自然條件為葡萄牙與大海建立了最為緊密的依存與發展關係。

西望大海，「對面」即是亞速群島；南望大海，「前面」就馬德拉群島；所以，佔領這兩個島成了葡萄牙的「天然理由」。真正對這一海域進行航海探險和繪製精準航海圖的自然也是葡萄牙人。

一四一五年，葡萄牙人在年輕的恩里克王子，攻佔了北非的穆斯林城市休達城（今摩洛哥北部港市）。休達被攻陷時，恩里克王子只有二十一歲。他夢想在非洲為葡萄牙攫取財富，可是，這時的非洲內陸卻在阿拉伯人的嚴密控制之中。於是，恩里克將目光轉向了海洋。他開始裝備船隻，遠征非洲西南海岸。一四一八年，葡萄牙人發現馬德拉群島，接著又向南攻打加那利群島。此時的中國大明朝，鄭和正在不斷推動他的下西洋航海。可以說，在大航海前夜，東西方都有所動作，只是各自的出發點不同，最終的結果也不一樣。一四三一年鄭和第七次，也是最後一次「下西洋」。次年，也就是一四三二年，葡萄牙人在大西洋的亞速群島登陸，很快使其成為殖民地，並由此開始大規模的非洲西部探險活動。

登陸亞速群島，極大地鼓舞了恩里克王子，接著他在薩哥斯（Sagres）創辦了一所航海學院，並且在拉各斯（Lagos）建立一所造船廠。在薩哥斯的航海學院裡，新的航海訊息被融入到航海圖中，為以後的遠征做更充分的準備。此時葡萄牙還設立了航海總監，總理航海探險事務，出於商業利益的原因，所有航海資料處於高度的保密狀態，所以，這一時期的航海圖幾乎沒有一幅流傳下來。

一四四五年，葡萄牙探險家到達西非的塞內加爾。雖然，葡萄牙人在這裡沒有發現金礦，但從此開始的黑人奴隸買賣也讓他們發了大財。這幅西非之角航海圖（圖6.2）是當時葡萄牙航海家西非探險的重要紀錄。它不僅有準確的西非海岸線，而且還繪有維德角群島。一般認為，歐洲人是在一四五六年左右發現維德角群島的。據推測，這幅海圖繪製於一四九八年，是義大利地理學家格拉齊奧索・貝寧卡薩（Grazioso Benincasa），專為羅馬教廷繪製的航海圖之一。也就是說，當時葡萄牙人的探險活動，已引起了歐洲統治集團的高度關注。大家都急切地想知道，怎樣進入西部非洲，非洲能為歐洲帶來什麼？

圖6.2：西非之角航海圖

這幅航海圖是義大利地理學家格拉齊奧索・貝寧卡薩，一四九八年專為羅馬教廷繪製的航海圖之一。

帶來新希望的好望角

〰《全新世界地圖》〰 約西元一四九〇年

這幅全新世界地圖（圖6.3），顯示了葡萄牙航海家巴爾托洛梅烏・繆・迪亞士於一四八八年二月繞過好望角的航程，是好望角被發現後誕生的重新描述地球的最新世界地圖之一。

好望角，那裡立有一個木牌，上面用英文解釋著此地的空間坐標：

CAPE OF GOOD HOPE

THE MOST SOUTH—WESTERN POINT OF THE AFRICAN CONTINENT

18°28'26"EAST 34°21'25"SOUTH

第一行文字是：角、好的、希望。中譯：好望角。好與希望並用，十分傳神。

第二行文字是：這裡是非洲大陸的最西南端。

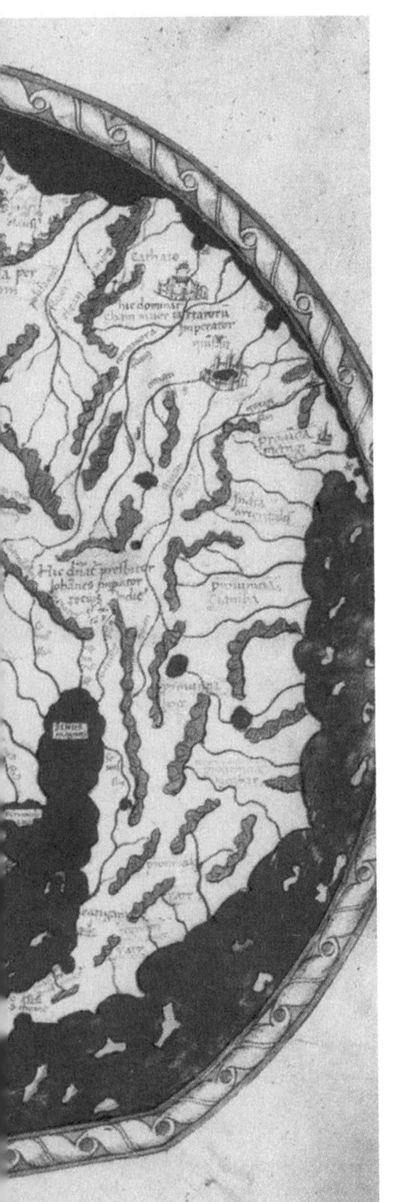

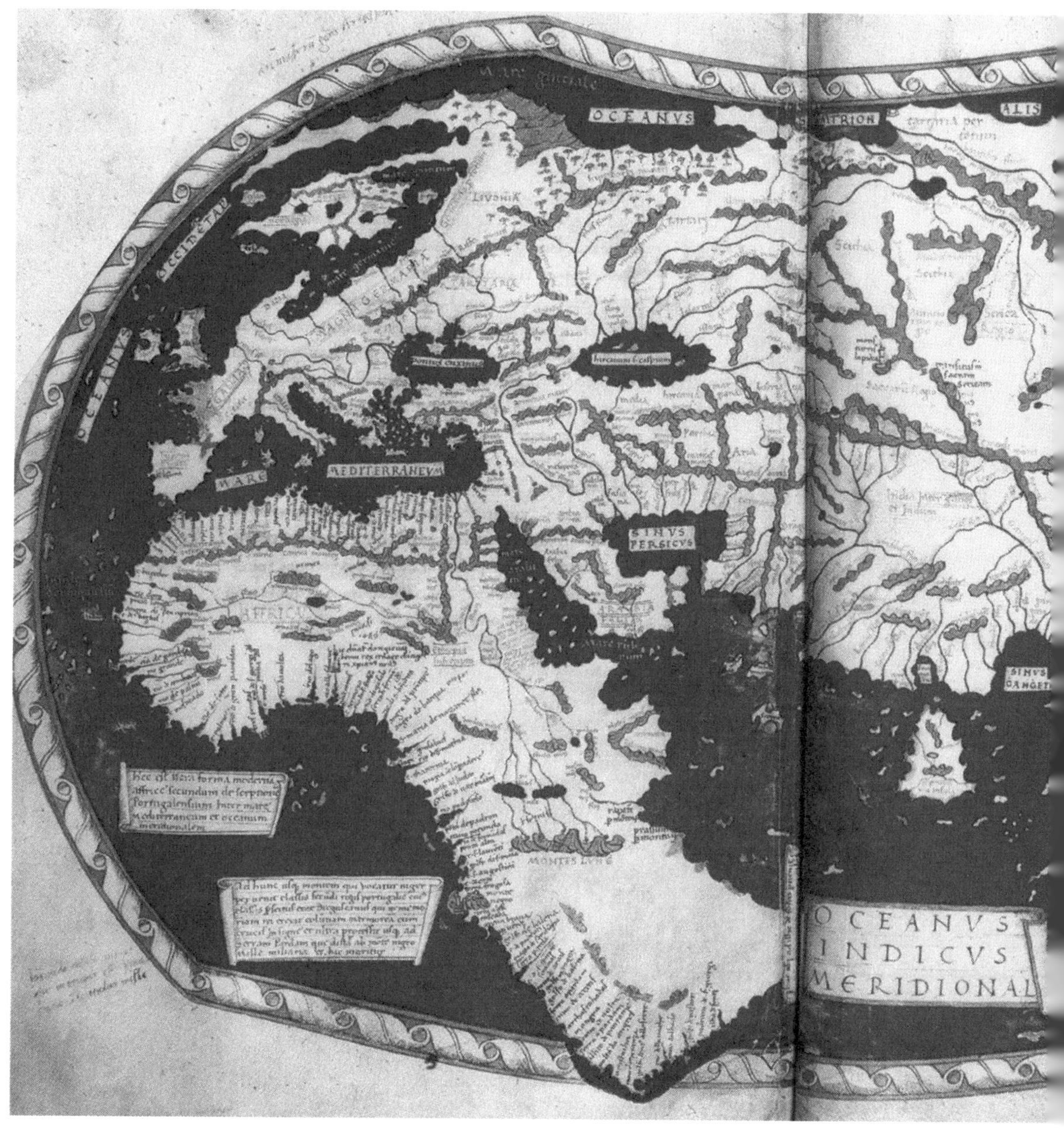

圖6.3：全新世界地圖

此圖由德意志的亨利庫斯・馬爾泰盧斯於一四九八年出版，圖中繪出了剛剛發現的好望角，所以謂之全新世界地圖。

第三行文字是：東經多少度、分、秒；南緯多少度、分、秒。

許多人都以為好望角是非洲大陸的最南端，其實「這裡是非洲大陸的最西南端」，最南角是不遠處的厄加勒斯角（Cape Agulhas）。順便說一下，非洲大陸另三個「之最」的角是：最北的突尼西亞布郎角（Cape Bon）；最東的索馬利亞哈豐角（Cape Hafun）；最西的塞內加爾西面的海島維德角。

好望角，一不如非洲四極「之最」；二不如南美合恩角大陸板塊之最南。但「世界之最」的任何一個海角，都沒有它名氣大。提起好望角的發現，就不能不提到葡萄牙航海家迪亞士。不過，從發現的意義上講，迪亞士航海探險的起點不是里斯本、不是休達港、不是博哈多爾角（Cape Bojador）、不是維德角、不是赤道、不是黃金海岸……而是，經過若干探險家推進到的南緯二十二度左右的西非海岸克羅斯角（CapeCross，今納米比亞西岸），這裡是迪亞士的探險起點。此時，葡萄牙的若昂二世，已派人到阿拉伯地區搜集情報，想證明從大西洋繞行非洲大陸，可以進入印度洋。

一四八八年二月，迪亞士率領兩艘很小的兩桅船和一條糧食船，從西非向非部南部出發，他們沿海岸摸索前行，試圖找到南部非洲通往印度洋的航路。在一場風暴過後，他們發現自己的船已繞到了非洲大陸的另一邊，即繞過好望角到達了南非莫索爾灣（Mossel Bay）。從南緯二十二度到南緯三十四度的好望角，迪亞士僅僅把葡萄牙非洲探險的腳步向南又推進了十二個緯度。這看似很小的一步，卻撞到了歷史的轉折點。它證明了：非洲大陸並非與南極大陸相連，這裡有通往印度洋的海上通道。起初迪亞士將非洲南部永遠是驚濤翻滾的海角命名為「風暴角」（Cabo das Tormentas），但若昂二世認為這個地方給葡萄牙帶來了好運，於是命名它為「好望角」。後人為紀念迪亞士的偉大航程，在南非莫索爾灣建了一座迪亞士博物館，並複製了那條雙桅小船供人參觀。

好望角的發現，改變了歐洲人的傳統地理觀念，世界地圖也必須重新改寫，於是有了這幅繪出好望角的全新世界地圖。此圖出自活躍威尼斯的德意志製圖家亨利庫斯·馬爾泰盧斯（**Henricus Martellus**）。這位地圖學家出生於紐倫堡，他曾在一四八〇年至一四九六年期間旅居義大利。迪亞士從南非返回葡萄牙後，一四九〇年亨利庫斯·馬爾泰盧斯曾應若昂二世之邀為葡萄牙繪製全新的世界地圖。一四九八年他在當時的歐洲繪圖中心佛羅倫斯出版《地中海的島》一書，以插圖的形式刊載了這幅全新世界地圖。

亨利庫斯·馬爾泰盧斯一四九〇年繪製的這幅全新世界地圖，圖中的歐洲西部至亞洲東部之間的距離被極度誇大，誇大長度多達八千公里，近於地球圓周的五分之一。相反，此圖卻縮小了大西洋東、西方向的寬度，即歐洲與後來發現的美洲之間的距離。它反映出美洲大陸被發現之前歐洲人對世界的認知。正是這種認識誘發哥倫布提出從歐洲橫跨大西洋抵達亞洲的設想。此圖，對東方的描述進步不大，印度仍沒畫成半島模樣，對遠東海岸和南洋也有不很準確的涉及。東南亞馬來半島以東多出來一個巨型半島，它的面積幾乎大於圖中的歐洲大陸。毋庸置疑，亞洲大陸根本沒有這個巨大的半島。

此圖對非洲的描繪意義重大，它繪出了好望角的歷史性大發現，並在圖上註明「一四八九年葡萄牙人率先抵達此處」，此圖顯示，非洲大陸是獨立的大陸，並不與南方大陸相連，它將大西洋與印度洋分為兩洋，繞行非洲大陸可以進入印度和香料群島，這裡是一條新的航路。

恰是這條航路，使葡萄牙成為稱霸世界的海上帝國。

第一幅非洲全圖

《非洲全圖》西元一五〇八年

一四九〇年德意志製圖家亨利庫斯·馬爾泰盧斯應若昂二世之邀為葡萄牙繪製最新的世界地圖時，雖然圖上畫出了非洲大陸，但形狀還不夠準確，畢竟此時葡萄牙船隊還沒有繞過非洲穿過印度洋到達印度，葡萄牙人對非洲的整體概念還不清晰。

一四九七年七月八日，瓦斯科·達伽馬（Vasco da Gama）率領四艘船聖加布里埃爾號（Sao Gabriel）、聖拉斐爾號（Sao Rafael）（由他的兄弟保羅·達伽馬率領）、貝里奧號（Berrio）和另一艘船名不詳的補給船，由里斯本向非洲的黃金海岸航行（此前，達伽馬的父親老達伽馬曾計劃開闢繞過非洲前往印度的新航線，但卻在出發前過世）。一四九八年一月，他們順利繞過好望角抵達今天的莫三比克，隨後到達馬林迪（Malindi）。在馬林迪達伽馬僱用了阿拉伯航海家艾哈邁德·伊本·馬吉德（Ahmad ibn Majid），靠著他的領航船隊橫穿印度洋，於一四九八年五月二十日到達印度西南部的卡里卡特〔calicut，今科澤科德（Kozhikode）〕。一四九九年九月，達伽馬返回葡萄牙，由於他開闢了葡萄牙一直期盼的印度航線，國家的獎勵使他成為了一位富商，被賜尊稱為「印度洋上的海軍上將」（Admiral of the Seas of Arabia, Persia, India and all the Orient）。

達伽馬成功繞行非洲大陸開闢印度航線，給了世界製圖家再次改進非洲大陸地圖的機會。一五〇八年，也就是達伽馬成功繞行非洲大陸開闢印度航線的第十個年頭，米蘭出版了蒙塔伯德（Fracanzano da

Montalboddo）編寫的《葡萄牙人的足跡與在印度的盧西塔尼亞與葡萄牙》（*Itinerariu[m] Portugalle[n]siu[m] e Lusitania in India[m] & inde in occidentem & demum ad aquilonem*）一書。所謂「盧西塔尼亞」，這裡指的就是葡萄牙境內的伊比利人。此書在地圖史中的重要地位是它的扉頁刊登了一幅木刻版的非洲全圖（圖6.4），縱十六公分，橫二十二公分。這是最早的單幅非洲地圖，同時，也被看作是根據達伽馬最新航海訊息繪製的地圖。

這是一幅長方形地圖，但卻將非洲大陸輪廓表現得非常準確。此圖有可能參考了葡萄牙人的航海圖，但在非洲東邊卻沒有畫出馬達加斯加島和葡萄牙船隊用來等待西南季風的莫三比克海峽。作者在非洲西岸和東岸各畫了一艘帆船，西岸的船在南下，東岸的船在北上，似乎在強調繞行非洲大陸，這是此圖所要表達的重大意義。

這幅非洲全圖的歐洲部分，主要表現的是地中海沿岸，在這裡作者只標註了兩個國家名，一是出版此書的義大利，另一個就是達伽馬的航海探險的出發地葡萄牙里斯本。這兩個地名的標註或許表達了它的出版與致敬的方向。

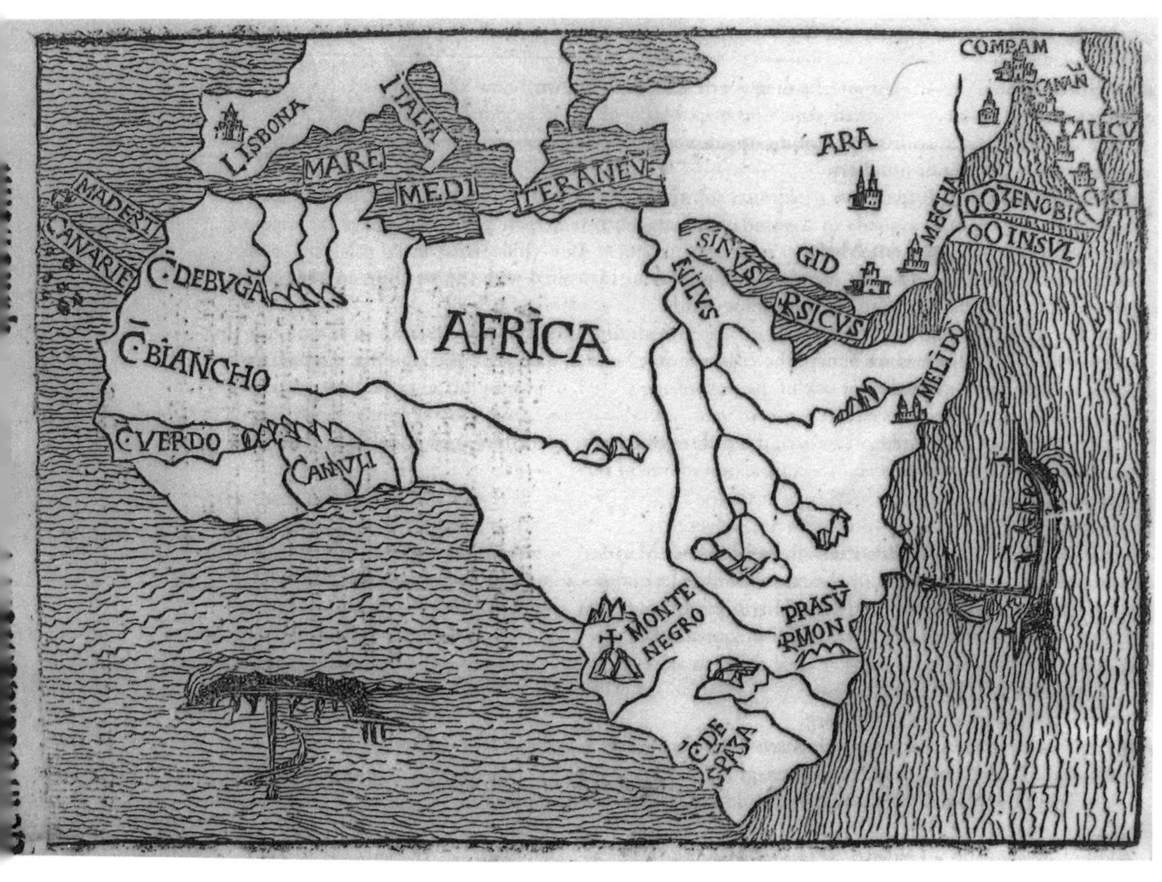

圖6.4：非洲全圖

此圖原載一五〇八年米蘭出版的蒙塔伯德・弗拉卡茨亞諾編寫的《葡萄牙人的足跡與在印度的盧西塔尼亞與葡萄牙》一書，這是最早的單幅非洲地圖，同時，也被看作是根據達伽馬最新航海訊息繪製的地圖。圖縱十六公分，橫二十二公分。

英國「黑三角貿易」

〰《羅茨地圖集・南部非洲地圖》〰西元一五四二年

〰《瑪麗女王地圖集・東非海岸地圖》〰西元一五五八年

一四五三年，英法兩國的「百年戰爭」宣告結束。兩個交戰國這才發現，世界已經完全變了，一海之隔的葡萄牙和西班牙已經在地球的東邊和西邊，各自發現了屬於他們的新大陸和新財富。於是，他們追逐著葡萄牙和西班牙的殖民腳步，迅速投入到大航海浪潮之中……

十六世紀，英格蘭亨利八世與羅馬教廷決裂，藉由一系列宗教改革使英格蘭成為一個真正的新教國家。此後，英格蘭開始以獨立的姿態介入世界財富的掠奪，到了十六世紀後期的伊麗莎白時代，英格蘭則突破了葡萄牙和西班牙在大西洋上的限制，把殖民之手伸向了非洲，加入列強「開發」非洲的隊伍。

在一五四二年出版的《羅茨地圖集》中，就有精美的南部非洲地圖（圖6.5）。地圖集的作者尚・羅茨（Jean Rotz）是英王亨利八世任命的「皇家水文學家」，畢業於法國北依大西洋的第厄普（Dieppe）的繪圖學校，這所學校因繪製地圖和海圖清晰準確而聞名於歐洲。雖然，尚・羅茨從來沒有到過那些他描繪過的地方，但靠著對舊地圖提供的訊息來繪製一張張新地圖，並以繪製細緻而聞名。一五四二年，尚・羅茨為亨利八世獻上了《羅茨地圖集》。

這幅收在《羅茨地圖集》中的南部非洲地圖，非常精準地記錄了南部非洲的海岸線，從地名上就可

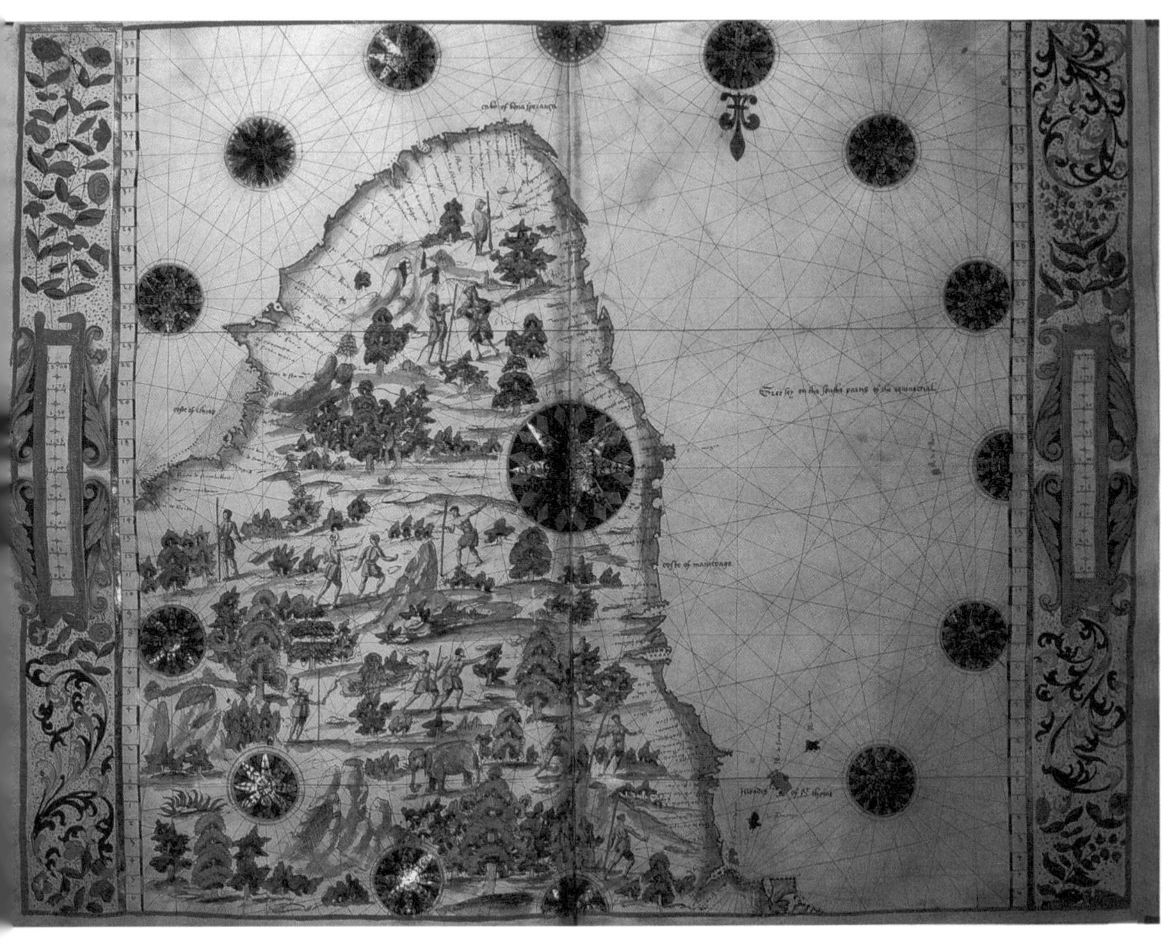

圖6.5：南部非洲地圖

此圖原載於一五四二年尚・羅茨為英格蘭亨利八世製作的《羅茨地圖集》中。

以看出，此時環南部非洲的海岸都已留下了早期探險者的腳印。但內陸部分的地圖則是靠一些人物與動物繪畫填補的空白，而沒有殖民的印跡。它從一個側面反映了早期探險與殖民的「沿海開發」的特色。

不僅亨利八世需要「瞭解」非洲，他的女兒瑪麗女王也同樣「關注」非洲。英國地圖史上的另一個著名地圖集《瑪麗女王地圖集》，就是專們為英格蘭和愛爾蘭女王瑪麗女王（外號「血腥瑪麗」）和她的丈夫西班牙腓力二世所編輯的。這部一五五八年由迪亞哥‧赫門（Diego Herman）編製的地圖集中，收錄了非洲的海岸圖。如這幅東非海岸圖（圖6.6），就清楚地顯示了阿拉伯地區、東部非洲、波斯、西印度和馬達加斯加的印度洋地圖；在衣索匹亞，傳說中的祭司約翰（Prester John）被描繪成坐王座上的王者。

英格蘭王室為何需要這樣多的地圖集呢？因為，葡萄牙與西班牙都在大航海中撈到了好處，英格蘭自然不甘人後。率先「開發」非洲的是英格蘭的貴族霍金斯，這個家族的老少兩代，受英王室的支持在大西洋上從事海盜式的貿易，其中最為出名的是小霍金斯（John Hawkins）的「黑三角貿易」。

實際上，在古代和中世紀，南歐、阿拉伯、波斯、南亞等地，普遍存在著奴隸買賣，不僅黑人被賣為奴，也有白人被賣為奴的，還有宗教戰爭中的伊斯蘭戰俘。當時的奴隸販賣，沒有特定的種族概念，奴隸也只是供給富人使役的奢侈品；而將販奴發展為黑奴買賣，並使之成為一種特殊貿易和新經濟的重要成分，則是大航海引發的特殊現象。

自十五世紀葡萄牙將販賣黑奴專業化後，英格蘭見有利可圖，也加入其間，並有所「創新」。從一五六二年開始，小霍金斯爵士嘗試從本國裝上鹽、布匹、蘭姆酒等，而後在非洲換成奴隸，再越過大西洋到美洲換成獸皮、菸草和糖返航——形成了一種全新的「黑三角貿易」。這種貿易使小霍金斯很快成為樸茨茅斯最富裕的人。

「黑三角貿易」大約經歷了四個世紀（十五世紀至十九世紀）。除奧地利、波蘭和俄國等少數國家外，幾乎所有的歐洲國家以及美國都先後參與了這一罪惡活動（實際上，黑奴貿易遠遠超出了「黑三角」，在東非也有大量奴隸被販運到印度與阿拉伯半島的新興農場）。直至一八九〇年七月布魯塞爾會議做出廢除非洲奴隸貿易的決議後，世界性的黑奴貿易才算正式終止。

大航海啟動之後的四百年間，從非洲運抵美洲的黑人不下一千五百萬人。死於獵奴戰爭和販運途中的黑人，約為這個數字的五倍。也就是說，整個黑奴貿易使非洲失去的一億人口中，有百分之六十死在了販奴過程之中。更加殘酷的現實是，殖民者的販奴貿易不僅給美洲送去了黑奴，而且送去了幾百年的奴隸制。這些看上去很美的航海圖，其實是滴著黑人鮮血的奴役之圖。

圖6.6：東非海岸地圖

此圖原載一五五八年迪亞哥・赫門為瑪麗女王專門製作的《瑪麗女王地圖集》。

從西非到南非的掘金之路

〰《黃金海岸金礦地圖》〰約西元一六〇二年

非洲的「發現」與美洲的「發現」，完全不同。美洲是西方人發現的「新大陸」，非洲則是西方人早已熟知的「舊大陸」。非洲只是在漫長的中世紀被歐洲人淡忘了，直到大航海興起時，它又被重新「發現」。

十五世紀，由於貨幣經濟大發展和資本主義生產關係的萌芽，西歐封建主和商人都狂熱地追求貨幣，並渴望獲得製造貨幣的貴金屬——黃金。但歐洲大陸自古以來就很少出產黃金，這使得歐洲對外部世界的黃金訊息高度關注。《馬可波羅遊記》正是因為寫了東方遍地黃金，甚至用黃金造屋，而引起歐洲各國的極大興趣。怎奈此時東西方的中間地帶有仇視西方的鄂圖曼帝國阻隔，迫使歐洲人不得不另尋掘金之路。

葡萄牙人選擇非洲為掘金之地，並非偶然。因為，非洲有黃金在古埃及時代就是歐洲人所熟知的事實。法老時代留下的繪製在莎草紙上的金礦地圖，人們至今仍能在博物館裡見到。所以，葡萄牙王室從十五世紀初，即由王子親自出馬，殺入北非，尋找「金河」。一四七〇年葡萄牙商人戈麥斯（Fernão Gomes）的船隊在西非沿海即今天的加納登陸，並在這裡找到了貯量極為豐富的金礦。他們將這裡命名為「加納」即「礦藏」的意思，這也是歐洲人後來將這裡稱為「黃金海岸」的由來。

這幅由葡萄牙王國官方製圖師佩特魯斯・帕蘭西烏斯（Petrus Plancius）繪製，銅版雕刻印刷，縱四十六公分，橫六十一公分，於一六〇二年前後在阿姆斯特丹出版。此圖融入了最新的探險訊息，標題中還有對幾內亞黃金海岸的描述。所以，人們把它稱作「黃金海岸金礦地圖」（圖6.7）。

地圖不只是地理認知的工具，還是帝國擴張的工具。從這張圖即可看出，它在吸引贊助海外探險與貿易方面，也有著重要的指引作用。它明確顯示出歐洲之外地區的財富，以及對這些地區進行投資的潛在收益。

此海岸圖重點標註了西非沿岸繁榮的城市，以及用十字架表示的金礦。此外，作者還在地圖中特別繪製了兩幅較大的插圖，不僅表現了當地人的原始生活方式，提高了地圖的觀賞性，同時，也透露出此地的落後，殖民者可以輕易佔領的訊息。這幅在阿姆斯特丹出版的「黃金海岸的金礦地圖」，是殖民掠奪的一個顯著實例。

此後的幾個世紀，隨著殖民者擴張的腳步，掘金的區域慢慢擴大到了南非。一六五二年荷蘭人在開普敦建立了荷蘭東印度公司的補給站。後來，荷蘭殖民者不僅在此開發了金礦，而且還找到了世界最大的鑽石礦。淘金與開掘鑽石熱，使後來建立的約翰尼斯堡的人口遠遠超過了已建立幾個世紀的開普敦城。

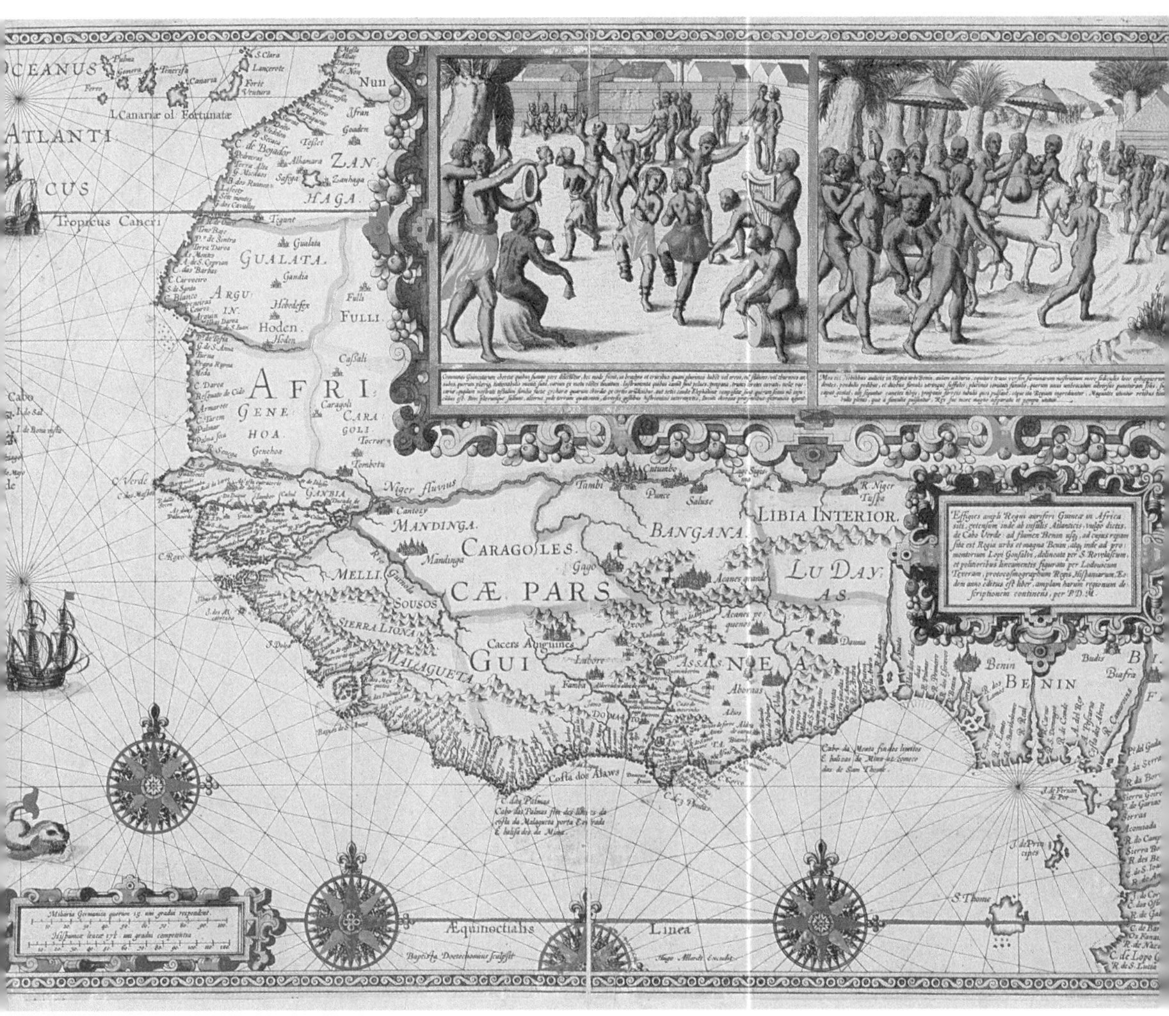

圖6.7 ：黃金海岸金礦地圖

這是一六〇二年前後在阿姆斯特丹出版的西非地圖，由葡萄牙官方製圖師繪製，銅版印製，圖縱四十六公分，橫六十一公分。

印滿列強足跡的非洲

〰《非洲掛牆地圖》〰西元一七〇〇年

可能除了南美洲，非洲地圖製作也許比任何大陸都要落後。這是因為歐洲海外擴張的大部分時間，僅滿足於對非洲的沿海地區開發。歐洲殖民者沿非洲海岸建立貿易站點，依賴海岸邊的部落從內陸帶來的貨物進行貿易，無暇理會非洲內陸到底是什麼樣子。

十七世紀末，歐洲人的殖民腳步進一步向非洲內陸延伸，此時科學理性的潮流在地圖測繪中的應用，使描述非洲的地圖開始改變，非洲以完整而越發精準的面貌出現在世人面前。

此時，非洲大陸的四周，幾乎全被殖民者所佔領。西非海岸，有老牌的殖民者葡萄牙人佔領的土地，也有後來的法國、荷蘭、英國的殖民據點。一六五二年荷蘭人佔領了南非，建立了好望角殖民地。葡萄牙人佔領著莫三比克。法國人佔領了馬達加斯加的大部分土地。東部非洲，在鄂圖曼帝國的統治下。非洲大陸的周邊部分已完全被各殖民大國所分割和控制。

一七〇〇年在威尼斯單獨出版的這幅非洲掛牆地圖（圖6.8），由保羅・皮特里尼（Paul Petterlini）繪製，它不僅精準地描繪出非洲大陸的外觀，而且，拋棄了此前地圖繪製者用戲劇化人物與動物的活動場景來填充內陸未知地區的手法，較為精細地繪出了非洲大陸的內陸格局，此時，殖民者還沒有完全進入非洲大陸內陸地區。所以，這個格局沒能堅持多久，又被新的格局所取代。

十八世紀，歐洲工業革命之後，西方殖民者感到非洲更應當是一個原料出產地和商品市場，而不應

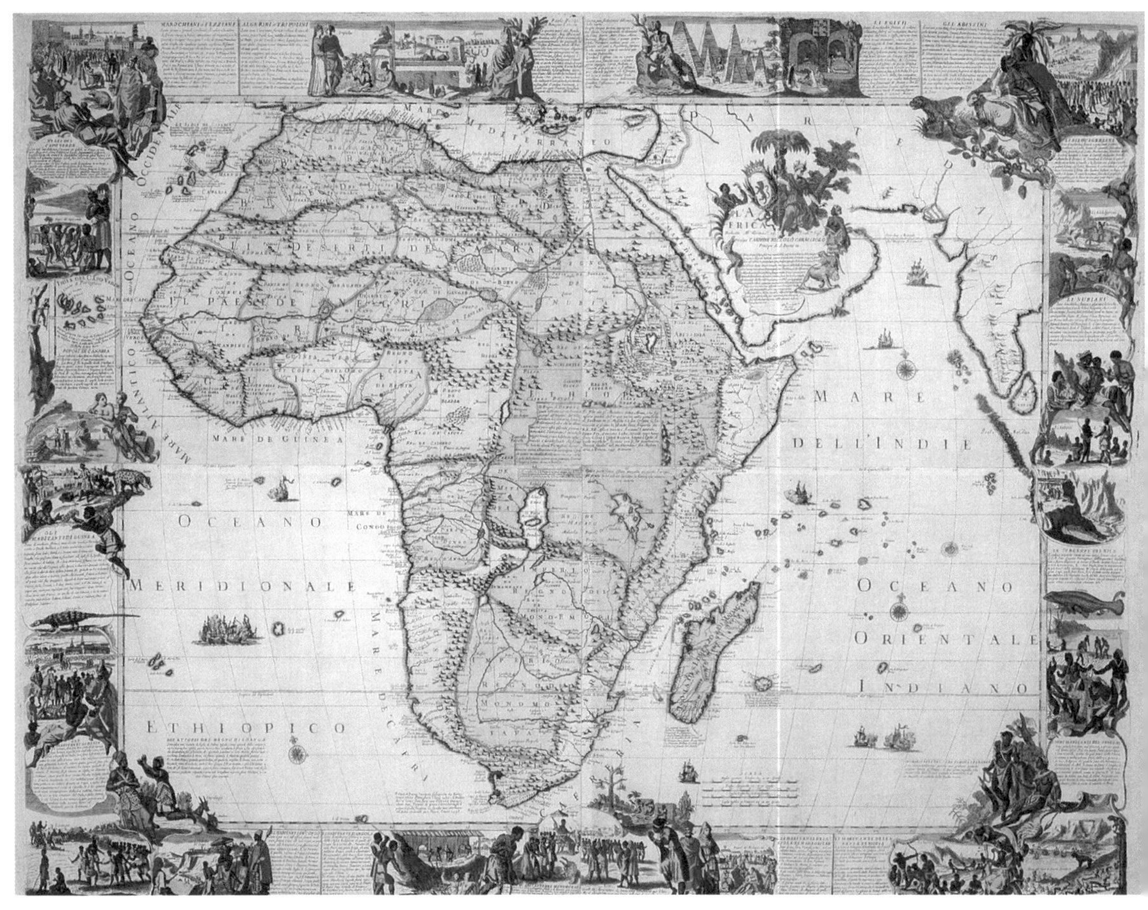

圖6.8：非洲掛牆地圖

一七〇〇年在威尼斯單獨出版的非洲全圖。銅版，縱九十五公分，橫一百一十五公分。

是僅僅出產奴隸，漸漸地退出了黑奴貿易（一八〇七年英國單方面取締了跨越大西洋的黑奴貿易），轉而向內陸進行新的開發。各國在非洲無所顧忌地「開發」，也引出了相互間的矛盾與鬥爭。

一八八四年，由德國首相俾斯麥召集的「柏林會議」，集中討論和制定了列強瓜分非洲的一般原則。英國、法國、德國、比利時、葡萄牙、義大利、奧匈帝國、丹麥、荷蘭、俄國、西班牙、瑞典、挪威、土耳其和美國等十五個國家的代表參加了會議。柏林會議後，列強掀起瓜分非洲領土的狂潮，到一九一二年，列強已佔領非洲百分之九十六的土地。非洲被各帝國主義國家基本上瓜分完畢。

7 打通香料之路——從印度到東印度

在開普敦半島的好望角，可看到山坡上有兩座紀念碑，一個是迪亞士紀念碑，它相對的另一端，是達伽馬紀念碑。也許有人會問，為什麼迪亞士發現好望角十年後，達伽馬才率葡萄牙船隊經過此地駛往印度？

因為，當時葡萄牙已佔領了大西洋上的馬德拉群島、亞速群島和維德角群島；還分別開發了幾內亞灣、剛果等海岸，其財富多得「開發」不過來，所以，不急於吃這個到了手的果子。只是後來發生了那個驚天動地的大事變——一四九二年哥倫布率領西班牙船隊橫跨大西洋發現了「印度」（實際上是美洲大陸）——這才迫使葡萄牙不得不馬上啟動繞行非洲去印度的計劃。如果說，迪亞士是站在第奧古（Diogo Dias）的肩膀上發現了好望角，那還不能算站在巨人的肩膀上；那麼達伽馬繞行好望角到達印度，則一定藉助了巨人的肩膀，因為那個肩膀是迪亞士的。迪亞士不僅為達伽馬提供了自己繪製的好望角航海圖，而且還為他設計了用於此次探險的三桅帆船。

一四九七年七月八日達伽馬船隊從里斯本起航，一四九八年四月十四日到了麻林地（今肯亞馬林迪）。在這裡達伽馬結識了阿拉伯航海家艾哈邁德·伊本·馬吉德。正是這個馬吉德的引領，達伽馬的船隊才乘著印度洋的季風，一帆風順地從東非橫渡浩瀚的印度洋，於一四九八年五月二十日到達印度的西南商港卡里卡特，完成了避開阿拉伯陸路開闢海上商路抵達印度的任務。

西方世界迫切需要「發現」印度航路，與打開印度貿易有關，但更為迫切的是通過印度進一步開闢東印度市場。這個任務後來由葡萄牙航海家阿方索・德・阿爾布克爾克（Monsode Albuquerque）完成，一五一一年已當上印度總督的阿爾布克爾克攻克了麻六甲，當年葡萄牙的船隊就開進了西方世界朝思暮想的摩鹿加群島（今馬魯古，Maluku）。

葡萄牙並沒能獨佔香料群島，不久荷蘭船隊也來了，後來西班牙船隊也來了，列強在南太平洋展開了一場新的爭奪，也畫出了各自的南太平洋航海圖。

炮艦打開的印度洋商路

〰《印度洋航海圖》〰西元一五一九年

印度對於東方和西方都是一個神秘的國家，一個通向未知空間的大門。中國人二千多年來一直把印度當作西方，是「西遊」之地。西方人一直把它當作東方的門檻，越過它才能看到傳說中遍地財寶的東方。一四九八年達伽馬完成了避開阿拉伯陸路開闢海上商路抵達印度的任務。一五〇二年，達伽馬再次遠航印度。這一次，他率領的是由十三艘帆船組成的裝有重炮的龐大艦隊。達伽馬艦隊到達卡里卡特海面後，炮擊城市，屠殺漁民，擊潰了駐守這裡的阿拉伯艦隊，迫使卡里卡特統治者臣服葡萄牙，不再與阿拉伯人進行貿易。次年，達伽馬回國時，在印度海域留下了五艘軍艦，從而使亞洲海面出現了第一支歐洲的長駐海軍力量。

一五〇九年葡萄牙人在印度洋打敗阿拉伯人，封鎖了紅海航路，終結了阿拉伯人對印度洋、紅海、地中海的控制權，葡萄牙人從此完全掌握了印度洋的制海權。這幅印度洋航海圖（圖7.1）取自一五一九年由葡萄牙出版的航海圖集，它從一個側面顯示了葡萄牙在印度洋的殖民進程。

這幅印度洋航海圖，由葡萄牙製圖師學校校長、製圖師羅伯・歐蒙和佩德羅・賴尼爾（Pedro Reinel）等人繪製，還有畫家格列高利・洛佩茲參與潤色才得以完成。它是麥哲倫為西班牙做環球航行前夕，葡萄牙人製作的最新世界地圖集的一部分，據信是奉葡萄牙國王曼努埃爾（Manuel）之命製作出版。

這幅航海圖顯示了一五〇三年阿方索・德・阿爾布克爾克前往東印度後，所傳遞回里斯本的全新地理訊息。阿爾布克爾克這個被葡萄牙尊為「戰神」的殖民先鋒，由於攻佔阿拉伯及印度地區重要港口有功，一五〇九年被葡萄牙國王任命為印度總督。一五一一年阿爾布克爾克擊敗麻六甲的滿剌加蘇丹國（今麻六甲海峽新加坡附近）佔領了該地區，從而控制了印度洋與遠東貿易的咽喉——麻六甲海峽，確立了葡萄牙海上貿易帝國的地位。

這幅精美的航海圖，準確地顯示了紅海及阿拉伯半島的位置，並在半島上繪出建於七世紀的麥加神殿天房。作者將印度置於地圖中央，印度半島的兩翼受到高度關注和精細地描繪，尤其是印度西岸，幾乎每個河口、港口、城鎮都標註了地名。在馬拉巴爾海岸標註的許多地名顯示，這裡已有了葡萄牙的殖民印記，而印度南部與西部的地名，則顯示出葡萄牙人還未在此地落腳。在印度北部繪有手持刀劍的土著，和漫步於林間的大象，說明這裡還不是殖民者落腳的地方。

作為一幅優秀的航海圖，此圖在印度南部的馬爾地夫群島附近，繪有一條航海警示：「此處有天然磁鐵礦，會給帶有鐵釘的船隻以影響，或引起羅盤偏差，必須引起船長的注意。否則，船隻遇險將會招致當地食人族的威脅。」

在印度南部的錫蘭和蘇門答臘的位置，一直困擾著歷代製圖家的難題，在這裡也得到了正確的標註。儘管蘇門答臘被含混地標作「Traporbana」（塔普洛巴納），這是西元二世紀的托勒密給錫蘭的命名（英文為Taprobane）。

從海圖右側顯示的訊息看，中南半島沿岸，葡萄牙人還不是很清楚，僅繪出今天的緬甸的輪廓，沒有更詳細的標註。至於，西方人常說的東印度，圖面還沒有顯示。但印度洋東部海面上繪出的三艘帆船，已透露出葡萄牙對未來的航向——東印度的高度關注。

圖7.1：印度洋航海圖

此圖原載於一五一九年前後葡萄牙出版的航海圖集，它從一個側面顯示了葡萄牙在印度洋的殖民進程。縱四十二公分，橫五十九公分。

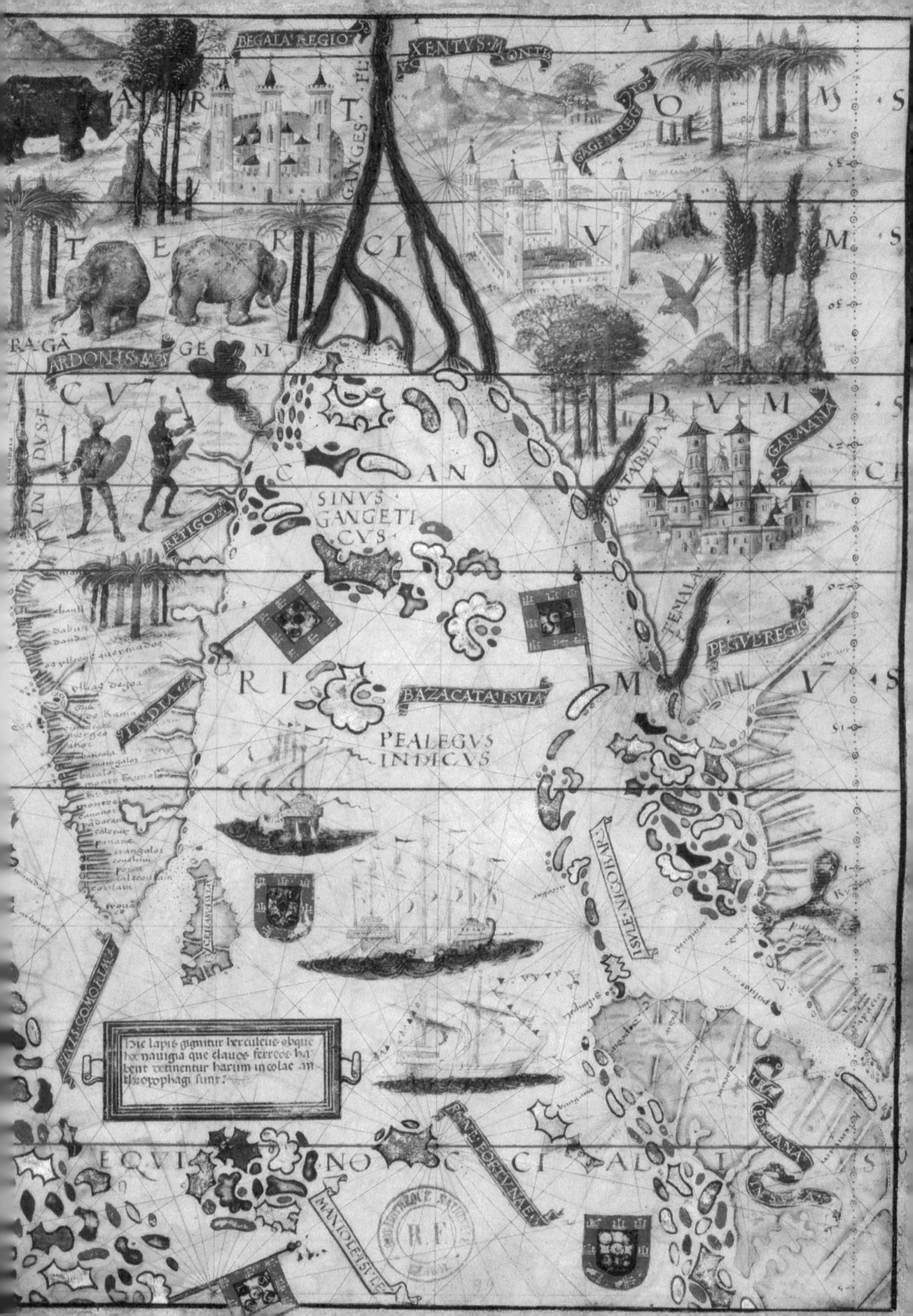
BEGALA REGIO
XENTVS MONTE
GANGES FL
SINVS GANGETICVS
BAZACATA ISVLA
PEALEGVS INDICVS
PEGV REGIO
TEMALA
GATABEDA
GARMANA
INDIA
ISVLE NICOBAR
Hic lapis gignitur herculeus obque
hoc nauigia que clauos ferreos ha
bent retinentur harum incolae an
thropophagi sunt

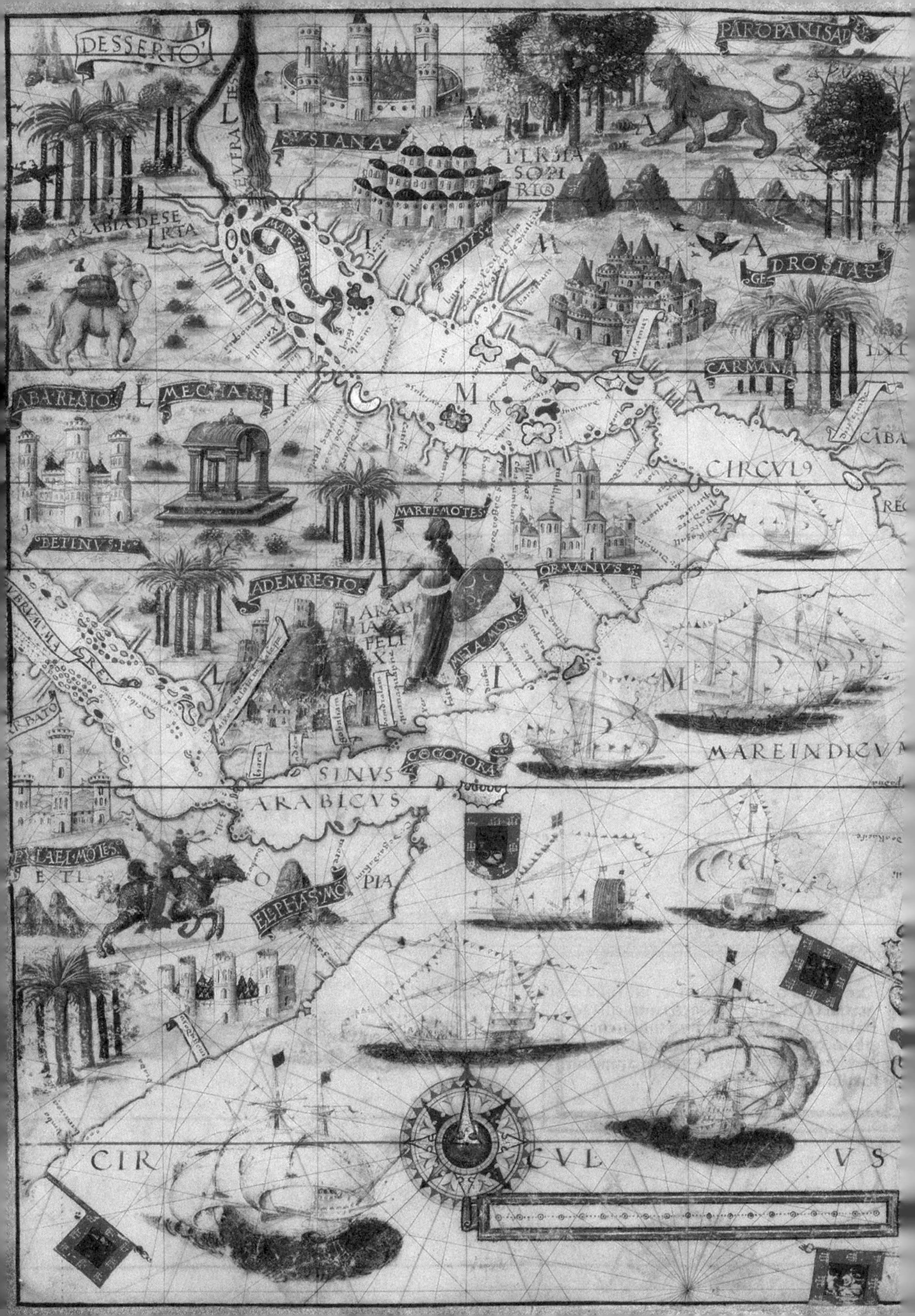

DESSERTO
SVSIANA
EVFRATES
MARE PERSICO
GEDROSIAE
CARMANIA
MECHA
BETINVS.F.
MARTEMOTES
ADEM REGIO
ORMANVS
ARAB
IA
FELI
X
MELA MONS
COCOTORA
SINVS
ARABICVS
MAREINDICVM
CIRCVL9
CIR
CVL
VS

葡萄牙的港口收藏

〰《葡萄牙海外港口圖》〰西元一五七二年

達伽馬於一四九八年五月二十日到達印度的西南商港卡里卡特。這裡是印度的重要商港，中國古籍中稱為古里，早在達伽馬到達這裡之前，一四〇六年鄭和第一次下西洋就曾到達古里。鄭和不是佔領者、侵略者，他是大明王朝的使者，帶著明成祖給古里國王的封賞到達古里。古里國王很感激。鄭和七次下西洋幾乎每次都到古里國停留，以此地作為中轉站，給船隊補充給養、休整隊伍，而後向非洲東海岸前進。鄭和最後一次航行後，死在這裡。但卡里卡特留下的歷史文獻裡，沒有任何關於鄭和的記載。這裡留下更多的歷史遺物是與達伽馬有關的東西。

達伽馬的到來與鄭和完全不同，這裡是他所代表的葡萄牙要開發和佔領的商港。達伽馬滿載交換來的寶石、香料回到葡萄牙後，一五〇二年、一五二四年又兩次遠航印度。隨著葡萄牙的武裝商船隊來到這裡，這裡不僅成為葡萄牙的劫掠之港，而且還是繼續東進的橋頭堡與根據地。達伽馬最後死在葡萄牙駐印度總督任上。

卡里卡特就這樣成為了葡萄牙在海外的港口，這組名為「葡萄牙海外港口圖」上面最大的地圖即是「卡里卡特港口地圖」（圖7.2）。古代的卡里卡特經濟較為發達，國泰民安，民風和文明程度與中國差不多，尤其是以手工織布著名，十七世紀初輸往英國的棉布被稱為「卡利科」（calico），卡里卡特即由此得名。

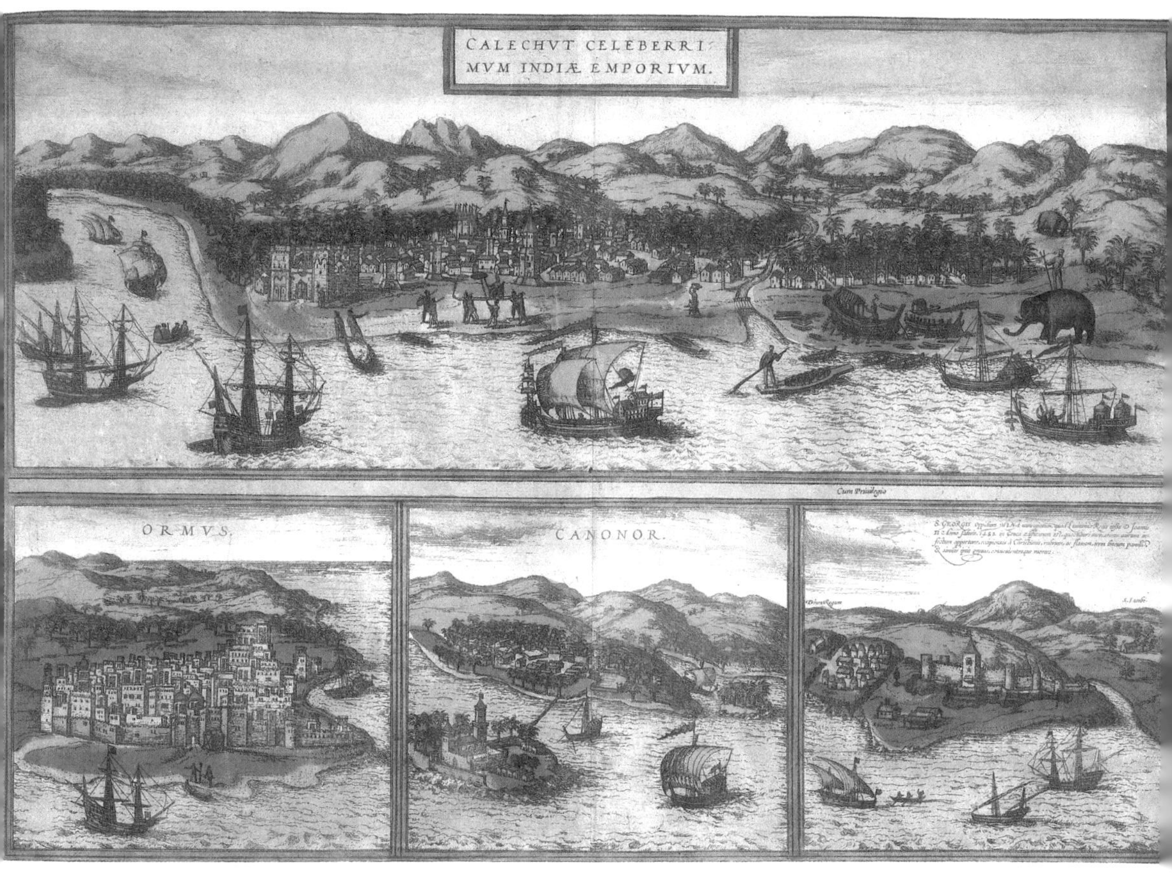

圖7.2：葡萄牙海外港口圖

這組地圖繪製於一五七二年，作者為費爾南・荷根伯林和喬治・布蘭恩。組圖的上圖為卡里卡特港，此港已是葡萄牙成熟的海外基地。

這幅地圖繪製於一五七二年，作者為費爾南・荷根伯林（frans Hogenberg）和喬治・布蘭恩（Georg Braun）。圖中可以看到此時的卡里卡特港已是葡萄牙的海外基地，海邊停泊著多艘葡萄牙大船，岸邊還在造新的商船。城鎮中已建有西式城堡和教堂。

西方殖民者的大航海，表面上是為了貿易與傳教，實際上是要滿足他們「收藏」港口與島嶼的愛好。這一點從他們繪製地圖的圖名上就可以看出來，比如「葡萄牙海外港口圖」，它多像一個集郵者的集郵冊呀。

阿拉伯與印度的貿易中心

〰《印度果阿港地圖》〰 西元一五九六年

一五〇九年因瘋狂地攻佔阿拉伯及印度地區重要港口有功，葡萄牙海上「戰神」阿方索・德・阿爾布克爾克，被國王任命為葡萄牙的印度總督。阿爾布克爾克上任後，即選定果阿（Goa）作為其首府。

果阿是印度西岸的貿易重鎮，一四七二年被阿拉伯人佔領前，這裡一直由印度人統治著。但阿拉伯人在果阿，也沒能永久佔領。一五一〇年，幾乎沒有遇到什麼抵抗的情況下，阿爾布克爾克就佔領了果阿。儘管，阿拉伯人在三個月後派出軍隊進行反攻，並在短期內重新奪得果阿，但最終葡萄牙人還是獲得了勝利，將阿拉伯人從果阿徹底趕了出去。

此後，阿爾布克爾克加強了果阿的防禦工事，興建和改建了眾多教堂，並迎來了葡萄牙派往印度的大主教，這位大主教的隨行人員裡有一位後來青史留名的荷蘭人，即酷愛航海的旅行家林斯豪頓（Jan Huyghen van Linschoten），他在果阿擔任當地大主教的簿記員，住了六年後返回荷蘭。

一五九六年他在荷蘭出版了名為《旅程：林斯豪頓前往東方、或稱葡屬印度的航程，一五七九年至一五九二年》，此書披露了從歐洲前往非洲、亞洲和美洲的航線及貿易資訊，甫一問世，即被翻譯成多種語言在各地出版。這部作品打破了葡萄牙人和西班牙人長久以來對歐洲前往印度航線的訊息壟斷，直接促成了荷蘭成立東印度公司。

這部書也是當時描述印度及果阿方面的最佳讀物。林斯豪頓的書面面俱到，還包含了大量社會評論，他強烈反對伊比利人與當地人通婚。但由於旅途艱辛以及印度天氣惡劣，很多葡萄牙婦女都不願冒險離開里斯本來到印度。於是身在印度的葡萄牙殖民者和印度當地人通婚的行為就得到了鼓勵，甚至，還可以得到總督的一份結婚禮物。

這部書中的地圖插圖更令地理學的研究者喜愛。如，這幅果阿港地圖（圖7.3），就是林斯豪頓留給後世的地圖學遺產。當年，林斯豪頓所面對的已不是一個小小的要塞城市，而是「金果阿」——葡萄牙人在印度的政治、經濟和社交首府。無論從城市規模還是重要性上，果阿城都是僅次於里斯本的大都會。比如，果阿的基督學院，幾乎有巴黎索邦（Sorbonne）神學院的兩倍大。林斯豪頓的這幅果阿港地圖，漂亮精巧，展示了很多異於平常的細節。

這幅果阿港地圖由林斯豪頓繪製，由一位著名雕刻師所刻。此圖方位為上南下北。圖底部繪有曼多菲河（Mandovi）上經過改良的港口，把島嶼城市和大陸分割開來的小河灣，高止山脈西部的高原（圖左），以及圖頂部的賈里河。果阿的印度古城，面朝賈里河（右上方），但由於河水變淺，在阿拉伯人侵佔之前就被廢棄了。右邊是印度洋的阿拉伯海，這裡是商船進港的入口。在碼頭區的造船場（圖中央），可以看到若干船塢設備和工作用的大象，而在圖的右下方就是果阿著名的海灘。圖中間是主廣場，以及被官方建築合圍起來的總督府。圖左邊的農地產稻米、黍、橄欖、甘蔗、椰子、腰果和蔬菜。

這幅地圖反映了果阿作為葡萄牙統治東印度地區指揮中心的鼎盛情景。

圖7.3：印度果阿港地圖

此圖一五九六年在荷蘭出版，它反映了果阿被葡萄牙當作東印度首府時的都市面貌。縱四十八公分，橫八十四公分。

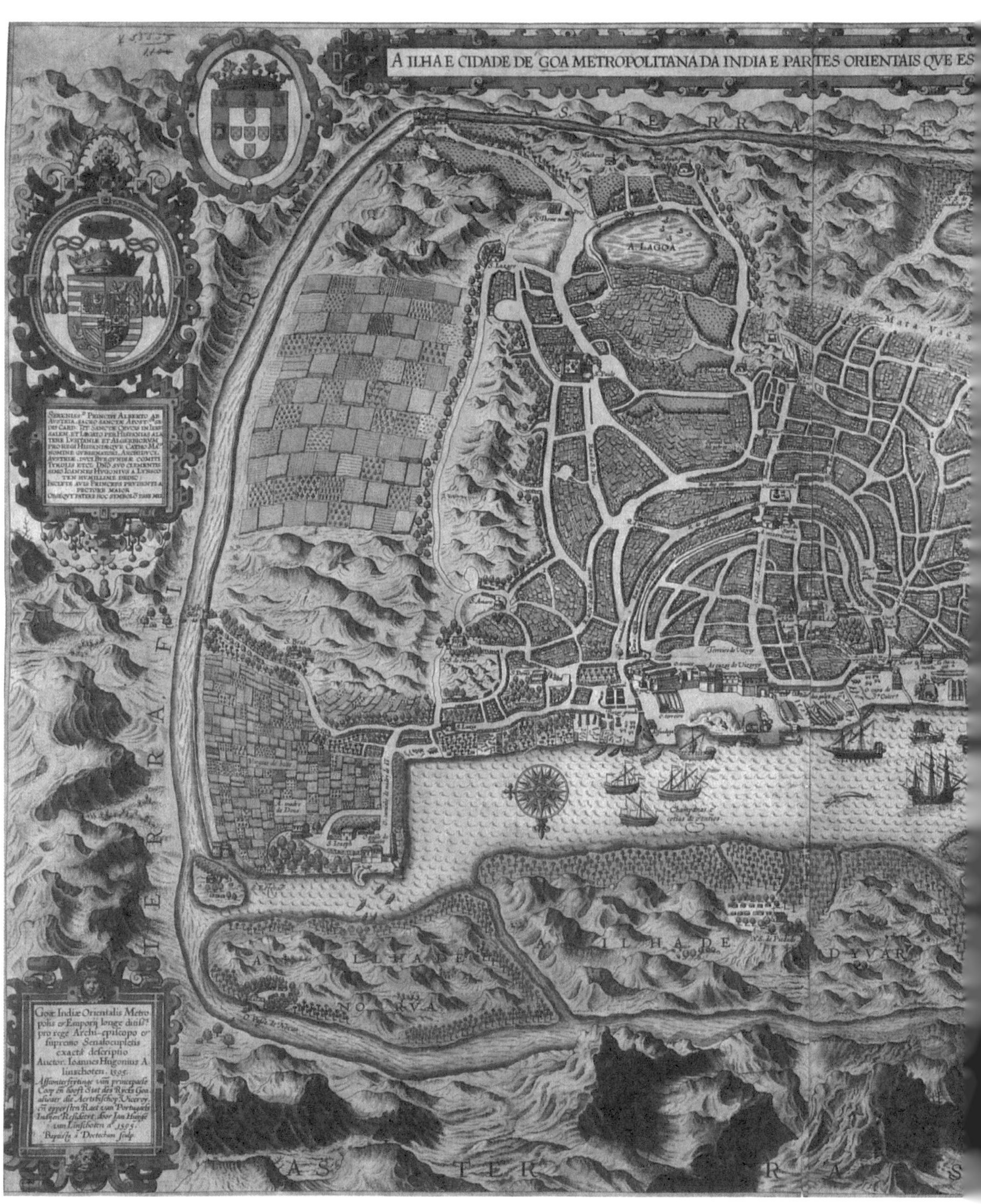
A ILHA E CIDADE DE GOA METROPOLITANA DA INDIA E PARTES ORIENTAIS QUE ES
A LAGOA
A ILHA DE

印度洋上的「人間天堂」

《錫蘭地圖》西元一四八六年
《錫蘭航海圖》西元一六〇六年

位於印度南端的錫蘭國，有許多美麗的傳說，有人說，亞當和夏娃被驅逐出天堂後，掉在了亞當山頂，他們發現了錫蘭是離伊甸園最近的地方。另有一說，佛祖在第三次訪問該島時，把他的足跡留在同一山峰。

從古羅馬時代起，裝載著亞洲奢侈品的阿拉伯商船就經常停靠錫蘭島，到了托勒密生活的西元二世紀，它已是眾所周知的著名貿易海島了。它成為古代地理學重點描述的對象。進入到中世紀，錫蘭已發展成重要的東方商港之一，享有世界盛譽的斯里蘭卡寶石，從這裡源源不斷地輸往海外。當年，馬可波羅從中國返回故鄉時路過錫蘭，曾寫道「該島無庸置疑是世界上最完美的島嶼」，並誇張地評價了其周圍情況。這個島嶼被各種美好的描述越說越大，有的古地圖上，把它畫得比半個印度還大。

十五世紀，人們依照托勒密的理論所製作的木刻版錫蘭專圖中，它被繪成一個巨大的梨形，如這幅一四八六年出版的錫蘭地圖（圖7.4），當時歐洲人尚未到達此地。大航海初期，葡萄牙製圖師西普里阿諾・桑切斯（**Cypriano Sanches**）製作了新的錫蘭專圖，基本保持托勒密所說的梨形樣貌。但桑切斯製作的錫蘭航海圖（圖7.5）沒有像托勒密那樣，以北為上，而是以東為上，更重要的是還加入了羅盤花和恆向線，使它成為了一幅航海圖，其五邊外形雖然還不太準確，但已是當時的新地圖。此航海圖被洪第烏

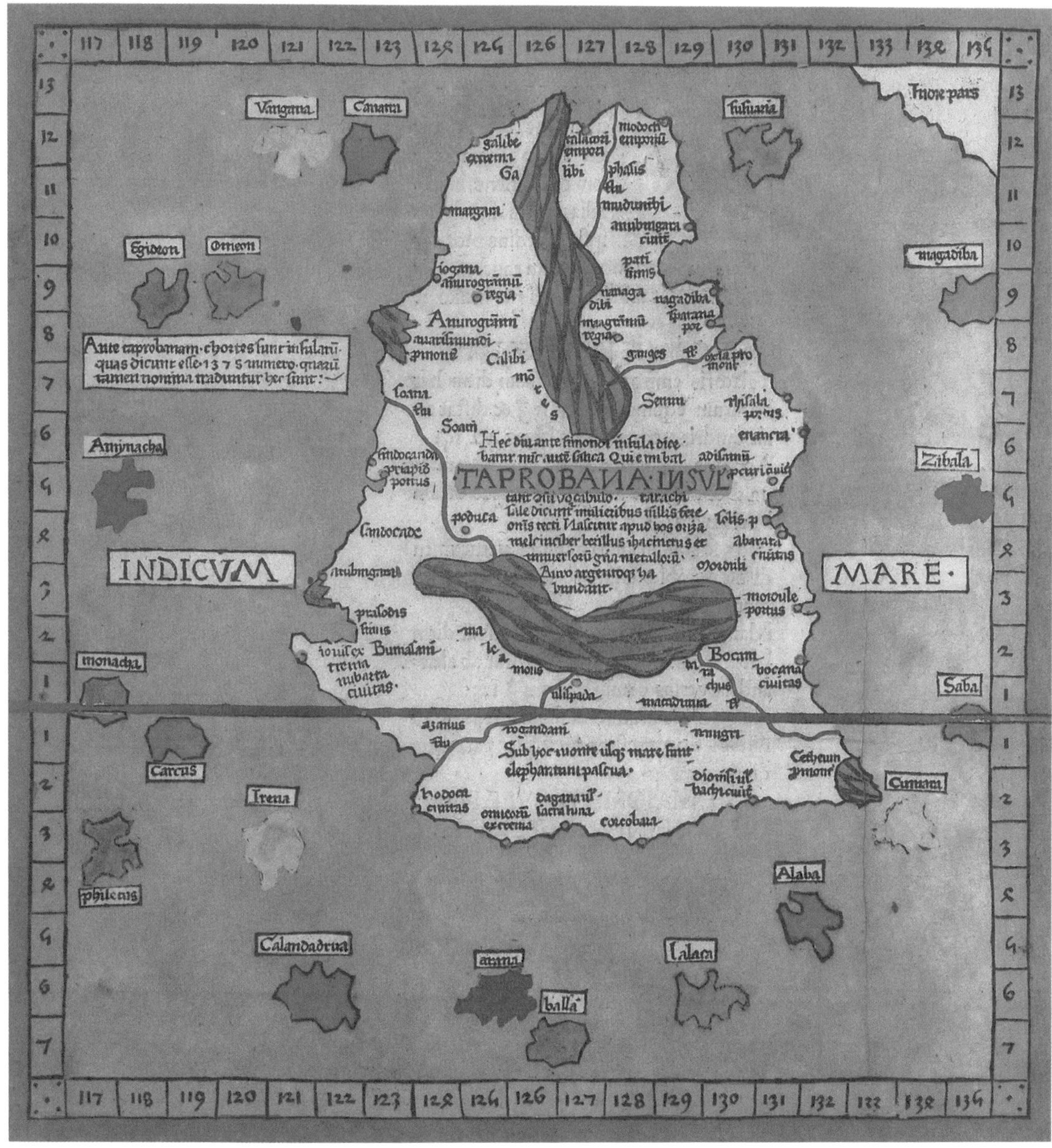

圖7.4：錫蘭地圖

十五世紀，人們依照托勒密的理論將錫蘭繪成一個巨大的梨形，這是一四八六年出版的錫蘭地圖，當時歐洲人尚未從海上航行到此地。

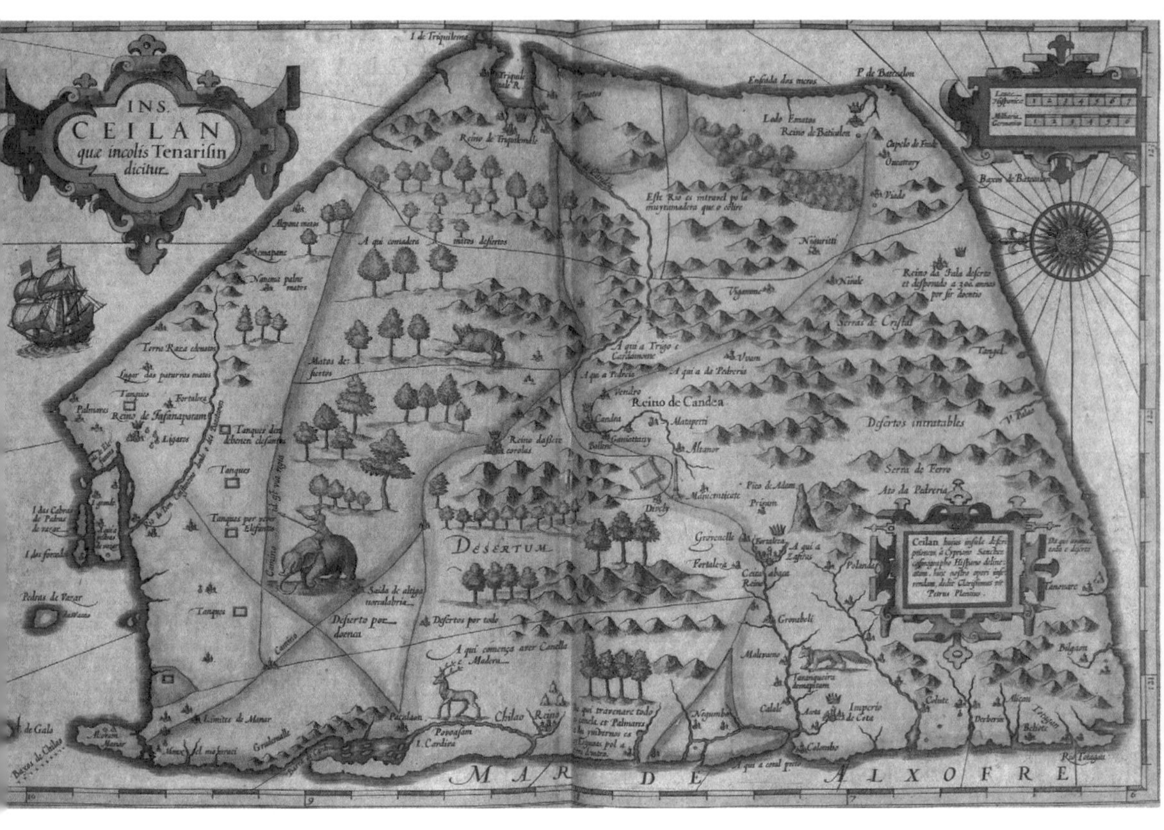

圖7.5：錫蘭航海圖

此圖為葡萄牙製圖師西普里阿諾・桑切斯製作，一六〇六年被洪第烏斯收入到《麥卡托－洪第烏斯地圖集》中，圖縱三十四公分，橫四十九公分。

斯收入一六〇六年版的《麥卡托－洪第烏斯地圖集》中。一直被描述為人間天堂的錫蘭，在這幅新的錫蘭航海圖上，仍可以看到作者對此島嶼的美好讚頌，畫面上有牡鹿、豺、野豬和大象，似天堂般美好，大島周圍的小島仍然是五彩寶石般撒落在它的旁邊。

從十六世紀起，錫蘭先後被葡萄牙和荷蘭人統治。十八世紀末，又成為英國殖民地。一九四八年獲得獨立，定國名錫蘭。一九七二年正式改國名為斯里蘭卡共和國。「斯里蘭卡」是錫蘭島的僧伽羅文古名，意思是「光明、富饒的土地」。

葡萄牙打通東亞航線

〰《香料群島地圖》〰西元一五九二年

大航海的先鋒葡萄牙，繞過非洲大陸、佔領印度、攻克麻六甲……急忙地衝入南太平洋，其目的就是要拿下東印度，佔有香料群島。

香料的「價值」是奇妙地建立起來的，但道理卻很簡單——物以稀為貴。千百年來，西方世界的香料全靠東方「供給」。這不僅使進入西方的香料非常昂貴，也意味著東方一旦斷其貨源，整個西方將食不甘味。今天，沒有人會將調味瓶裡的細小種子、樹葉和樹皮視為「財富」了，但在五百年前的西方世界，香料等同於黃金。

「香料群島」這個詞是阿拉伯人和印度人創造的，它具體的地理指向即摩鹿加群島，也就是今天印度尼西亞東部的馬魯古群島。由於氣候與位置的與眾不同，還有其獨特的火山土壤，使得這裡特別適合那些香料植物生長，遂使這裡的丁香、肉豆蔻、胡椒等成為香料中的極品。在西方人侵入東南亞之前，摩鹿加群島的丁香、肉豆蔻就已在亞洲進行交易，並在西亞地區形成貿易中心。正是這些不起眼的植物貿易，促成了西方人的地理大發現，引發了跨越地球的大航海與大海戰——

一五一一年七月一日，葡萄牙印度總督阿爾布克爾克率領一支由十八艘艦船、一千二百名葡萄牙士兵及兩百多名馬拉巴爾援兵組成的艦隊，從印度來到麻六甲。當時，麻六甲已是一個十萬人口的大城市，由三萬馬來人和爪哇人守衛著。當地蘇丹拒絕了葡萄牙人的要求。七月二十四日和八月十日，阿爾布克爾克發動了兩次攻擊。蘇丹及其王子派出二十頭大象企圖阻止葡人的攻勢，但最終還是在八月二十四日丟下富甲一方的麻六甲城，逃往巴莪，從事復國的運動，他的後裔偏安柔佛，後來建立了柔佛王國，延續麻六甲的王室。

佔領了進入南太平洋的要衝麻六甲之後，當年葡萄牙航海家阿布雷烏（António de Abreu）就率領三艘船登上了西方世界朝思暮想的摩鹿加群島。一五一二年，葡萄牙人通過與統治著周圍七十多個島嶼的德那地（Ternate）蘇丹建立了一段「友誼（蘇丹借葡萄牙人之力加強自己的統治）」之後，葡萄牙人在香料群島核心區德那地島修建了控制該島的炮台。不久，葡萄牙人就完全控制了香料群島。

不過，這幅最精美、最為著名的香料群島地圖（圖7.6），卻不是葡萄牙人的作品，而是荷蘭人的傑作，它由彼德・普蘭修（Petrus Plancius）繪製，一五九二年在阿姆斯特丹印刷出版。在此圖西端（最左邊）的麻六甲海峽上面，標示著暹羅灣、東京灣，以及珍珠河的出海口。台灣島（左邊最上方）被誤繪成三個小島連成的群島，但位置很準確。菲律賓（台灣島下面）的繪製也有很大的改善，儘管巴拉望島的面積顯得過大了。在南部（左邊最下方），爪哇島和傳說中龐大的南極大陸是分開的，但新幾內亞島似乎和南極連在一起。摩鹿加群島的斯蘭島（Seram）和新幾內亞島（右方）有待進一步的探索。

此圖不僅從航海的角度，準確地描述了通往香料群島核心區的航線，還準確地繪出了有赤道穿過的三葉草形的摩鹿加群島；同時，它還是一個收集香料的指南，作者在圖的下方精細地繪製了香料的樣貌，從左向右是：肉豆蔻的枝和果實，而後是丁香的枝與葉，再後是三種檀香木，即黃檀、紅檀和白檀。檀香不僅用於香包或香袋，而且在碾碎後，還是香水的原料之一。

此圖的裝飾性極強，在還沒有彩印的時代，它華美的色彩是靠手工上色來完成的，所以更顯珍貴；

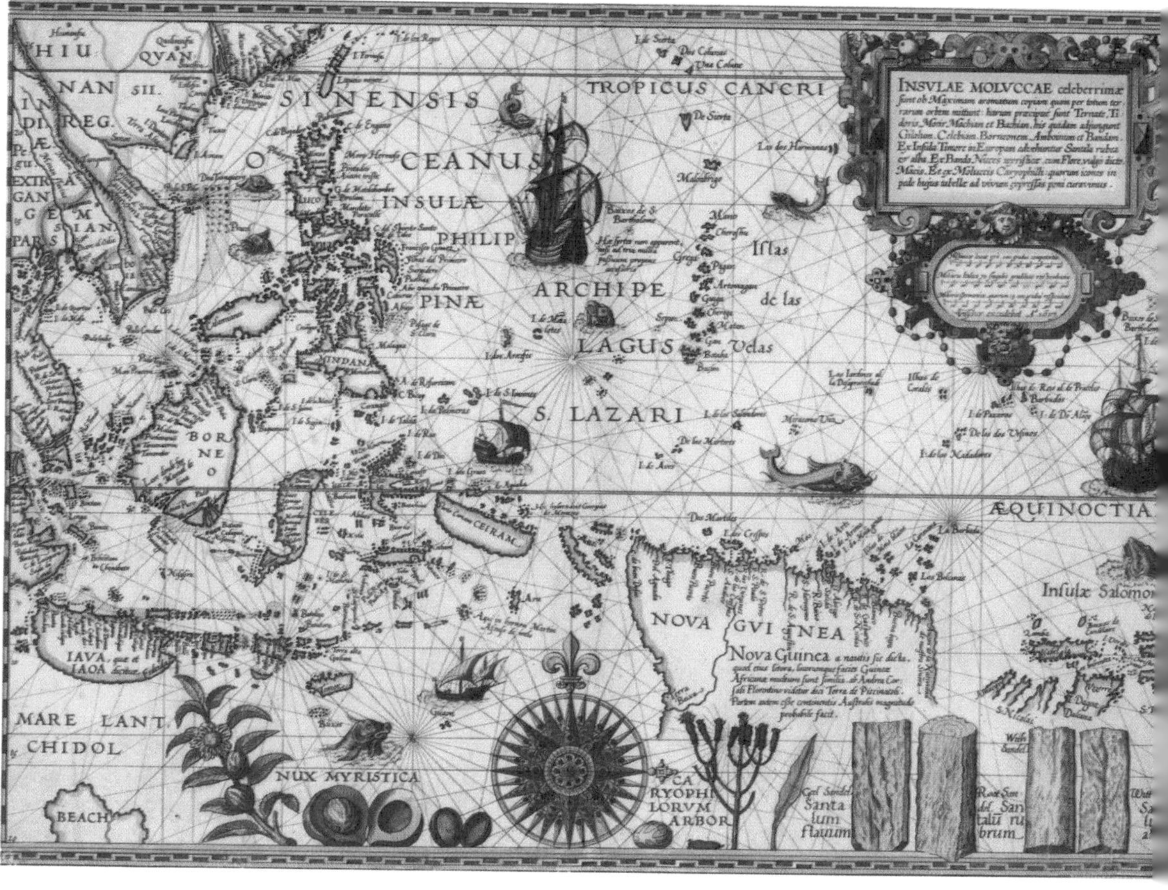

圖7.6：香料群島地圖

這幅最精美、最為著名的「香料群島」專圖，由彼德・普蘭修繪製，一五九二年在阿姆斯特丹出版的。據信是它引發了荷蘭人的東印度之行。

據說此圖僅有十幅傳世，其中八幅分別藏於美、英、法等國的博物館裡，兩幅由荷蘭收藏家個人收藏。其中的一幅，在二〇〇九年的香港國際古書展上的拍賣價為七十五萬港元。

據信，正是阿姆斯特丹出版的「香料群島圖」，引發了荷蘭人的東印度之行。

荷蘭探索東印度航線

〰《荷蘭首次東印度航行圖》〰西元一五九五年

下面要說的地圖與前面講的地圖關係密切：

從十五世紀初開始，葡萄牙壟斷亞洲香料和奢侈品貿易足足一百年，這些物品滿足了歐洲的強大市場需求，其巨額利潤使得這個伊比利半島上的小王國，蓬勃發展到了它的黃金時代。然而，葡萄牙海外帝國的腐敗、有限的人力和沒有生機的經營，引發了歐洲其他國家的挑戰，其中，給葡萄牙人最大打擊的，即是新興的荷蘭共和國。

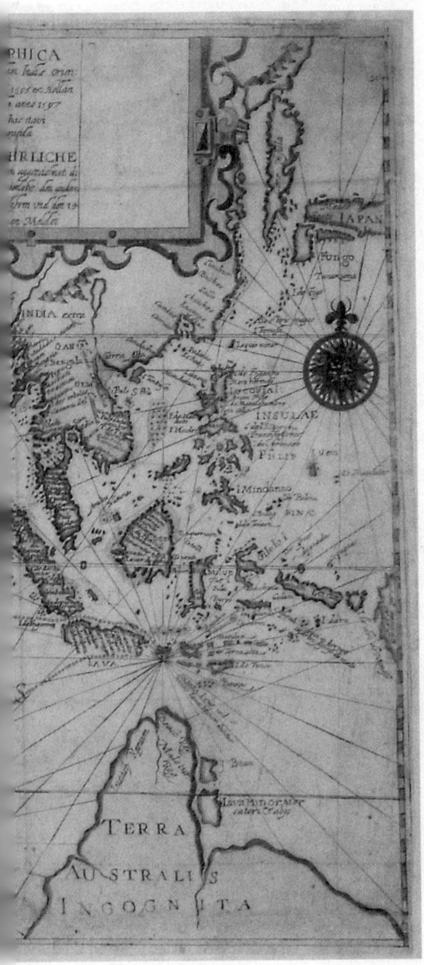

一五六六年歐洲「低地」北部地區（今天的荷蘭），爆發了反抗西班牙統治者的起義。一五八一年，荷蘭和澤蘭等十多個省宣佈獨立，組成「聯省共和國」，由於荷蘭省的經濟和政治地位最重要，故稱「荷蘭共和國」。新國家的成立需要強大的經濟力量來支撐，善於海上經營的荷蘭人盯上了東印度的香料貿易。

正是「香料群島圖」的鼓動，荷蘭人才決定到香料

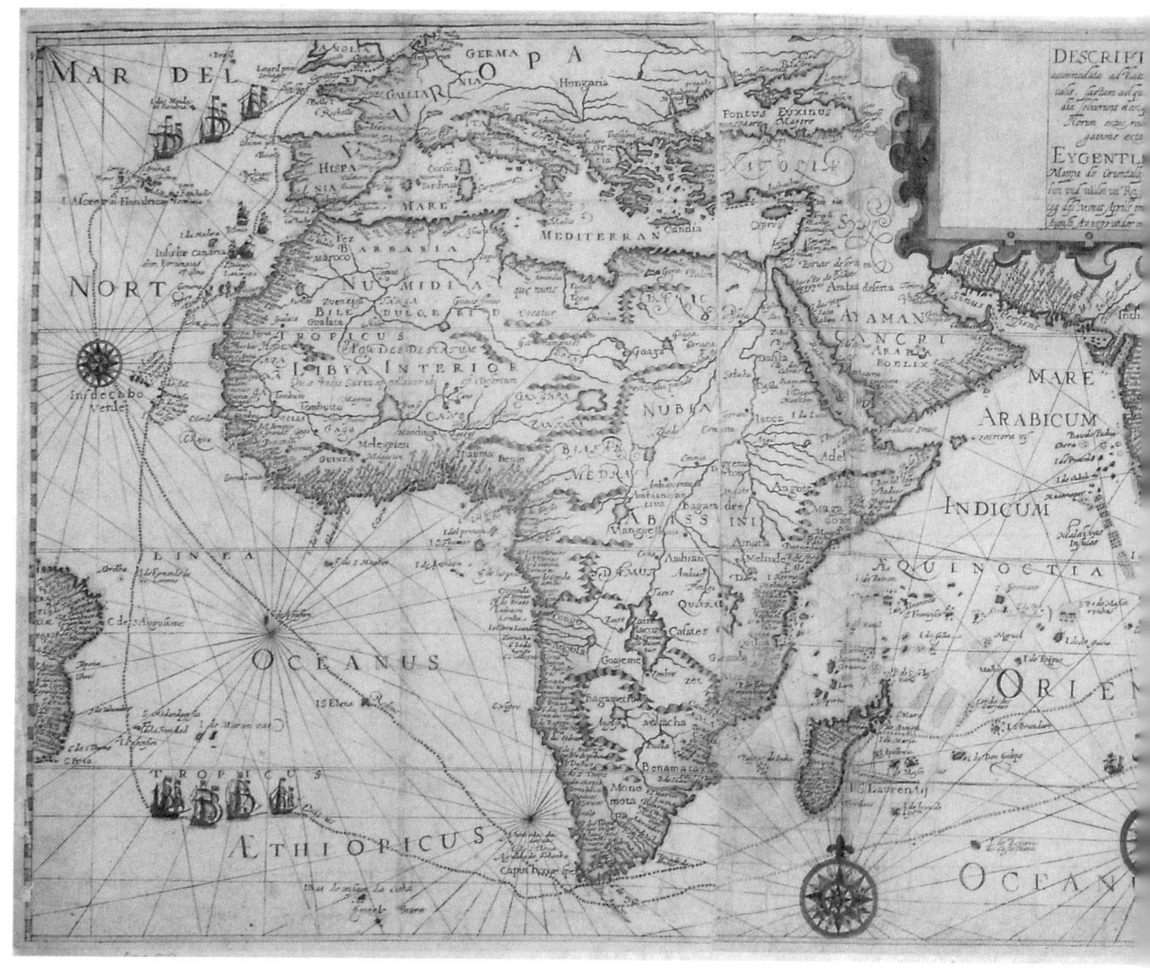

圖7.7：荷蘭首次東印度航行圖

這幅地圖記錄了一五九五年剛剛成立的荷蘭聯邦共和國的富商霍特曼船長，帶領四艘商船由荷蘭駛向東印度的第一次航行。

群島撈上一把。深知香料價值的歐洲列強，誰都不想讓它成為葡萄牙專有品。荷蘭人迫不及待地出發了……一五九五年剛剛成立的荷蘭聯邦共和國的富商霍特曼（Houtman）船長帶領四艘商船前往東印度探險，於是有了這幅荷蘭首次東印度航行圖（圖7.7）。

從霍特曼船隊航行圖上，可以看出第一次駛往東印度的霍特曼船隊從荷蘭出發，繞行非洲大陸，到達馬達加斯加島後，並沒有駛向葡萄牙人控制印度西海岸，而是由馬達加斯加島直接橫跨印度洋，但船隊沒走葡萄牙人控制的麻六甲海峽，而是穿過蘇門答臘島與爪哇島之間的海峽，直接進入了太平洋爪哇海，停靠在椰島（今雅加達），開闢了屬於自己的安全航線。但圖上沒有顯示，由於在香料群島受到葡萄牙人的強烈抵抗，荷蘭人最終沒能登上摩鹿加群島，而止步於椰島和巴厘島。從荷蘭出發時的四艘船上的二百八十四名水手，經過兩年零四個月的探險之後，僅有九十四名水手返回了故鄉。從巴厘島等地帶回的一點點香料，僅夠這次遠航的「成本」。

從經濟上看，霍特曼船隊是一次不成功的商業航行，但它卻給荷蘭帶回了重要的航海訊息和葡萄牙在東印度的勢力並非不可取代的強大信心。所以，荷蘭人修整了一年之後，於一五九八年又進行了第二次東印度航行，這一次，荷蘭人派出了八艘船……捲土重來的荷蘭人，比其競爭對手更有組織，他們整合了多個船隊和各種荷蘭東印度公司，形成合力，並將總部設到了巴達維亞，直接在原產地操縱香料貿易。

一六〇二年荷蘭政府向「VOC」（荷蘭東印度公司的荷蘭字頭的縮寫）——荷蘭東印度公司頒發了一項憲章，聲稱該公司對香料貿易擁有完全的壟斷權利，並有一定的政府職能，發行紙幣、任命官吏，甚至可以代表荷蘭政府與外國締結條約。一六一九年荷蘭人在巴達維亞設立總督府，拉開了全面統治這一地區的序幕。

荷蘭東印度公司建立的第二年，曾經大力支持「私掠船」的英格蘭女王伊麗莎白逝世，都鐸王朝終結。

「海上馬車伕」控制香料核心區

〰《威廉・布勞摩鹿加地圖》〰西元一六三〇年

摩鹿加群島由上千島嶼組成，但最好的香料來自北摩鹿加大島西側的幾個小島。如果說一五九二年阿姆斯特丹出版的那幅「香料群島地圖」是西方人夢寐以求的到東印度尋找香料的導航圖；那麼，這幅描繪香料群島核心區五個小島的地圖，則是最具指導性的香料群島開發地圖。

在說這幅地圖之前要特別介紹一下它的出版者威廉・布勞（Willem Blaeu）。進入到十七世紀，荷蘭人高舉「公海自由」的大旗，加入到大航海熱潮之中。荷蘭法學家胡果・格勞秀斯（Hugo Grotius）還在一六〇九年出版了《論海洋自由》（*Mare Liberum*）的論文，從理論上指出海不屬於任何國家，反對海洋壟斷。同時，荷蘭人也將海圖製作出版拉向了市場，從而打破了中世紀以來航海圖保密與神秘化的局面。世界航海圖的製圖中心，由葡萄牙和義大利的封鎖和壟斷，開始轉向「低地國家」比利時與荷蘭的市場化製作與出版。

當時，荷蘭最大的出版商、著名製圖師威廉・布勞，看準了航海圖需求越來越大的前景，便大量收集和製作許多最新航海圖。威廉・布勞與他的兩個兒子一起編輯了超越以往任何一部地圖集的《大地圖集》，這部出奇的大書，尺寸為對開本，縱五十二公分，橫三十二公分。全書共收錄了五百九十四幅地圖，分為十一冊，首印為拉丁文版。裝幀風格為巴洛克式，漩渦裝飾、小天使、獨角獸等鋪排於地圖之上，每片海洋都繪有信風和航海方向，還有大帆船，海洋的名字皆以華麗的細字體書寫，海岸線誇張地加上了陰影，以突出立體感……總之，這一產品是極盡奢華的少數貴族用品。《大地圖集》市場價格不菲，當年四十荷蘭盾可買十個黑奴；而這部地圖集，未著色的四百荷蘭盾一套，著色的則要四百五十荷蘭盾一套（大約相當於今天的四萬美元）。後來，威廉・布勞還協助瓊・克蘭基（Johannes Klencke）為英王查理二世，製作了僅此一部的世界最大地圖集《克蘭基地圖集》（*Klencke Atlas*），圖縱一・七八公尺，橫一・〇五公尺。現收藏在大英圖書館。

這裡介紹的摩鹿加地圖（圖7.8）出自《大地圖集》附錄，此圖把目光集中到了香料群島中最具極品價值的幾個小島之上，它表明此時荷蘭人已控制了最重要的香料產區。此圖中描繪的德那地島，也叫特爾納特，是今天北馬魯古省會所在地。緊鄰它的蒂多雷，也是個香料島。圖中可以看到這裡有茂密的森林，在森林後面是一片平坦的香料種植帶。這幾個小島連綴成一個巨大的香料生產基地。此圖反映了當時的荷蘭東印度公司繁榮的商貿圖景。

如果仔細觀察此地圖，還會發現，它還顯示了當時政治形勢，幾乎每個小島上都有軍事要塞。我在香料群島實地考察時，還看到了地圖左上方所繪至今保存完好的德那地「橙色要塞」，此要塞是一六〇

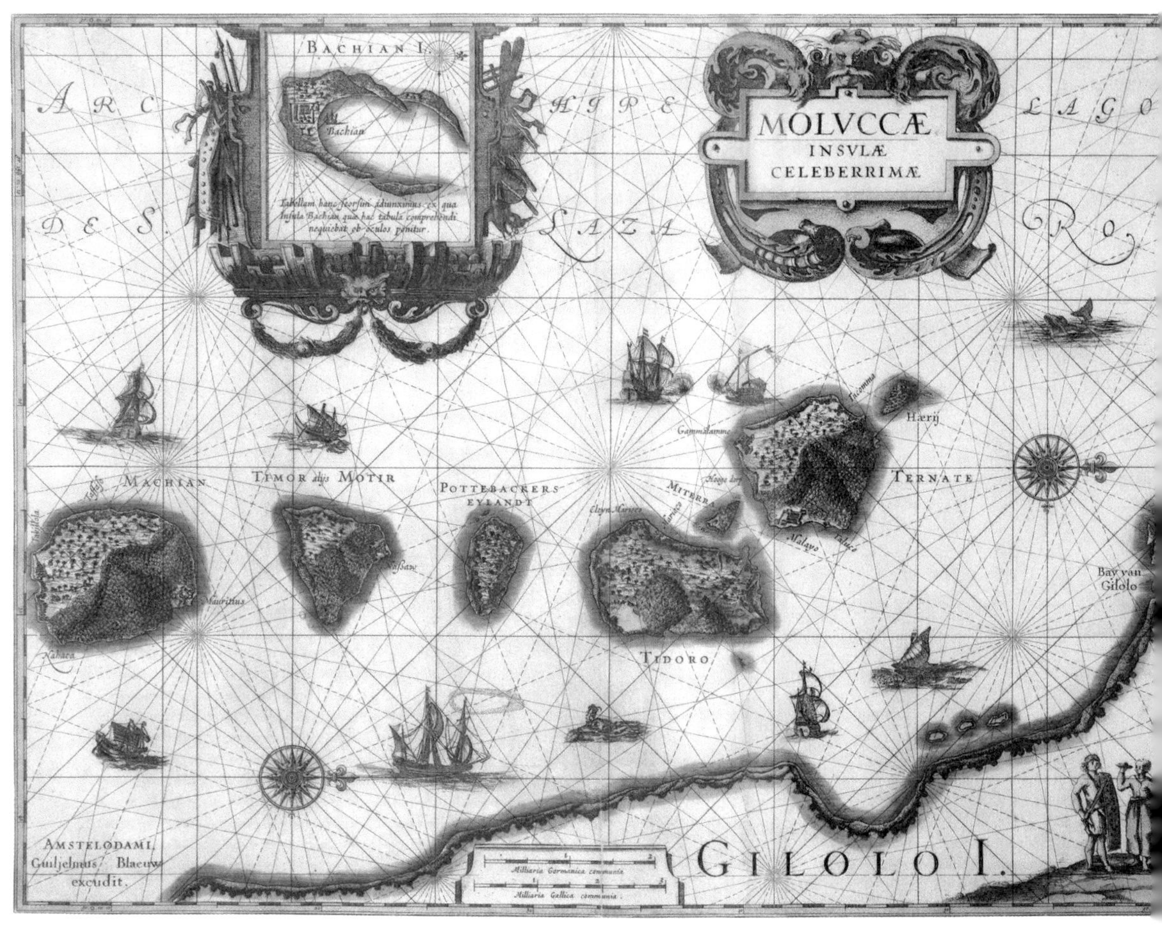

圖7.8：威廉・布勞 摩鹿加地圖

由荷蘭出版商製圖師威廉・布勞一六三〇年製作，此圖表現了香料群島中最具極品價值的幾個小島，表明此時荷蘭人已控制了最重要的香料產區。

六年前後修建，其四方形佈局複製了當時的歐洲要塞設計。但荷蘭人在德那地海邊修築的要塞，則採用了新式的稜形堡型。這些軍事要塞為將要運送到阿姆斯特丹和安特衛普的香料提供了安全保障；同時也是對試圖進入該地區的其他歐洲力量的一種威懾；此外，要塞駐軍還可確保殖民者對當地原住民的高壓統治。除了島上的要塞，地圖的海面上，還描繪了大型帆船和小帆船之間的遭遇戰，其升騰於帆船之上的煙霧為這個局部增添了些許動感。那些不帶煙霧的兩桅帆船和三角帆船，表現的則是在荷蘭海軍監視之下進行的海上香料貿易。

荷蘭人通過不斷擴大的海上商業活動，使荷蘭商船隊伍越做越大，到一六五〇年左右，荷蘭商船已達一萬六千多艘，其總噸位數相當於英、法、葡、西四大海上強國的總和，幾乎壟斷了全世界的海上貿易。由於在世界上許多海域都能見到荷蘭人來來往往的商船，所以，荷蘭得到了一個綽號「海上馬車伕」。

荷蘭人在印尼各島先後趕走了葡萄牙人，又通過談判從急需戰爭經費的西班牙人手裡買下香料群島的控制權。此後，又迫使四大群島上的各部族政權承認荷蘭東印度公司的統治權。一八〇〇年，荷蘭東印度公司解散，取而代之的是殖民政府——「荷屬東印尼政府」，最終，荷蘭殖民者一步步「統一」了印尼。

一直沒有統一國名的東印度諸島，其「印度尼西亞」一名源於德國一位人類學家，一八八四年選擇希臘語中的「印度群島」一詞，代指這一地區的人種之名。「第一次世界戰」以後，東印度多個獨立運動組織，選擇了「印度尼西亞」這個沒有殖民色彩的詞，作為獨立組織之名。一九四五年共和國成立，以「印度尼西亞」作為國名，荷蘭人三百五十年「東印度」殖民統治，也宣告終結。

歐洲人眼中的東方之極

〰《日本地圖》〰西元一五六八年

〰奥特里烏斯《日本與朝鮮地圖》〰西元一五九五年

在托勒密的《地理學》中，沒有描繪朝鮮半島，更沒有日本。此時，西方認識的東方之極是「賽里斯」，通常人們把它解釋為「絲國」或中國。後世傳抄的托勒密亞洲地圖中，中國海岸邊有眾多島嶼，最大的兩個島嶼被冠以「Chrise」（金島）和「Argira」（銀島）。

從中世紀開始，在阿拉伯東方文獻中，出現了大量的對「新羅」（今天的韓國東南部）的描述，認為它是個黃金島。但是，缺少對朝鮮半島的準確的地圖描繪，更沒有專圖描繪。一直到大航海時代，歐洲連最偉大的航海家哥倫布都弄不清日本的方位，他一直以為他到達的中美洲島嶼即是日本某島。

雖然，希臘地理學比亞洲先進，但到了十六世紀末，歐洲人對亞洲的瞭解，尤其東亞的瞭解，仍然是一片模糊。此時的歐洲人，經常是將東亞，中國，或者日本，籠而統之地稱為「上印度」。這個「印度」之大，可以裝下許多他們不知道的東亞國家和地區。

從非洲南部經印度洋來到東亞的早期西方殖民者，如一五四三年葡萄牙人曾搭乘中國明朝海商王直的船，到達日本南部的種子島，對日本有所瞭解，但對朝鮮半島依舊印象模糊。所以，一五六八年葡萄牙地理學家費爾南・瓦斯・多拉多在羊皮紙上繪出了不很準確，但卻是西方最早的日本專圖（圖7.9）。

在這位葡萄牙最重要的製圖家一五七一年製作的東印度與日本海圖中，日本東南部的四國島則完全被塗

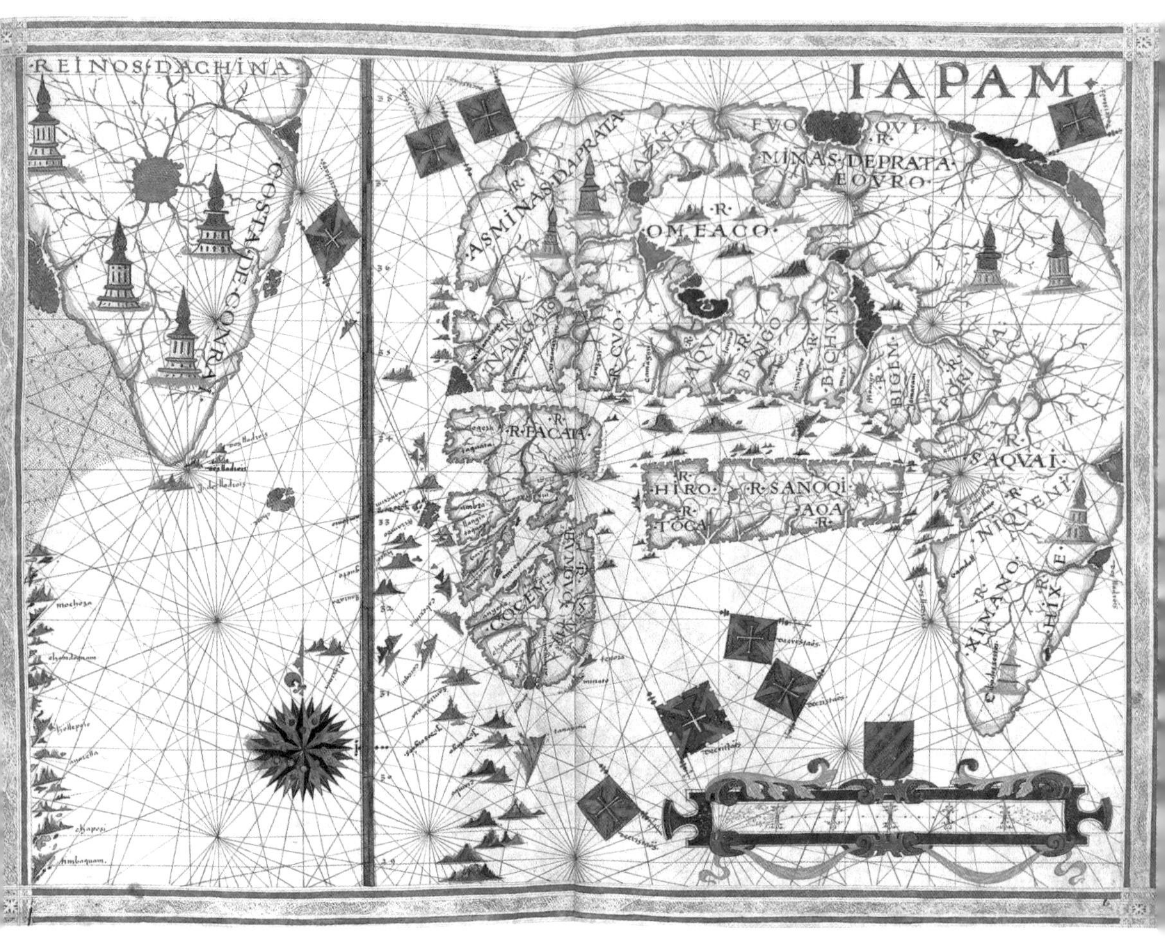

圖7.9：日本地圖

一五六八年葡萄牙航海家費爾南・瓦斯・多拉多在羊皮紙上繪製的單幅日本地圖。

成了金色。表現了大航海初期，西方人對日本是個產金國的錯誤認識。十六世紀的西方繪圖師，中國地圖尚繪不精準，對日本群島的描繪，也只能是相對完整獨立，基本正確而已。

比較可笑的是對朝鮮半島的描繪，就是奧特里烏斯這樣的地圖出版大師的作品，也會有重大差錯。比如，奧特里烏斯一五九五年繪製的日本與朝鮮單幅地圖（圖7.10）。這位大師以早些時候耶穌會繪圖師的地圖作品為基礎，加上他所收集到的亞洲最新資料，繪製了這幅日本與朝鮮的專圖。日本的圖形可能受到日本天正遣歐使節（一五八二年至一五九〇年）帶入西洋的日本行基圖影響，但朝鮮半島又一次被顯示成為一個島嶼，孤懸海上。奧特里烏斯在十六世紀出版的東亞地圖，雖然有一些對東方的可笑誤解，但它反映出西方向東方擴張的腳步，和亞洲被歐洲一步步「發現」的屈辱歷史，這也是此類錯誤的歷史價值所在。

雖然，東亞地圖錯誤百出，但歐洲人心中有一點是完全清楚的：東方對於西方就是阿里巴巴的寶庫，他們到這裡來「探險」，為的就是「芝麻開門」。每個錯誤都是接近真實的有趣前奏。

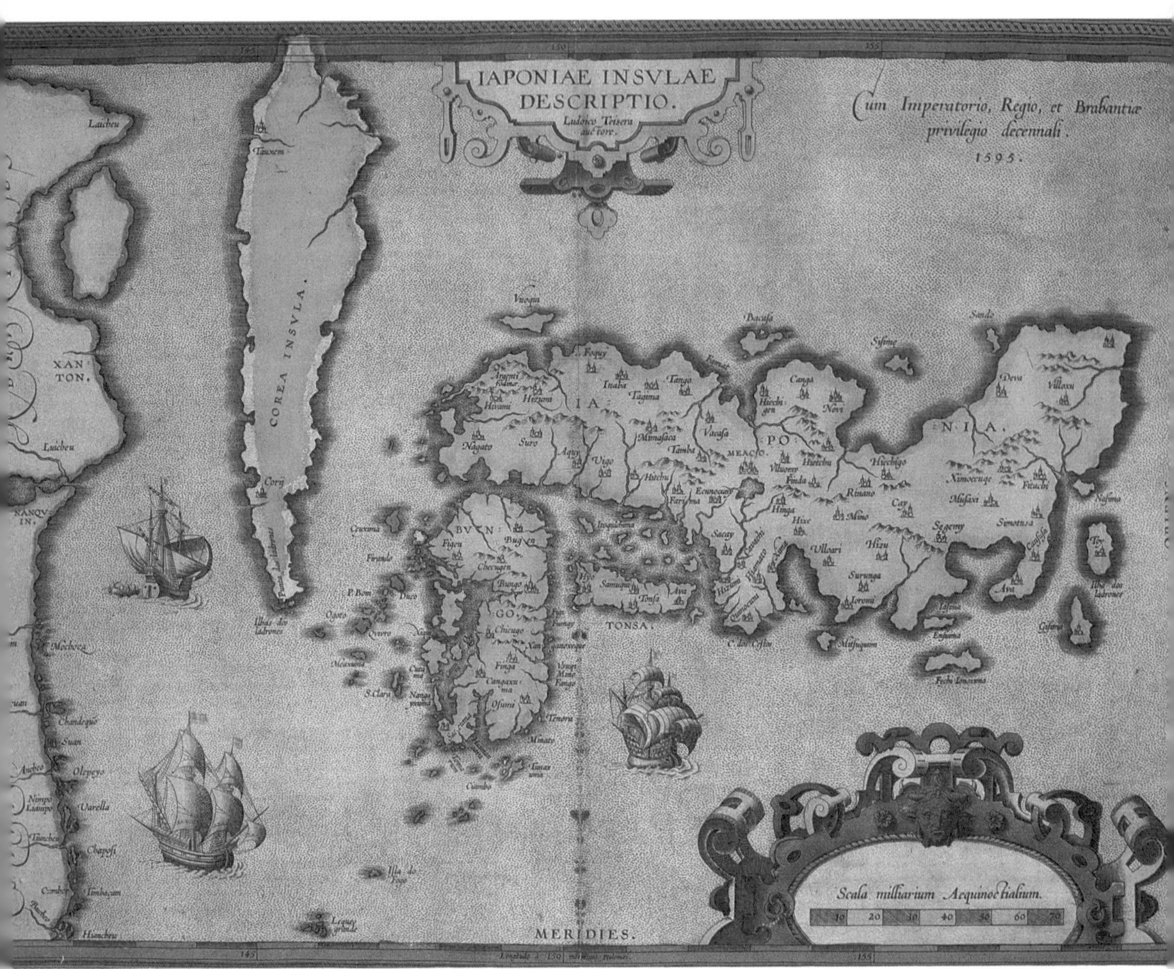

圖7.10：奧特里烏斯日本與朝鮮地圖

這是奧特里烏斯一五九五年繪製的單幅地圖中的日本與朝鮮地圖，此圖將朝鮮半島錯繪成獨立的島嶼。銅版印刷，圖縱三十七公分，橫四十七公分。

不斷「發現」和完善的亞洲全景

〰依當下劃分來描繪的《亞洲全圖》〰西元一五八八年

〰《東印度地圖》〰西元一六〇〇年

葡萄牙人從印度一路走來，先後佔領並控制了可倫坡、爪哇、摩鹿加群島等香料產地，基本壟斷了印度洋和西太平洋的海上貿易。東方的財富從麻六甲海峽源源不斷地運往歐洲，西方世界由此進入靠「發現」而「發家」的時代。

這幅一五八八年德意志出版的亞洲全圖（圖7.11），圖名寫在地圖的上方：「依當下劃分來描繪的亞洲全圖」。這個名字反映出此時的西方殖民者，已經全面進入了南亞和東南亞地區，繪圖者較為準確地描繪出東印度重要國家的位置，標示出了麻六甲海峽，也描繪出了香料群島。地圖左下的說明框裡寫著：亞洲是地球的四大洲之一。現今分為五部分：一，莫斯科人統治的鄰近歐洲地區；二，再往東的韃靼，蒙古帝國；三，土耳其人所統治的非洲到波斯地區；四、波斯王所統治的地區；五、印度，綿延寬廣，分由許多勢力統治。雖然，此圖標明是「依當下劃分來描繪的亞洲全圖」，但對東邊國家描繪不清，甚至沒有畫出來，如朝鮮半島。日本群島還是清楚地畫了出來。但對南亞國家的描繪還是多有缺失。

此圖雖說名為「依當下劃分來描繪的亞洲全圖」，實際上，許多國家的變化並沒在地圖中反應出來，比如，此時大明帝國已建立兩百多年，但在中國北部仍標註「TARTARIA」（韃靼），而南部則標

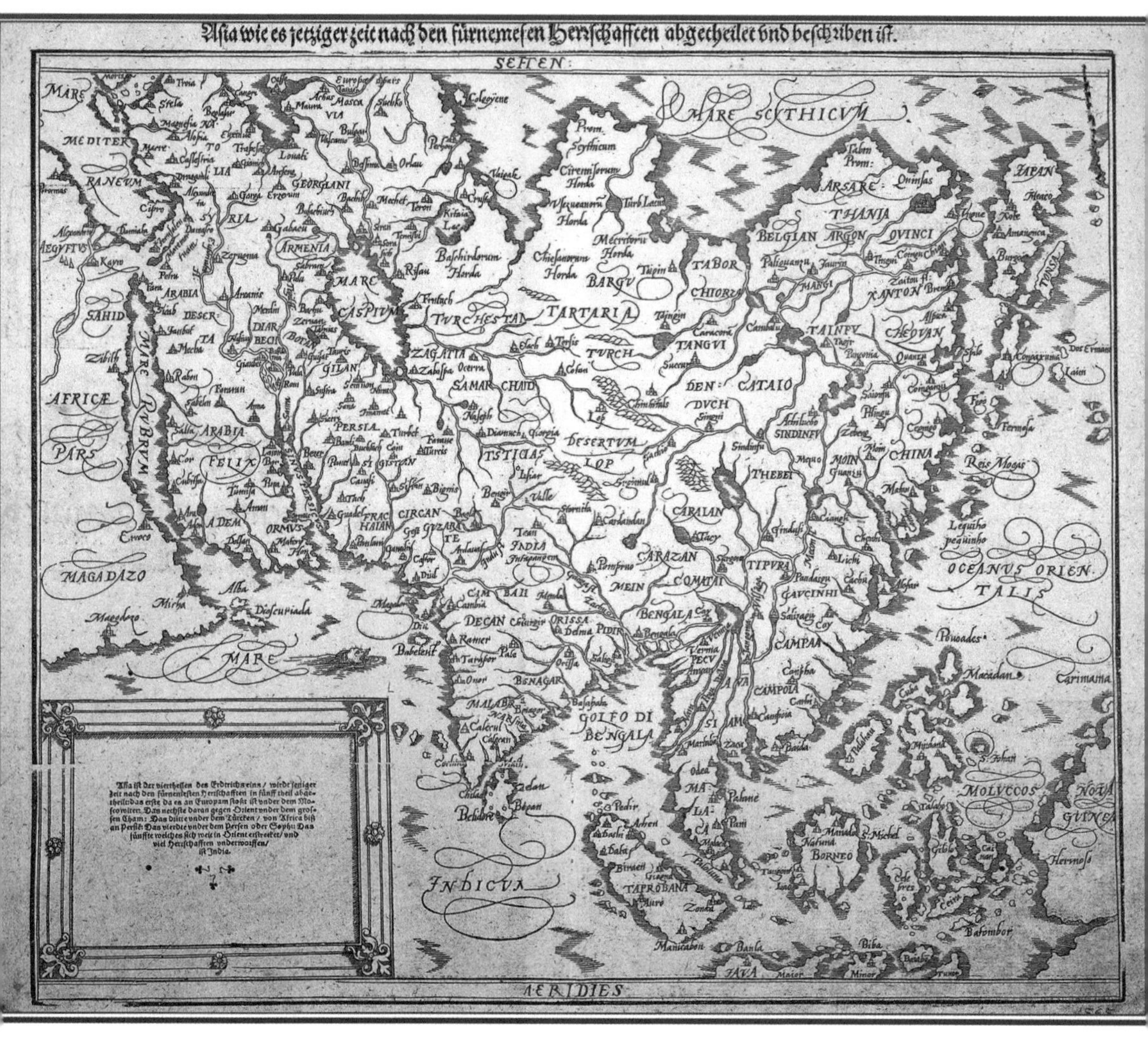

圖7.11：依當下劃分來描繪的亞洲全圖

一五八八年在德意志出版，地圖上題記為「依當下劃分來描繪的亞洲全圖」。

註「CHINA」。

德意志一直是歐洲的地圖出版重鎮，它對亞洲的關注隨著越來越多西方殖民國家進入到南亞的爭奪，德意志地圖出版界，也進一步跟進了這一地區地理資訊的修改與補充。如，這幅用拉丁文標註的一六〇〇年德意志科隆出版的東印度地圖（圖7.12）。

印度在西方地理學中，是一個奇妙的概念。在西元二世紀托勒密的世界地圖上，世界的東方，基本上畫到印度為止，再往東就是傳說之地。哥倫布跨越大西洋，撞上了一塊新大陸，至死都認為，自己到達了亞洲，見到了印度人。後來西方人將錯就錯，就將哥倫布發現的中美洲諸島，稱為「西印度群島」。而葡萄牙人在印度落腳後，穿越麻六甲進入到爪哇一帶，對萬千島嶼無可名狀，於是統統稱之為「東印度」。這幅拉丁文標註的地圖之名即「India Orientalis」（東印度）。

這幅東印度地圖的內容恰如圖名，側重描繪亞洲東部的「東印度」，圖左下方框中的標題為「東印度及其島嶼，其最容易辨認的部分，是亞洲大陸向南突出的兩塊海岬」。圖面上沒有畫經緯線，但是在地圖邊框標明了緯度，在地圖上半部用單線畫出了北迴歸線，在地圖下半部用雙線突出標示了赤道線。此圖的方位是上北下南，北方繪出的大片山脈為青藏高原，北面的海裡，日本被畫得很大。東南亞部分的交趾支那、占城（今越南）、真臘（今泰國）、蘇門答臘、爪哇（今印尼爪哇島）等標示清楚，位置也基本正確，但未繪出呂宋島。此圖的右下角，在今天的新幾內亞位置上寫著「不確定這個海島是否是南方大陸的一部分。科隆，一六〇〇出版。」由此可以看出，此時的西方，對東印度已經有了較全面的瞭解，但對南太平洋還不是很清楚。

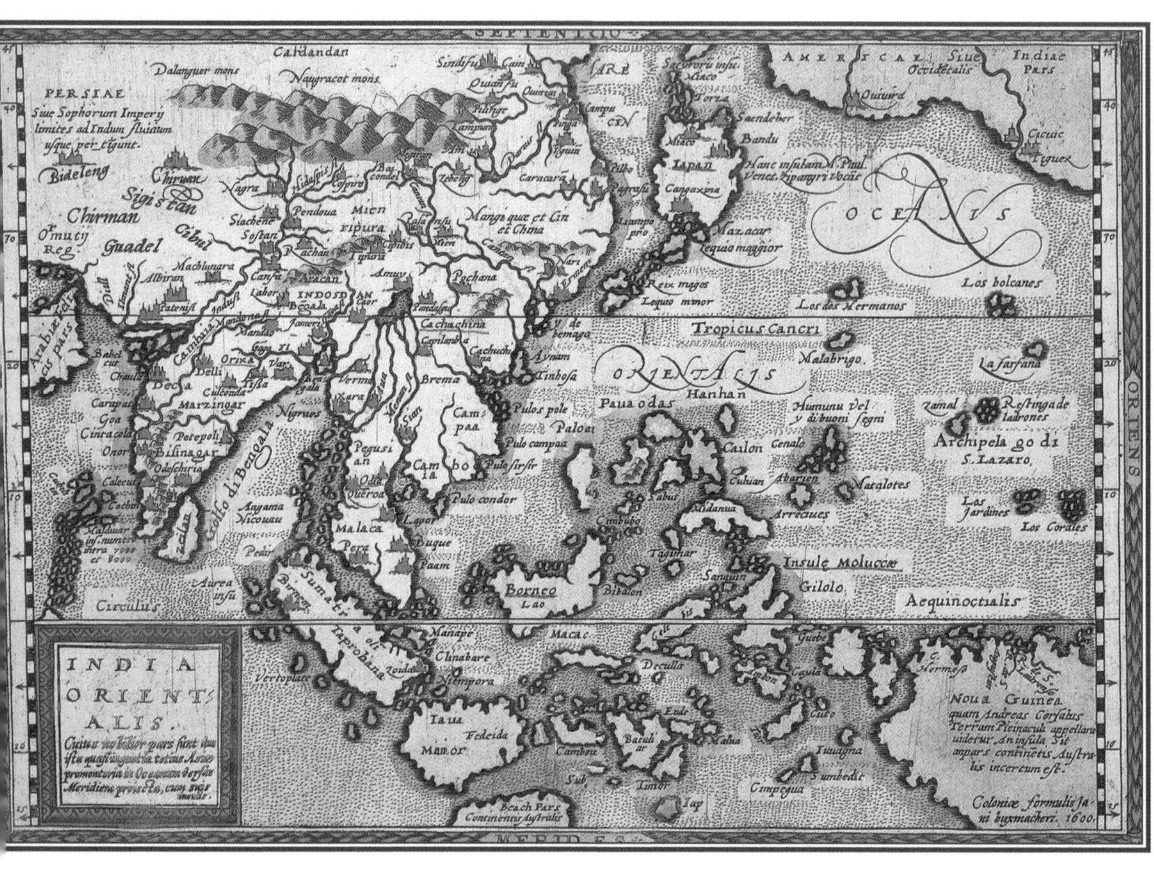

圖7.12：東印度地圖

一六〇〇年在德意志科隆出版，側重描繪「東印度」。

從印度洋全圖到實測亞洲

〰《印度洋、東印度全圖》〰約西元一六六〇年

〰《亞洲全圖》〰西元一七七九年

十七世紀中期，東方對於西方來說，已沒有什麼「神秘」可言了。這幅大約繪製於一六六〇年的印度洋、南太平洋的海（圖7.13），不僅完成了亞洲主要地區的描繪，連地球南邊的澳大利亞，也有所接觸了。

這幅縱七十一公分，橫九十公分的大幅海圖，由十七世紀後半期阿姆斯特丹最重要的海上資料出版商之一亨德里克・登克（Hendrick Doncker）出版，他的「名牌產品」，是海洋地圖系列。同時，登克還出版了一系列掛牆地圖。這幅印度洋、東印度海圖就是專為室內裝飾用的掛牆地圖。這種地圖因其精緻的裝飾，製作成本十分昂貴，圖面上的許多裝飾元素突出了所繪地區的財富，也可以說，此時這一地區的財富已經完全被西方殖民者所掌控。

值得一提的是，出版商對他們地圖中的圖畫內容十分自豪，這些地圖非常好地表現出了阿姆斯特丹美術界和製圖界的緊密聯繫。如這幅地圖不僅地理描繪準確，還精心繪製裝飾性插圖，其畫家約翰尼斯・魯本尼爾斯（Johannes Leupenius）是林布蘭的學生，所以，這幅地圖又是一件珍貴的藝術品。

從古希臘、古羅馬時代開始，印度就是古代世界地圖的一部分，其頻繁的歐亞貿易和軍事行動，使這一地區從西元二世紀的托勒密地理學時代開始，就出現在大多數世界地圖集中。

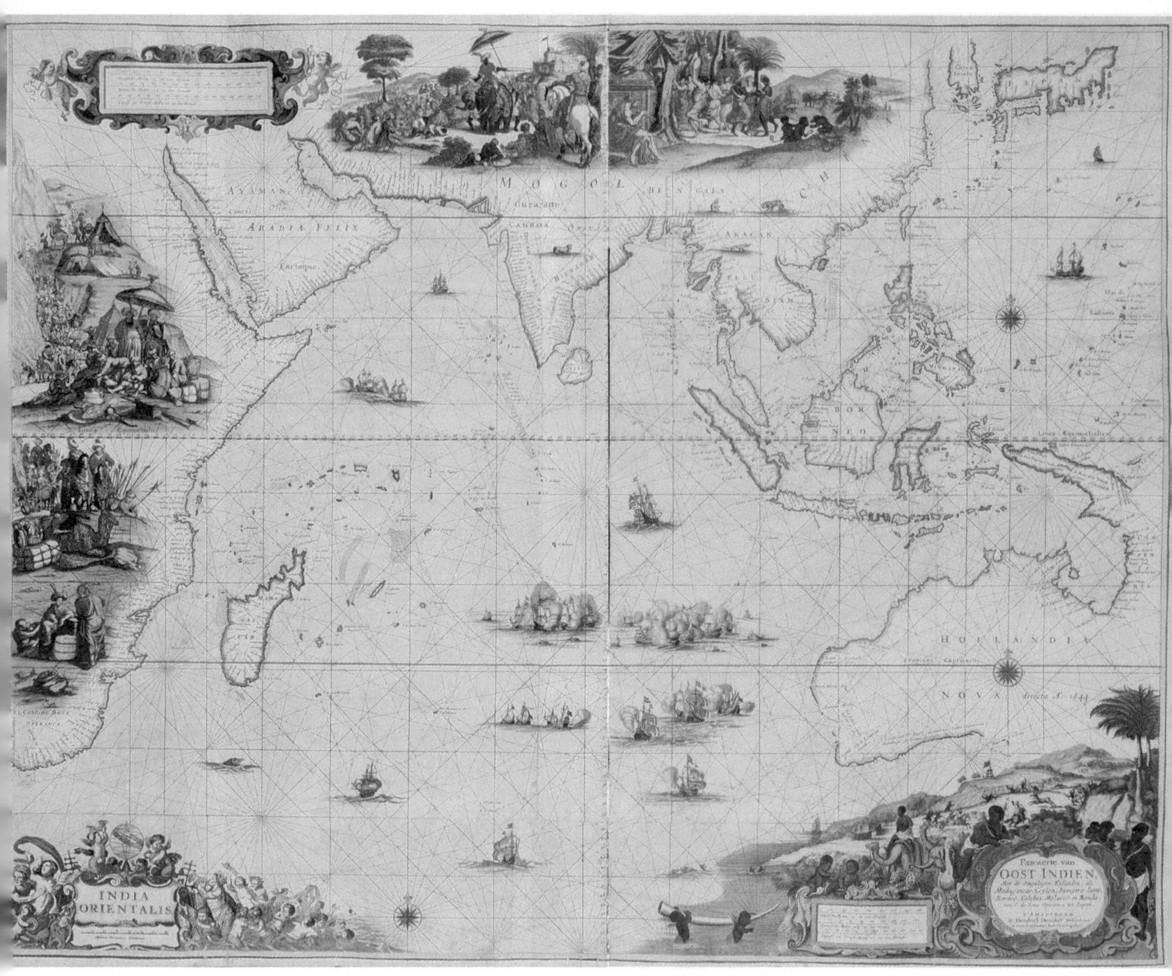

圖7.13：印度洋、東印度全圖

大約繪製於一六六〇年，地圖上的插圖由著名畫家林布蘭的學生畫家約翰尼斯・魯本尼爾斯繪製。銅版印刷，圖縱七十一公分，橫九十公分。

它通常被表示為南亞的一個突出部分，由塔普洛巴納的一個大島統治。這種粗糙的描述，在中世紀後期有所改觀，但真正接近真實的地理描繪，還是英國地理學家詹姆斯・倫內爾（James Rennell）的出現，亞洲地理圖景才發生重大改善。

一七六七年至一七七七年期間，詹姆斯・倫內爾擔任了孟加拉第一任測繪局長，由於他在這裡展開的開拓性地圖繪製工作，被人們認作印度的地理之父。在當時的孟加拉總督羅伯特・克萊夫（Robert Clive）的「迅速開始繪製一幅孟加拉全

圖：7.14：亞洲全圖

一七七九年詹姆斯・倫內爾出版的地圖集，提供了全面而又精準的亞洲全圖。

圖」命令下，詹姆斯・倫內爾從一七六六年開始了勘測恆河及周圍地區的工作，在經過了不少於五百次的單獨測量後，他編輯出版了孟加拉地圖。一七七九年他出版自己編輯的地圖集，其中收入了這幅亞洲全圖（圖7.14），這幅地圖是當時最為全面也最為精確的亞洲全圖。

8 西方描繪的中國——從地圖上進入「全球化」

一些教科書一直是把一八四〇年的那場並不很大的戰爭，定位成中國近代史的開端，這使中國近代史的起點，甚至落在了「新世界」的後面，這一點，至少與中國和世界進入最初的「全球化」的地理描繪腳步很不相符。

世界近代史開端，通常是以十六世紀為起點，因為資本主義到了十六世紀已成為世界性潮流。諸如，新航路開闢、殖民擴張、宗教改革的興起、尼德蘭革命等等；還有一點特別重要：恰是從十六世紀開始，國家和地區相對隔絕的狀態被殖民浪潮打破，世界成為一個相互認知的整體。如果從這個角度看過去，十六世紀的中國不僅沒有隔絕於世界之外，剛好相反，還在海洋交往中扮演了重要角色。

西方對中國的興趣，很大程度上是受《馬可波羅遊記》鼓動的。這部遊記完成於一二九九年，次年也就是新世紀開年——一三〇〇年即在歐洲面世。探索東方像一劑春藥刺激得整個西方躁動不安。大膽的航海家衝出地中海尋求繞過非洲的新航線；或者一直向西尋找通往東方的新航路。整個十五世紀，西方人撞來撞去，撞出了「新大路」，也沒有進入神秘的中國。所以，直到一五〇二年葡萄牙出版《馬可波羅遊記》時，其葡文版前言還在說：「嚮往東方的全部願望都來自想去中國。」

一五一七年，已經拿下了麻六甲的葡萄牙人，不滿足於通過麻六甲華人瞭解中國的情況了。派出特使皮瑞茲（Tom Pires）沿南中國海北上，先後到達廣州和北京，要求與大明通商，但被拒絕。一五五三年，精明的葡萄牙人不再提通商要求，而以修船為由在澳門「借住」，一住就是四百多年。

如果，我們以殖民地來劃分中國近代史的開端，葡萄牙這種「軟殖民」，事實上，已拉開了「半殖民」的序幕。如果，我們將外族侵略和海上對抗外國進攻，也算作劃分近代史的一個因素的話，那麼葡萄牙人「借住」澳門之後，又有西洋人來「借」澎湖群島和台灣島。一六〇四年，大舉進入南太平洋搶佔香料產地的荷蘭人，首次北上，入侵澎湖群島，被大明軍隊擊退。一六二四年，荷蘭人二次進犯澎湖群島失敗後，轉而佔據了南台灣（這一年，鄭成功在日本長崎出生）。以製作地圖名聞天下的荷蘭人，很快畫出了荷蘭版的台灣實測地圖，其侵佔意圖不言自明。這一切，都表明早在十六世紀至十七世紀，大明王朝已經在主權、軍事、貿易、文化、宗教諸問題上與世界展開了正面交鋒。

大航海將大明拉入了世界的紛爭之中，大明從地圖上進入「全球化」，此外，還有一個重要的地理事件，從另一個角度證明大明中國已經融入了「世界」，至少是在地理上進入了「全球化」。一是外國人畫了第一幅西洋版的單幅中國地圖；二是外國人畫了第一幅中文版的世界地圖。中國有了「國際視野」也進入了「國際視野」。中國與世界，世界與中國，就這樣在地圖上聯繫到一起了。

第一幅中文版世界地圖

〰《坤輿萬國全圖》〰西元一六〇二年

一五七九年六月，三十六歲的義大利傳教士羅明堅抵達澳門，他被稱為首位來中國的傳教士（其實，元朝時就從海上來了不少）。一五八二年春天，通過當時最有話事權的葡萄牙駐澳官員疏通，羅明堅得以在肇慶落腳，並很快將正在印度果阿傳教的利瑪竇調來當助手。為了融入中國社會，師徒二人仿照中國和尚的樣子，剃光頭髮，改穿僧服；並請求地方官批了一小塊地，在肇慶西江旁邊建了一個敬神的小房子仙花寺。

有了仙花寺這個陣地，利瑪竇便在肇慶擺開了西洋文化的場子：西方書籍、自鳴鐘、望遠鏡、地圖……在這個圖書館、展覽館兼文化沙龍的寺院裡，最引人注目的是那幅世界地圖。利瑪竇指著地圖，講述自己在哪裡出生、從哪裡來到中國、經過了哪些國家……飽讀四書五經的大明書生，眼界大開。知府王泮是個精明人，即請利瑪竇把這張圖翻刻成中文出版。於是，利瑪竇與中國朋友一起繪製了一幅比原圖更大，並且有漢字註釋的世界地圖。王泮為此圖題了一個中國名字：「山海輿地全圖」。中國，就這樣擁有了第一張中文版世界地圖。

據史料載，山海輿地全圖繪成後，王泮的目光在地圖上掃了半天，才找到「我泱泱大國」，知府大人對「置中國於地圖之極東一角」，表示了不滿「世界唯中國獨大，餘皆小，且野蠻」。剛剛落腳肇慶的利瑪竇感到了主人的不快，決定以東方視角重新安排中國位置與世界圖景。

非常遺憾的是一五八四年利瑪竇繪製的山海輿地全圖早就消失了，它到底是啥模樣，沒人能確切描述出來。據地圖史學家講，最接近山海輿地全圖的是明代的理學家九江白鹿洞書院山長章潢，一五八五年編撰的《圖書編》中的輿地山海全圖（名字已經不一樣了）。這張地圖被認為是現存最早的利瑪竇世界地圖的仿製圖，僅比前一幅晚了一年。輿地山海全圖將中國繪在地圖中央，這似乎證明了：利瑪竇後來畫的所有世界地圖，全都是將中國置於地圖中央的。四百多年過去，直到今天，這款「太平洋格局」的世界地圖，經無數次修正，越畫越準，但從未走出「利瑪竇框架」。

一六〇一年，利瑪竇終於等來了進京拜見萬曆皇帝的機會，這位「西洋陪臣」為萬曆皇帝獻上了禮品：天帝母圖像、天帝經、自鳴鐘、建築繪畫、銅版畫、西洋琴、沙刻漏、乾羅經，還有一幅叫做「萬國輿圖」的世界地圖。這幅地圖畫得非常巧妙，大西洋和太平洋上畫了很多中國沒有見過的動物，萬曆皇帝很喜歡，令工匠把這幅世界地圖分成十二幅，做成屏風。世界地圖就這樣變成了一幅賞心悅目的宮廷圖畫。

利瑪竇的中文版世界地圖，對中國知識界產生了一定的影響。但華夏為中心的世界觀，並沒像人們預想的那樣「崩潰」。在英國人打到大清家門口時，皇上照樣不知英國在哪裡，林則徐赴廣州之前，也分不清歐洲和美洲。

從一五八二年澳門登陸到一六一〇年病逝北京，利瑪竇在中國生活了二十八年。在漫長的東方歲月裡，利瑪竇留下了大量的世界地圖。據古代地圖專家曹婉如考訂其版本有：

山海輿地全圖（王泮付梓，肇慶，一五八四年）；世界圖志（南昌，一五九五年）；世界圖記（南昌，一五九六年）；山海輿地圖（趙可懷勒石，蘇州，一五九五—一五九八年）；山海輿地全圖（吳中

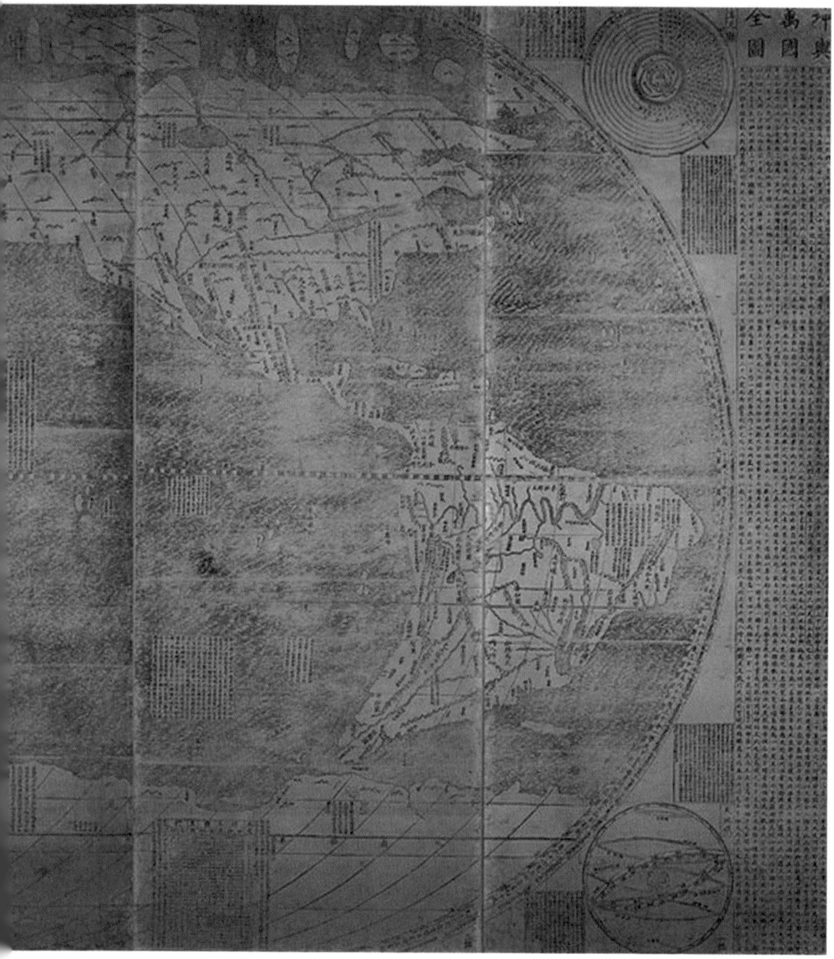

明付梓，南京，一六〇〇年）；輿地全圖（馮應京付梓，北京，一六〇一年）；坤輿萬國全圖（李之藻付梓，北京，一六〇二年）；坤輿萬國全圖（刻工某刻版，北京，一六〇二年）；兩儀玄覽圖（李應試付梓，北京，一六〇三年）；山海輿地全圖（郭子章付梓，貴州，一六〇四年）；世界地圖（李應試刻版，北京，一六〇六年）；坤輿萬國全圖（諸太監摹繪，北京，一六〇八年）。

四百多年過去，如今在中國可以看到的利瑪竇世界地圖，僅剩下南京博物院收藏的彩色摹本坤輿萬國全圖、中國歷史博物館收藏的墨線仿繪本坤輿萬國全圖、遼寧省博物館收藏的刻本兩儀玄覽圖、禹貢學會影印的坤輿萬國全圖等少數幾個版本。其他的版本流散於亞歐其他國家。

這裡選登的是已流入海外的一六〇二年刻本坤輿萬國全圖（圖8.1）。此圖以地球為一圓球，把東、西方兩個已知世界彙編在同一幅地圖上，引進了南極洲、南北美

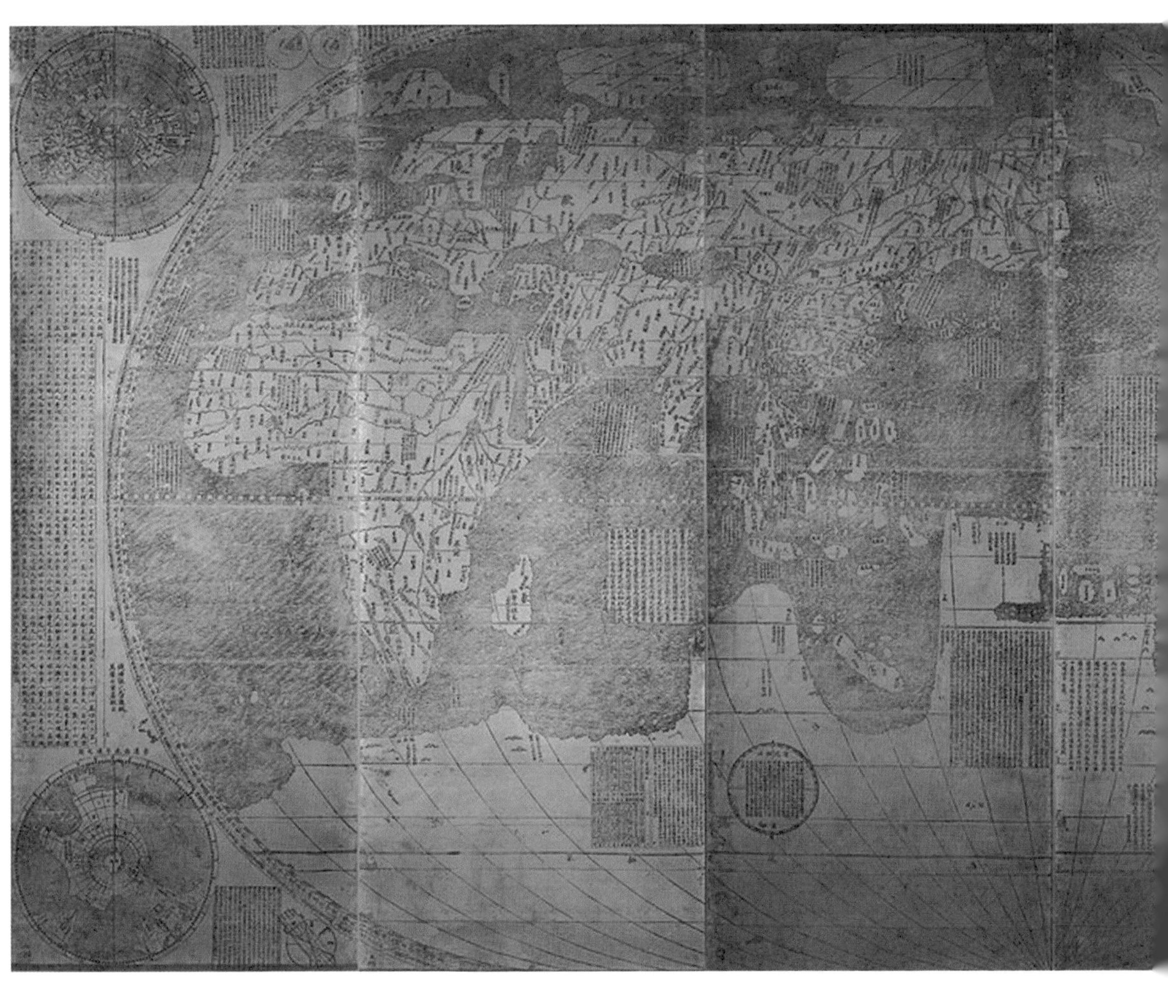

圖8.1：坤輿萬國全圖

這是已流入海外的一六〇二年刻本坤輿萬國全圖。

洲、太平洋、大西洋、印度洋等地理概念，並且第一次在中文地圖上，使用了赤道、南北迴歸線（圖中稱「晝平線」、「晝短線」、「晝長線」）、極圈、南極、北極等名詞，又以赤道、迴歸線、極地界（圈）分地球為五個氣候帶，把地球緯度和氣候的密切關係，也標示於圖上。

馬可波羅把中國介紹給世界。

利瑪竇則把世界介紹給中國。

西方首張單幅中國地圖

——巴布達《中國地圖》——西元一五八五年

奧特里烏斯《世界概觀》世界地圖集一五七〇年首次出版後，大受歡迎，此後這部地圖集經過多次增補，在一五八四年荷蘭安特衛普版的《世界概觀》中，出現了西方世界第一幅單張中國地圖，並以「CHINAE」（中國）作為圖名（圖8.2）。此圖由葡萄牙地理學家喬治・德・巴布達（Jorge de Barbuda）繪製，它是歐洲人繪製中國地圖的奠基之作。

自十六世紀初，葡萄牙人打通麻六甲航線後，有機會自南海接觸到中國和中國地圖。據信，明嘉靖年間刻印的古今形勝之圖已於一五七四年傳入西班牙。這些因素直接影響了十年後，編入《世界概觀》中的巴布達繪製的這幅中國地圖。

巴布達的這幅中國地圖，也是一張中國分省地圖。它標出了明朝當時十五個省份中的十三個省份的位置及名稱，這些省份有：廣西（QVAN CII）、廣東（CANTAM）、福建（FOQVIEM）、浙江（CHEQVIAM）、南京（NANQVII）、山東（XANTON）、京師（QVINCII）、貴州（QVICHEV）、陝西（XIAMXII）、山西（SANCII）、雲南（IVNNA）、河南（HONAO）、江西（FVQVAM撫州）。四川和湖廣則沒有標出。其中，廣西、廣東、福建、浙江、南京、山東等沿海省份的相對位置大致正確，一些港口城市和海島也標註得較為清楚，如：澳門（但誤為珠江口東岸）、廈門、寧波、海南島、台灣島等。這幅地圖的另一貢獻是，它第一次在西文的中國地圖上繪出了長城。

圖8.2：巴布達中國地圖

此圖由葡萄牙地理學家巴布達繪製，刊載奧特里烏斯一五八五年在荷蘭安特衛普出版的《世界概觀》地圖集中，這是西方世界繪製的首張單幅中國地圖。

由於奧特里烏斯編輯的《世界概觀》地圖集的巨大影響，後世許多關於東亞的地圖，都以此圖為模本來繪製——一五八五年——中國與世界，世界與中國就這樣聯在一起了。

西方最早的中國殖民地澳門

〰《澳門地圖》〰西元一五九八年

雖然，一五〇二年葡文版《馬可波羅遊記》比一三〇七年的法文版，晚了兩百年，但它激起的到東方去的慾望，卻非同凡響。如葡文版的前言所說：「想往東方的全部願望，都是來自想要前去中國。航向遙遠的印度洋，鼓動對那片叫做中國的未知世界的嚮往，那就是要尋訪『Catayo』（契丹，古歐洲人對中國的稱呼）。」

一五〇八年，葡萄牙人塞戈拉（Diogo Lopesde Sequeira）自里斯本率六艘船隻遠航滿剌加。葡萄牙國王特頒指令，要求他匯報在滿剌加的中國人的情況：「要弄清中國人的情況。他們來自哪裡？距離有多遠？到麻六甲貿易的間隔時間有多長？攜帶什麼商品？每年來往商船的數目和船的規模如何？是否在當年返回？他們在麻六甲或者其他地方是否設有商館和公司？他們是否很富有？性格怎麼樣？有沒有武器和大炮？身穿什麼服裝？身材高矮如何？此外，他們是基督徒還是異教徒？他們的國家是否強大？有幾位國王？國內有沒有摩爾人和其他不遵行其法律及不信仰其宗教的民族？如果他們不信仰基督教，他們信仰和崇拜什麼？風俗如何？國家規模以及與什麼國家接壤相鄰？」

一五一七年，已經拿下了麻六甲的葡萄牙，派出特使皮瑞茲沿南中國海北上，先後到達廣州和北京，要求通商，但被大明政府拒絕了。一五三五年，葡萄牙人又從印度來到中國，並在澳門碼頭停靠船舶，進行商貿活動。一五五三年葡萄牙人不再提通商要求，而以修船為藉口，在澳門「借住」。從一五五七年起，通過買通廣東海道副使，葡萄牙人以每年向當地中國官吏交納一定銀兩的地租，換取了澳門居住的資格，這一住就是四百多年。

當然，也有學者認為，廣東海道副使允許葡萄牙留在澳門，也有朝廷海上貿易的需要，甚至有朝廷藉助葡萄牙人之力把守中國門戶，擋住不斷來擾的西洋人的考慮。不過，隨著一八四〇年鴉片戰爭爆發，葡萄牙政府也趁機發難，公然宣佈澳門為「自由港」，並拒交地租，以武力搶佔關閘，驅逐中國官吏，綁架中國士兵，從而逐步完成了對澳門的佔領。

這裡選用的澳門地圖是葡萄牙製圖家特奧多羅・德・布賴（Teodoro de Bryin）一五九八年繪製的，據研究者稱這是西方最早印刷的澳門專圖（圖8.3），其圖名「AMACAO」被認為是「媽閣廟」（媽祖廟）的葡萄牙語音譯。當時澳門確有媽祖廟，亦有「媽閣山」一類的地名。這個名字應是葡萄牙人以「媽祖」稱呼此地的一個證明。

此圖的方位為：左北右南，上東下西。圖為銅刻版印刷。東北角有東望洋山，圖中央有市場，城中行走的多是洋人；圖右有一個監牢，關著兩個人，可見「葡城」已經形成。這幅地圖中沒有畫澳門建造時代最久遠的聖保祿教堂，因為它一五八〇年建造後，於一五九五年被大火全部焚燬。新建的教堂在一六〇一年又毀於大火。再次復建聖保祿教堂是一六〇二年奠基，於一六三七年才落成。但圖中還是有一些宗教表達的，圖中的街道中央立有一個恥辱柱，這是洋教的一大特徵，說明教會活動已在社會上展開。此外，圖中還看不到炮台，那是因為葡萄牙人在澳門建的第一個炮台是聖保祿炮台，名義上也是保教，此炮台亦稱大炮台和中央炮台，始建於一六一六年，所以不會在這幅地圖中顯現。

此圖的內港及南灣裡，有小型中國船，還有洋船兩艘，外港還有幾艘洋船，港口地圖的特色十分突出。

圖8.3：澳門地圖

此圖由葡萄牙特奧多羅・德・布賴於一五九八年繪製。一六〇七年在德國法蘭克福出版的一本關於東印度的書中刊載了此圖。據研究者稱，這是西方最早印刷的澳門專圖，銅版墨印，圖縱二十六公分，橫三十三公分。

西方誤讀的台灣島

〰葡萄牙人繪製的「福爾摩莎島地圖」〰西元一五七一年

〰英國出版的《福爾摩莎專圖》〰西元一六〇六年

〰荷蘭人實測的《澎湖島及福爾摩莎島地圖》〰西元一六四〇年

西方殖民史中的台灣是與葡萄牙的「發現」連在一起的，一五四三年葡萄牙人在大明中國海商王直的指引下，從舟山群島出發向北航行，「發現」了日本，第二年又在海上遠遠地「發現」台灣。葡萄牙人遠望島上山川雄秀，不由發出「Formosa」的感慨（福爾摩莎，意為「美麗之島」）。現在能看到的較早描繪台灣的地圖，皆出自葡萄牙。至少在一五七一年左右葡萄牙製圖家費爾南・瓦斯・多拉多繪製的東印度與日本海圖（圖8.4）中，就已有了對台灣的描繪。此圖有精細的經緯網格，北迴歸線剛好穿過台灣島，說明地理位置繪製準確，澎湖群島也有較為準確的描繪。不過，整個台灣島卻錯畫成了三段的「群島」，繪圖人未將其標註為「Formosa」，只在其北端註記「Lequeo Pequeno」（琉球）。台灣這種「群島」描繪在西方世界誤傳了半個世紀之久。順便說一句，此圖右上方的日本東南部四國島被塗上了重重的金色，表明此時的葡萄牙人依然相信馬可波羅說的日本是一個遍地黃金的「金島」。

東印度與日本海圖很有可能就是荷蘭人林斯豪頓一五九六年出版的《東印度水路志》中著名的東南亞海圖之母本，只是東南亞海圖將原圖亞洲部分的佛塔都換成了西方人喜愛的動物形象，但日本仍保留著葡萄牙人最初繪製的「月牙」形狀，台灣仍舊是三個方形島，但北島已標註為「I.Formosa」（福爾

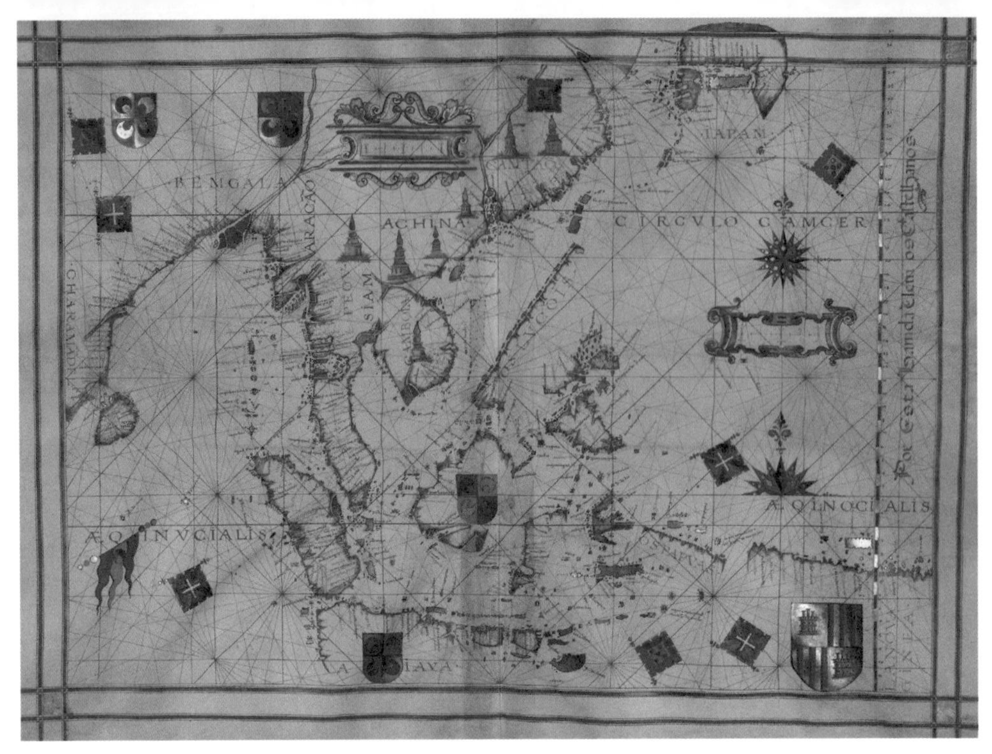

圖8.4：東印度與日本海圖

此圖大約繪製於一五七一年，圖中已有了對台灣和澎湖的描繪，但台灣被錯誤地畫成三段的群島，這個錯誤在西方世界誤傳了半個世紀之久。

摩莎），中島標註為「lequeo pequno」（小琉球），南島無名。一直到了一六〇六年英國出版商約多庫斯・洪迪厄斯（Jodocus Hondius）刊行的「福爾摩莎」專圖（圖8.5），台灣仍然是被描繪成三段的「群島」形象。

自葡萄牙人打開了通往中國的海上通道後，其他海上列強的船隊，也紛紛駛向中國沿海。一六〇四年大舉進入南太平洋的荷蘭人，首次進入了台灣海峽，並佔領了澎湖群島。一六二四年當他們二次佔領澎湖群島失敗後，轉而佔據了南台灣。

想在此落地生根的荷蘭人，開始全面瞭解這個綠色的大島，以製作地圖名聞天下的荷蘭人，很快派出船隊繞著台灣島進行了實地測量，畫出了荷蘭版的台灣地圖。這幅一六四〇年荷蘭出版的澎湖島及福爾摩莎島地圖（圖8.6），糾正了以前西洋人把台灣島作為一個群島的錯誤認識，不僅繪出了精確的台灣島的海岸線，也精確地繪出了澎湖群島，其侵佔意圖不言自明。

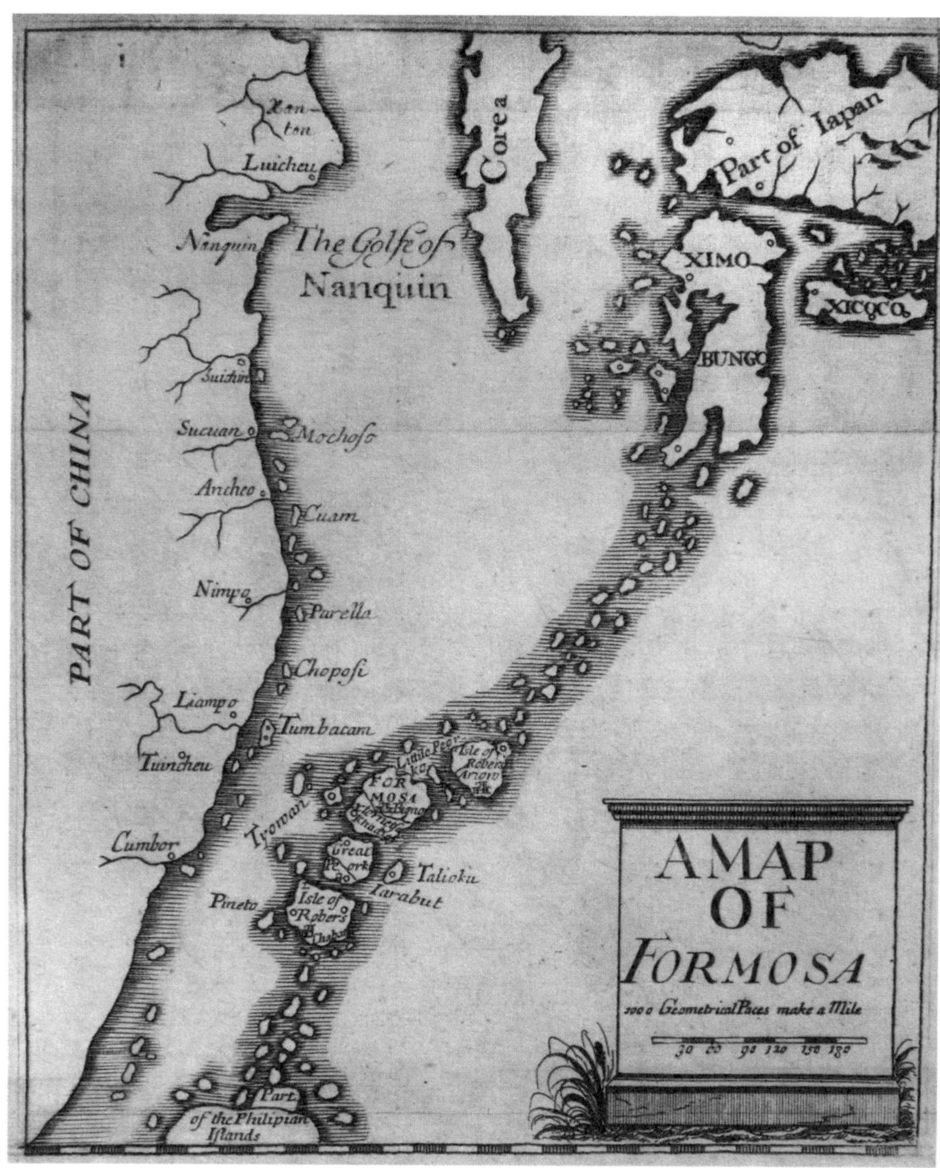

圖8.5：福爾摩莎專圖

一六〇六年英國出版商約多庫斯・洪迪厄斯刊行的「福爾摩莎」專圖，台灣仍然是被描繪成三段的「群島」形象。

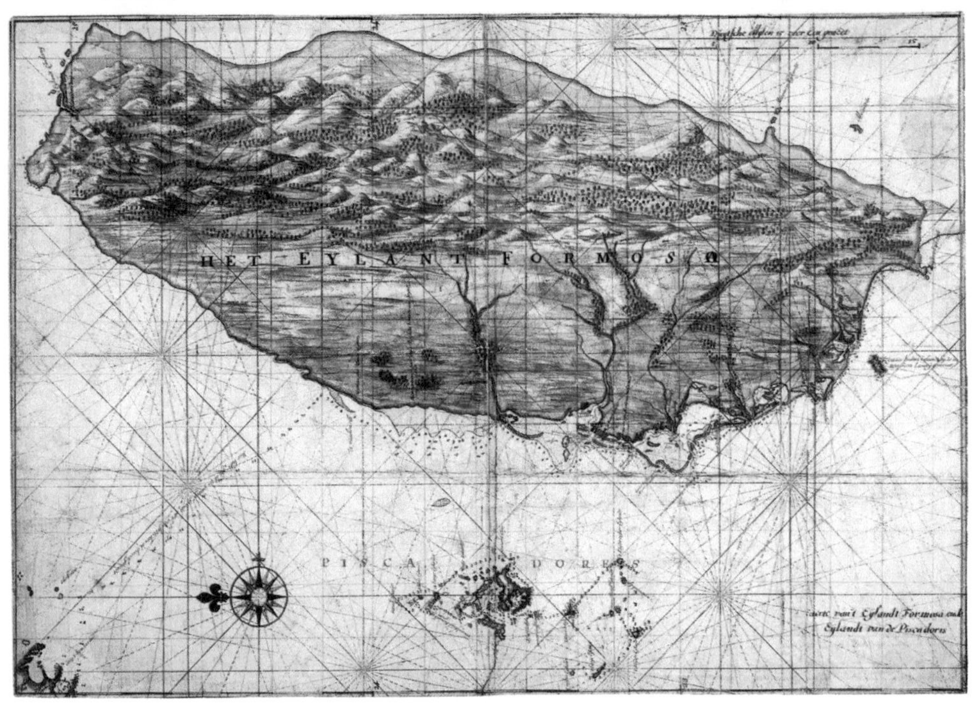

圖8.6：澎湖島及福爾摩莎島地圖

以製作地圖名聞天下的荷蘭人，於一六四〇年出版了經過實測繪製的台灣及澎湖群島地圖。

在荷蘭人佔領南台灣的第二年，也就是一六二六年，西班牙人以保護呂宋的中日貿易為名，率幾艘大帆船侵入北台灣，隨後在基隆建起了港口，定名為特里尼達德（Santisima Trinidad）。西班牙與荷蘭的戰爭也打到了中國南部海域。大明王朝的海禁與海防遇到了空前的挑戰與危機。昔日的西域式「和親」外交，南洋式的「朝貢」外交——傳統的外交舊夢由此破滅。

其實，對於古代中國海防而言，「倭患」並非領土之患，剿倭海戰也是大明正規水軍對來自中國和日本的海上草寇之戰，算不上真正的海戰。真正的海戰與海患，是「紅毛夷」進入中國海帶來的，先是葡萄牙借澳門，隨後是荷蘭佔台灣。雖然，光復台灣是反清復明的鄭成功尋找退路的一場海戰，但若沒有這位被大明追殺的海盜，大清統一台灣就沒了前提，或許，也沒了可能。

西方人最早繪製的中國地圖集

〰羅明堅《大明國圖志・廣東省地圖》〰西元一五八〇年～西元一六〇六年

一直到二〇一四年香港書展，我才看到傳說中的「羅明堅中國地圖集」，這是西方繪製的第一部中國地圖集。古代地圖研究領域對它皆有耳聞，但它一直沉睡於義大利羅馬國家檔案館中，直到一九八七年才被發現。今天人們能看到中文版的這部巨著，應當感謝澳門出版機構和譯者的努力，才使這部對開本《大明國圖志——羅明堅中國地圖集》面世。

我曾多次介紹過給中國帶來了世界地圖的利瑪竇，其實，一五七八年三月從葡萄牙里斯本港揚帆出海的三艘商船上搭乘十四名傳教士中，除了有利瑪竇，還有一位中西文化交流的重要人物，他就是羅明堅，這是他的中文名字，他的本名為「Michele Ruggieri」。羅明堅一五四三年生於那不勒斯，早年曾獲民法與教會法博士學位，卒業後在那不勒斯政界服務多年，二十九歲入耶穌會，並獲准來東方擔任傳教的工作。一五七八年他從葡萄牙出發後，先在印度傳教一年，次年來到澳門。一五六〇年，羅明堅終於登上中國大陸，廣州和肇慶成為他傳教活動中心。並以此為出發點，多次遊歷中國大江南北。

一五八八年在中國傳教九年的羅明堅返回歐洲匯報傳教工作，羅明堅本想在家休息一段時間，再來中國，但身體和教會方面的原因，使他一直沒能成行，他只好在家靜靜地著譯關於中國的書，於一六〇六年編出了這部《大明國圖志》，遺憾的是一六〇七年他就在撒列諾城（Salerno）去世，留下了這部未刊手稿。

《大明國圖志》共有地圖二十八幅，有文字說明三十七頁，詳細介紹了明代中國的南北兩個直隸省和十三個行省，內容除地理資料外，還涉及從中央到地方的行政結構，各地駐軍情況，各地物產等政經資料。這部書後來進入了義大利羅馬國家檔案館中，在那裡它一直沉睡到一九八七年，才被研究者發現。

高度關注中義古代文化交流的義大利，於一九九三年由國家鑄幣及官印局和國家書局，以原文義大利文及拉丁文出版這部地圖集，書名為《*Atlante della Cina di Michele Ruggieri S.I.*》。這個印刷版本很快被中西文化交流研究重鎮澳門發現，澳門文化局馬上組織了專家依據這個版本進行中文翻譯，由著名學者金國平教授擔任總協調及中文翻譯。此譯本不但收錄了羅明堅拉丁文手稿的高質素複製本，並將其內容全譯成中文，還收錄了專家為此書撰寫的專題研究文章，方便讀者更深入瞭解此地圖集的歷史背景及文化價值。

從歷史地理和文化交流的角度看，這個地圖集有以下幾個特點值得我們關注：

一是，它第一次較為詳細地列出了中國的省份。羅明堅對十五個省份都進行了分析性的介紹，從該省的農業生產、糧食產量、礦產，到河流及其流向，各省之間的距離，各省邊界、方位，「皇家成員居住的地點、諸如茶葉等特殊作物、學校和醫科大學以及宗教方面的情況」，都有較為詳細的介紹。

二是，當時歐洲人十分關心中華帝國的情況，國家的組織結構正是「當時歐洲感興趣」的問題。他從「省」到「府」，從「府」到「州」和「縣」，按照這個等級順序逐一介紹每個省的主要城市、名稱，甚至連各地駐軍的場所「衛」和「所」都有介紹。所以這個地圖集的義大利版編輯者說：「這部作品最突出之點也是作者試圖準確地說明中國大陸的行政機器在形式上的完善性。」

三是，它表現了西方人的實用觀點，此地圖集不是首先從北京或南京這兩個帝國的首都和中心開始

圖8.7：廣東省地圖

原載羅明堅的《大明國圖志》，大約繪製於一五八〇年至一六〇六年，這幅地圖詳細地描繪了海南島的重要港口和廣東沿海各港口。

介紹，而是從南方沿海省份逐步展開介紹。因為對當時的歐洲人來說，他們更關心的是與他們貿易相關的中國南部省份。如，這幅廣東省地圖（圖8.7），就詳細地描繪了海南島和廣東沿海各港口。

當然，和所有後世地圖繪製者一樣，都離不開前輩的底圖。據義大利學者歐金尼奧洛·薩爾多研究，羅明堅的中國地圖肯定受到了明代地圖學家羅洪先《廣輿圖》的影響，甚至，羅洪先把浙江省寧波市的象山半島錯誤地繪成是一個獨立的島嶼，在羅明堅的地圖集上，也因襲了這種錯誤。但中國學者汪進前先生認為，《中國地圖集》稿本中夾有一幅中文原刻版書本式單頁地圖——《遼東邊圖》，此圖來源應該是《大明一統文武諸司衙門官制》，由此可以發現羅氏的地圖集不光是根據《廣輿圖》編繪，還參考了《大明一統文武諸司衙門官制》一書。

如果說利瑪竇第一次將世界地圖帶給了中國，那麼羅明堅則是第一次將中國地圖集介紹給了世界。

西方人最早繪製投影法中國地圖集

〰衛匡國《中國新地圖集・中國總圖》〰西元一六五五年

〰衛匡國《中國新地圖集・廣東省地圖》〰西元一六五五年

利瑪竇和羅明堅離世一百多年以後，一六四三年夏天，又一位義大利耶穌會會士馬丁諾・馬丁尼（Martino Martini）來到中國。此時正值關外滿族軍隊進攻北京之時，明朝政權搖搖欲墜，為取悅尚在執政的明朝廷，這個傳教士給自己起了個中文名「衛匡國」，意為匡扶正義，保衛大明。

作為傳教士和一位地理學家，衛匡國將遊歷中國和描繪中國，當作在中國的一項重要工作。他先是在浙江杭州、蘭溪、分水、紹興、金華、寧波等地活動，後又在南京、北京、山西、福建、江西、廣東等地留下了足跡，至少遊歷了中國內地十五個省中的六、七個省。在中國多個省份的旅行經歷，為他提供了實地考察中國地理的機會。一六五〇年，當他乘船返回歐洲匯報傳教工作時，他在船上利用漫長的航程，對自己所搜集的資料進行了全面整理。

衛匡國編輯完這部地圖集時，剛好荷蘭阿姆斯特丹最著名的布拉厄（Blaeu）地圖出版家族正在編輯《世界新圖集》，於是一六五五年《中國新地圖集》作為《世界新圖集》的第六冊出版。值得一提的是衛匡國還撰寫了《中國文法》一書，這也是歐洲第一部中國語法書。衛匡國最先提出「中國」一詞的英文名稱「china」（拉丁文sina）源出於——「秦」的音譯。

《中國新地圖集》為對開本圖集，分為彩色與黑白兩個版本。地圖集共有中國總圖一幅（圖8.8），

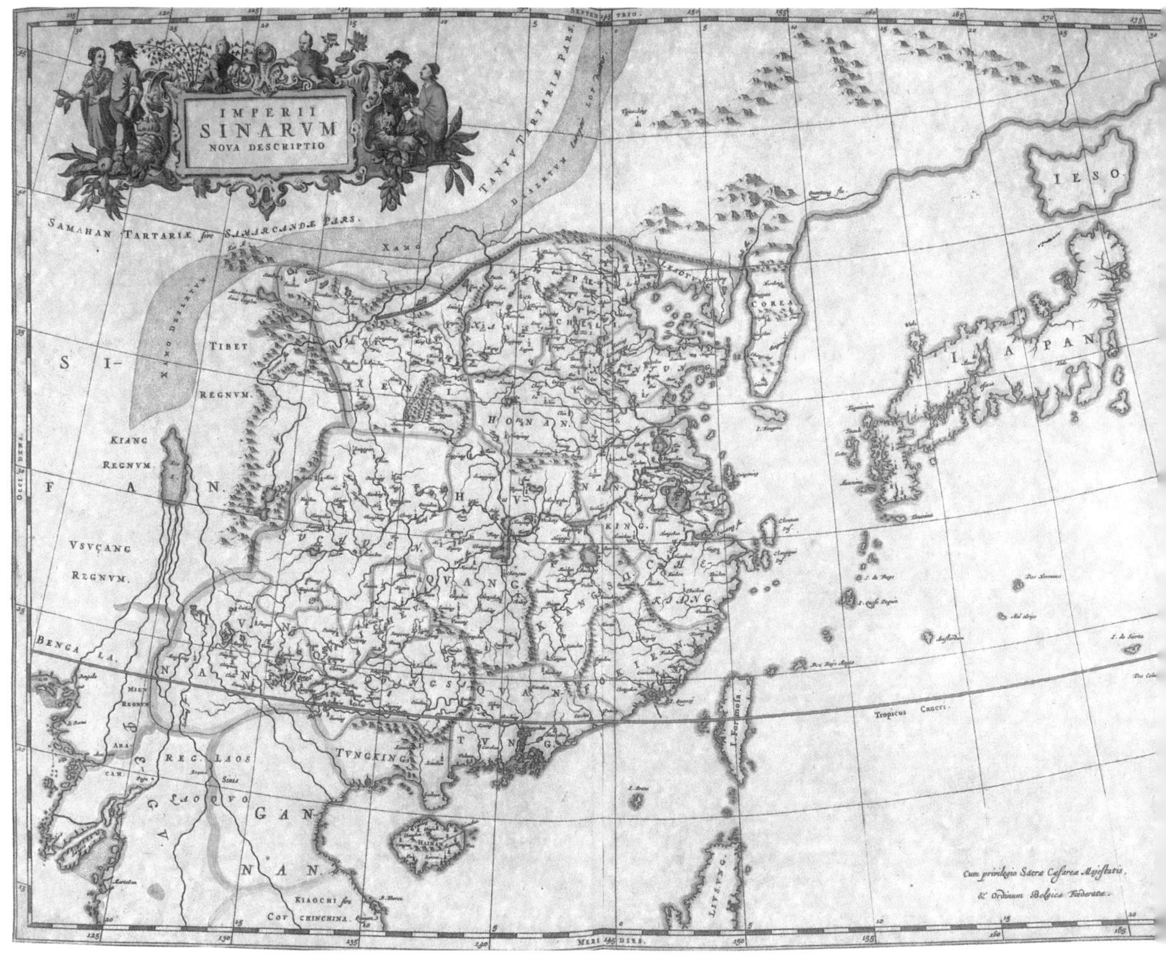

圖8.8：中國總圖

原刊於《中國新地圖集》之首頁。圖中不僅描繪了中國，還繪出了朝鮮、日本和北海道。圖縱三十二公分，橫五十公分。

分省地圖十五幅。此外還有文字說明和中國各主要城市經緯度表等。這是一部里程碑式的著作，它是歐洲出版的一部用投影法製圖的全新的中國地圖集；還是精確計算並記錄了中國、日本、朝鮮兩千一百多個城鎮的經緯度的全新的中國地圖集；它也是第一部將中國的自然、經濟和人文地理概況系統地介紹給歐洲的地圖集，衛匡國也因此被德國、法國學者稱為西方「研究中國地理之父」。這部地圖集一直是歐洲人關於中國地理著作的範本，直到一七三七年唐維爾的《中國地圖集》出版。

衛匡國的《中國新地圖集》以明代地圖學家羅洪先的《廣輿圖》為底本，和《廣輿圖》一樣以總圖為首，按行政區劃分幅列圖，成為一部比較完整的綜合性地圖集。這裡選刊的是分省圖中的廣東省地圖（圖8.9）。但羅明堅的地圖集也並非全部簡單地照抄《廣輿圖》，而是根據自己採集的其他資料進行了一些改編。據浙江學者研究，《中國新地圖集》中的許多內容是《廣輿圖》中所沒有的。其中，最明顯的例子就呈現在舟山群島及附近：在《廣輿圖》的「浙江輿圖」上，有舟山島，但沒有「舟山」之地名註記，僅註有「故昌國縣」和「灌門海」；在衛匡國的《中國新地圖集》上，出現了比較清晰、完整，輪廓接近真實的舟山島，並明確地標明「Cheuxan Insula」（舟山島），這也是西方第一幅明確標註舟山島名的地圖。

衛匡國曾幾次赴華，後又離華。一六五七年，衛匡國第三次來華時，已是清順治朝，返杭州傳教，他又在杭州重新建了一所教堂。一六六一年，當宏偉壯麗程度為當時中國西式教堂之首的新教堂竣工幾個月後，五十五歲的衛匡國因霍亂感染在杭州病逝，葬在西湖區留下老東嶽大方井天主教司鐸公墓之中，如今這裡已闢為杭州的一處名勝古蹟。

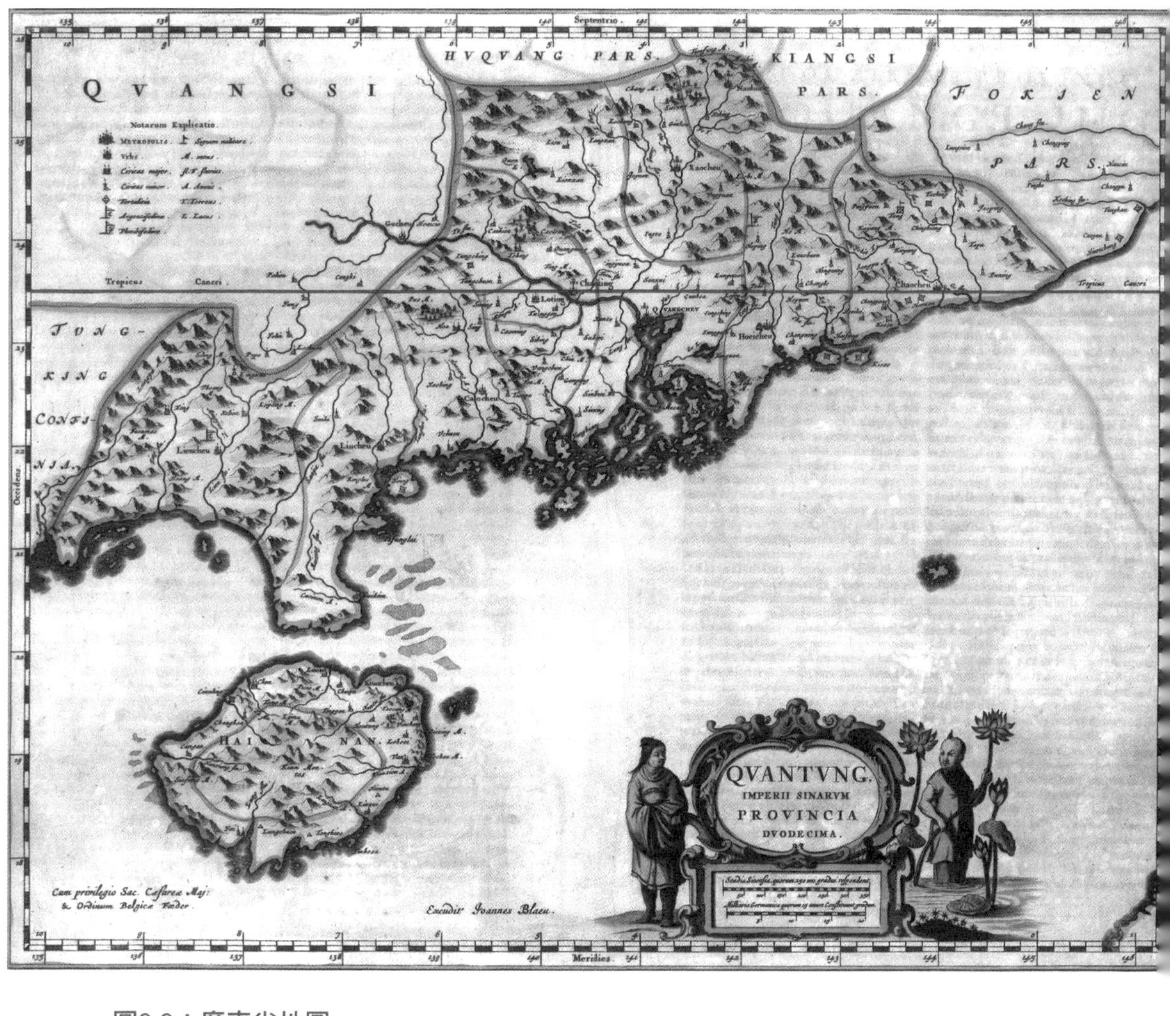

圖8.9：廣東省地圖

原刊於《中國新地圖集》，此地圖集中有分省地圖十五幅，圖縱三十二公分，橫五十公分。

發現新大陸——西班牙引領最大殖民潮

聯姻作為一種政治手段在歐洲的歷史上被頻繁使用已不稀奇，但一四六九年這次聯姻卻最值得人們追憶，因為它促成了統一的西班牙王國，這個新王國深刻地影響和改變了世界。

十五世紀中晚期，伊比利半島上的卡斯蒂利亞（Castile）王國，從北部向南部一點點擴張，使大部分土地歸其管轄。為擴大聯盟建立統一的西班牙，卡斯蒂利亞王國在伊莎貝拉（Isabella）公主十七歲時，為她挑選了伊比利半島南部阿拉貢王國的斐迪南（Ferdinand）王子作為夫君，兩人於一四六九年順利成婚。五年後，伊莎貝拉繼承王位成為卡斯蒂利亞女王；又五年後，斐迪南也繼承王位成為阿拉貢國王；南北兩個王國靠著婚姻組成一個新的國家——西班牙王國。

一四五三年君士坦丁堡被鄂圖曼土耳其人攻克，城名改名為伊斯坦堡，意為「伊斯蘭教的城市」，它標誌著東羅馬帝國的滅亡。此後，鄂圖曼帝國加速擴張，極盛時勢力達歐亞非三大洲，領有南歐、中東及北非之大部，西達直布羅陀海峽，東抵裏海及波斯灣，北及奥地利和斯洛伐尼亞，南及蘇丹與葉門。此時，通往東方的商路完全被鄂圖曼帝國所控制，而地中海的貿易業已被義大利人壟斷，西歐國家要想擴張，唯有向北非、西非，或者向不可知的彼岸尋找新的空間。在葡萄牙不斷向西非海岸和南部非洲推進之時，西班牙也在積極謀劃海上擴張的戰略。

一四八八年，當熱那亞航海家哥倫布再次到葡萄牙談西航計劃時，迪亞士的船隊剛好從好望角歸來，葡萄牙已經找到繞過非洲去印度的新航路，對哥倫布「西航印度」的興趣自然減弱了，哥倫布只好重返西班牙再度遊說。此時，西班牙剛剛把最後一夥來自西非的摩爾人趕出了南部的格拉納達（Granada），結束了八百年被摩爾人侵略的歷史，舉國上下皆對西班牙的未來充滿樂觀的期盼。哥倫布的「西航印度」計劃在這一時刻迎來了歷史性轉機。

一四九二年四月，西班牙王室和哥倫布簽訂了著名的《聖達菲協定》（*Capitulations of Santa Fe*），決定對西航探險給予二百萬馬拉維迪（約合今天的一萬四千美元）的贊助，並封哥倫布為新發現土地的世襲總督，他有權把新土地上總收入的二十分之一留為己有，但新發現的土地主權屬於西班牙。

完全是「利益」這個詞，讓一個王國與一個冒險家簽下了「君子協定」，最終完成了兩個半球的歷史性相逢；而那半個安靜的地球，由此變成了「新大陸」，也由此捲入了人類歷史上最大的殖民潮。西班牙憑藉自己的海上實力，在英國人之前，率先成為「日不落」大國。

十六世紀時，西班牙國王自己所加的封號是世界上最長——「卡斯蒂利亞、雷翁、亞拉岡、兩個西西里島、耶路撒冷、那瓦、格拉納達、托利多、直布羅陀、亞爾加爾威……東印度和西印度兩個島嶼及其周圍大陸的——國王」，這種幾十個地名連在一起空前絕後的封號，顯示了西班牙的狂傲和「跑馬佔荒」的世界格局。

哥倫布的西航理論

〰古代《西歐航海圖》〰西元一四九二年～西元一四九三年

史料證明，熱那亞共和國的航海家哥倫布是以托勒密《地理學》為基礎規劃西航計劃，可是，二世紀的托勒密當年只能說出地球的這一面，世界地圖的「背面」沒有說。與哥倫布同時代的地理學家多數都是推想「背面」的大小，一些人認為從加那利群島到日本只有兩千多公里，或四千多公里，這些差之萬里的推想，更加堅定了哥倫布西航的決心。相信「大地球形」說，也相信「地球上陸地比海洋多」的哥倫布，認為從歐洲西航用不了多少天就可達東方的亞洲。但作為一個航海家，他不可能在沒有任何航海圖的情況下探險，那麼是什麼樣的航海圖為哥倫布橫渡大西洋領航，這一直是個歷史之謎。

一九二四年，法國一位歷史學家在國家博物館裡找到了一幅相信是哥倫布用過的航海圖，後人稱其為「哥倫布航海圖」。不過，這幅海圖上面沒有繪製者的簽名，也沒有繪製的時間，人們只知道法國國家博物館大約在十九世紀獲得此圖。

哥倫布航海圖（圖9.1），毫無疑問是一張古代航海圖，它繪在一張縱七十公分，橫一百一十公分的羊皮紙上。此圖由一大一小兩幅圖構成，左邊在羊皮紙的羊脖子處，作者畫了一個小圓圖，圖中保留中世紀圓形世界地圖的面貌，以耶路撒冷為世界中心，世界之外是九重天，旁邊用拉丁文寫著「雖然，世界被畫成是一個平面，實際上它是一個球體」。中世紀之後，「地圓說」已不新鮮，新鮮的是只有哥倫布敢於實踐這一理論。哥倫布確信一直向西航行，可以到達亞洲的東面。此圖的大圖部分畫滿了波特蘭

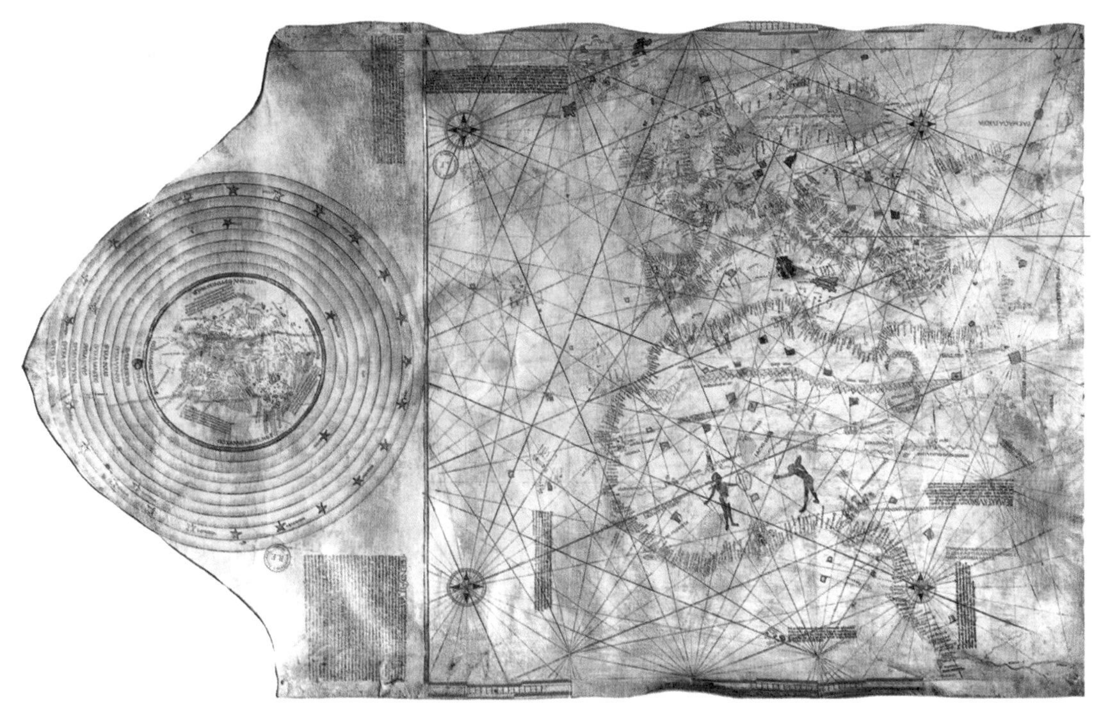

圖9.1：古代西歐航海圖

這是一幅沒有繪製者簽名，沒有繪製時間的航海圖，據信哥倫布西航時，或西航前使用過這幅航海圖，圖縱七十公分，橫一百一十公分。

航海圖特有的恆向線，圖面詳細描繪了非洲大西洋沿海地區，好望角清晰可見。但大西洋的彼岸，這幅航海圖沒有給出任何資料，那個方向是一片等待填補的巨大空白。

雖然，這幅所謂的「哥倫布航海圖」上沒有註明繪製時間，但專家們推定，由於圖上繪出了好望角，表明它至少是一四八八年以後繪製的航海圖；此外，西班牙南部的格拉納達城上畫著西班牙旗幟，表明它繪於一四九二年一月西班牙趕走摩爾人收復此地之後；最後，此圖並沒有一四九三年三月哥倫布首次西航歸來的訊息；所以，此圖很可能繪製於一四九二年到一四九三年之間。

不少人認為，它出自哥倫布之手，但證據都是間接的；也有人認為，它至少是哥倫布使用過的航海圖，但至今還找不到直接的證據來證明這一點；最保守的說法是，它是大航海時代最重要的海圖之一，值得人們研究和欣賞。

美洲最初的殖民地

〰《哥倫布南美第一圖》〰 約西元一四九二年

哥倫布為他的西航計劃四處遊說了十幾年後，終於在一四九二年，得到了西班牙女王伊莎貝拉與國王斐迪南的支持，並於這一年的八月三日，帶著西班牙女王給印度君主和中國皇帝的國書，率領大型卡拉克帆船（Carrack）「聖瑪麗亞號」，和另外兩艘「平塔號」和「尼尼雅號」兩艘多桅快船，從西班牙巴羅斯港（Palos）揚帆出海。哥倫布船隊先在西班牙所屬伸入大西洋最遠的北緯三十度左右的群島加那利群島休整了一個月。九月六日，船隊藉助冬季的東北季風，朝著同一緯度的，即他認為在正西四千多公里位置的「日本」航行。而實際上，他至少要航行八千公里才能遇到後來人們所說的「新大陸」。

按著哥倫布的計劃，順風一天可以航行一百六十公里，但是，托勒密的錯誤，馬可波羅的誇張，還有其他地理學家的不實推算，這時紛紛顯現出來。足足航行了一個月後，哥倫布仍沒見到大陸，而糧食已經見底了。在這片已沒有任何海圖指引的航程裡，哥倫布自己也不知道還要航行多遠才能到達「日本」。幸運的是在他們離開加那利群島西航的第三十六天，即十月十二日，哥倫布終於看到了一個島嶼（即今天的巴哈馬群島），哥倫布為感謝神的保佑，將它命名為「聖薩爾瓦多」，意為「神的恩寵」，但這裡並非哥倫布的「日本」，而是後世所說的「新大陸」。但哥倫布卻認定這是亞洲大陸的東部，即所謂「西印度」（West Indies），島上的土著因而被稱為「印第安人」（indians）。

這幅西班牙語海岸圖（圖9.2），圖上標有哥倫布對這個島的命名「La Espanola」（拉埃斯巴奴拉）

意為「西班牙島」，英譯為「**Hispaniola**」（伊斯帕尼奧拉），它是加勒比海中僅次於古巴島的第二大島，也稱海地島。這個當年被哥倫布認為是「黃金島日本」的地方，今天分別屬於海地和多明尼加。一四九二年十二月五日，哥倫布首次踏足此島，因為旗艦擱淺，只好用聖瑪麗亞號的木料，就在今天的海地角附近建立了納維達德（**Navidad**）城堡，把其他不能帶回西班牙的三十六名船員留在此城堡，於是，該島成為了歐洲人在美洲的第一個殖民地。此圖被認為是唯一流傳下來的出自哥倫布之手的地圖，它勾畫出了海地島北部海岸線，現藏西班牙馬德里海軍博物館。

圖9.2：伊斯帕尼奧拉島地圖（哥倫布南美第一圖）

據信是哥倫布親手繪製的伊斯帕尼奧拉島，即海地島的海岸圖。

一四九三年三月十五日，哥倫布返回到西班牙。此後，他又三次西航，先後到達了今天的巴哈馬群島、古巴、海地、多明尼加、特立尼達（Trinidad）等島。哥倫布用行動證明了大地球形說的正確性，但一直到一五〇六年哥倫布去世時，他都錯誤地認為自己到達的這片土地就是印度。當然，如果這裡不是印度，不是亞洲，按《聖達菲協定》哥倫布也沒有在這裡的統治權。「印第安人」這一錯誤稱呼，也就這樣一路錯了下來。當年，西班牙的製圖師根據哥倫布帶回來的訊息，將這些島嶼也錯誤地添入新繪製的世界地圖的亞洲部分，沒有人會想到這些島嶼並不屬於亞洲大陸。半個世紀之後，才有人認定這裡不是亞洲，而是一片「新大陸」。

卡伯特為英格蘭發現北美洲

～最早描繪的《北美航海圖》～西元一五〇〇年

說來很巧，第一個登上中美洲大陸與第一個登上北美大陸的兩位發現者，竟是同鄉，哥倫布與約翰・卡伯特（John Cabot）都來自熱愛航海的熱那亞共和國。他們的西航經歷也大體相同，兩人都向葡萄牙國王若昂二世申請過橫渡大西洋計劃，也都遭到了拒絕。在哥倫布成功地從新大陸返回的第二年，卡伯特也失望地離開葡萄牙來到英格蘭。在英格蘭，國王亨利七世熱情地支持了這位異邦探險者，希望他的橫渡大西洋計劃能為英格蘭打開殖民擴張的海上通道。

一四九七年六月，卡伯特率領十八位船員乘「馬修號」從英格蘭西南部北緯五十一度的布里斯托港（Bristol）出發，一直向西，在北緯五十一度至四十六度的偏西風海域航行，經過五十六天的航行，最終在北緯五十度左右的一個島嶼登陸，這裡就是今天的加拿大紐芬蘭島，卡伯特將此島命為「新發現的土地」，並在這裡插上英格蘭王室的旗幟，這是「日不落」的第一面海外殖民的旗幟，英格蘭向北美殖民的大幕由此拉開。

對哥倫布所說的「印度」持有懷疑態度的卡伯特，當時，也不知道自己到底「發現和佔領」的是什麼地方，卡伯特向英王報告：「英格蘭再也不用到冰島去爭奪捕魚權了，這裡的魚群稠密到足以降低船速的地步。」這確實是一個重大發現，當時歐洲魚產品比銀礦更有價值，它是人們冬季的主要食物，也是全年齋戒日中規定的食物。

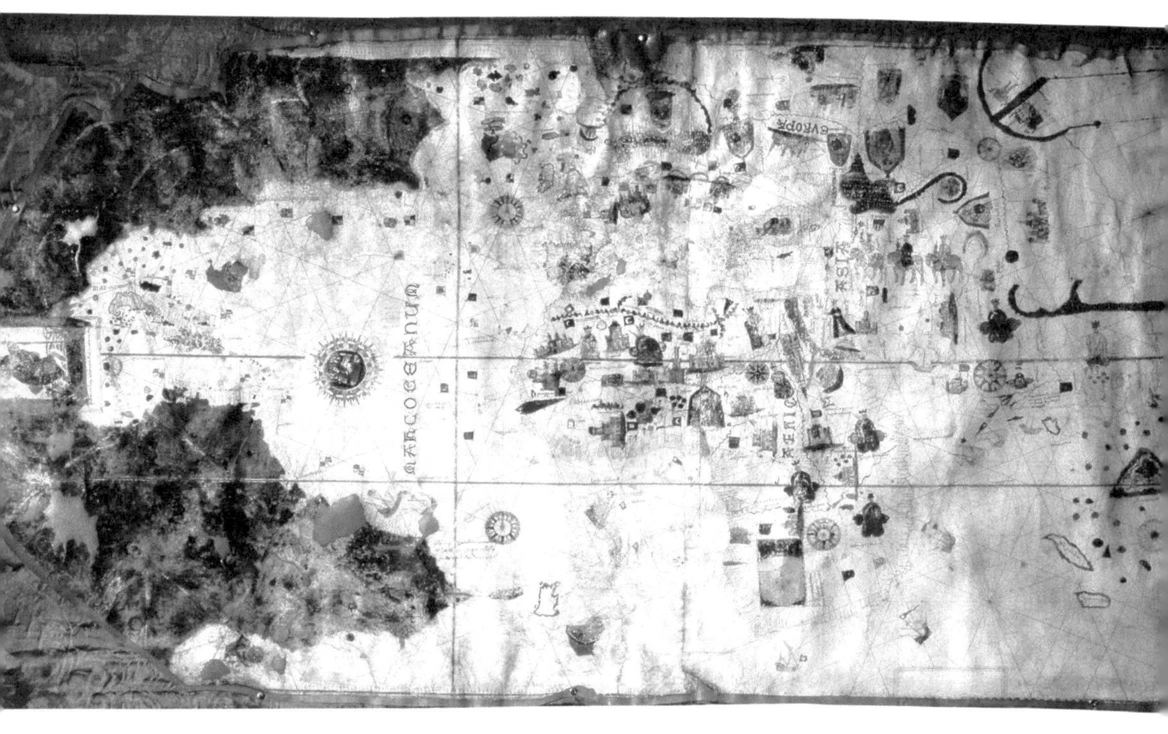

圖9.3：北美航海圖

這是一五〇〇年西班牙製圖家卡索繪製的大幅航海圖，它是第一幅描繪出卡伯特發現北美航線的航海圖，也是將老歐洲與新世界連接在一張航海圖上的第一圖。

卡伯特當年是否繪製了他發現的北美大陸地圖，不得而知。後世能見到最早將北美大陸融入到全新世界地圖中的是西班牙航海家、製圖家胡安・德・拉・卡索（Juan de la Cosa）在一五〇〇年繪製的北美航海圖（圖9.3），此圖很大，縱九十九公分，橫一百七十七公分，作為禮物獻給了西班牙國王，現藏西班牙馬德里海軍博物館。

卡索曾參加過哥倫布第二次西航，所以在此圖的大西洋位置上，作者仍以波特蘭航海圖繪製傳統畫了三個指南玫瑰和眾多恆向線，其中最大的羅盤花中，繪有基督誕生圖，同時，此圖還在最西端繪製了一幅聖克里斯多福的畫像，表現西班牙航海家已將基督教傳播到了這一海域。當然，這三個指南玫瑰更想表現的是通往這裡的新航路。作者在大西洋裡不僅記錄了哥倫布從一四九二年到一五〇〇年的三次西航的航線，而且，還繪出了卡伯特一四九七年發現北美的航線，並在拉布拉多（**Labrador**）海岸繪出英格蘭旗和一個「英格蘭角」。

這是第一幅描繪出卡伯特發現北美洲的航海圖，它標誌著繼大西洋中部航線被哥倫布開發後，北大西洋航線也進入了海圖時代。此圖左側，作者第一次連貫地展示出古巴、海地島，以及部分中南美洲和北美洲東海岸的地形。此圖右側，作者繪出了歐洲海岸，所以，它也是將老歐洲與新世界連接在一起的第一幅航海圖。這幅地圖還有可能是第一幅繪出葡萄牙與西班牙於一四九四年締結《托爾德西里亞斯條約》（*Treaty of Tordesillas*）後劃分世界的子午線的地圖。這位西班牙航海家、製圖家將這條線從巴西最東邊穿過，意圖明顯地讓新大陸全部劃歸為西班牙的領地。

不過，卡索和哥倫布、卡伯特一樣，也弄不清這片土地是不是亞洲的一部分，更不清楚這片土地的西邊是什麼地方。所以他沒有為這片土地標註名字。此圖中央，展示了非洲大陸和葡萄牙人在非洲海岸的發現與佔領，標註了「一四九八年達伽馬抵達印度」。此圖的右上，卡索標註了「ASIA」（亞細亞），展示了馬可波羅描述的西亞，但南亞部分仍然概念不清。看得出這幅地圖非常想描述一個完整的世界，但仍有許多空白等待填補……此圖極為珍貴的是作者留下了簽名：胡安・德・拉・卡索一五〇〇年繪製於聖瑪利亞港。最後說一句，卡伯特死在一四九八年第二次大西洋探險的航程中，他沒有福氣見到這幅記錄了他偉大航程的航海圖。

「亞美利加」陰差陽錯的命名

〰《美洲的出生證明》〰 西元一五〇七年

二〇〇三年，美國人耗費了一個世紀的時間，才從德國人手裡以一千萬美元，購得了世界上第一幅將西半球大陸命名為「美洲」的世界地圖，美國人說他們得到的是「美洲的出生證明」。

「美洲的出生證明」的「出生」故事很有趣。那是十六世紀初，在鄰近德法國交界的法國東北部小城聖迪耶修道院裡，聚集了許多探索宇宙奧秘的知識分子。他們結合古老的地理文獻，以及新的地理發現訊息，想從科學角度繪製一幅全新的世界地圖、製作一架地球儀和編輯一部講述世界的《宇宙志》（*Cosmographiae Introductio*）。

一五〇五年，贊助聖迪耶修道院科學研究的法國洛林的一位公爵勒內二世（RENÉ II），從里斯本帶回了佛羅倫斯航海家亞美利哥・韋斯普奇（Americus Vespucius）的《航海日誌》，交給了這些熱愛天文和地理的青年知識分子。後人無法確定，這些被稱為沃斯學派的青年學人到底借用了哪些最新的材料，只是推測他們至少是看到了一五〇〇年胡安・德・拉・卡索繪製的美洲航海圖。一五〇七年，憑藉所能收集到的舊資料和最新《航海日誌》和最新地理訊息，由沒有任何航海紀錄的德國神職人員馬丁・瓦爾德西穆勒（Martin Waldseemuller）主筆，在聖迪耶教堂完成了一幅全新的世界地圖（圖9.4）。

圖9.4：美洲的出生證明

一五〇七年德國牧師瓦爾德西穆勒繪製並出版了巨幅世界地圖，由於它首次標出了「亞美利加」，所以被稱為「美洲的出生證」，此圖由十二張小方圖拼接而成，全圖長二百二十八公分，寬一百二十五公分。

AMERICI VESPUCII
AQUILO
CECIAS
SUBSOLANUS
CHA TAY
ASIA
INDIA MERIDIONALIS
SINUS GANGETICUS
IAVA MINOR
EURONOTUS
AUSTER
ET AMERICI VESPUCII ALIORU QUE LUSTRATIONES

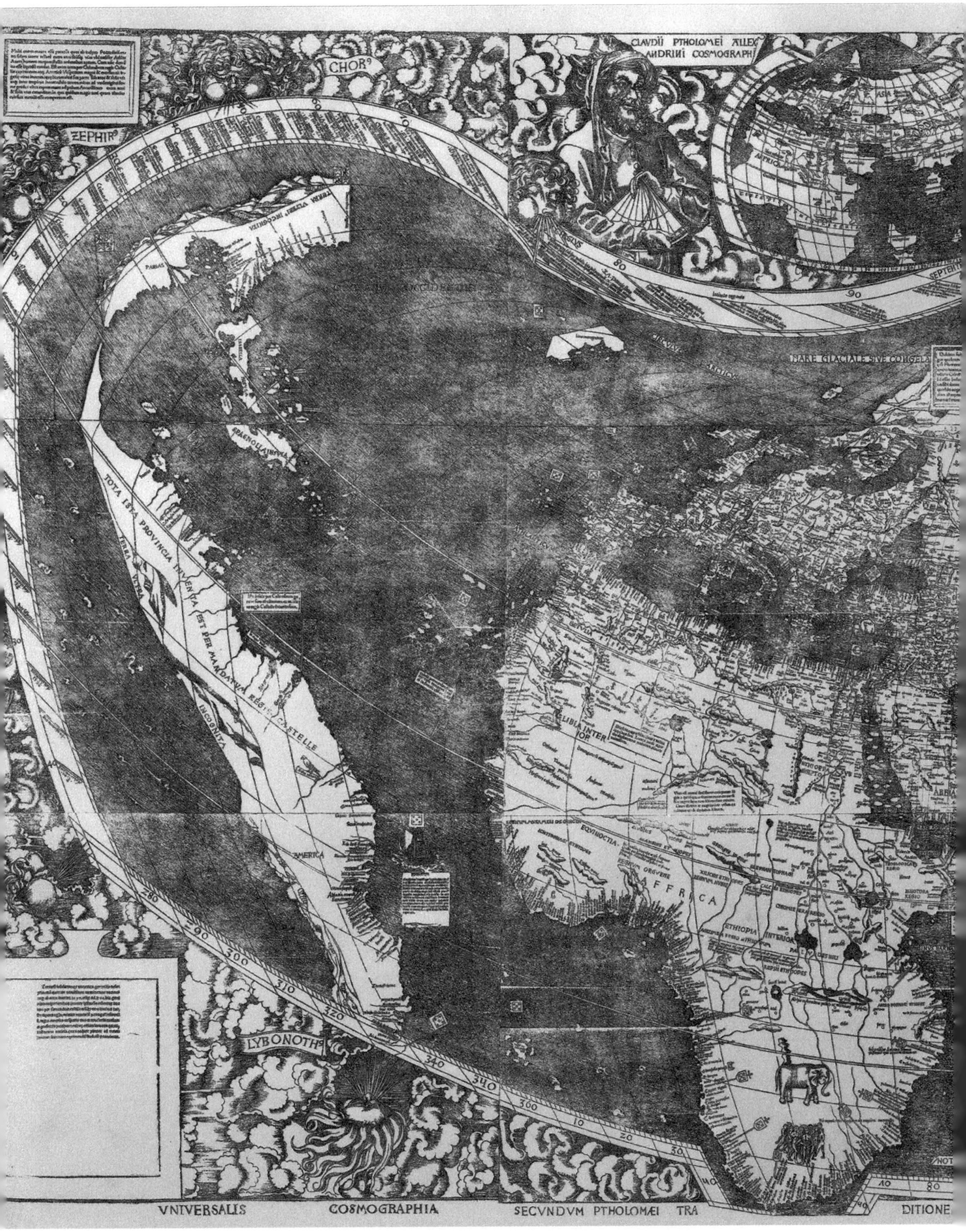
CLAVDII PTHOLOMEI ALLEX
ANDRINI COSMOGRAPHI
CHOR
ZEPHIR
LYBONOTH
TOTA ISTA PROVINCIA INVENTA EST PER MANDATVM REGIS CASTELLE
TERRA VLTRA INCOGNITA
AMERICA
LIBIA INTERIOR
ETHIOPIA INTERIOR
VNIVERSALIS
COSMOGRAPHIA
SECVNDVM PTHOLOMÆI TRA
DITIONE

這幅全新的世界地圖很大，由十二張小方圖拼接而成，總圖長二百二十八公分，寬一百二十五公分。大致遵照托勒密投影法，以北為上來投影全新的世界。同時，他們還製作了一個由十二個鋸齒小圖連成一個地球儀地圖。馬丁・瓦爾德西穆勒在這張大地圖的亞洲以東海洋中繪出一片新的大陸，並在它的南端註明：「America」（亞美利加），而這正是航海家「Amerigo」（亞美利哥）名字的陰性變格——「美洲」就這樣誕生了，時間是哥倫布死去的第二年——一五〇七年。

為什麼將這片大陸命名為「亞美利加」。人們從馬丁・瓦爾德西穆勒編寫的僅有一百零三頁的《宇宙志》（現藏聖迪耶附近的舍勒斯德人文圖書館）中找到了答案。在這本簡述這幅最新世界地圖的小冊子中，不僅收錄了亞美利哥・韋斯普奇的書信，也交代了之所以起這個名字，就是用以紀念它的發現者亞美利哥・韋斯普奇。製圖者不僅將「亞美利哥」的名字放在了新大陸上，而且將亞美利哥的頭像與世界地理學祖師爺托勒密的頭像並列於那張新世界地圖的上方，形成地理雙峰。

亞美利哥・韋斯普奇和哥倫布一樣也是亞平寧半島的人，原來在佛羅倫斯經商，是一個銀行家。後來移居西班牙，在這裡他遇到了哥倫布，開始對探險產生了興趣。沒有人確切地知道，亞美利哥到底進行了多少次橫越大西洋的航行，他自己對此的陳述也模糊不清。一四九九年至一五〇〇年，韋斯普奇確定隨航海家阿隆索・奧傑達（Alonso de Ojeda）加入了一支西班牙探險隊，再次來到南美洲，向南探測了南美洲的大西洋海岸線。正是在這次航行中，亞美利哥確信美洲是一個單獨的大陸。亞美利哥後來出版了他關於美洲看法的信件。或許，正是這些一五〇三年出版的信件影響了馬丁・瓦爾德西穆勒。

但是新版世界地圖出版不久，馬丁・瓦爾德西穆勒就發現自己對新大陸的命名是不公平的。因為，「亞美利哥」並不是這片大陸的最初發現者，他只是指出「這不是亞洲，而是一片新大陸」，這種命名顯然侵害了別人的發現與命名權。於是，在一五一三年重新出版這幅地圖時，他將原來放置在南美地區的「America」換成了「Terra Lncognita」即「未知的大陸」，但為時已晚，前邊的那幅地圖已廣為人知了。此後，地圖大師麥卡托在一五三八年又將「America」這個名字用來標註南、北美洲兩塊大陸，至此整個新大陸被統一稱為「美洲」——「亞美利加」已無可更改了。

這幅地圖的價值不僅在於它命名了「美洲」，更令人稱奇的是，它在沒有任何人穿越新大陸進入到太平洋的時候，竟然準確地畫出新大陸和大陸西邊的大洋。這開創性的描述成了留給後人的至今未解的謎團。

這幅由十二張小方圖拼繪的大地圖，在德國約翰尼斯王儲（Johannes）的城堡裡保存了三百五十年，其中有兩百五十年曾神秘失蹤。一九〇一年人們又幸運地在城堡中發現了它。它是已知的最初印刷版一千份（也有人說是七百份）中唯一倖存的瓦爾德西穆勒世界地圖。美國國會圖書館地圖部的專家將它的出現稱為「近代最偉大的發現」，經過八十多年的漫長磋商，一九九二年，德國政府批准了此圖的拍賣。二〇〇三年美國人花了一千萬美元，正式得到了這張地圖。二〇〇七年四月三十日，德國總理梅克爾在美國國會圖書館與美方舉行了地圖交接儀式，這一年，剛好是這幅地圖誕生五百週年。

瑪雅古國的神祕圖畫

〰《特諾奇提特蘭城地圖》〰 西元一五四一年

雖然，人們將一五〇七年德國牧師馬丁・瓦爾德西穆勒繪製並出版最早標有「亞美利加」的世界地圖稱為「美洲的出生證」，那也只是西方文明入侵這片土地的版圖證明，它不能證明這片土地原著民對家園沒有自己的版圖描述。事實上，這裡原著民有著自己古老的文化，包括獨特的版圖文化。

自從一四九二年哥倫布把新大陸當作亞洲的一部分「發現」之後，這裡原著民就有了「印第安人」這個古怪的名字，其文明也被冠之以「印第安文明」。實際上，它與相隔兩萬公里的印度毫無關係，這裡早已存在的文明是「瑪雅文明」和「印加文明」。

瑪雅人主要居住在今墨西哥南部、瓜地馬拉、貝里斯以及宏都拉斯和薩爾瓦多西部地區。瑪雅文明可上溯至西元前二五〇〇年，其昌盛期在西元三世紀至九世紀，西班牙殖民者發現這片新大陸後，這個文明在百餘年時間裡，迅速被西方入侵者摧毀。

阿茲特克人是瑪雅人中人數最多的一支原著民。西元十一世紀至十二世紀間，他們從今天的北墨西哥出發，遷入墨西哥中央谷地。一三二五年在特斯科科湖（Lago de Texcoco）西部島上建造特諾奇提特蘭城（Tenochtitlan，今墨西哥城）。一五一九年，西班牙探險家埃爾南・科爾特斯從古巴駛入墨西哥灣，一五二一年佔領了特諾奇提特蘭城，將其改名為「墨西哥城」，阿茲特克帝國被命名為「新西班牙」。一五三五年，西班牙國王任命門多薩為新西班牙總督。

為使西班牙國王瞭解這個新國家，一五四一年，門多薩決定做一部特殊的瑪雅史書獻給查理五世。他趁最後一批西班牙人征服之前的土著居民仍然活著時，即時組織了一批祭司講述和描繪瑪雅歷史，並由畫家將這些內容抄寫在由七十一張西班牙紙組成的長卷上，後由一位西班牙神父將西班牙譯文抄錄到每一幅畫頁上，構成了後世所說的《門多薩抄本》（*The Codex Mendoza*）。

《門多薩抄本》完成後，由一艘商船運往西班牙，商船在海上遭遇法國帆船的搶掠，《門多薩抄本》落入法蘭西二世皇宮，交由法國皇家地理學家研究。這位法國地理學家死後，書被英國駐法大使買下，帶到了英國。一八三〇年英國人整理出版九卷本的《墨西哥古代文物》時，它才真正進入公眾視野。

《門多薩抄本》分為三部分。前十九頁，記述阿茲特克人征服特諾奇提特蘭的歷史；其後的三十七頁，記錄來自該帝國三十八個省區的貢品。最後十五頁，記述了阿茲特克人生命週期的人種學概況。現在被人們轉述的最多的圖畫是《門多薩抄本》第一頁所刊載的象形文字的特諾奇提特蘭城地圖。

這幅象形文字的特諾奇提特蘭城地圖（圖9.5），它打破了時間和空間的界限，描繪了史實，也描繪了傳說。阿茲特克人最初作為遊牧狩獵者和食物採集者，生活在今天的墨西哥北部沙漠地區。十二世紀初，他們開始南遷，神給他們預示：一隻鷹棲息於仙人掌上，那便是他們安家的地方。於是他們落腳在一個湖區的島嶼上，即特諾奇提特蘭。一三二五年阿茲特克人建立特諾奇提特蘭城，棲息於仙人掌上的鷹成為這一地區的標誌，今為墨西哥國徽。此圖由四個格子區分開來，表明這一地區是由幾條水道切割而成。畫中央右邊還繪有一個掛著人頭的斷頭台，記錄了阿茲特克的人祭習俗。圖上方畫有金字塔，四周畫的小人表示周邊地區被征服的部落。此圖下半畫頁上，還有兩個階梯式金字塔上面一座搖搖欲墜的

圖9.5：特諾奇提特蘭城地圖

這是《門多薩抄本》一書首頁刊載的阿茲特克首都特諾奇提特蘭城的象形文字地圖。

燃燒著的廟宇，象徵著被征服的兩個部落。

在《門多薩抄本》的另一地圖上，有個地名的標誌是野兔，它意味著繁殖力。圖中的頭像是王權，頭像上方是王冠，這些頭像王冠與王座，表現了部落間的權力更迭與佈局。整理瑪雅文獻的西方學者認為，在哥倫布發現美洲所造成的所有文化創傷之中，沒有哪一個創傷比埃爾南・科爾特斯對阿茲特克帝國的征服更慘重，幸運的是門多薩留下了一部《門多薩抄本》，記下了瑪雅文明對世界的最後一瞥。

當然，門多薩等西班牙殖民者不是來新大陸挽救瑪雅文化的，他們來這裡主要是掏金。不過，墨西哥一帶並沒有多少黃金可採，但這裡卻是重要的白銀產地。十六世紀中期，西班牙人在今天的墨西哥和秘魯發現了銀礦，一個世紀間，有上萬噸白銀被運到了西班牙，使西班牙一躍成為歐洲富國。這些白銀一方面被歐洲貴族揮霍，一方面又進入亞洲加入到呂宋（今菲律賓）絲綢、香料，瓷器的貿易中，世界海上貿易由此進入了「白銀時代」。

加拿大的「大家拿」路線圖

〰《新法蘭西專圖》〰 西元一五五六年

英格蘭人憑藉卡伯特的發現，認識了紐芬蘭這個盛產魚類的地方之後，並沒有向此地移民。率先開發紐芬蘭淺灘的是後來的葡萄牙人，大批鱈魚流入葡萄牙後，法國和英國這才追在葡萄牙的屁股後面，殺入紐芬蘭淺灘。

歐洲人認識紐芬蘭的時候，還沒有加拿大這個名字。「加拿大」這名字，是由法國探險家雅克・卡蒂埃（Jacques Cartier）誤聽誤傳而命名的。一五三〇年代雅克・卡蒂埃在聖勞倫斯河探險時，曾問兩個土著此地名稱，他們說這裡是「Kanada」，其實是土著語「村莊」的意思。雅克・卡蒂埃把它當成了這一地區的地名「加拿大」傳回了歐洲。一五四七年歐洲出版的世界地圖開始用「Canada」一詞來表示聖勞倫斯灣和聖勞倫斯河以北的所有地方。

「加拿大」就這樣進入了「大家拿」的時代。

這是一五五六年出版的新法蘭西專圖（圖9.6），地圖上第一次出現了「la nvova francia」（新法蘭西）這一名稱。一五二四年，義大利航海家維拉薩諾（Giovanni da Verrazzano）探索了北美洲東岸，並為新土地命名為「Francesca」，以紀念法國國王弗朗索瓦一世。法國商人很快發現這一地區有大量可貴的毛皮，特別是海狸的毛皮，它們在歐洲十分罕見。因此法國人決定拓殖這裡，並將它建成法國 在北美洲的殖民地。一六一二年法國探險家尚普蘭（Samuel de Champlain），在今天的魁北克建立了法國第

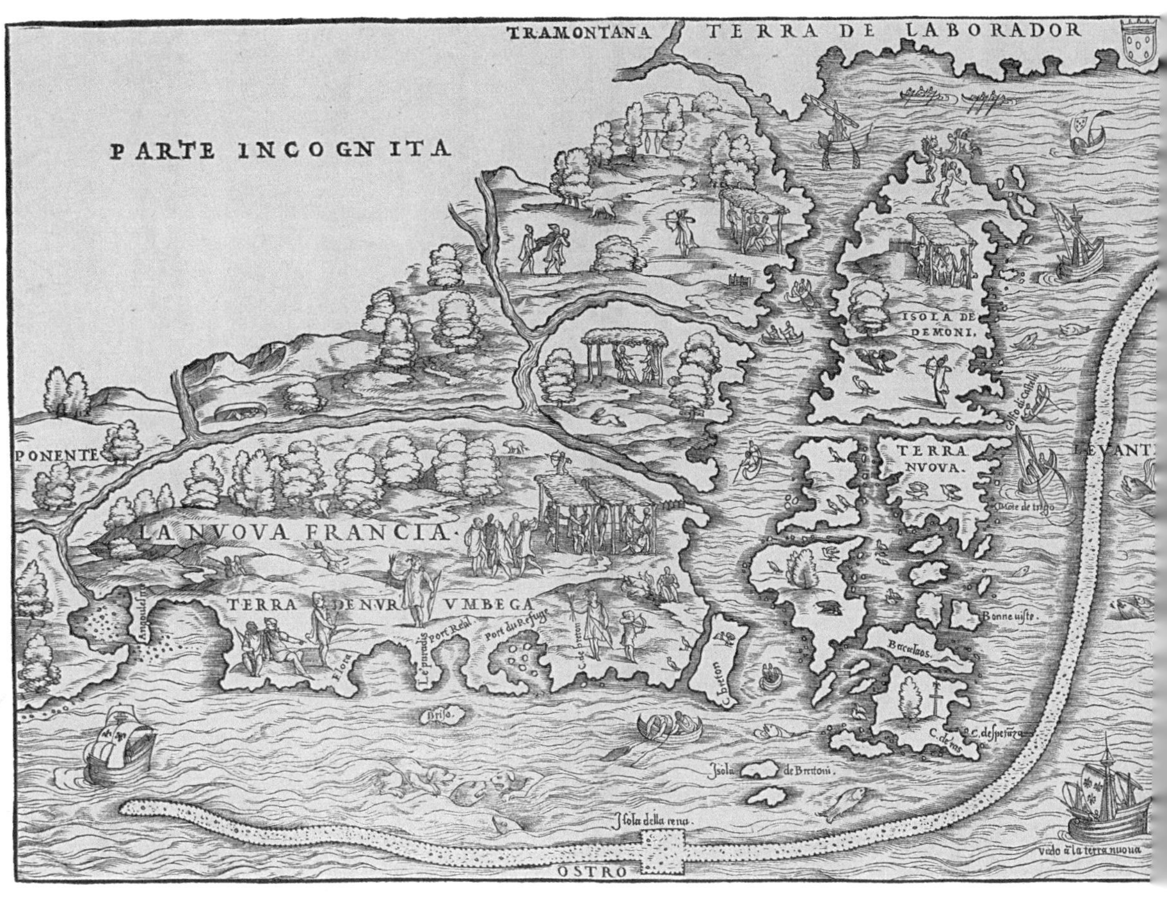

圖9.6：新法蘭西專圖

一五五六年出版的新法蘭西專圖，即後來的加拿大南部地圖，是罕見的木版印刷版本，圖縱二十八公分，橫三十八公分。

一個北美殖民據點，路易十三任命尚普蘭為「新法蘭西」總督，管理幾十位「新國民」和毛皮交易。從此圖右側紐芬蘭島周圍繪有大量在撒網捕魚的大船小船，可以看出這一地區在漁業經濟上的重要性。

這是罕見木版印刷的版本，原版在使用一年後毀於印刷廠的火災。

葡萄牙佔領紅木巴西

〰〰《紅木巴西地圖》〰〰 西元一五一九年

哥倫布前後共四次遠航美洲，卻從未到過巴西。誰是最早登陸巴西，史無定論。一般認為，是葡萄牙航海家佩德羅・卡布拉爾（Pedro Álvares Cabral），一五〇〇年四月二十二日最先發現巴西的。在葡萄牙人的敘述中，他們的那次偉大發現被說成是一場「意外」。

一四九九年達伽馬成功首航印度，並順利返回葡萄牙，不僅開闢了新航路，而且證明了那裡的香料與西方市場，存在著二十多倍的差價。一五〇〇年，葡萄牙國王曼努埃爾（此時，他已將自己的封號改為「衣索匹亞、印度、阿拉伯、波斯的征服、航海、通商之王」）下令，再派一支強大得足以震懾住阿拉伯人的船隊前往印度。這是一支由十三艘船和一千五百人隨行的龐大船隊，由三十二歲的貴族船長佩德羅・卡布拉爾任總指揮。

一五〇〇年三月九日船隊從葡萄牙出發駛往印度，在遠離非洲西岸航行時，船隊在南緯十七度「撞」上了西邊的一片未知陸地。四月二十二日，登上陸地的佩德羅・卡布拉爾將這裡命名為「聖十字架」島（Terra da Santa Cruz），並宣佈它歸葡萄牙所有。

後來，人們才發現這裡根本不是一個島，而是美洲大陸的一部分。從西非維德角群島到巴西，比哥倫布從加那利群島到加勒比海之間的距離還要短。葡殖民者很快就發現這裡有價值極高的紅木。隨著紅木被葡萄牙人的大量掠奪，「Brasil」（紅木）一詞逐漸代替了「聖十字架」成為新國名——「巴西」。

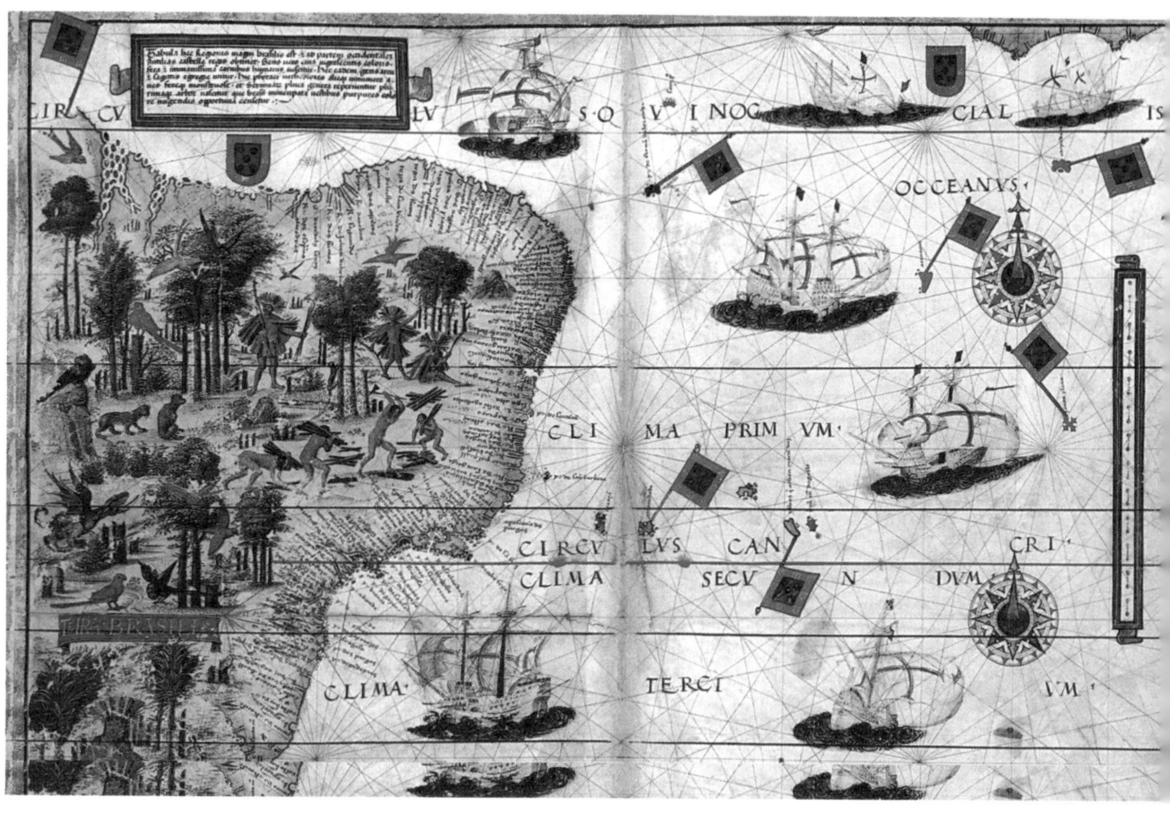

圖9.7：紅木巴西地圖

一五一九年葡萄牙出版，是較早描繪巴西物產的地圖，圖縱四十二公分，橫六十公分，現由法國國家圖書館收藏。

葡萄牙就這樣佔有了一塊比自己的國土大一百倍的殖民地，與西班牙共同佔有了南美洲。這片土地慢慢被葡、西兩國拉丁化了。幾乎是沒有語言障礙的南美各國，在慘痛的殖民過程中，形成了新的共同的拉丁文化背景。

這是一幅葡萄牙製圖師、葡萄牙學派的代表人物羅伯‧歐蒙一五一九年繪製的巴西地圖（圖9.7），作為一幅海岸圖，它不僅凸顯了密集的海岸與港口訊息，同時為表現這裡出產紅木的特色，圖上還畫出了土著大片大片地砍伐紅木的場面。更值得注意的是，這片插著葡萄牙國旗的新領土上標註著的地名已不是佩德羅‧卡布拉爾最初命名的「聖十字架」，而是「BRASILIS」（巴西），使殖民者的掠奪目的了然於紙上。此圖現由法國國家圖書館收藏。

作為插圖主角的南美食人族

《南美地圖》 西元一五九五年

美洲食人族並非傳說，而是當時一些原住民的風俗。他們的食人行為，一方面來自宗教儀式和迷信，另一方面也有借吃掉敵人達到展示戰績與力量的目的。

在哥倫布第二次美洲探險中，隨船醫生在家書中就提到了南美食人部落的故事。此後，隨著歐洲人海外探險活動增多，食人族故事也多了起來。漢斯・斯塔登（Hans Staden）的暢銷小說，還以文學的形式描寫了在一五五〇年，他被食人族捕獲後，所經歷的毛骨悚然的食人儀式……

這是荷蘭製圖家柏圖斯・普里安烏斯（Petrus Plancius）一五九五年出版的配有食人族插圖的南美地圖（圖9.8）。普里安烏斯是荷蘭東印度公司指定的製圖師，這個職務使得他有權查閱國家製圖資料。他透過與阿姆斯特丹的主要地圖出版商的合作，推出過許多印刷地圖。不幸的是，普里安烏斯的大多數地圖都是單獨出售，這些地圖的消失率極高，因此，今天留下的作品都極為珍貴。

這幅重要的北美地圖是普里安烏斯高品質產品的代表，作品呈現出典型的近代製圖風格，沒有像以往那樣，在地圖中央留下空白區域，而是有效利用地圖上的每一寸空間，無論是陸地還是海上。限於當時非常少的南美洲地理知識，作者依據各種傳說在地圖空白處繪製了許多的插畫。左下角小圖中繪出的是歐洲人想像的南美城市的樣子。在圖中央，今天玻利維亞的位置上繪有高大的印第安人。在圖右側，今天巴西首都巴西利亞位置上，繪有食人族。

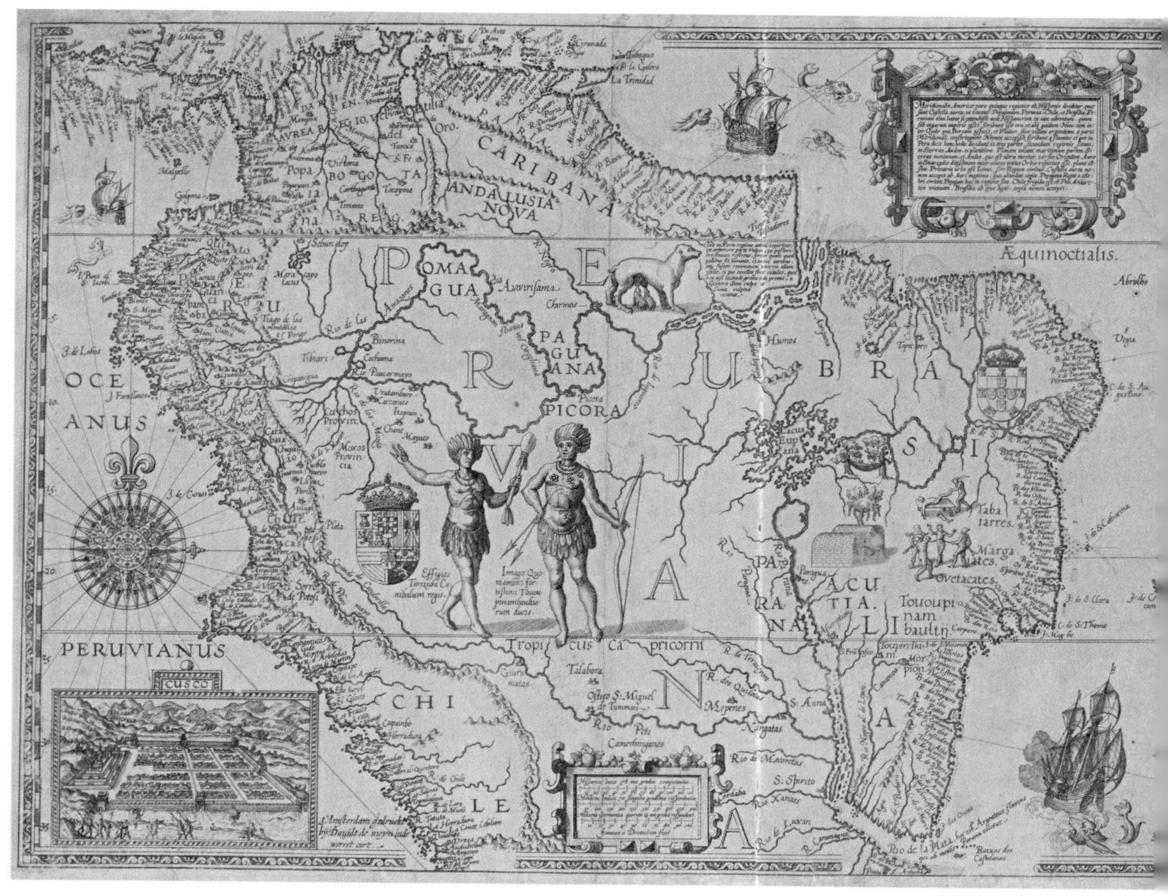

圖9.8：南美地圖

這是一幅由一五九五年荷蘭製圖家普里安烏斯出版的配有食人族插圖的南美地圖，銅版印刷，圖縱四十公分，橫五十六公分。

在地圖中描繪食人場景，不僅是對南美這種獨特風俗的記錄，也是藉此提高地圖的吸引力。地圖中加入這類奇特的插畫，也是當時西方製圖界的一種時尚。

英國參與瓜分北美

〰《美洲北部地圖》〰 約西元一六二二年

法國人在北美安營紮寨之時，荷蘭人在哈德遜灣也建立了殖民地。這種形勢是英國不願看到的。伊麗莎白登基後，大力推行重商主義政策，一方面與著名海盜霍金斯、德雷克（Francis Drake）等合作擴張海軍，另一方面積極在海外進行殖民擴張。

一五八三年，吉爾伯特（Humphrey Gilbert）以女王的名義佔領了紐芬蘭，一五八五年又在北美南部的羅亞諾克島（Roanoke）建立殖民地，取名為維吉尼亞。一六二〇年一百多名逃避宗教迫害的英國清教徒，乘坐「五月花號」來到今天的美國麻薩諸塞州安家。隨後，英國人沿著北美西海岸一路建立殖民點。

這幅地圖原來的名字長得像一個菜單——「包括紐芬蘭、新英格蘭、維吉尼亞、佛羅里達、新西班牙和新法蘭西的美洲北部地圖……」，此圖由英國數學家卜瑞格斯（Henry Briggs）繪製（圖9.9），大約在一六二二年前後首次出版。它是該地區最為重要的早期英國人繪製的地圖之一，融入了英國人定居的東部沿海地區的大量新訊息，顯示了普利茅斯和詹姆斯敦。當時卜瑞格斯正為愛德華・沃特豪斯（**Edward Waterhouse**）的《對維吉尼亞殖民地和事務狀況的聲明》（*A declaration of the state of the Colony and Affairs In Virginia*）一書撰寫一篇六頁紙的論文〈論穿過維吉尼亞大陸和哈德遜海峽抵達南海的西北通路〉（*Northwest Passage to the South Seas, through the Continent of Virginia and Hudson Bay*），為了更好地理解論文，他附上了這張地圖作為論文的一部分。

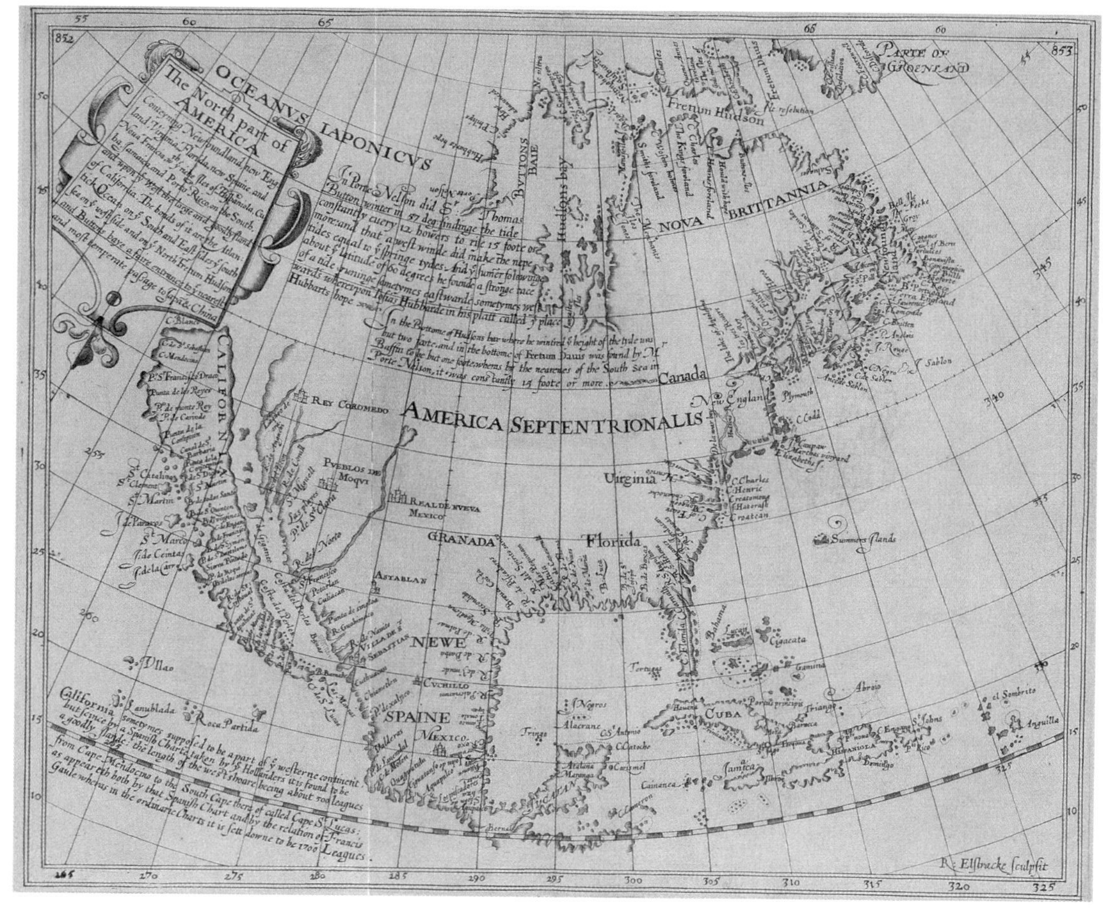

圖9.9：美洲北部地圖

此圖由英國數學家卜瑞格斯繪製，大約在一六二二年前後首次出版。銅版印刷，圖縱二十九公分，橫三十五公分。

這幅地圖還因差錯而聞名：據信它是第一幅將今天的下加利福尼亞半島（今墨西哥）描述成一個島的印刷地圖。地圖上的文字寫道：「加利福尼亞有時候被人想像為西部大陸的一部分，但是，自從荷蘭人獲得了西班牙海圖後，才發現它是一個優美的小島。」儘管這個錯誤當時已有人反駁。但從一六二二年的首次印刷，直到一八〇六年，這個錯誤長時間存在著。

一七七六年美國以激進的革命方式，脫離英國宣告獨立；而加拿大則以百年漸進的方式，通過和平談判，到一八六七年才脫離英國建立聯邦。

瓜分美洲島嶼

〰《百慕達群島土地分割圖》〰西元一六二二年

北大西洋西部的百慕達群島，據信是由西班牙人胡安・百慕達（Juan de Bermudez），在一五〇三年偶然發現的，後人便用百慕達（Bermudez）的名字稱呼這個當時無人居住的島。

百慕達位於北緯三十二度十四分至三十二度二十五分，西經六十四度三十八分至六十四度五十三分，距北美洲約九百多公里、美國東岸佛羅里達州邁阿密東北約一百海里及加拿大新斯科細亞省哈利法克斯東南約八百四十海里。

一六一五年，英國人在此建立百慕達公司，該公司派出理查・諾伍德（Richard Norwood）用獨木舟圍繞百慕達群島航行，進行測繪。一六一七年，理查・諾伍德先將百慕達分為大的教區，再分為二十五英畝（十公頃）面積的份額，出售給殖民者，他特意繪製了出售土地的土地分割地圖，並在地圖上進行相關說明。

理查・諾伍德的百慕達群島土地分割地圖，曾於一六二二年出版，但原圖沒有一幅倖存至今。這幅一六二二年阿姆斯特丹出版的百慕達土地分割圖（圖9.10），是它的抄本，或改良本，此圖在一六四五年的《世界最美的地方的景色》地圖集中出現。百慕達群島由一百五十餘個大大小小的島嶼和礁群組成，其中百慕達島最大，恰如此圖所表現的樣子，呈魚鉤狀分佈。為顯示百慕達相對於北美內陸的位置，百慕達群島地圖上方顯示了北美的輪廓。

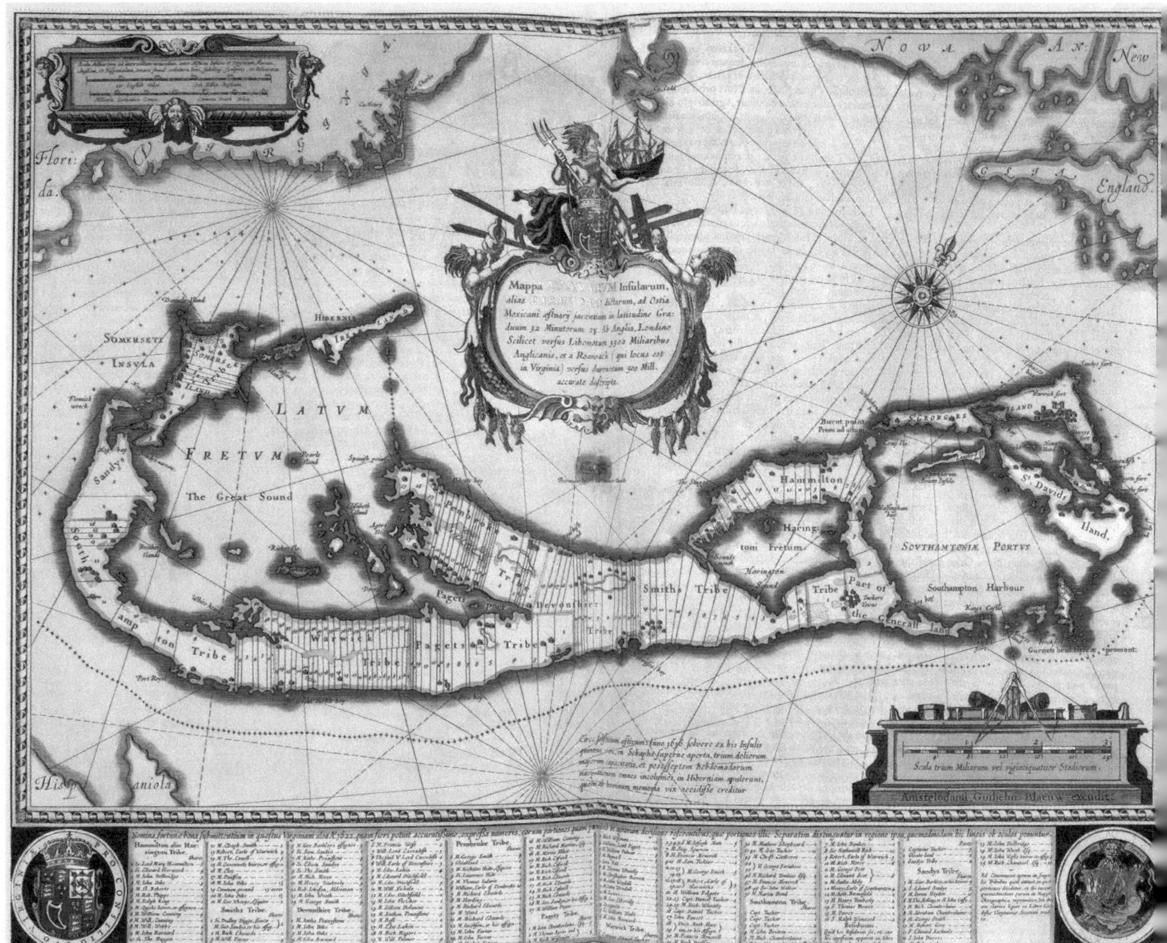

圖9.10：百慕達群島土地分割圖

初版於一六二二年印製，抄本後來在一六四五年的《世界最美的地方的景色》地圖集中出現，銅版印刷，圖縱四十公分，橫五十三公分。

有意思的是，這個「世界最美的地方」，卻是世界最危險的地方，常有船舶在附近海域離奇失蹤，所以，這裡又被後人稱為「神秘的百慕達三角洲」，是著名的世界之謎。

一六八四年百慕達淪為英國殖民地，成為英聯邦中最早的殖民地之一。現在的百慕達仍為英國海外領地，聯合國非殖民化委員會自一九四五年起將其列為全球十六個非自治領地之一。

美洲發現新飲品可可

〰《新西班牙的可可地圖》〰 西元一六六五年

當年哥倫布進入中美洲時，利用的是冬季的東北風來美洲，而後利用夏季的西南風返回歐洲，這一季風航線很快成為歐洲人進入美洲的重要航線。一五一三年歐洲航海家們在大西洋航行時又發現，有一條經由佛羅里達流向歐洲西岸的巨大洋流——墨西哥灣流，乘著巨大的洋流回歐洲更加省力。這條新的航路使歐洲與中美洲加勒比海往來更加方便，西班牙在此地的殖民腳步也更加快了。

這幅地圖最為突出的即是中美洲著名的猶加敦半島，這個半島位於墨西哥灣和加勒比海之間，其向東北方突出部分將加勒比海從墨西哥灣中分離出來。它突出的地理位置決定了它最先被殖民的命運。

猶加敦半島的殖民史始於一五一七年春天，當時一位古巴的冒險家哥多華（Francisco Hernandez de Cordoba）在一次擄奴遠征中發現了猶加敦半島東海岸。一五一九年西班牙殖民者埃爾南·科爾特斯（Hernán Cortés）率領部隊遠征今天的宏都拉斯時，橫越過猶加敦半島，從而佔領了墨西哥全境。

這幅地圖原載於西班牙一六六五年出版的《大西洋地圖集》，原名為「中美洲，猶加敦司法區，新西班牙西部和瓜地馬拉司法區地圖」，其標題以醒目的「可可樹和菸葉」裝飾，顯示出一種物產地圖的用意，所以也有人稱它為「新西班牙的可可地圖」（圖9.11）。

圖9.11：新西班牙的可可地圖

西班牙一六六五年出版的《大西洋地圖集》中的刊出了這幅被稱為「新西班牙的可可地圖」，表明了西班牙在新大陸經濟掠奪的新目標。

猶加敦半島位於墨西哥灣和加勒比海之間，其向東北方突出部分將加勒比海從墨西哥灣中分離出來。整個半島地勢南高北低，平均海拔不足兩百公尺。今天這個半島的大部分屬於墨西哥的坎佩切州、金塔納羅奧州和猶加敦州，其中南部和東南部分屬瓜地馬拉佩滕省和貝里斯。一五四九年西班牙人在此建立了殖民統治，開始開發這裡的財富，其中農作物以可可和菸葉為代表。因而它們也被明顯地繪到地圖上面。

歷史記載，最早栽培可可樹（其果實為可可豆，是製造巧克力的核心原料）的是居住在墨西哥東南部的有著高度文明的古印第安人——奧爾梅克人。哥倫布發現美洲大陸時，曾把可可豆帶回西班牙，作為香料敬獻給王室。但伊莎貝拉女王和斐迪南國王完全沒有認識到這小小黑豆的神奇力量，也沒人知道怎樣食用這種小黑豆。所以一直到埃爾南・科爾特斯一五一九年入侵墨西哥之後，才發現墨西哥地區的阿茲特克人將可可豆製成一種叫做「巧克力」（意思是熱飲料）的高貴飲品，實是一種美味。於是，可可豆又一次被引進歐洲。

當可可以「巧克力」的形式被引入西班牙後，很快受到西班牙顯貴們的歡迎。巧克力通過西班牙，傳到了英、法等國，隨後在歐洲上流社會形成時尚，盛行不衰。此後，在美洲的殖民開發中，可可成了重要的商品，也因此登上了新大陸的地圖。

富蘭克林的「灣流」地圖

〰《墨西哥「灣流」地圖》〰西元一七八六年

在費城旅行，我特意到自由廣場尋訪班傑明・富蘭克林的墓地。在美國，富蘭克林不是排名第一的政治家，但一定是政治家中排名第一的科學家。富蘭克林墓地的銅牌上，銘刻著人們對一生只讀過三年書卻在一百美元上留有頭像的富蘭克林的評價：「他從蒼天處取得閃電，從暴君處取得民權。」也就是說，這裡蓋棺論定的富蘭克林，不僅是為美國人民確立自由民主制度的政治領袖，同時，還是一位人類智慧的「盜火者」。他用風箏證明了閃電是電，發明了新式火爐、避雷針、夏時制……他做北美郵政總長時，不僅改革了郵政制度，而且，發現墨西哥灣海流——我當年尋訪的和現在要說的，正是他在這方面的偉大貢獻。

一七六〇年代富蘭克林在倫敦擔任殖民地的副郵務長。他創立了一支「郵輪」船隊，在大西洋兩岸之間運送郵件。富蘭克林發現美國輪船在橫越大西洋時，經常比英國輪船橫越大西洋快兩個星期左右。於是，他向當捕鯨船長的表兄蒂莫西・福爾傑請教，表兄告訴他：美國輪船從美洲去歐洲航行時，總是利用北大西洋的東向海流；返回美洲時，則盡量避開這條巨大的海流。福爾傑說，就算是順風航行，灣流的逆勢力量仍然大於風力。所以，捕鯨船都是跟著鯨順著灣流的流向航行。

富蘭克林為找出灣流的規律，做了一批漂流瓶在美國東海岸分時間、分地點，把它們投到海中，並在瓶子的信裡請求東岸歐洲人告訴他發現瓶子的時間與地點。由此，他得到了大西洋不同地點的海水流速的數據，編製出世界第一張洋流路線圖：北上的墨西哥「灣流」經佛羅里達海峽進入大西洋後，就稱佛羅里達暖流了，它沿加拿大紐芬蘭，從大西洋西海岸繼續北上，繞過百慕達群島的西側、北側，向東偏南方向流動，在西經四十度附近改稱北大西洋暖流，最後流向大西洋的西海岸西歐一側。

當年西班牙商船在墨西哥掠奪的財寶正是經此航路運回歐洲，但航隊要想沿原路返回就難了，完全是逆水行舟。其實，許多航海家早在富蘭克林之前，就已注意到了洋流的存在。一四九七年，義大利航海家卡伯特從北冰洋經巴芬灣（**Baffin Bay**）航行到加拿大東部的紐芬蘭島時就曾發現，寒冷的北冰洋海水沿著巴芬島和拉布拉多半島的東岸流動，注入溫暖的大西洋。一五一三年，遠航北美洲西班牙艦隊，在佛羅里達岸邊下錨碇泊，突然，發現艦隊中一艘船獨自向北漂去。這件奇怪的事引起西班牙船長的注意，他們認為佛羅里達半島洋面上有一條海中「暗河」。

許多世間奇妙現象，一定是先被意外地感知，而後才被有頭腦的人認知和破解。富蘭克林就是後者。富蘭克林最早提出繪製「灣流」地圖的構想，並積極推動對墨西哥「灣流」研究。

這幅墨西哥「灣流」地圖（圖9.12），正是根據班傑明・富蘭克林的表兄蒂莫西・福爾傑繪製的草圖，和一七七〇年富蘭克林發表的他所編繪的海流流路地圖而製作的。富蘭克林當時還曾設法將海流流路地圖賣給加勒比海的英國船員們，但英國對其殖民地所持懷疑態度使多數英國船長拒絕購買這些流路圖。美國獨立戰爭期間，為避免讓英國獲取任何優勢，富蘭克林暫停了在這方面的工作，但戰爭結束後他又推進這個工作，並在法國第二次印刷了這種洋流流路圖。一七八六年《美國哲學會會志》（*Transactions of the American Philosophical Society*）刊登了費城版畫家詹姆斯・普帕德（**James Poupard**）製作的凝結著富蘭克林心血的這幅印刷版墨西哥「灣流」地圖。這個期刊是美國首家學會的會

圖9.12：墨西哥「灣流」地圖

一七七〇年富蘭克林根據班傑明・富蘭克林的表兄蒂莫西・福爾傑繪製的草圖而編輯出版洋流流路圖。一七八六年《美國哲學會會志》出版了費城版畫家詹姆斯・普帕德製作的這幅墨西哥「灣流」印刷地圖。

志，該學會正是由富蘭克林和其他幾人於一七四三年創辦。這幅「灣流」地圖，計算和描繪了墨西哥「灣流」的上下行路線，灣流中畫了順流行駛的帆航，圖面上的大圖與小圖都繪出了精確的經緯網格，有著很強的實用性。

歐洲掛圖新時尚

〰《美洲掛牆地圖》〰西元一六六九年

大航海後，隨著歐洲列強的海外擴張，海外土地和新興國家掛圖，成為歐洲家庭裝飾的新時尚。法國製圖家亞里希思・胡伯特・熱羅特（Alexis Hudert Jaillot），曾精心製作了一套世界各大陸的大地圖，這張精細的美洲掛牆地圖（圖9.13）就是其中之一，此圖一六六九年在巴黎出版。此時不僅巴黎流行掛圖，整個歐洲都有此時尚。如，荷蘭畫家維梅爾（Jan Vermeer）的名畫《畫室》（*The Artist and His Studio*），其畫室牆上就是一幅舊的兩公尺寬尼德蘭十七省巨幅掛牆地圖。

這幅美洲掛牆地圖的款式反映了當時的製圖風尚，地圖的空白部分添加了許多裝飾，海面上繪有各種各樣的船隻、海戰場面和海上怪獸，南美部分畫滿了生動的土著生活和儀式的插畫。地圖的左右兩邊，有十六個穿著當地服飾的美洲人物插圖；地圖的下邊有十二張刻畫精緻的重要移民點的插圖：維吉尼亞城、卡羅萊納碉堡、南加州法國碉堡、佛羅里達的聖奧古斯丁（St Augustine）；和當代美洲最古老的人居移民點：哈瓦那、墨西哥城、里約熱內盧，以及著名的玻利維亞銀山波托西（Potosí）。

在地圖的右上部北大西洋的位置上，繪有一幅華麗的插圖：海馬拉的水上馬車裡，端坐著一位國王。這張掛牆地圖是熱羅特最早也最重要的作品之一，他所描繪的這個人物很有可能是法國國王的兒子。這樣向法國皇太子致敬，是為了贏得皇室的喜愛和資助。其後，熱羅特也確實被任命為法國國王的官方地理學家。

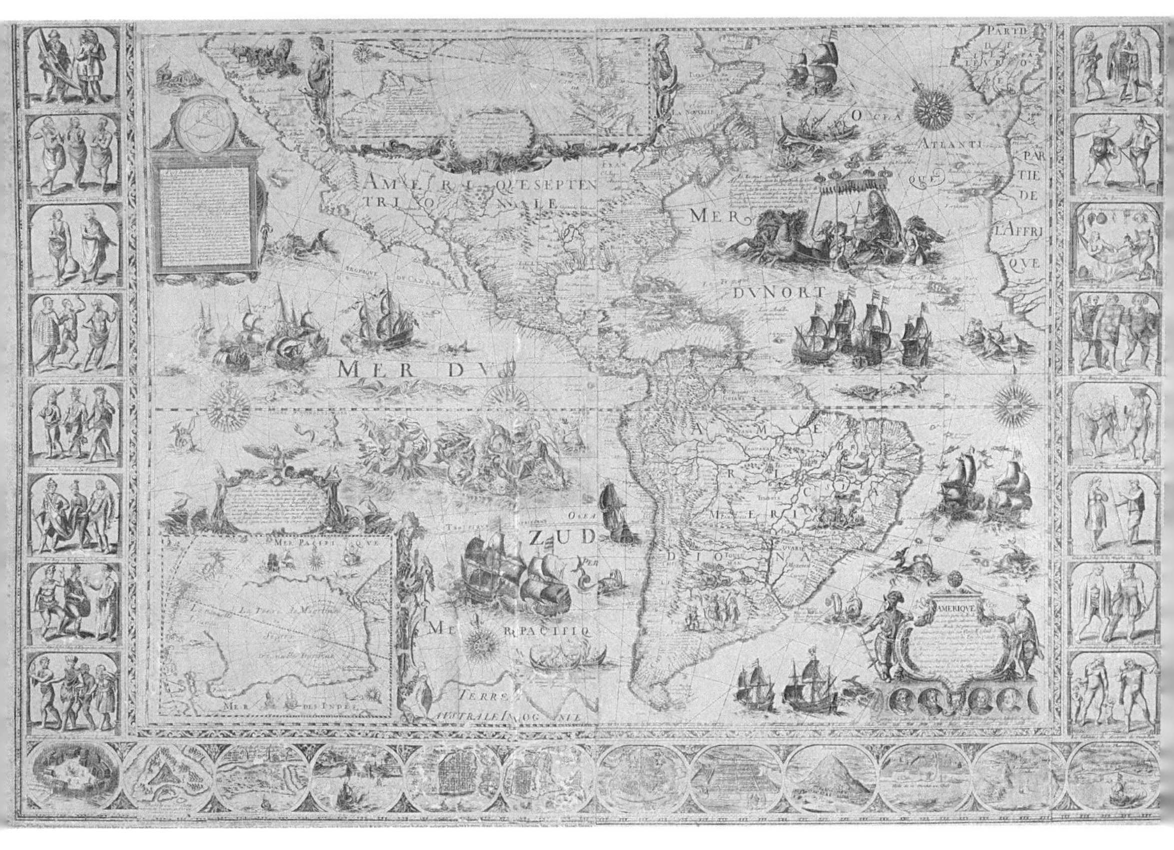

圖9.13：美洲掛牆地圖

一六六九年在巴黎製作出版的美洲掛牆地圖，擁有美洲的上地是當年歐洲時尚，擁有掛牆地圖也是一種歐洲時尚，此圖為銅版印刷，圖縱八十二公分，橫一百零八公分。

10 環球航行——「發現」太平洋與貿易「全球化」

歐洲人很久以來，不知道大西洋以西的情況，是地獄還是天堂，誰也說不清。所以，有了這樣的西諺：向西走，什麼都可能發生。

哥倫布按照這個說法，大膽向西走，他撞上了新大陸。麥哲倫也大膽地向西走，他要找一條穿過美洲的海峽，一直向西，直到繞回西班牙。

關於葡萄牙航海家麥哲倫率領西班牙船隊的「首次環球航行」，通常的評價都是「發現」。實際上，麥哲倫的西行環繞地球，並非為了證明地球是圓的、各大洋是相通的、海洋面積是超過陸地的……種種地理誤解，更不是為了溝通兩洋文明，輸出文明或宗教。麥哲倫尋找的這條海峽，最赤裸的事實是：開闢西行航路，搶佔香料群島，是典型的「經濟開發」之旅。

麥哲倫環球航行所帶來的對世界的全新認知，完全是這次偉大航行的副產品。地球是圓的，向西一直走，可以回到出發地。這在麥哲倫時代，已是常識。但沒有人敢去證實這一理論。麥哲倫是第一個證明這一理論的偉大實踐者。經過差十二天就滿三年整的艱苦航行，不僅麥哲倫死在了半路上，整個船隊只有維多利亞號和十八個船員回到了西班牙塞維亞港。

這次航行不僅是關於地球這個「圓」的空間實證，而且還有時間上的新發現。維多利亞號返回塞維亞港的那一天，陸上的日曆是九月八日，而隨船記錄的安東尼奧・皮加費塔（Antonio Pigafetta）的航海日誌上記的卻是九月七日，怎麼會少了一天？這次實踐：還告訴人們，由於地球是自西向東自轉，所以，從東向西繞地球一周，就會少一天；如果是從西向東繞地球一周，就多出來一天。

麥哲倫船隊所揭示的地球奧秘，不僅是地理學祖師爺托勒密所不知道的，也是此前所有的航海家都不知道的，它不僅在地理學上有著劃時代的偉大意義，在社會學上它也是個里程碑，世界由此進入了「全球化」的新時代。

南美海峽的神秘面紗

〰皮里・雷斯《世界航海圖》〰西元一五一三年

無論是從航海家，還是從航海圖上來看，土耳其，強大的鄂圖曼帝國，似乎對影響世界的大航海都沒有什麼大的貢獻。這種局面一直到一九二九年，才被一個偶然發現所改變。這一年，土耳其人在世界十大王宮之一的伊斯坦堡托普卡比王宮中，發現了一幅鄂圖曼帝國海軍司令皮里・雷斯（Piri Reis）一五一三年繪製的世界航海圖（圖10.1）。這幅航海圖的珍貴之處，在於它打破了人們以往的知識框架。以往人們知道最早發現並描述南美海岸的是麥哲倫從一五一九至一五二二年的首次環球航行。但皮里・雷斯地圖在一五一三年就清楚地將南美大陸及巴塔哥尼亞海岸線，甚至南美最南端的合恩角描繪於地圖之上，尤其令人驚奇的是，還繪出了南極洲的部分輪廓——它成為世界海圖史繞不過去的一個話題。

可惜，皮里・雷斯世界航海圖發現時已是一份殘圖了，其殘存部分，縱九十公分，橫六十五公分。專家根據地圖對稱性推論，原圖尺寸可能是縱一百四十公分，橫一百六十公分。現存這部分只是原圖的三分之一，應是原圖的左邊部分。殘圖描繪的內容相當於一份大西洋航海圖，此圖方位為上北下南，說明文字是阿拉伯文。圖面繪有五個大小不一的羅盤花，分別放在大西洋的赤道與南北迴歸線上，同時，這裡還繪有兩個呈「八」字擺放的比例尺。圖右側是西班牙、法國和西非沿岸，以及亞速群島、馬德拉群島、加那利群島、維德角群島等。圖左側是中美洲、南美洲、南極洲，以及古巴、小安地列斯群島等。圖面上有幾艘帆船，其中在非洲南部繪有達伽馬船隊的一艘帆船，南美海岸上，繪有幾種歐洲傳說中常見的狗頭人等怪物和動物。這幅地圖和一五〇七年德國牧師馬丁・瓦爾德西穆勒繪製的被稱為「美洲出生證明」的世界地圖一樣，都沒繪出美洲南端的海峽。

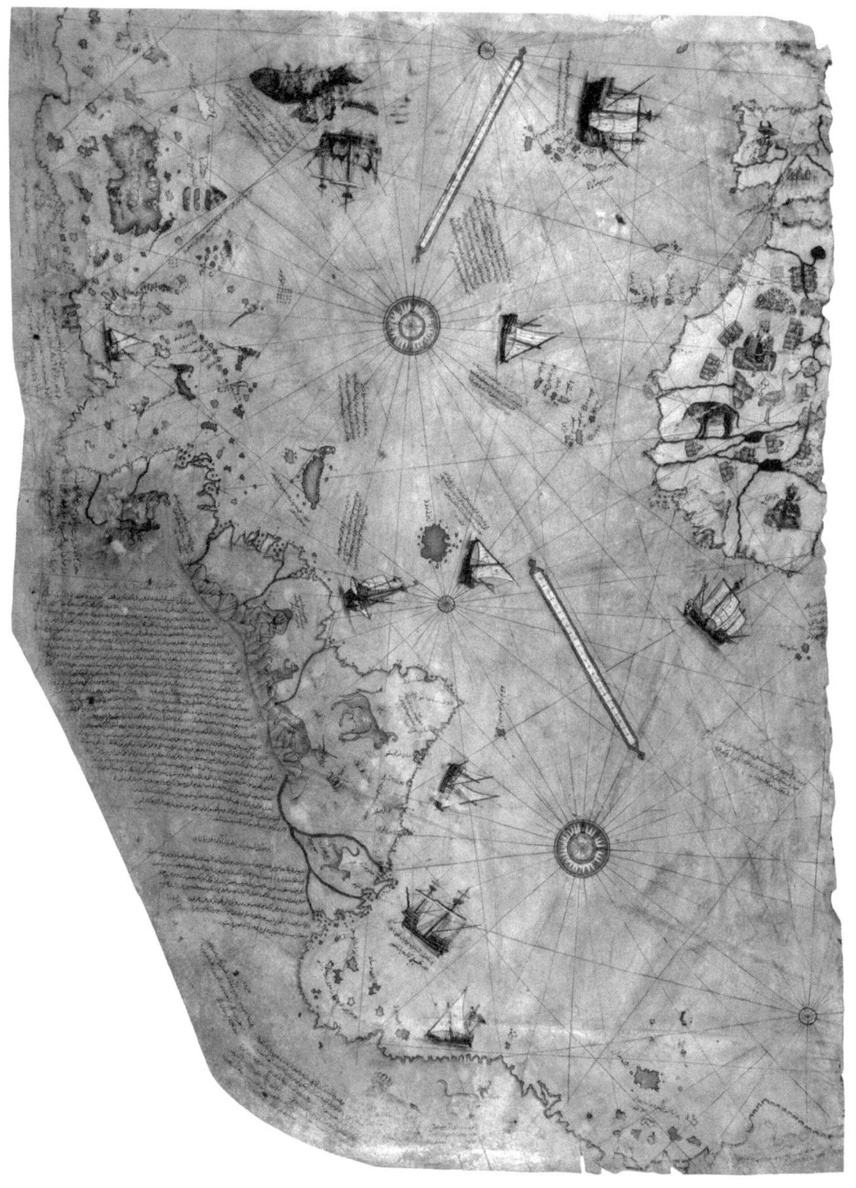

圖10.1：皮里・雷斯世界航海圖

這是鄂圖曼土耳其航海家皮里・雷斯在一五一三年繪製的世界航海圖的殘存部分，應當是原圖的左側部分，這部分近似於一幅大西洋航海圖，其重要性在於「超前」繪出了南極洲。圖縱九十公分，橫六十五公分。

皮里・雷斯的這幅航海圖，最不可思議的是對南極大陸的描繪，它實在是太超前了。因為，南極大陸的構成，直到一九五二年才有科學的繪述。所以，有人認為皮里・雷斯地圖，不是史前描述，就是外星人的描述，總之，不可能是皮里・雷斯的原創。然而，瞭解歐洲地圖歷史的人也許不會認為，這是什麼驚人發現。因為，古希臘人一直認為地球北方有一塊大陸，它的南端一定存在對稱的另一塊「南方大陸」，否則地球就無法達到平衡。古代許多製圖家根據想像在地圖上繪出一塊「南方大陸」。

皮里・雷斯生長在一個鄂圖曼土耳其航海家族中，其叔父曾是一個著名海盜，後被鄂圖曼土耳其收編，並封為海軍雷斯（Reis，類似艦隊司令）。皮里・雷斯從小隨叔父闖蕩大海，後隨叔父一起成為了土耳其海軍軍官。他一生喜好收集地圖和金銀財寶。晚年捲入到鄂圖曼帝國的宮廷鬥爭中，最終被斬首。他的財產都被國家沒收封存在伊斯坦堡的皇宮中，直到多年以後，人們清理他的遺物時，才發現了這些地圖。不僅土耳其王宮裡有皮里・雷斯繪製的地圖，在德國的博物館裡，人們也發現了皮里・雷斯繪製的地中海地區的航海圖。

皮里・雷斯是一位航海家和優秀的製圖家，作為鄂圖曼土耳其人，他不僅繼承了阿拉伯地圖學傳統，同時，多年的航海生涯還令他吸收了大量的西方製圖學成果。他曾在這幅航海圖上註明，此圖是根據二十多幅地圖繪製的，其中包括一幅哥倫布的地圖。他說，叔父曾經抓到一個西班牙俘虜，這個俘虜曾三次跟隨哥倫布航海，身上攜帶著航海地圖。這幅地圖不僅有哥倫布的影子，同時，巴西海岸線的諸多地名，用的皆是葡萄牙航海家起的名字。可以說，這幅地圖是東西方航海家共同的智慧結晶。

雖然，這幅地圖「走」到了麥哲倫前面，但沒有任何證據表明：在麥哲倫之前有誰航行過南美，或找到過南美海峽。

誰的海圖誤導了麥哲倫

〰約翰尼斯・舍恩那《美洲地圖》〰西元一五一五年

如果說，哥倫布使東西半球實現了牽手，那麼，麥哲倫則讓人類擁抱了整個地球。

麥哲倫生長在一個以遠航探險為榮的時代：他六歲時，即一四八六年，迪亞士就繞過了好望角，打破了托勒密的非洲大陸與南極相連的神話；他十二歲入葡萄牙王宮當侍童時，即一四九二年，哥倫布發現了新大陸；他十七歲進入葡萄牙國家航海事務廳時，即一四九七年，卡伯特率先在北美的紐芬蘭島登陸，為英國插上了第一面海外殖民的旗幟；他十八歲長大成人，即一四九八年，達伽馬繞過非洲到達了印度的卡里卡特；他二十歲時，即一五〇〇年，葡萄牙探險家卡布拉爾「發現」並佔領了巴西——一五〇五年，也就是他二十五歲時，再不出去闖闖，世界已經沒什麼可以發現的了。這一年，麥哲倫從葡萄牙國家航海事務廳進入國家海軍，此時，距鄭和「下西洋」已整整一百年了。

麥哲倫以水手或士兵的身份隨著葡萄牙擴張的腳步，先後來到印度、馬來西亞、北非。一五一五年，在北非與摩爾人的戰鬥中，落下跛足的殘疾的麥哲倫，從海軍退役。三十五歲的麥哲倫懷揣著夢想，向葡萄牙國王申請「環球航行」。這時，僅有一百多萬人口的葡萄牙，已靠著十幾年的擴張，使其海外擁有的土地，超過了凱撒時的羅馬帝國。所以，像一四八三年若昂二世拒絕哥倫布一樣，若昂二世的堂弟也就是他的繼任曼努埃爾一世，斷然回絕了麥哲倫的提案。要講清楚的是，當年三十五歲的麥哲倫向葡萄牙國王提交的報告，並非後人常說的「環球航海報告」，而是「西行摩鹿加群島尋找香料的航海報告」。

麥哲倫只好轉而投奔西班牙，西班牙國王也想著向西航行，通過新的航線徹底打破葡萄牙對東方香料貿易的壟斷。於是，接納了這個葡萄牙人的計劃，人類探索史上的兩大偉業——發現新大陸、環球航行——就這樣都歸了西班牙。

錯誤永遠與最偉大的航海家相伴。不過，就算是最大膽的遠洋探險家，也不會不研究海圖就貿然前行。哥倫布是根據托勒密的計算，認為西去亞洲並不遙遠而西航，實際上這是個錯誤的計算，但這個錯誤卻使他撞上了新大陸。無獨有偶，想要環繞地球航行一圈的麥哲倫，也是受了其他地理學家的誤導，他們認為在美洲有一條可以進入另一個大洋的海峽，遂使麥哲倫信心滿滿地闖入新大陸，要穿越美洲進入亞洲。

麥哲倫出發之前，一直宣稱自己掌握了美洲海峽的秘密地圖。他出發前手裡有沒有這份地圖已經無法考證了。現在能考證的是在麥哲倫環球航行之前，歐洲確實有繪出美洲大陸存在海峽的地圖。這位妄繪海峽的地理學家叫約翰尼斯・舍恩那（Johannes Schoner），他是德國重要的天文學家和地理學家。使用歐元前的德國，在「一千馬克」的紙幣上曾印有他的肖像。

有史料證明，一五一五年，也就是麥哲倫環球航行前四年，約翰尼斯・舍恩那出版了他繪製的世界地圖。在他的世界地圖及他製作的地球儀上（圖10.2），都犯一個「了不起」的錯誤——將巴拿馬地峽畫成了海峽。後人相信是約翰尼斯・舍恩那犯的這個錯誤，使得麥哲倫堅信在美洲有一個通往南大洋的海峽。

如果這個海峽果真存在的話，那麼進入亞洲也不是什麼特別難的事情。但事實是美洲中部根本就沒

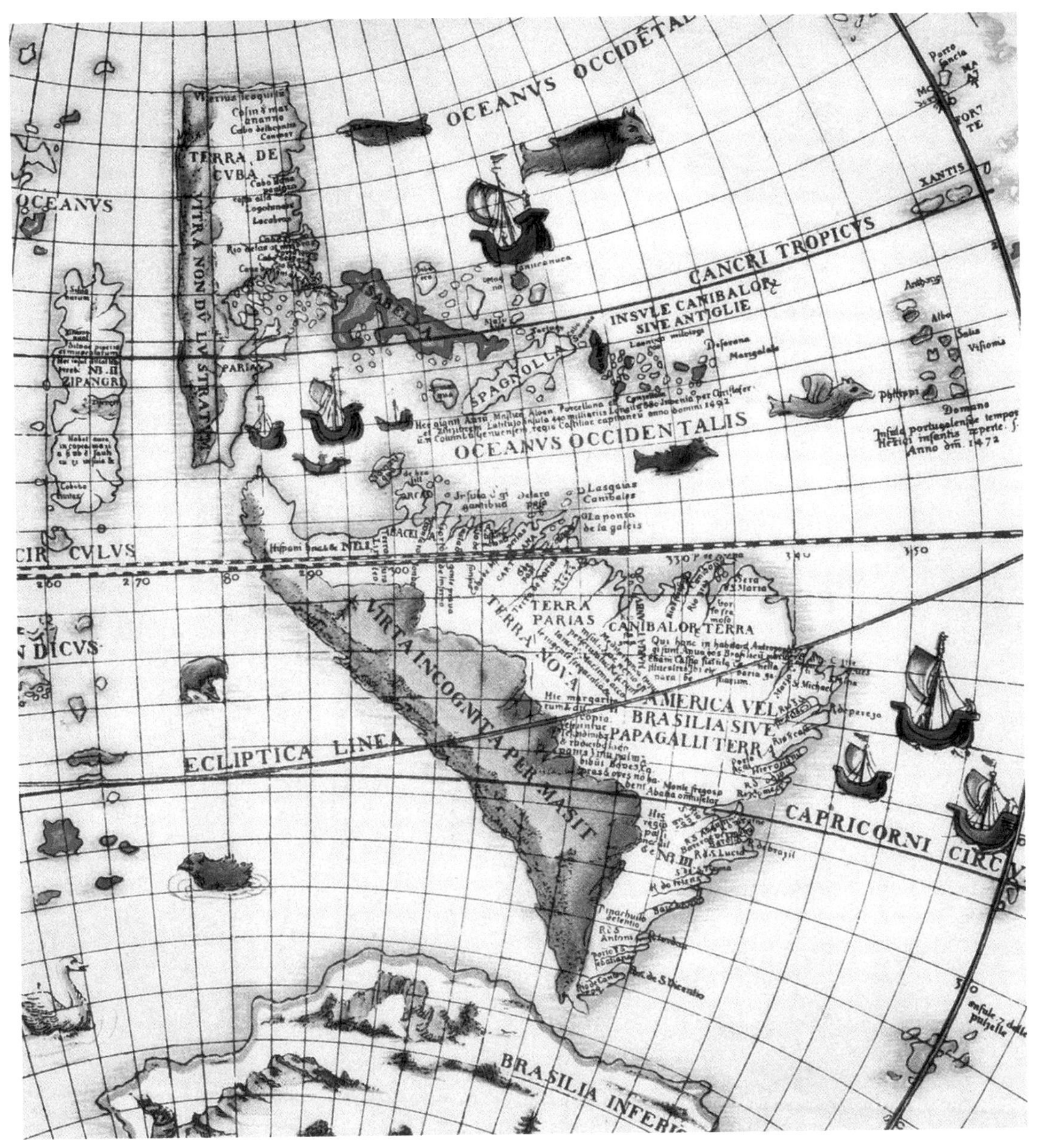

圖10.2：約翰尼斯．舍恩那美洲地圖

這是一五一五年德國天文學家和地理學家約翰尼斯．舍恩那製作的地球儀上的地圖，在美洲中部錯繪出一個連通兩洋的海峽。

有海峽，為找到穿越美洲的海峽，並最終穿過後來命名的「麥哲倫海峽」，這支探險船隊幾乎損失了一半「兵力」。所以，約翰尼斯．舍恩那的美洲地圖，也因這個錯誤而「名垂青史」。

「疑似」美洲海峽

〰《拉普拉塔河口海岸線圖》〰西元一五七二年

雖然，都說是約翰尼斯・舍恩那製作的地球儀在美洲中部錯繪出一個連通兩洋的海峽，誤導了麥哲倫。不過，研究麥哲倫進入美洲的航線就會發現，他的船隊從歐洲大陸出來，並沒有直接駛向巴拿馬地峽，而是在巴西靠岸。

一五一九年八月九日，麥哲倫探險隊從西班牙的塞維亞港出發，開始了人類第一次環球航行，四個月後，他們在巴西靠岸。船隊在這裡休養兩個星期後，告別美食與「只穿著頭髮」的美女，並沒有向北走巴拿馬「海峽」，而是奔向南方，尋找心中的「海峽」。

麥哲倫從里約熱內盧灣出來，南下到今天的布宜諾斯艾利斯，在這裡他們看到了一個巨大的「海口」，其實是拉普拉塔河口。一五〇二年亞美利哥・韋斯普奇曾發現了這條美洲第三大河。此後，這裡一直被西班牙人統治，只是這一時期新發現土地的航海圖都是國家機密，因而不為外人所知。不明情況的麥哲倫把旗艦停在這裡，派出幾艘船溯流而上，去探西邊的「出口」。一個星期後，偵察船隊遇到了淡水。常識告訴他們，前方不可能有所謂的「出口」了。南緯三十五度，只有世界最大的拉普拉塔河口，沒有所謂的「海峽」。

如果說，麥哲倫沒被約翰尼斯・舍恩那的地圖誤導，那麼，將拉普拉塔河口說成是海峽的又是誰呢？這個錯誤「有據可查」：一五一三年葡萄牙航海家巴爾博亞（Vasco Núñez de Balboa）沿巴西海岸

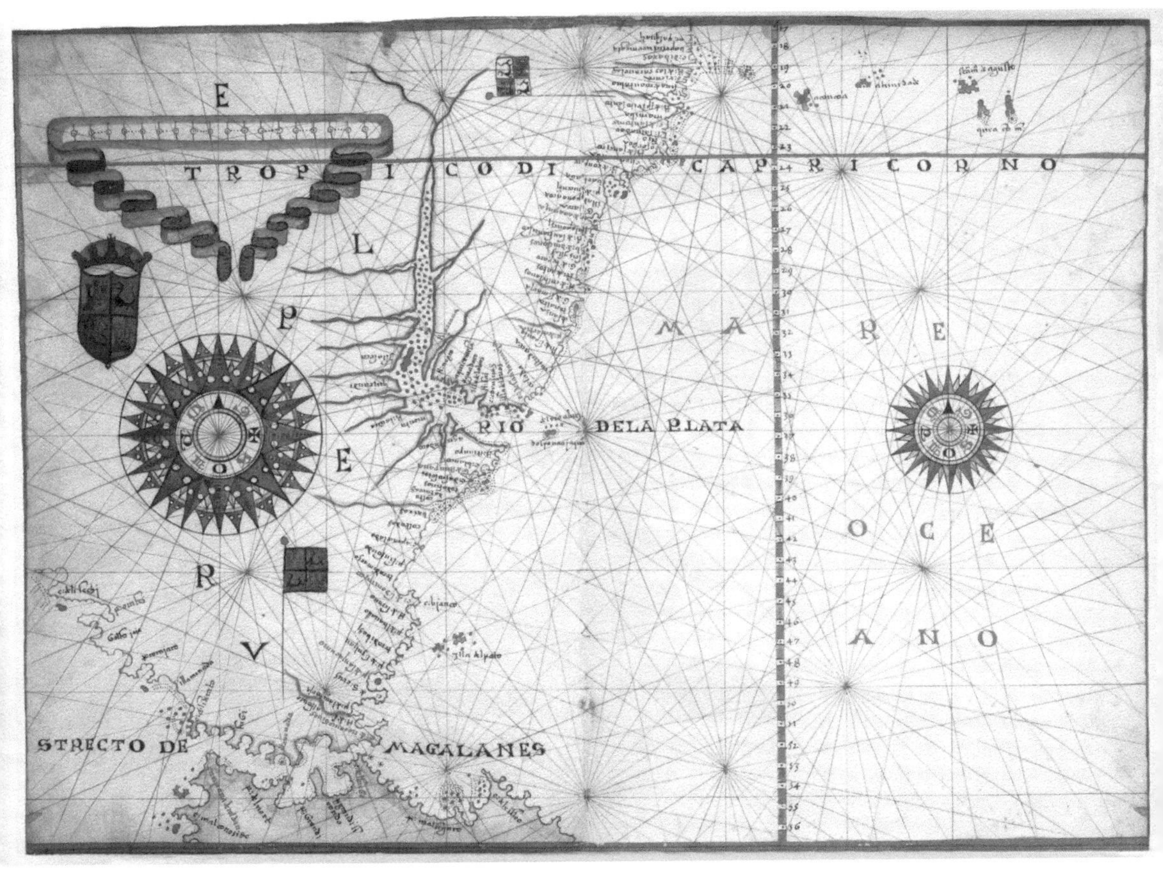

圖10.3：拉普拉塔河口海岸線圖

一五七二年義大利製圖家馬丁內斯繪製的拉普拉塔河口海岸線圖。圖縱三十公分，橫四十公分。

南下，在南緯三十五度處蒙得維的亞角（Montevideo）發現巨大的「海口」。這位沒有繼續深入的探險家，回到歐洲後將發現「海峽」的消息說給一位德國記者。一五一四年德國《新日報》依此做了「發現可以通往香料群島的海峽」報導。德國製圖家約翰尼斯・舍恩那的錯誤，是不是與這個報導有關，麥哲倫確信今天的阿根廷北部有海峽，是不是與這個報導有關，這些都很難說清了。歷史銘記的是麥哲倫在拉普拉塔河口遭到巨大打擊後，並沒有退縮而是繼續向南前行。上帝畢竟在南美的最南端，為他準備了一條終將以麥哲倫之名命名的海峽。

十六世紀中期，西班牙塞維亞通商隊的製圖家迪亞哥・古蒂埃雷斯畫了一幅美洲地圖，這幅地圖繪出了亞馬遜河與拉普拉塔河。一五七二年義大利製圖家馬丁內斯（Martinez）進一步繪製出了拉普拉塔河口海岸線（圖10.3）。此時的美洲已沒有什麼秘密可言了，但通過此圖我們仍能真切看清這個寬兩百二十公里的巨大河口，真切地感受到世界跟麥哲倫開的玩笑，實在是太多、太大了。

皮加費塔環球航行原始紀錄

《關島航海圖》西元一五二六年

《摩鹿加航海圖》西元一五二六年

如果沒有安東尼奧‧皮加費塔（Antonio Pigafetta）的全程航海紀錄，麥哲倫的這次環球航行將失去最為寶貴的原始紀錄。和哥倫布一樣，安東尼奧‧皮加費塔也是義大利人，但他的出身比哥倫布高貴，他是義大利羅德會的騎士，還是一個文藝青年。他是麥哲倫環球探險船隊中，唯一的不帶有任何經濟目的加入探險隊的人。

這個威尼斯青年只想記錄和描繪這次偉大的航行。後來，麥哲倫死在了菲律賓，為世人留下《首次環球航海日誌》的就是皮加費塔，可惜這份原本後來丟失了。但皮加費塔的航程紀錄，還有四份手抄本被以三份法文，一份拉丁文保存了下來。其法語版本是倖存手抄本中最完整、最精美的版本。它包括二十三份繪製精美又有些滑稽的彩色航海圖。這些航海圖成為研究麥哲倫環球航海的第一手資料。

太平洋是地球上最大的一片水域，近兩萬公里寬，比起哥倫布和宇宙志學家認為的不知大了多少倍。在進入到太平洋的艱苦航程後，皮加費塔寫道：「穿越這個幾乎是沒有盡頭的太平洋，簡直是駭人聽聞。沒有食品可吃的水手，只有煮食船上的老鼠和皮革風帆，才能逃脫被餓死的厄運。」

麥哲倫率領他的船隊，在太平洋上漂蕩九十六天之後，關島才成為他們在太平洋停靠的第一站。皮加費塔畫下了這幅有些滑稽的關島航海圖（圖10.4）：島上居民用他們易於操作的輕便舷外框架式獨木

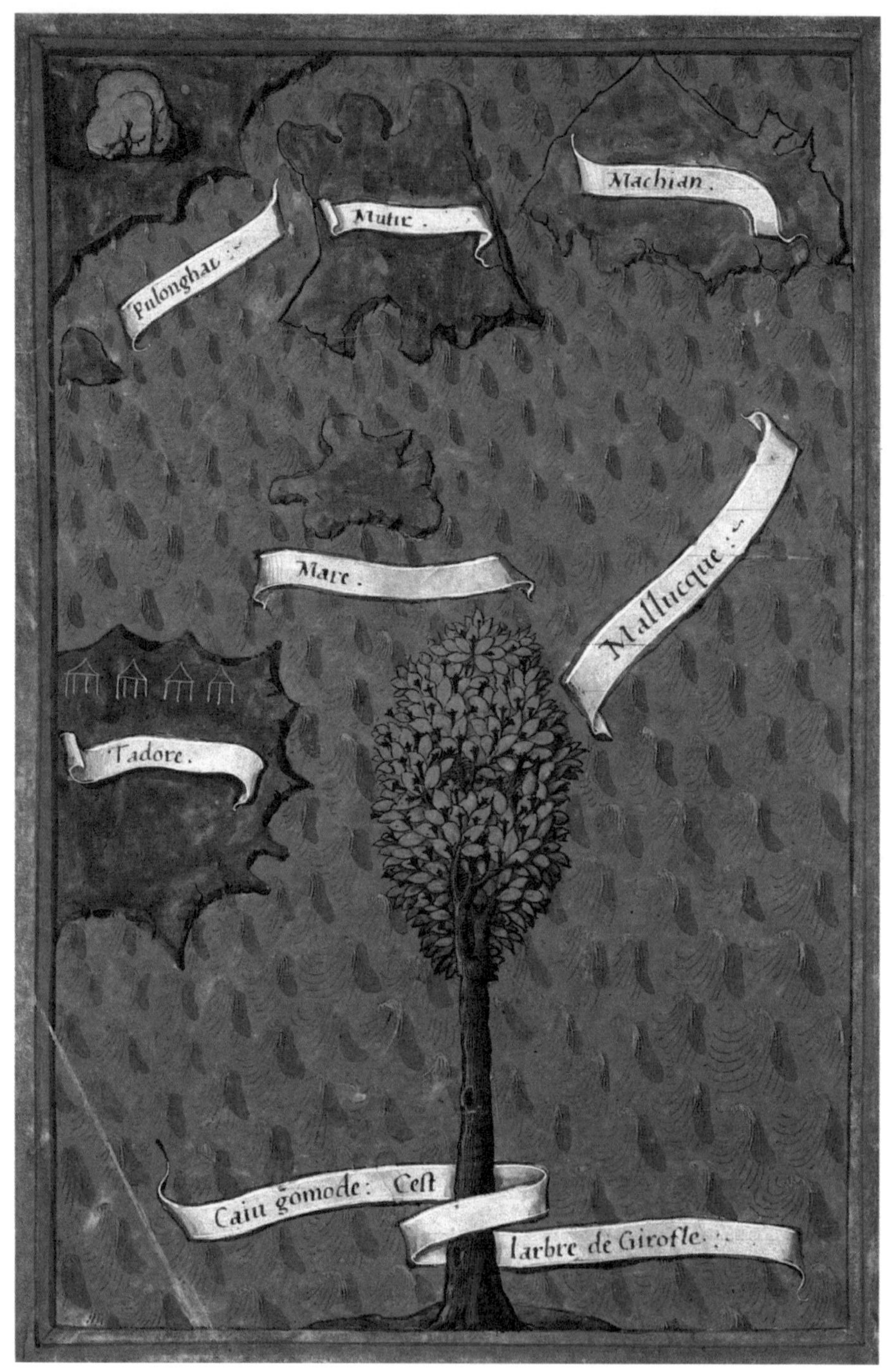

圖10.4：關島航海圖

義大利人皮加費塔繪製，一五二六年巴黎出版，圖縱二十三公分，橫十五公分。

舟，企圖阻止麥哲倫船隊登島。最終，麥哲倫船隊還是登上了這個美麗的島嶼，成功地得到了淡水和其他補給。由於船上的東西不斷被島民偷走，麥哲倫的船員們把這裡命名為「盜賊群島」（Islas de los Ladrones）。

此後，麥哲倫船隊繼續前行，在今天的菲律賓宿霧島，他們再次登陸。不幸的是在宿霧島對面的麥克坦島上，由於介入了土著之間的衝突，麥哲倫被殺死在海灘上。舵手胡安・塞巴斯蒂安・埃爾卡諾（Juan Sebastián Elcano）繼任船長，帶領維多利亞號向南行駛，不久就到了摩鹿加群島。皮加費塔畫下了摩鹿加航海圖（圖10.5），並在圖中央畫上了「芳香的丁香樹」。這是麥哲倫朝思暮想的目的地，但他就差那麼一點點，沒能等到這一天。

一五二二年，經過三年的環球航行，從西班牙啟航的五艘船，僅剩下一艘維多利亞號和十八位生還的船員，以及船上裝載的利潤極高的香料。他們繞地球一周，終於返回了西班牙。

皮加費塔把他在船上記錄的筆記和繪製的原始草圖作為一份鄭重的禮物，獻給了他所屬的義大利羅德會。

皮加費塔的《首次環球航海日誌》，記錄了太平洋島人的生活，以及歐洲人和他們首次接觸的情形，十分珍貴。這些小小的海圖手稿，記錄了人們新發現的地區與海島。一五二六年巴黎以《首次環球航海日誌》為書名出版了這些重要的原始紀錄。這是麥哲倫航行留下的唯一的繪圖資料，同時，它以不可辯駁的事實證明了地球是圓的。一千多年來，很多人猜測地球是圓形的，但直到維多利亞號的成功返港，終於有了證明這一事實的第一手資料。當然，這完全是麥哲倫「西行摩鹿加群島尋找香料的航海報告」之外的副產品。

圖10.5：摩鹿加航海圖

義大利人皮加費塔繪製，一五二六年巴黎出版，圖縱二十三公分，橫十五公分。

大洋與世界都是「通」的

〜〜《麥哲倫船隊環球航行圖》〜〜 西元一五四五年

一五二〇年十一月二十八日，麥哲倫在五百六十公里冰冷的海峽中，經歷了三十八天的折磨，終於走出後來以他的名字命名的「麥哲倫海峽」，進入了太平洋。這一偉大的航行證明大洋是「通」的，世界也是「通」的。

以西班牙國王身份支持麥哲倫西航行動的神聖羅馬帝國皇帝卡洛斯五世，當然很願意看到這次遠航的成功，更樂於將這一偉績傳揚給他的接班人，指導他們稱霸世界。因此，卡洛斯五世在王子菲利普（後來的西班牙國王腓力二世）十六歲生日之時，送給他一本新的世界地圖集。

這部豪華的波特蘭航海圖集由熱那亞製圖家巴蒂斯塔・阿格尼斯（Battista Agnese）繪製。這位熱那亞製圖家，雖然生於熱那亞，但主要在威尼斯工作，他長於製作纖細優美的裝飾用地圖，其中多數作品是臨摹葡萄牙航海家的海圖。據說，他一生繪製過一百多部地圖冊。這些地圖冊並不是為海員之類的普通民眾繪製，而是為王公貴族、富商大賈們專門繪製。這些地圖用墨水繪製在羊皮紙上，配有各種插圖，色彩鮮艷，製作考究，價格不菲。

在巴蒂斯塔・阿格尼斯為卡洛斯五世繪製的世界地圖集中，就有一幅西班牙人引以為傲的麥哲倫船隊環球航行圖（圖10.6），此圖繪製於一五四五年。此圖擺脫了中世紀航海圖所必須具備的特徵，如羅盤花、恆向線等，完全以經緯網來架構地圖。地圖以大西洋中的加那利群島為經度的起始線，全圖為

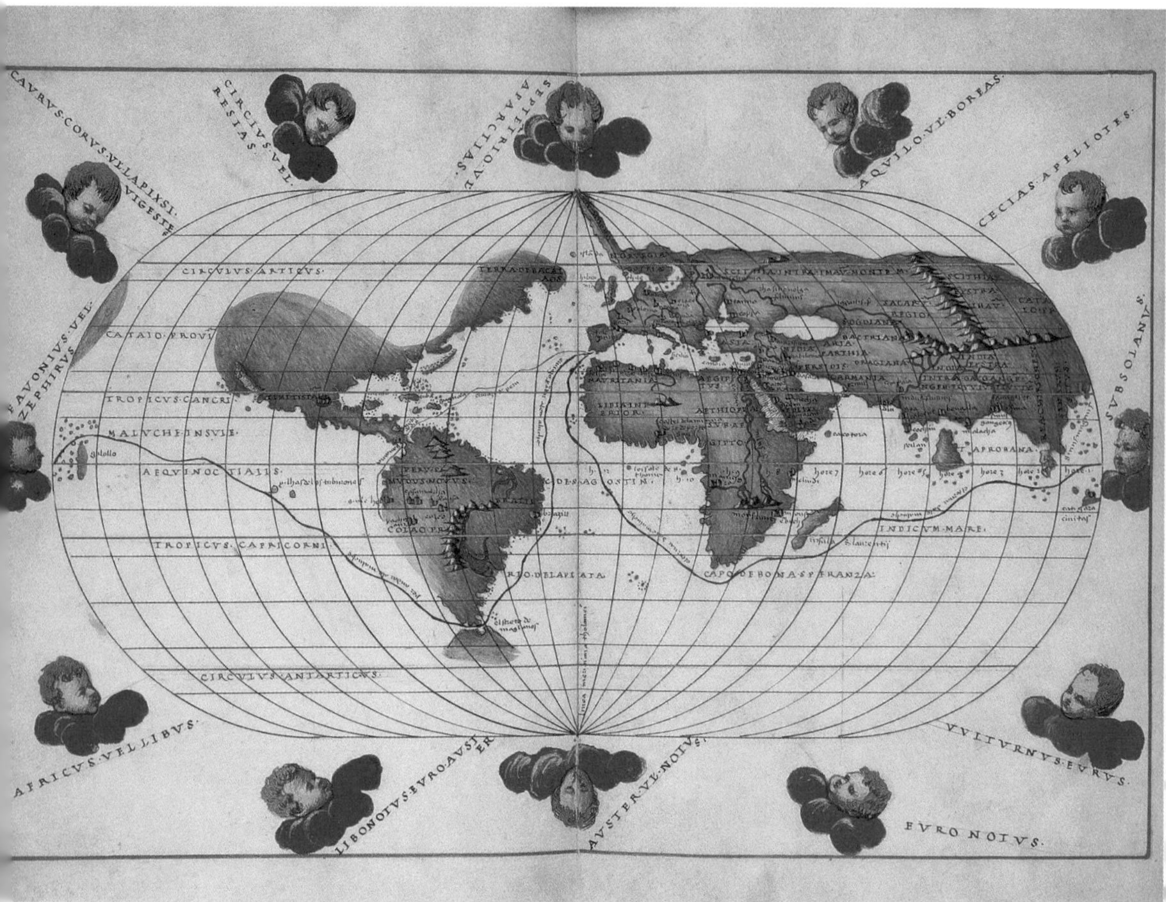

圖10.6：麥哲倫船隊環球航行圖

為義大利熱那亞製圖家巴蒂斯塔・阿格尼斯一五四五年繪製。圖面上突出了西班牙引以為傲的麥哲倫環球航海的航線，同時，還繪出了從西班牙加的斯港到加勒比海、穿過巴拿馬地峽以及太平洋抵達秘魯的「銀船」的航線。

三百六十度。圖上共有二十四條經線，每條經線之間相隔十五度。地圖外圍四周，均勻地畫著中世紀航海圖中常用的十二個風神頭像，整幅地圖以古希臘托勒密的世界地圖為基礎，亞洲中部有條平直的山脈，自北向南綿延不斷。地圖上稱中國為「Cataio」（契丹），這是來自馬可波羅等中世紀旅行家的記述。由於把加那利群島定為本初子午線，所以，亞洲的大部分出現在地圖右側，但東亞最遠處則出現在地圖的左側，突顯了「地球是圓的」這一概念。

這幅地圖的一個主要特色是用長長的線條清楚地標出了麥哲倫船隊環球航行的全部路線。這條航線從西班牙出發，橫渡大西洋，穿過麥哲倫海峽，直達菲律賓群島，然後又向西繞過好望角，最後回到歐洲。地圖上，麥哲倫海峽畫得非常清楚。此外，地圖上還用金色線條標出了西班牙船隊從歐洲出發，越過大西洋，到達中美洲，然後又翻越巴拿馬地峽到達秘魯的「銀船」航線。此時，正是西班牙剛剛發現秘魯波托西（現在是在玻利維亞）銀山時期，西班牙船隊正是沿著這條路線把美洲所產的白銀大量地運回歐洲，或運到呂宋進行香料、絲綢和瓷器貿易。

從地圖中我們可以看到走出海峽的麥哲倫進入的是怎樣一個大洋，這是此前歐洲人完全不瞭解的大洋——太平洋。這個大洋對於當時的帆船航海來說實在是太大了，全世界陸地面積加起來也沒有它大。所以，一五二〇年十一月二十八日到一五二一年三月六日，麥哲倫的船隊在無邊大洋上航行了三個多月，才在今天的關島登陸。不久，尋找香料群島的麥哲倫，最終「止步」於香料群島旁邊的麥克坦島。

麥克坦島是今天菲律賓著名的宿霧島旁邊的一個小島。前些年，我曾專程到這裡考察，當地導遊說：拉布拉布海灘是以當年殺死麥哲倫的那個部族首領的名字來命名的。一八六六年西班牙統治者在此建立了麥哲倫紀念碑，二十世紀初，菲律賓人在這個紀念碑的前面，建起比麥哲倫紀念碑還高許多的拉布拉布紀念碑。兩個紀念碑，雖然各有各的紀念，現在卻被圍在一起作為麥克坦島最著名的旅遊景點。在公園南邊的海灘上，偶爾還會有大型實景演出，再現一五二一年四月二十七日那一幕……那天，已改信西洋教的宿霧島國王胡馬波納（Humabon），請麥哲倫為他征服一水之隔的麥克坦島（Mactan）。胡馬波納準備了一千名土著士兵，但驕傲的麥哲倫認為他帶著六十個西班牙水手，足以拿下麥克坦島。迎接西班牙人的小島首領拉布拉布（Lapu-Lapu）不僅回絕了麥哲倫的土地要求，而且把談判演化為一場惡戰。麥哲倫和他那批寡不敵眾的西班牙水手，被土著用木棍、竹矛和短刀一路追殺。左腿早年落下殘疾的麥哲倫，落在了最後邊……最終，成為橫在海灘上的八具西洋屍體之一。據講，麥哲倫的屍體被放在草棚裡，直到三天後，確認「刀槍不入」的神話徹底消失，土著才把他製成烤肉，消化在一片歡呼之中。今天的麥克坦島上，只有麥哲倫紀念碑，而沒有他的墓葬。

這裡還要交代一句的是，一五四二年，西班牙航海家洛佩茲（Miguel Lopez de Legaspi）繼麥哲倫之後第二個來到這個群島。為了在亞洲炫耀西班牙帝國的「功績」，便按照西班牙王子菲利普的名字命名了原來叫作「呂宋」、「蘇祿」等名字的這個地方為——「菲律賓」。

麥哲倫的環球航海實際上，他本人並沒走完全程。麥哲倫死後，他的船隊向南尋找香料聖地馬魯古群島。直到一五二一年十一月初，才靠著當地人的指引找到馬魯古群島。此時，特立尼達號已破得無法航行了。僅剩的四十七名水手（外加十九個土著）為維多利亞號裝滿香料後，孤獨地踏上歸程。十個月後，維多利亞號終於駛回西班牙塞維亞港。

麥哲倫船隊此次西航，從西班牙出發時是五條船兩百六十五人的船隊，在差十二天就滿三年整歸來時，僅剩下運氣極好的維多利亞號（在西班牙語中「維多利亞」是「勝利」的意思）和十八個形同乞丐的船員。但在人類航海史上，它仍是最偉大的勝利，後人仍樂於將這次航行稱為：麥哲倫的環球航海。

第一幅太平洋印刷地圖

〰《太平洋地圖》〰 西元一五六七年

這一幅描繪麥哲倫船隊環球航行圖，比前邊介紹的那一幅晚一些，後來它被亞伯拉罕・奧特里烏斯收錄到一五八九年再次出版的《世界概觀》（首版為一五七〇年）地圖集中，圖名為「太平洋」，這是世界上第一幅銅版印刷的太平洋地圖，由馬里斯（Maredsous）繪製，繪製年代大約是一五六七年。

這幅太平洋地圖（圖10.7），其主要資料來自麥哲倫船隊環球航行，可能是為了向這一偉大航行致敬，此圖將有小天使為其領航維多利亞號畫在圖中央作為紀念。此圖也加入了最新的航行資訊。此時，太平洋上已有了西班牙至馬尼拉的「蓋倫航線」。

一五二七年曾參加過征服墨西哥戰爭的科爾特斯的表弟伊・塞隆，從墨西哥出發，利用東北季風，沿北緯二十度季風帶，順利抵達北緯十五度的菲律賓。但返回墨西哥從太平洋吹向墨西哥的風則太弱，使怎麼從太平洋順利返回墨西哥成為一大難題。這個難題一直到一五六〇年才得到解決。這一年西班牙六十歲的航海家烏達內塔（Urdaneta）發現，從菲律賓北上，順著黑潮進入日本海域，而後從北緯三十九度的位置再向北美海岸進發，這樣就順利回到墨西哥。西班牙人就這樣從墨西哥帶著大量的白銀進入菲律賓，在這裡換成絲綢、瓷器、香料之後，再從太平洋北部返回墨西哥，從加勒比海跨大西洋運回到西班牙。這個海上貿易航線，由於使用新型大帆船「蓋倫船」而被稱為「蓋倫航線」。

此時，葡萄牙已通過麻六甲和台灣海峽開通了到達日本的航線。圖左上台灣島被畫成名為「Iequeo

圖10.7：太平洋地圖

麥哲倫船隊環球航行圖，繪製年代大約是一五六七年。這是第一幅太平洋銅版印刷地圖，由馬里斯繪製，一五八九年被奧特里烏斯收入重新出版的《世界概觀》地圖集。銅版印刷，圖縱三十五公分，橫五十公分。

pequno」小琉球群島，它的北面繪有彎曲的日本群島。日本群島周圍標註有「日本已改信基督教」，以及「教會為了傳播已向中國出發」。在本州和北部的蝦夷島，即今天的北海道，都標註有「minas de plata」（銀島）和「isla de plata」（銀山）。

葡萄牙人一五四三年被大明海商王直帶到日本後，一五七一年在長崎開了商館。一五八二年日本派出了首個遣歐使團，一五八四年西班牙國王腓力二世接見了這個使團。一五九〇年遣歐使團回國時，從威尼斯帶回了奧特里烏斯的《世界概觀》世界地圖集（不知帶回的是一五七〇年首版的，還是一五八九年最新版的）。

從這幅太平洋專圖來看，當時人們對太平洋南部的訊息還是瞭解得太少，對未知的或傳說的「南方大陸」，仍是憑著感覺來描繪。此圖上的「南方大陸」從「麥哲倫海峽」一直延伸到整個南太平洋，太平洋就被畫成了一個封閉的，不大的內海。在這片內海中繪有一五六七年西班牙航海家阿爾巴洛・德・梅達尼亞（Álvaro de Mendaña）從秘魯出發，經過兩個多月的航行發現的索羅門群島，這一群島被畫得很大，而畫得更大的是它西側的今天的巴布亞紐幾內亞，被誇大了十幾倍，而緊鄰此地的巨大的澳大利亞大陸，尚未被發現。這些畫得超大的島嶼，使太平洋顯得更加擁擠。

在這幅太平洋地圖的南美洲最南端，那裡被顯示為南方大陸的一部分。直到一六一七年，人們才發現火地島的南端與南非的南端一樣，也有個海角，它叫合恩角，繞過此角的荷蘭航海家斯考滕（Willem Cornelisz Schouten）以自己的出生地合恩（Hoorn）命名這裡為合恩角。這裡處在南緯五十五度，是南美大陸的頂端，是「天的盡頭」，海峽的南岸就是南極，而不是南方大陸。

11 切分地球——從教皇子午線到零度經線

海洋是人類賴以生存的重要空間，同時，也是資源寶庫、交通要道、國家屏障，因而海洋利益之爭，從人類有了舟楫文明就開始了。西元前二千年到一千年時，地中海的海上霸主先是生活在克里特島一帶的米諾斯王朝，而後是生活在今天的敘利亞一帶的腓尼基人。到了西元前五百年左右，地中海開始進入群雄並起的海上爭霸階段，波斯人、希臘人、迦太基人在地中海興風作浪……不過，中世紀過後，世界有了相對穩定的格局，歐洲的海上力量開始尋求更大的海上發展空間，此後的海上利益之爭，漸漸地從地中海擴展到了大西洋、印度洋、太平洋……進而轉入到劃分地球的時代。

說到瓜分地球，不能不提及那刀一樣在地球上切了一下的「教皇子午線」。不過，「教皇子午線」主要不是用來計算經度與航程的，它是用來分割世界與海洋的。而教皇的這條槓槓最終也沒給天下帶來太平，反而引起了持久的戰爭……「教皇子午線」在海上列強的紛爭中，很快退出了歷史舞台。

劃分海洋權利的子午線淡去之後，人們開始探討設立一條用於世界航行的國際都認可的子午線，其實，地球上每條經線都是一樣的，最初是航海家為了方便計算航線以出發點為零經線，而畫出子午線。但若選出一條經線作為本初子午線，並以此來劃分世界，在中世紀，只有教皇才有這個權力。教皇的權力淡出之後，誰能確立這條子午線呢？

大航海興起後，航海大國都曾定立過自己的零度經線，葡萄牙定在南部的聖文森角，西班牙定在加那利群島，荷蘭定在阿姆斯特丹……作為歐洲強國，巴黎在十七世紀就有了自己的子午線，但真正確立一條科學的子午線，巴黎天文台台長尚・巴普提斯特（Jean-Baptiste Joseph Delambre）在一八〇九年才完成了經由巴黎到非洲的子午線實地測量，這條線直通古老的巴黎天文台，是當時最為精確的子線。一直到一八八四年國際會議確定格林威治為世界統一的零經度之前，世界上至少有十四種標準不同本初子午線。

不論誰切分地球，都少不了最新的世界地圖。在大航海的實踐中，托勒密的《地理學》在懷疑與探索中退出了歷史舞台。十六世紀晚期到十七世紀中葉，大約一百年時間裡，正是歐洲地圖學中的佛蘭德學派的光輝燦爛之時。在低地國家產生了一系列影響世界的地圖集：先是佛蘭德的吉哈德斯・麥卡托的一五六九年正角圓筒投影法，並推出《麥卡托地圖集》；緊接著是他的朋友安特衛普的奧特里烏斯，於一五七〇年推出了《世界概觀》地圖集；後來是一六〇六年佛蘭德製圖學家洪第烏斯出版的《麥卡托與洪第烏斯系列地圖集》……這些地圖集以全新的方法再造了更加完美的世界圖景。

世界在地圖上，描繪得更科學了，也被列強切割得更殘酷了。

《托爾德西里亞斯條約》大西洋子午線

〰《甘地諾航海圖》〰西元一五〇二年

在《聖經》裡，世界是上帝創造的；在中世紀的現實裡，世界是由教皇來管理的。那個時代的歐洲認為：羅馬教皇有權處置不屬於教皇的任何土地的世俗主權歸屬問題。所以，總有分割世界土地的爭端拿到教皇面前決斷。大航海時代最大的爭論就是，西班牙與葡萄牙的海上「發現」的土地所有權。

中世紀時，葡萄牙與西班牙都相信上帝在北半球創造了歐亞大陸，一定會在南半球同樣創造了一個對稱的南方大陸，兩國都在搶佔赤道以南的「南方大陸」。一四五五年羅馬教皇曾以葡萄牙征服西非異教徒有功，將西非海岸的壟斷性特權給了葡萄牙。一四八一年為平定西、葡兩國不斷生出的海上爭端，教皇西斯都四世（Xystus IV）頒佈訓諭，葡萄牙可佔有「從加那利群島以南到幾內亞行將發現或征服的其他島嶼」和向西「直到印度人居住地」的新發現陸地，教皇不知道西邊的陸地到底有多大。

但是，西班牙無視教皇的訓諭，一四九二年派哥倫布船隊西航，發現了新的大陸。葡萄牙認為，哥倫布「發現」的土地應歸葡萄牙。葡、西兩國的官司再次打到羅馬教廷。

一四九三年新即位的教皇亞歷山大六世，這位出生於西班牙的教皇認為，哥倫布「發現」的土地，應屬於西班牙，並在地圖上劃了一條「教皇子午線」，作為分界。這條線在西非「維德角以西一百里格（航海上的一里格，約為五千公尺）處穿過」，「西邊將要開發的土地，歸卡斯蒂利亞（即西班牙）王國擁有永久管轄權」，界線以東則屬於葡萄牙。葡萄牙對此劃分極為不滿，一四九四年六月，葡、西兩國在先前的「教皇子午線」的前提下，在西班牙西部的托爾德西里亞斯小城再度談判，締結了著名的《托爾德西里亞斯條約》（*Tratado de Tordesilhas*）。

《托爾德西里亞斯條約》將教皇的劃線向西移了三百七十里格（近兩千公里）即「距維德角群島以西三百七十里格」的子午線（今天的西經四十六・五度左右），為新的分界線。約定此線以西發現的陸地歸西班牙，以東無論誰發現的陸地都歸葡萄牙。伊比利半島上的兩個小國，在羅馬教皇的主持下，像切西瓜一樣把地球一分兩半：葡萄牙拿走了東方，西班牙擁有了美洲（按此子午線，葡萄牙擁有了巴西）。

此時的葡萄牙不僅是航海大國，還是製作航海圖的大國。葡萄牙政府為掌管新發現的土地，專門成立了一個管理航海圖的製作機構，負責編撰一個名為《國王的標準圖》的編輯工作。這幅地圖最終沒能傳世，據說，可能毀於里斯本一七五五年的大地震。但幸運的是有一幅與之相關的地圖倖存下來。它就是甘地諾世界地圖（圖11.1）。

此圖原題為「在印度地區最近發現的島嶼航行圖」，這裡所說的「最近發現」指的是達伽馬一四九八年從東非橫穿印度洋到達印度的最新航線。它為何又叫「甘地諾世界地圖」，因為一五〇二年在葡萄牙為費拉拉大公（Ferrara）工作的義大利外交官阿爾貝托・甘地諾（Alberto Cantino），買通了一位製圖師從葡萄牙水文局得到還處於保密階段的一份世界地圖，依此複製了一份地圖。後來，那幅原圖消失了，這份被帶到義大利的複製件幸運地得以傳世。所以，後世學者稱它為「甘地諾世界地圖」（Cantino planisphere）。

這幅地圖是當時葡萄牙航海家認識世界的最高成就，它將波特蘭地圖上的指南玫瑰發揮到了極致，

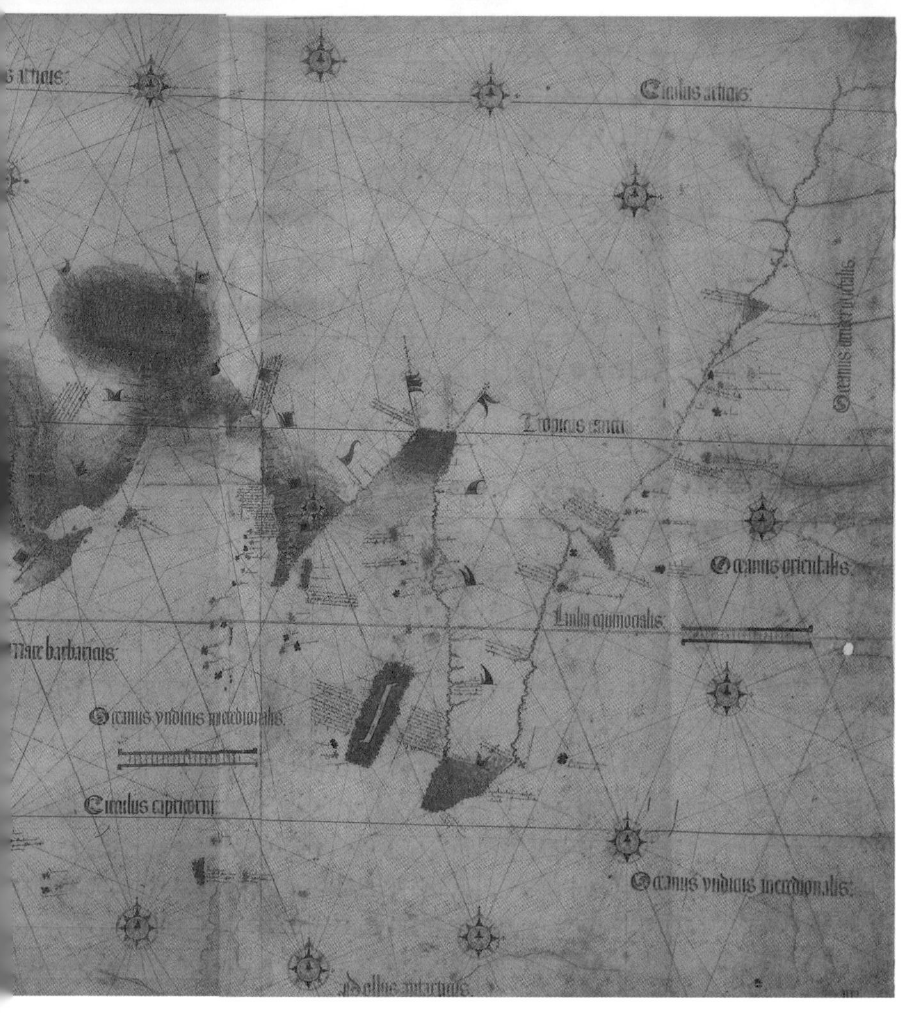

在圖面的大西洋、印度洋和太平洋三大洋洋面和非洲大陸上，排佈了二十餘個羅盤花，每個羅盤花都有三十二條領航線，在地圖上縱橫交錯。非洲與印度的形狀比之以前的地圖都更加準確。在圖的左邊描繪出插有葡萄牙國旗的巴西。在圖的右邊馬來半島右邊標註有「麻六甲的城市裡有聚集在卡里卡特港的所有商品」。這些標註都突顯了原製圖人要表達的葡萄牙的立場和所關注的訊息。

這幅地圖也被認為是最早明確標記出「教皇子午線」的世界航海圖。這張圖在西半球今天的西經四十六・五度左右繪出一條明顯的垂直線，並明確標記：這裡是西班牙和葡萄牙達成協議的世界各地區權屬的分界線。線西面的黑體字表示，安的列斯群島屬於卡斯蒂利亞（西班牙），各島嶼中插有卡斯蒂利亞的旗幟。受當年的殖民影響，至今分界線以東的巴西地

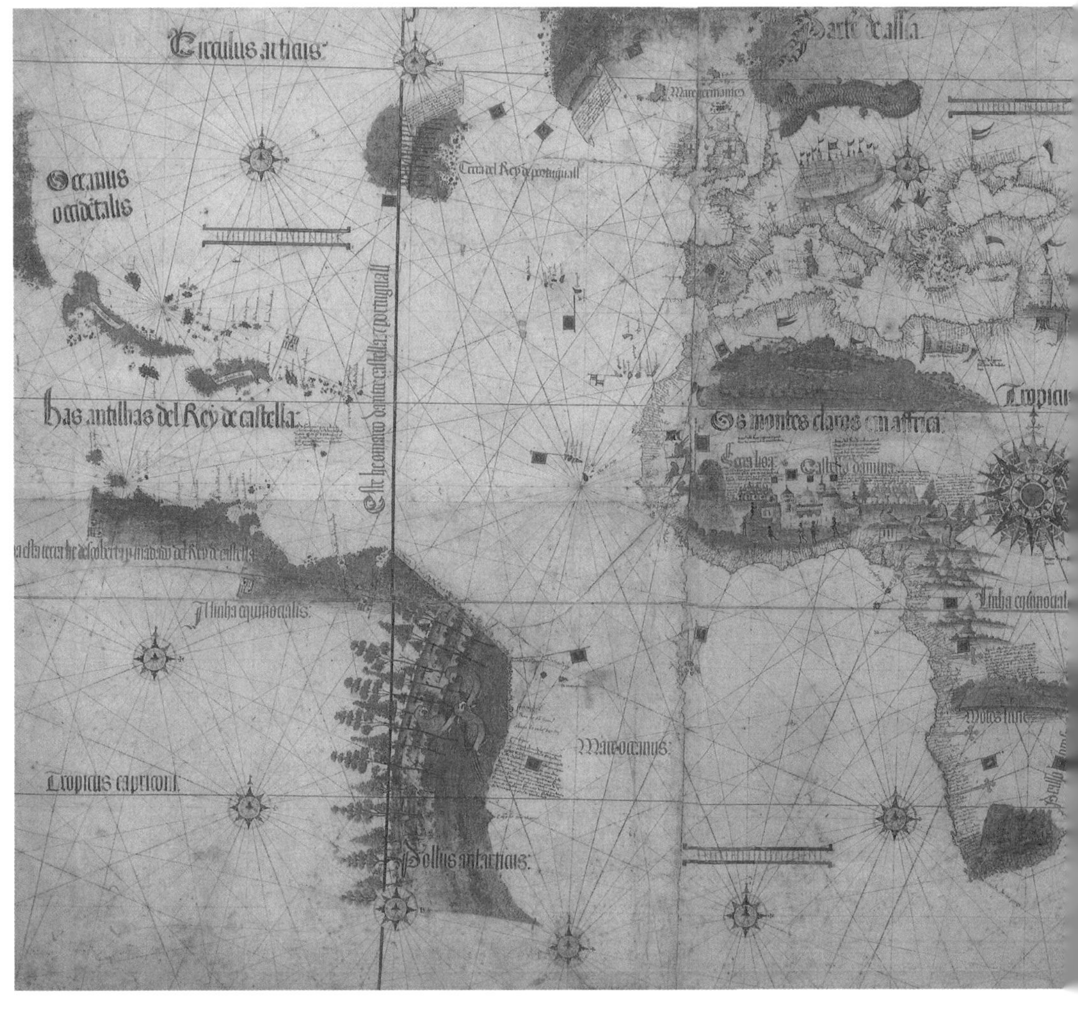

圖11.1：甘地諾地圖

是一張以《托爾德西里亞斯條約》簽訂的「教皇子午線」來描繪世界、分割世界的航海圖。一五〇二年繪製，現藏義大利埃斯特博物館。

區仍然說葡萄牙語，而線以西的美洲地區幾乎都說西班牙語。

雖然，世界有了《托爾德西里亞斯條約》，許多海圖上也明確標示出了「教皇子午線」，但實際上，這條所謂「條約」子午線已經管束不了幾近瘋狂的世界。隨著英、法、荷等新海上帝國的崛起與大洋貿易的興盛，西歐列強皆以強勢進入瓜分世界的行列。沒過多久，那條畫在海圖上的楨楨，就在一場接一場大海戰的炮火中，壽終正寢了。

《薩拉戈薩條約》太平洋子午線

〰地理意義上的東西半球地圖《亞洲全圖》〰西元一七四四年

一四九四年劃分了大西洋的《托爾德西里亞斯條約》簽署後，西班牙於一五二一年又派出了麥哲倫船隊，用近三年的時間成功環繞了世界，此舉令葡、西兩國再起海洋之爭。這一次是要劃分太平洋。於是，在羅馬教皇操持下又簽訂了《薩拉戈薩條約》（*Treaty of Saragossa*），劃出了一條太平洋子午線，作為兩國在東半球行使海洋權利的分界線，此線以西歸葡萄牙控制，以東歸西班牙控制。

麥哲倫船隊成功地環繞世界後，西班牙海軍即開赴香料群島，與葡萄牙爭奪香料貿易。為此葡萄牙政府幾度鬧到羅馬教皇那裡，希望羅馬教廷能主持「公道」。

一五二九年四月，葡、西兩國在西班牙東北部的薩拉戈薩舉辦談判，最終簽下《薩拉戈薩條約》。西班牙放棄了對摩鹿加群島的主張，並接受了兩國在東方的分界線，即在摩鹿加群島以東十七度的子午線。原本按均分地球分界線應該在今天的東經一百三十四度附近（也就是馬魯古群島以東七度附近），但西班牙當時正同法國交戰，亟需軍費。因此，簽訂條約時西班牙放棄了對摩鹿加群島的要求（此時，西班牙海軍已經佔領了摩鹿加德那地島對面的蒂多雷島），並接受在馬魯古群島以東十七度處劃定分界線（今巴布亞紐幾內亞，東經一百四十四度左右），同時，得到了葡萄牙支付的三十五萬達卡金幣。西班牙就這樣永久退出了香料群島的爭奪。

葡、西兩國各自得到半個世界，當然可以相安無事，但其他西方列強怎麼能容忍這樣的條約。實際上，在大航海時代這兩個分割世界的條約，並沒有完全起到「海權法」的作用，尤其是到了十六世紀中葉，歐洲海上列強都翅膀硬了，沒人理會羅馬教皇的條約了。伊麗莎白時代的一位貴族曾對西班牙駐英大使明確表示：「教皇無權劃分世界，也無權把國土隨便送給他所喜歡的人。」而法王更是乾脆地說：「陽光照在別人身上，也照到我的身上，如果亞當的遺囑有剝奪我參與分割世界的權利這樣一條，我倒很願意拜讀拜讀。」列強們在海上按自己的意願各行其是。所以，後世只能看到繪有《托爾德西里亞斯條約》分界線的大西洋航海圖，而很少見到繪有《薩拉戈薩條約》分界線的太平洋航海圖。

值得一提的事，在葡西兩國與教皇「熱心」為世界劃分割線之時，許多地理學家也在考慮地理意義上的地球分界線，因為，圓圓的地球在地理學上是必定要人為地分出東西方的。這樣才便於更準確地表示地球上各個國家的相對應的地理關係。於是有人嘗試在地圖上表示出這種不含任何權屬意義的地理分界線。

這是一幅以平射投影法繪製的亞洲全圖（圖11.2），作者說，此圖完全拋棄了神話傳說與宗教解釋，是根據旅行者的實地考察來繪製的地圖。這幅地圖由哈斯（Johann Matthaus Haas）將世界分成九個區域，由貝姆（Beimu）製作完成，出版於一七四四年。雖然，此圖題為亞洲全圖，但實際上也包括了歐洲的絕大部分。圖面可謂經緯分明，特別引人注目的是，作者有意加粗了九十度和一百八十度的經線。零度線仍依托勒密《地理學》定的加那利群島為子午線。

作者是否想以一百八十度經線作為東西半球的分界線，或者，用它來作國際日期變更線呢？作者沒有在地圖上說明，卻把它明顯地描繪出來了。

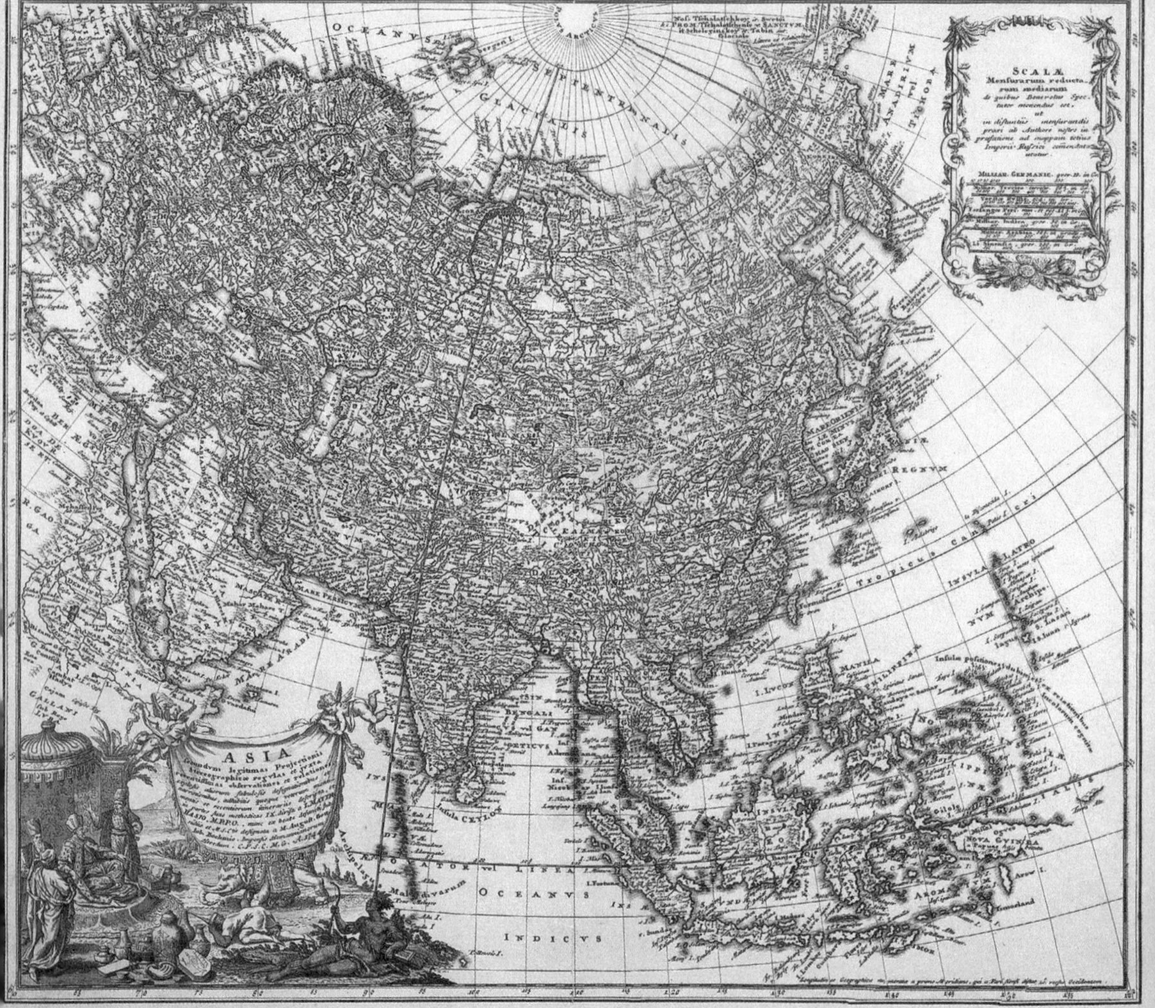

圖11.2：平射投影法繪製的亞洲全圖

一七四四年哈斯出版了這幅地圖，試圖表達地理意義上的東西分界線，或國際日期變更線。

從極地視角俯瞰世界

〰《北極單心投影世界地圖》〰西元一五一一年

〰《南北兩極雙心投影世界地圖》〰西元一五三一年

隨著航海事業的發展，托勒密的世界地圖已不足以表現這個不斷被發現的世界了。西方的地理學家們開始在新出版的地圖中，嘗試用新的角度來表現地圖。於是，有人用心形圖從一個想像中的高點來俯視三百六十度的世界，這一做法填補了傳統的托勒密地圖所缺失的半個地球，是世界地圖的一個飛躍。

這是一五一一年威尼斯版托勒密《地理學》中的地圖，此圖為木刻印刷的地圖，圖中用活字將紅色印刷的地名插入木版中，是少見的雙色印刷地圖的一個實例。伯納德・西爾瓦那斯（Bernard Sylvanas）製作的這幅世界地圖，使用了不同尋常的北極單心形投影，嘗試將托勒密的世界觀「現代化」，以納入最新的地理發現。

這幅北極單心投影世界地圖（圖11.3），也是最早顯示美洲的地圖之一，西印度群島和南美洲可以在地圖的左側見到，右側的繪有日本。蘇格蘭的輪廓不再失真，好望角顯示在南非前端。雖然，此圖是從北極方向投影，但對北極的描述，卻非常簡單，極地地區更是一片空白。這片空白等待著北極探險者來填補。

北極單心形圖出現後，人們很快發現了它的不足：容量小，變形大。於是，有人繪出了南北兩極雙心形投影地圖。這幅一五三一年在巴黎出版的奧倫提烏斯・費納烏斯（Oronteus Finaeus）繪製的南北兩

圖11.3：北極單心投影世界地圖

此圖出自一五一一年威尼斯印刷的托勒密《地理學》一書，雙色木刻，圖縱四十二公分，橫五十六公分。

極雙心投影世界地圖（圖11.4），其中央部分通過非洲將兩個半球連接到一起。左邊是北半球，一塊巨大的大陸連接歐洲和亞洲，然後連接美洲。在中美洲和南美洲，增加了許多新名稱，反映了西班牙征服者的新發現。右邊是南半球，極地中心被南方大陸填滿，這種描繪並非實測的結果，而是源於古老的地球理論，即南半球必須有一塊大陸來平衡北半球大陸的重

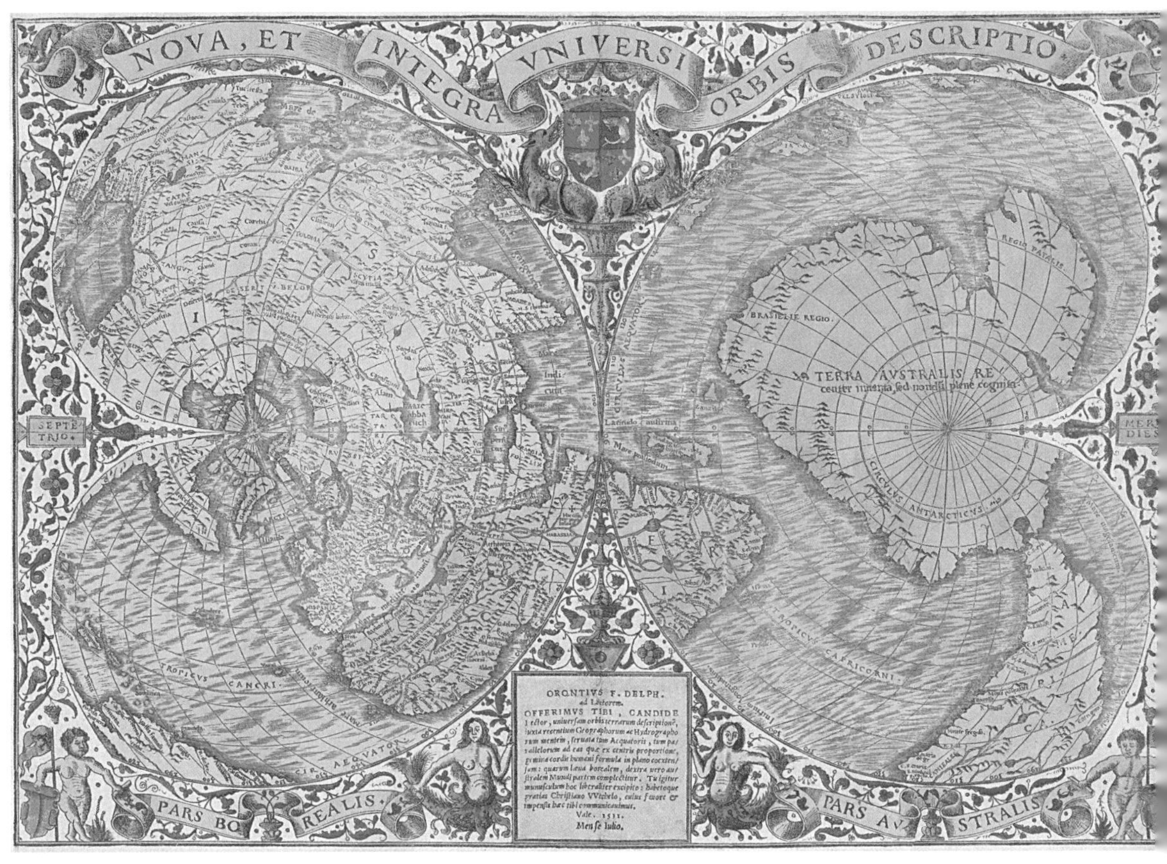

圖11.4：南北兩極雙心投影世界地圖

這幅一五三一年巴黎出版的奧倫提烏斯・費納烏斯繪製的南北兩極雙心投影世界地圖，左邊是北半球，右邊是南半球。木刻印刷，圖縱二十九公分，橫四十六公分。

量，以保持世界在地球軸上的穩定。

南極洲的輪廓曾被一部分人聲稱是南極洲被冰雪覆蓋以前的南極陸地，以此證明較早的文明曾經在冰雪形成之前就繪製了該地區的地圖，而實際上，更有可能是簡單的製圖方面的巧合。由於此圖是巴黎出版的，地圖上部的尖端上繪出了法國王室的盾牌徽標。

真正對於地球的南北半球極地區的科學描述，還要更晚一些，直到極地探險的成功，人類才真正將地球的東西南北完整地描繪出來。

麥卡托投影法將世界「扯平」

〰《麥卡托世界航海圖》〰西元一五六九年

從十五世紀末至十六世紀初，西方各國的地理學家與製圖家都感到誕生於西元二世紀的托勒密《地理學》已經不足以科學地表現當時所認知的世界了。在懷疑與探索中，又一位劃時代的地理學大師吉哈德斯・麥卡托橫空出世，他使世界地圖製作進入了新時代。

麥卡托一五一二年出生在佛蘭德的魯珀爾蒙德（Roermond）。這個出生地使他是哪國人，在後世出現了不同說法，有的說是荷蘭人、有的說是比利時人、有的說是法國人。佛蘭德是中世紀後期歐洲重要的紡織地區，也是英國和法國長期爭奪的目標。「百年戰爭」中，英國人戰敗，佛蘭德併入法國；但百年之後的一五五六年，它又歸為西班牙所屬的尼德蘭管轄；一六四八年佛蘭德的北部地區（今荷蘭澤蘭省）歸併荷蘭；一八三〇年比利時革命後，佛蘭德從荷蘭獨立出來，又成為比利時的領土……

麥卡托早年在洛文大學（今比利時）攻讀了哲學、數學以及天文學。後來，麥卡托到了現在位於德國的克里夫公國杜伊斯堡（Duisburg），在那裡他創建了影響至今的製作地圖的「投影法」。這個時期，大航海風潮已在歐洲興起，早期航海家們發現波特蘭航海圖的羅盤花放射出的恆向線，沒有考慮到地球的曲度；而以經緯描繪的航海圖，又因地球的球形，子午線像桔子瓣一樣匯合在南北兩極，使航海圖無法處理在平面上；怎樣最大限度地用直線在平面上來表示航線成為世界性難題。許多製圖家變換了多種投影法，仍然無法「將世界扯平」。

最終破解這一難題的是麥卡托，一五六九年他為航海家設計出了「圓柱投影法」世界航海圖：假想地球被圍在一中空的圓柱裡，其赤道與圓柱相接觸。然後，再假想地球中心有一盞燈，把球面上的圖形投影到圓柱體上，再把圓柱體展開；地圖的一點上任何方向的長度比均相等，平行的緯線同平行的經線相互交錯形成了經緯網。世界就這樣被麥卡托「扯平」了。

這幅世界航海圖（圖11.5）的原始尺寸一定大於它的印刷版本，估計應是縱一・二五公尺，橫二公尺，它的原始印刷版本，據說，要橫跨當時的十八張印紙。麥卡托在平面上用直線畫出全世界的航線圖，同時，在圖面上海洋空白處和北美內陸無人到達的空白處，用了許多文字向不瞭解投影法的人介紹它的合理性：這種新方法將球體表面展開在平面上，圖中每個地方的四個方位上都與其他地方連接起來，這裡既包括真實的方向和距離，也包括真實的經度與緯度。在這樣的航海圖指引下，航海者可以在地圖上設定一條航線，而後參照相應的羅盤方位角，就可以放心地航行。雖然，麥卡托的這種新航海圖沒有角度變形，但面積明顯變形，赤道地區面積變化最小，越到兩極，變化越大，一些國家的面積，如格陵蘭島因此被誇大了。不過，在南北迴歸線之間的部分變化的幅度最小，而人類絕大多數航海活動都是在這一區域進行。因此它一誕生就被廣泛用於編製航海圖，極大地影響了後來的遠航者。

一五六九年，五十七歲的麥卡托出版了他編製的第一本地圖集，這部《麥卡托地圖集》是歐洲人第一次正式以「地圖集」為此類書命名。這部以「投影法」繪製的地圖集，開創了航海圖繪製的新時代，終結了中世紀的波特蘭航海圖，後來的航海圖上，漸漸消失了指南玫瑰和羅盤線，地圖上更多出現的是經緯線。

麥卡托也由此成為歐洲地圖學中的佛蘭德學派的領軍人物。

圖11.5：麥卡托世界航海圖

此圖的原始尺寸一定大於它的印刷版本，估計應是縱一・二五公尺，橫二公尺。作者在平面上用直線畫出全世界的航線圖，同時，在圖面上海洋空白處和北美內陸無人到達的空白處，用了許多文字向不瞭解投影法的人介紹它的合理性。

DESCRIPTIO AD VSVM NA
accommodata.
OCEANVS SCYTHICVS qui & mare Tabin
OCEANVS SERICVS
OCEANVS AETHIOPICVS
PARS CONTINENTIS AVSTRALIS

NOVA ET AVCTA ORBIS TE
uigantium
Groclant
Nova Fran
OCEANVS AT
EL MAR PA CIFICO
Terra del Fuego
PARS CON
TINENTIS AVSTRALIS

「地理全球化」的最初描述

〰《德雷克環球航海圖》〰西元一五八九年

〰洪第烏斯《本初子午線雙球世界航海圖》〰西元一五九〇年

十六世紀晚期，是出版地圖集的黃金時代。在麥卡托完成第一版《麥卡托地圖集》之際，一五七〇年歐洲地圖學中的佛蘭德學派的另一位大師，比利時製圖家和地理學家亞伯拉罕・奧特里烏斯也出版了一部世界地圖集，名為《世界概觀》，兩位大師的作品形成雙峰並立的格局，使佛蘭德學派成為歐洲乃至世界最優秀的地理學派。

一五九五年麥卡托去世，半年之後，其子續編新圖使地圖集增至一百零七幅地圖，並再次出版《麥卡托地圖集》。這部地圖集中，有手繪地圖也有印刷地圖。該地圖集在德意志的杜伊斯堡出版，代表了當時歐洲地圖學的最高成就。

需要指出的是，最終使《麥卡托地圖集》廣為傳播的是另一位荷蘭地圖製作大家約道庫斯・洪第烏斯。一六〇四年洪第烏斯買下了《麥卡托地圖集》的所有銅版，兩年後印刷出版了《麥卡托與洪第烏斯系列地圖集》，這一地圖集成為《麥卡托地圖集》傳播最廣的版本。

可以說，二、三十年間，佛蘭德學派「三劍客」相繼推出的幾部地圖集，使世界地圖集達到了一個前所未有的高峰。它終結了托勒密《地理學》的時代，也終結了葡萄牙人封鎖航海圖和義大利人包攬航海圖出版的時代，宣告「低地國家」製作地圖和地圖出版商業化時代到來，也標誌著現代地圖學的開始。

洪第烏斯時代，環球航海成為大型地圖描繪的重要題材，繼麥哲倫船隊一五二一年環球航海之後，一五八〇年英格蘭海盜弗朗西斯・德雷克又成功完成環球航海，一五八八年英格蘭航海家托馬斯・卡文迪什（Thomas Cavendish）也完成了環球航海，如何表現這個圓圓的地球上的環繞航海活動，這成為製圖學家的重要課題。

一五八〇年德雷克完成環球航海後，因為他是真正親身完成環球航海的第一人，掌握了大量獨家航海資訊，所以，伊麗莎白女王頒佈命令，禁止參與過此次航海行動的任何人繪製相關航海圖，以保護這一國家機密。但是十年之後，著名製圖家吉哈德斯・麥卡托的孫子，墨克・麥卡托（M. Mercator），於一五八九年將德雷克環球航行路線製成了銀牌航海圖（圖11.6），這個直徑七公分的圓形銀牌飾品，悄然打破了禁令。

不知是不是受此影響，一五九〇年佛蘭德年輕的雕刻工人和繪圖器具製造者洪第烏斯就把德雷克環球航海的航線畫在了他新製作的地圖上了。這幅本初子午線雙球世界航海圖（圖11.7），主要描繪環球世界的航線，即德雷克一五七七年到一五八〇年間環繞地球航行的路線，和托馬斯・卡文迪什一五八六年到一五八八年間的再次環繞地球的航線，所以，各城市名稱都被限制在海岸線上，而不涉內陸。大西洋被一分為上下二段，赤道以上為「北海」，以下為「衣索匹亞洋」。太平洋也分為上下兩段，赤道以北的叫做「太平洋」，但赤道以南的稱作「南海」。從地圖上看，卡文迪什的航線和德雷克的大同小異。

當年德雷克回到英格蘭後，曾受到伊麗莎白女王的表彰，並下令將「金鹿」號永久停泊在泰晤士河

圖11.6：德雷克環球航海圖

一五八九年製圖大師麥卡托的孫子墨克・麥卡托不顧女王禁令將德雷克環球航行路線製成了直徑七公分的銀牌航海圖，這個掛在脖子上的銀飾品，悄然打破了禁令。

上，而此圖繪製者洪第烏斯就是當時參觀這艘船的觀眾之一。他把這艘令他終身難忘的船的模樣繪在了地圖右側底端，這也是「金鹿」號唯一的圖像記載。此圖還有四個地方繪有「金鹿」號的裝飾圖案，分別在摩鹿加群島（圖左下角小圖），西里伯斯島的暗礁群（圖右下角小圖），開始返航的爪哇島（左圖中），以及德雷克加利福尼亞港（左圖右上）。

此圖還有一個特點，就是把環繞地球一周的本初子午線置於大西洋中部和太平洋中部，如此，人們看到的就是美洲位於西半球，亞歐大陸和非洲位於東半球，這是最早的以子午線的形式劃分東西半球的地圖。這種以東半球和西半球的雙球來表現地圖的世界地圖，其新穎的形式極大地豐富了地圖的表現力、概括力和完整性。

洪第烏斯所繪的德雷克環球航行地圖，不僅是英國海外冒險及稱霸全球的特殊記憶，也是歐洲製圖家在「地理全球化」之後，以兩洋子午線劃分東西半球的最初嘗試。這種地理切分地球的方法比麥卡托的東西半球世界地圖又前進了一步。

圖11.7：本初子午線雙球世界航海圖

一五九〇年洪第烏斯出版的本初子午線雙球世界航海圖是歐洲製圖家在「地理全球化」之後，劃分東西半球的最初嘗試。圖縱三十一公分，橫四十七公分。

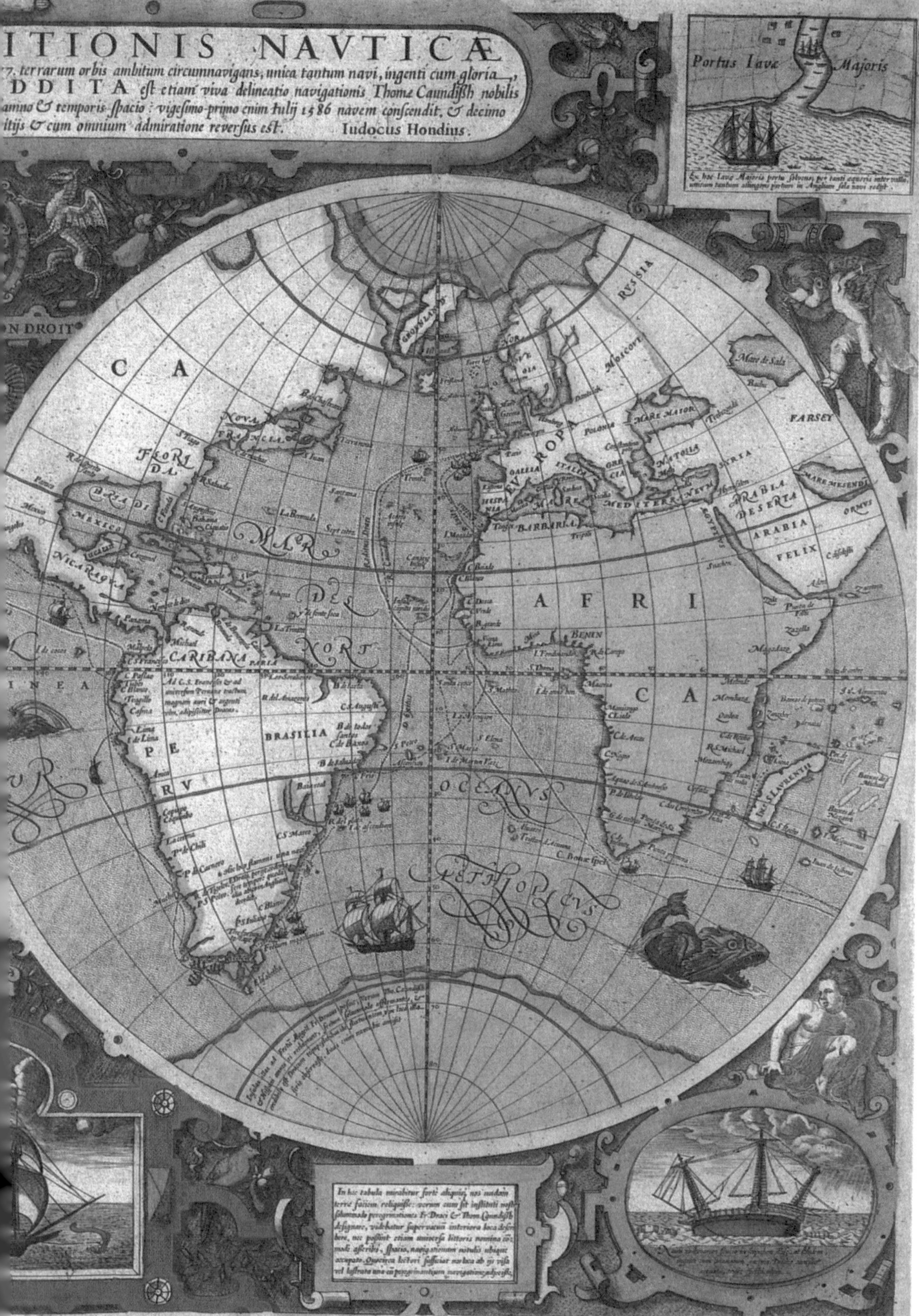
ITIONIS NAVTICÆ
7, terrarum orbis ambitum circumnavigans, unica tantum navi, ingenti cum gloria ,
DDITA est etiam viva delineatio navigationis Thomæ Caundissh nobilis
anno & temporis spacio: vigesimo primo enim Iulij 1586 navem conscendit, & decimo
itijs & cum omnium admiratione reversus est. Iudocus Hondius.
Portus Iavæ Majoris
N DROIT
CA
GRONLAND
RVSSIA
MOSCOVIA
EVROPA
POLONIA
MARE MAIOR
GALLIA
ITALIA
HISPANIA
NATOLIA
SYRIA
MEDITERRANEVM
BARBARIA
FARSEY
ARABIA DESERTA
ARABIA FELIX
ORMVS
NOVA FRANCIA
FLORIDA
MEXICO
NICARAGVA
MAR DEL NORT
AFRI
CA
BENIN
CARIBANA
BRASILIA
PE
RV
OCEANVS
AETHIOPICVS
S. LAVRENTII

VERA TOTIVS EXP
Descriptio D. Franc. Draci qui 5. navibus probè instructis, ex Anglia solvens 13. Decem
cæteris partim flammis, partim fluctibus correptis, in Angliam rediit 27 Septembris
Angli, qui eundem Draci cursum ferè tenuit etiam ex Anglia per universum orbem
quinto Septembris 1588. in patriæ portum Plimmouth, undè prius exierat,
Portus Novæ Albionis
DIEV
MONGOL
CIRCVLVS ARCTICVS
ANIAN
AMERI
TVRCHESTAN
CATHAJO
ASIA
CORASAN
INDIA ORIENTALIS
NOVA ALBION
California
TROPICVS CANCRI
MARE PACI
ÆQVINOCTIAL
NOVA GVINEA
MAR DI
TROPICVS
CAPRICORNI
INDIA
TERRA AVSTRALIS
CIRCVLVS ANTARTICVS
GILOLO IN.
Terrenate
Tidore
Mutir
Machian
Bachian

法國最早的國家子午線

〰第一幅三角測量全新《法國地圖》〰西元一七四四年

「它是地球上最早的本初子午線，是世界上第一條零度經線，也是巴黎古老的『玫瑰線』」。這是暢銷小說《達文西密碼》裡的話，但小說家的話不能當真。

世界上本沒有經緯線，它是地理學家為了數據化和模型化表現地球的一種理論和手段。西元前二〇〇年，埃拉托斯特尼發明了用格網線來劃分區域的系統。一二〇年托勒密綜合前人研究成果提出在地圖上繪製經緯度網格概念。在托勒密世界地圖上，非洲西北海岸附近的「福島」即加那利群島被設為零度經線，如果說「第一」，這大概是第一條經度子午線。

赤道作為「零度緯線」，由自然法則決定；而零度經線，上天則沒有提供這種選擇。從理論上講，通過地球上任何一點的經線都可以作為起始線。所以，中世紀以來，各國都是以本國起始經線為零度經線，如，荷蘭地圖的零度經線就是阿姆斯特丹威斯特教堂的南北軸；義大利地圖上使用的零度經線位於羅馬。

《達文西密碼》裡所說的巴黎古老的「玫瑰線」確實存在，它在巴黎聖敘爾皮斯教堂，此教堂的歷史可遠溯八世紀，現存建築始為一六四六年重建。當年八歲的路易十四曾親手為重建教堂投放上了第一塊基石，重建工程持續了一百三十六年。在教堂靠北的耳堂裡，有一個日晷，日晷延伸出一條金屬線，也就是小說和電影《達文西密碼》中所說的「玫瑰線」。光束順著「玫瑰線」上的刻度逐步地移動，就可以計量時間。不過，這個「玫瑰線」並不是巴黎子午線，真正的巴黎子午線在教堂西邊百多公尺處。

很久以前，法國曾以通過托勒密的「福島」即加那利群島的經線作為零度經線。一六六七年，法王路易十四批准設立了法國巴黎天文台，零度經線也改為通過巴黎的經線（現東經2°20′14.025″）。十年後的一六七六年，英國將零度經線設在了倫敦格林威治天文台。如果說，中世紀後的近代社會「第一經度子午線」，法國巴黎子午線可算「第二」。

曾經為「玫瑰線」教堂奠基的路易十四，確實跟巴黎子午線有著密切關係。一六六六年法國國王路易十四成立了皇家科學院，向全歐洲招集頂尖科學家，這個機構的首要任務就是「修訂和改進」地圖和航海圖。法國學習了荷蘭人的三角測量法，對國家版圖重新進行科學測繪，成為第一個用此方法進行大比例測量的國家。主持皇家科學院的皮卡爾，於一六八一年啟動了法國地圖測量工作。據說，當路易十四得到新的測量數據時，曾驚歎道「它讓我的國土損失了一大半」。

三角測量法需和天文觀察相結合，才能更精確地進行繪圖。天文觀察方法大約有四種：一是用太陽觀察確定各點的經緯度；二是用月蝕觀測確定；三是用木星遮掩某恆星觀測測定；四是用木星第一衛星觀察確定。繪圖師通常是在天文觀察確定若干個基本點後，再採用三角測量方法推算出其他各點的經緯度。所以，皮卡爾請來了一六七一年被任命為法國天文台首位台長的義大利人卡西尼，直接參與製作全新法國地圖。

一七四四年老卡西尼的兒子雅克・卡西尼（Jacques Cassini）完成了第一幅三角測量全新法國地圖（圖11.8），在這幅地圖上製圖者將一條穿過巴黎的零度經線清楚地繪在地圖中央。雖然，世界後來沒有採用法國巴黎子午線，但法國人準確測量的子午線，仍有可以驕傲的地方：一七九一年法國國民議會規定，從極點到赤道的距離的千萬分之一為一公尺，一九一九年國際航海大會，正式將「公尺」作為國際通用的標準長度計量單位。

幾乎是與法國大規模三角測繪全國地圖的同時，一六七八年（康熙十七年），康熙讓南懷仁給歐洲耶穌會寫信，希望向中國增派精於算學的耶穌會士來為大清國繪製科學測量的全國地圖。十年後，張誠、白晉等六位被冠以「國王數學家」稱號的法國耶穌會士來到中國，又經過近二十年準備工作，一七〇八年，測繪全國地圖的工作終於開始。一七一七年（康熙五十六年）完成各省分圖之後，由白晉總繪成一幅全國地圖——《皇輿全覽圖》，此為中國第一次經實地勘測繪製的全國地圖，也是世界上第一幅面積最大的實測地圖（法國全國地圖一七四四年才最終完成）。清政府在這幅地圖上，確定了北京城中軸線為零度經線。

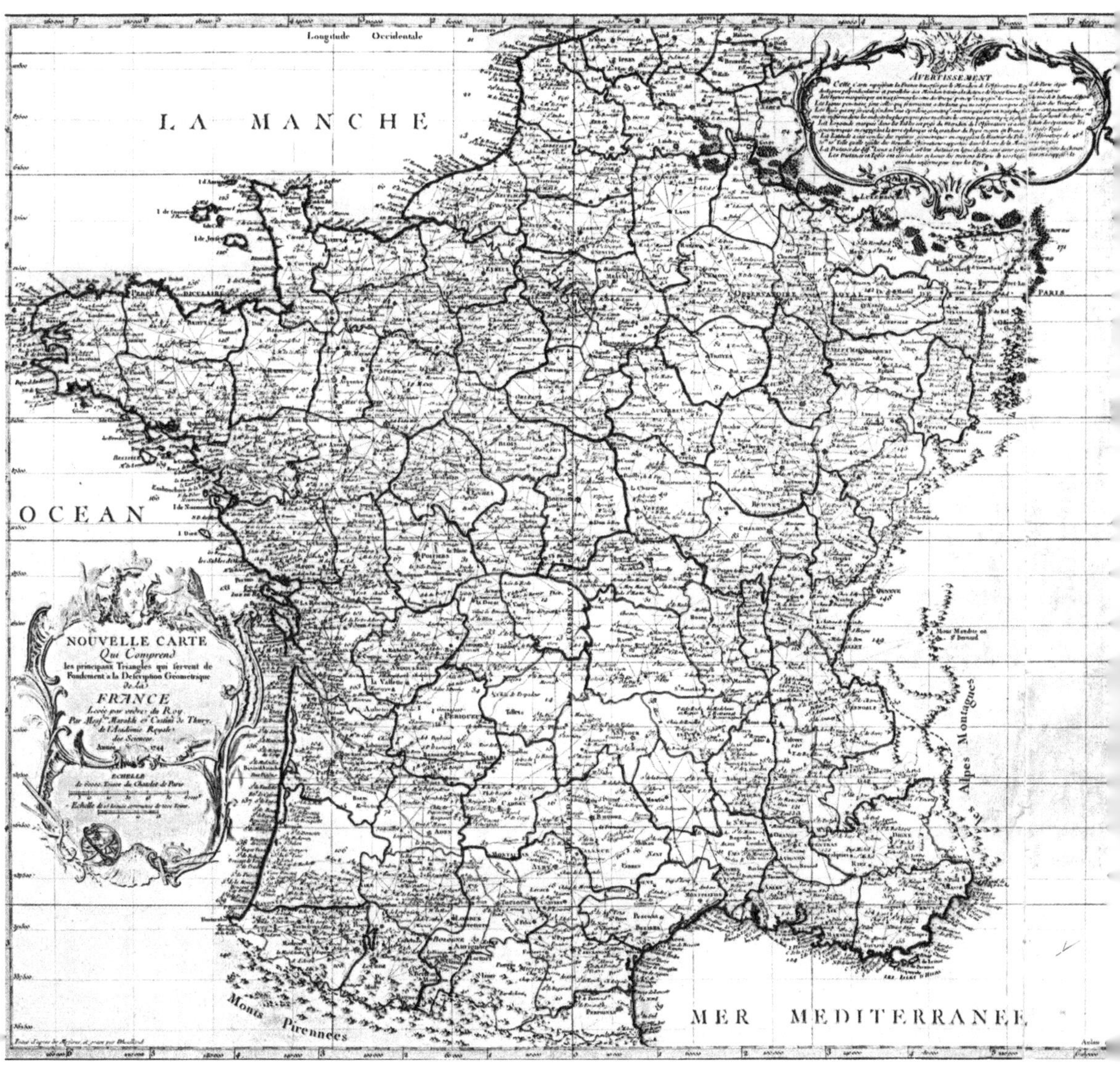

圖11.8：第一幅三角測量全新法國地圖

一七四四年雅克・卡西尼完成了第一幅三角測量全新法國地圖。在這幅地圖上，可以看到穿過巴黎的零度經線。

英國為軸心的本初子午線

〰馬修．帕里斯《英格蘭地圖》〰約西元一二五〇年

〰《世界各地不列顛帝國領土地圖》〰西元一八六〇

在古代歐洲，英格蘭是一個被邊緣化的落後國家。西元一世紀，征服了整個地中海的羅馬人，又跨過海峽，征服了英格蘭，在這裡延續了三百多年的統治。五世紀，羅馬人撤出之際，英格蘭又遭受了北歐的盎格魯人、撒克遜人的侵擾。此後兩個多世紀，盎格魯人、撒克遜人在這裡建立起由肯特、薩塞克斯（南撒克遜）、威塞克斯（西撒克遜）、埃塞克斯（東撒克遜）、諾森布里亞，東盎格利亞和麥西亞七個小王國組成的盎格魯—撒克遜非正式部落聯盟，史稱七國時代。從八世紀末起，北歐人駕著海盜船，頻頻登陸英倫諸島，並割地而居。一〇六六年，法國諾曼第的威廉公爵跨過海峽奪取英格蘭王位，英格蘭從這時起，才是一個相對統一的國家。在不斷的中世紀戰爭中，英格蘭慢慢完成了統一的國家版圖。

在倫敦北部的聖奧爾本斯修道院修士馬修・帕里斯（Matthew Paris）所編的《世界編年史》中，為後世留下了現存最早的英格蘭地圖。英格蘭修道士有編寫歷史書的傳統，在七三一年他們已經寫出了《英格蘭宗教史》，威塞克斯國王阿爾弗雷德（Alfred），曾組織學者編寫《盎格魯—撒克遜編年史》，這部《編年史》一直由後人續編至一一五四年。馬修・帕里斯所編的《世界編年史》記敘一二三五年至一二五九年英格蘭及歐洲重大事件，其記述多為本人或他人的親歷，史料翔實。在這部書

的縮略本《編年簡史》中，馬修・帕里斯還繪製了多幅地圖，它們皆是英國中世紀地圖文獻中獨一無二的珍品，其中就有這幅英格蘭地圖。

這幅馬修・帕里斯繪製的英格蘭地圖（圖11.9），準確地描述了統一的英格蘭版圖，大約繪於一二五〇年。地圖上北下南，在地圖的北部，以垛口形長城描繪了英格蘭與蘇格蘭之間，一二二年羅馬帝國君主哈德良興建的哈德良長城。在地圖的最南邊，以大形塔樓和城垛描繪了首府倫敦，其北部的尖頂教堂還是十字架符號，表現的即是作者所在的聖奧爾本斯修道院。不過，不論此時的英格蘭的版圖有多麼壯美，它在歐洲仍是一個不被重視的落後的小國。從一〇六六年威廉統制英格蘭之後的三百年間，落後的英格蘭一直以法國文化為貴族文化，歐洲大陸文化經由法國強勢進入英格蘭，或者說，英格蘭由此漸漸融入了歐洲。

英格蘭獨立的國際是在大航海時代，靠著海上力量擴張確立的，其稱霸世界並掌握海洋話語權的著名例子是子午線的確定。

在大航海的競爭中，航海家們發現精確測定經度，已成為航海的關鍵問題。為了解決這個問題，十九世紀上半葉，先進國家紛紛建立天文台，並以通過本國主要天文台的子午線為本初子午線。在法國決定興建巴黎天文台十年之後，一六七五年英國在倫敦建立了格林威治天文台，並第一個研究出了簡易測定航海中船舶方位的方法。

一七六六年馬斯卡林（Nevil Maskelyne）當上第五任天文官後，即將本初子午線的位置爭取到格林威治。次年馬斯卡林出版了第一本實用的《航海年鑒》（*The Nautical Almanac*），此後近四十年裡，他連續發佈了四十九期《航海年鑒》。這本被各國海員廣泛使用的航海工具書，其所有測算都以格

圖11.9：英格蘭地圖

英格蘭聖奧爾本斯修道院修士馬修・帕里斯繪製。在地圖北部，以垛口形長城描繪了西元一二二年羅馬帝國時所興建的哈德良長城。在地圖南邊，以大形塔樓和城垛描繪了首府倫敦，此圖大約成圖於一二五〇年。

林威治為基準經度。後來，各國海員也接受了英國人哈里森（John Harrison）研製的航海鐘（Marine chronometer），為航海標準時鐘。一八三五年以後，格林威治天文台在傑出的天文學家埃里（George Biddell Airy）的領導下，得到擴充並更新了設備。他首創利用「子午環」測定格林威治平太陽時。該台成為當時世界上測時方法較先進的天文台。這個時候的英國已是頭號海上強國，也是引領航海技術的大國。

一八五〇年美國政府決定在航海圖中採用格林威治子午線取代通過華盛頓的零度經線作為本初子午線。在這幅英國人於一八六〇年繪製的名為「世界各地的不列顛帝國領土地圖」（圖11.10），出自英國地圖學家約翰・巴瑟羅繆（John Bartholmew）的《皇家插圖地圖集》（*Royal Illustrated Atlas*）。此圖上，已將經過格林威治的經線標註為零度經線。此時的英國已是「日不落」之國。圖面上，通過紅色展示出大不列顛帝國的「日不落」的世界格局。圖上方和下方的插圖中，人們可以看到維多利亞時代的世界，五大洲都有穿著不同服裝的英國子民在與各國人打交道，如穿著格子呢裙的蘇格蘭人，戴熊皮帽子的衛士，還有來自愛琴海島嶼的希臘人；有美洲的加拿大印第安人和愛斯基摩人；中國人和印度人代表了亞洲，土著和毛利人則代表了澳大利亞人。

據史料記載，最早用紅色來表現不列顛領土的地圖，出現在亨利・蒂斯代爾（Henry Teesdale）一八三一年出版的《新不列顛地圖集》（*New British Atlas*）中。在這個地圖集裡，英國人首次使用紅色表示所有英屬殖民地，並在此後英國出版的地圖中形成慣例。使用紅色作為慣例，一方面是紅色是醒目的色彩，另一方面彩色印刷此時已在歐洲推廣開來。在這幅由蘇格蘭愛丁堡出版的地圖上，大不列顛的紅色地盤已經遍及幾大洲。中國讀者或許會注意到在中國的南大門，已經有畫上了紅槓槓的字母

「HONG KONG」（香港）。這是一幅象徵英國統治利益的畫面剪輯，也是英國殖民者的血色印跡。英格蘭就這樣從一個落後的大西洋小國，變成了「日不落」的超級帝國。

一八五三年，俄國海軍宣佈不再使用普爾可夫天文台（Pulkovo Observatory，今列寧格勒附近）的零度經線編製航海歷，而採用格林威治子午線為本初子午線。到了一八八三年，可以說除了法國編製的地圖，其餘國家的地圖幾乎都是採用格林威治經線作為零度經線。

一八七一年第一屆國際地理學會議在比利時安特衛普召開，會議做出決議：「各國的海圖要統一採用格林威治子午線為零度經線，並在十五年內付諸實施。」一八八四年，國際子午線會議在美國華盛頓召開。會議決議：「本初子午線必須是通過一級天文台的子午線，考慮到有百分之九十的從事海外貿易的航海者已經以格林威治子午線為基準來計算船的位置（經度）這一實際情況，各國政府應採用格林威治子午線作為本初子午線。」不過法國人並不服氣這個決議，在自己國家發行的地圖上，仍將本初子午線定在首都巴黎，直到一九一一年後才改為格林威治線。

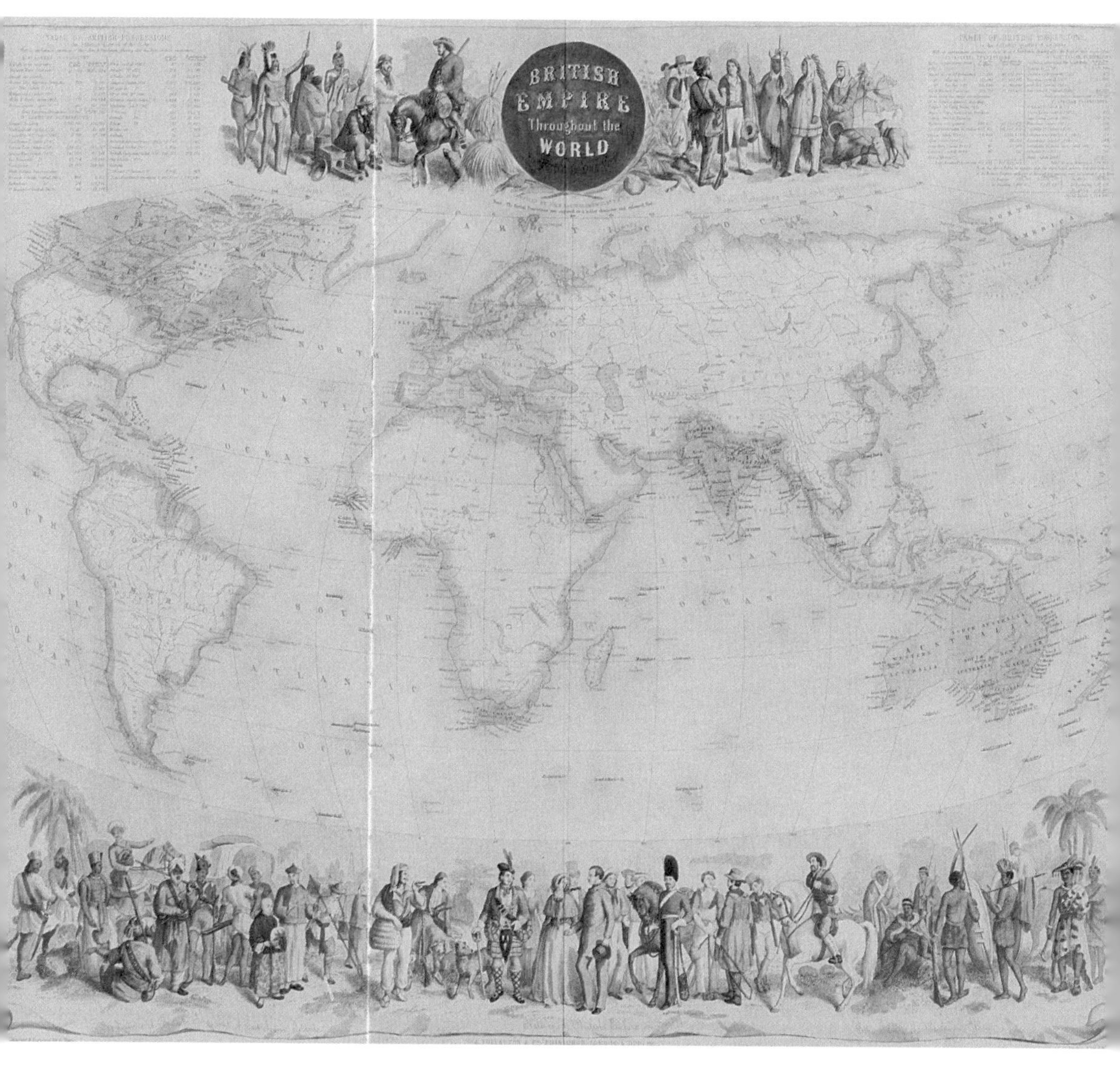

圖11.10：不列顛「日不落」世界地圖（世界各地不列顛帝國領土地圖）

在這幅一八六〇年出版的地圖上，英國倫敦的本初子午線已標註在地圖上，圖上大不列顛的紅色已遍及幾大洲。彩色印刷，圖縱四十四公分，橫五十三公分。

12

尋找「南方大陸」——發現澳大利亞與紐西蘭

最初關於地球的「南方」，所有的推論皆來自古希臘。

西元前六世紀的希臘天文學家畢達哥拉斯認為：世界上最美的形狀是圓形，人類居住的大地是球形的。根據對稱之美，他認定北半球有歐亞大陸，南半球一定有相同的大陸存在，以保持地球的「平衡」。這便是西方傳統地理學中「南方大陸」的由來。

西元前二世紀的希臘地理學家埃拉托斯特尼算出了赤道的周長，並用網格繪製出地圖，可惜沒能傳世，否則，人們就能看到北半球的先哲怎樣描繪想像中的「南方大陸」。

西元二世紀的希臘地理學家托勒密寫出了影響世界的《地理學》，他再次認定：在赤道與南極之間，有一塊巨大的「未知的南方大陸」，與北半球的大陸保持平衡。並繪出了表達這一理論的托勒密世界地圖。雖然，托勒密的地圖原本散失，但中世紀有其抄本神奇傳世。在這類抄本中，非洲大陸的南端是與南極洲相連的，印度洋是一個「內海」。

大航海的帆影，使歐洲人相信他們找到「南方大陸」的機會來了。雖然，越過好望角的迪亞士沒有遇到「南方大陸」，但它提供了向更廣泛的「南方」進軍的可能。在隨後的幾百年裡，歐洲人向南，再向南……雖然，最終沒有找到「未知的南方大陸」，但畢竟還是與一塊「未知大陸」相逢於南太平洋上，英國人似乎在安慰自己，就將這裡稱為「Australia」（澳大利亞）——即「南方大陸」。

當英國人將這裡命名為澳大利亞時，荷蘭人很不高興，他們認為自己才是最先登陸上這個大陸的人；當荷蘭人認為是他們率先發現這個大陸時，葡萄牙人非常鬱悶，因為，是他們最先打開麻六甲通道的，是他們率先進入到東印度和香料群島，葡萄牙人有理由相信，是他們的航海家率先進入了今天的巴布亞紐幾內亞後，又率先從北方登上了「南方大陸」的北部。

此後，人們又向澳大利亞和紐西蘭的南面繼續前進，進入南極圈，後來，人們真的在這裡找到了一片被冰雪覆蓋的大陸——南極大陸。通常人們是這樣講：南極是地球上最後一塊被畫上地圖的地方。

這些關於南方、南極的歡樂與悲傷的故事，都被製圖家用獨有的符號記錄在古老的海洋地圖上面。

大師仍堅信「南方大陸」存在

〰奧特里烏斯《世界地圖》〰西元一五七〇年

一四八八年葡萄牙的迪亞士發現好望角；一五八五年英國的德雷克繞過美洲大陸南端；航海家在世界的兩塊大陸的最南端證明了非洲與美洲大陸都不與所謂「未知的南方大陸」相連。但從麥哲倫船隊穿越太平洋的航海探險，以及葡萄牙人在爪哇島的探險，所傳回歐洲的訊息看，「未知的南方大陸」仍有存在的可能。所以，在亞伯拉罕・奧特里烏斯一五七〇年出版的第一部現代地圖集《世界概觀》的世界地圖（圖12.1）中，南迴歸線以南，仍被繪成一個巨大的延伸至南極的「南方大陸」。

奧特里烏斯一五二八年出生在安特衛普，最初是一個地圖雕刻師，在麥卡托的影響下，後來成為最權威的地圖出版人、地理學家和佛蘭德學派代表人物，他在一五九六年提出「大陸漂移學說」的最初設想，後來被德國科學家阿爾弗雷德・魏格納（Alfred Lothar Wegener）在一九一二年加以闡述，產生廣泛影響。奧特里烏斯的《世界概觀》中在地球南端留出的巨大空白，對後來的尋找「南方大陸」活動，無疑是一種「理論支持」。同一時期，地理學家麥卡托，也和奧特里烏斯一樣，在自己繪製的世界地圖中，在地球南端留出的巨大空白，相信「南方大陸」的存在。

在大航海時代，英國屬於後知後覺的晚輩，當他們進入到海上競爭時，世界可供發現的未知土地已經不多了。但這種不利局面並沒有影響英國的「發現」熱情，十八世紀，在多個國家放棄尋找「未知的南方大陸」的計劃之後，英國皇家海軍悄悄啟動了尋找「未知的南方大陸」的計劃。

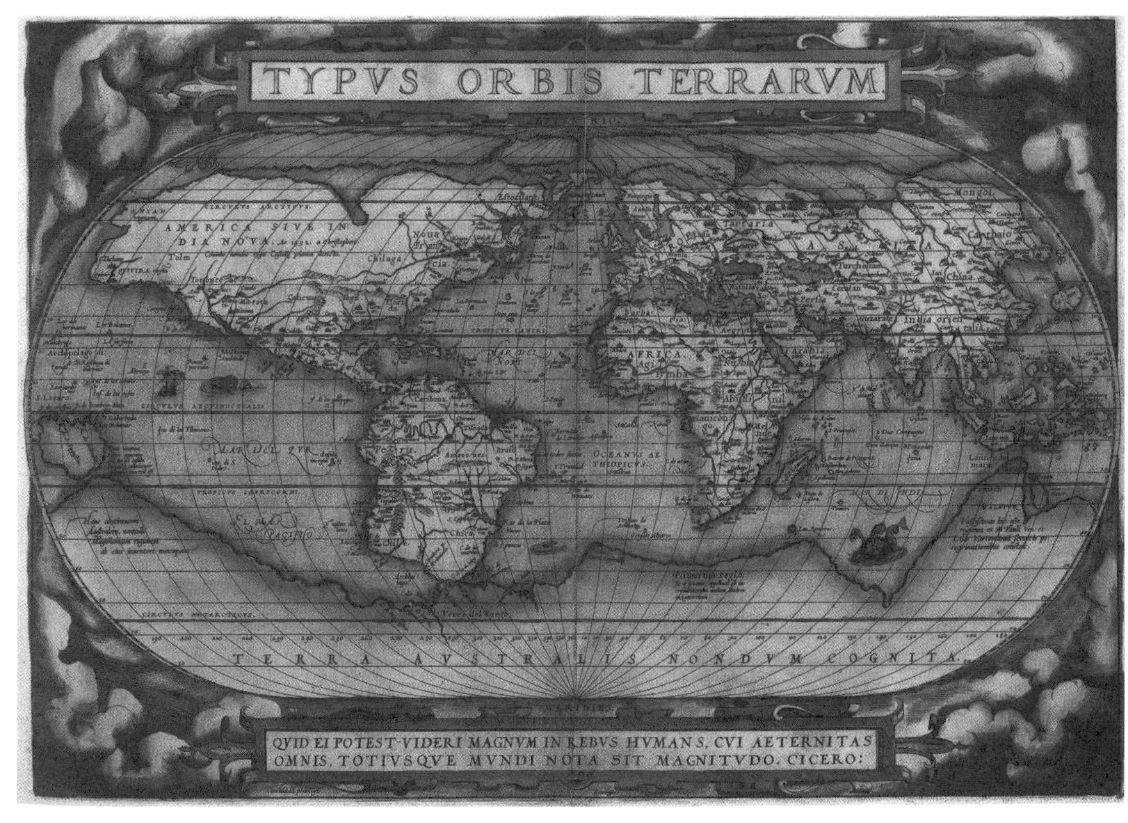

圖12.1：奧特里烏斯世界地圖

一五七〇年奧特里烏斯的首版《世界概觀》中的世界地圖上，在南迴歸線以南，作者畫出一片無邊的「未知的南方大陸」，圖縱三十三公分，橫四十八公分。

一七六九年，英國皇家海軍派出專門的科考船遠赴南太平洋，這次遠航沒有找到「南方大陸」。此後，英國皇家海軍又加大了再度探險的投入，並在一七七二年到一七七四年間，由庫克（James Cook）船長帶領皇家海軍提供的決心號和冒險號兩艘帆船，兩度深入南極區域探險。庫克船長完成了環繞南極海域一周的航行，並且在西經一百四十五度和西經一百零六度五十四分處，兩次越過南極圈，最南曾到達七十一度一十分的高緯地方。庫克的航行證明，太平洋南溫帶地區根本不存在所謂的「未知大陸」。

雖然，各國尋找「未知的南方大陸」的航海活動中，都沒能取得終極成果，但在此過程中還是有幾份意外的驚喜，比如發現了澳大利亞……

葡萄牙發現「疑似」澳大利亞

〰《大爪哇地圖》〰 西元一五四五年

荷蘭人、英國人都說自己率先發現了澳大利亞，但是，從存世的描繪這一區域的海圖來看，早在荷蘭人、英國人來到此地之前，這裡已經有歐洲航海家來過，並留下了最早的局部澳大利亞海岸圖。

這幅大約繪製於一五四五年的無名海圖，被多數後世研究者稱為「王子地圖」，因為它是一幅為法國君主的繼承人（一五四七年成為亨利二世）製作的地圖，因王子「Dauphin」（道芬）所以也稱它為「道芬地圖」。但從地圖所描繪的地方來看，有人認為它應叫「Java La Grande」大爪哇地圖。

爪哇島是今天印尼的南部群島，這個名字歷史悠久。它表示的地域相當廣泛，但並不含今天的澳大利亞。古代與澳大利亞聯繫最緊密的應當是它北部的後來被稱新幾內亞的群島。可能是大到無邊了吧，這裡也被稱為「大爪哇」。

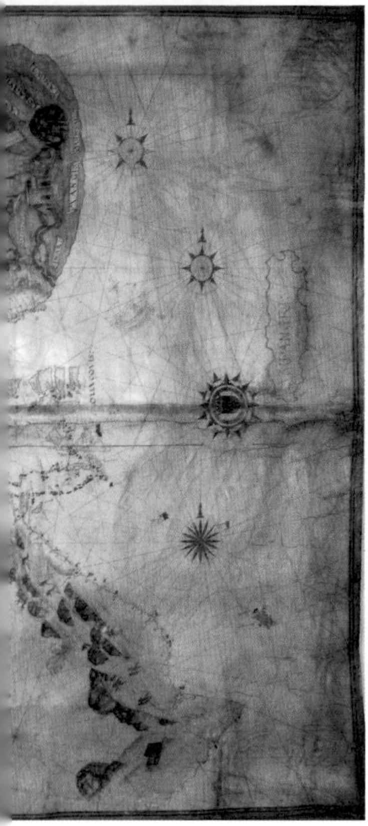

這幅「大爪哇地圖」（圖12.2），有著法國第厄普繪圖學校的繪圖風格。由於當年許多探險船是從這個大西洋沿岸的第厄普小城出發，所以，這裡的繪圖學校與很多葡萄牙海員有著密切的聯繫。當年的第厄普繪圖學校複製了很多葡萄牙海員的舊地圖。葡萄牙人也依此相信這幅地圖

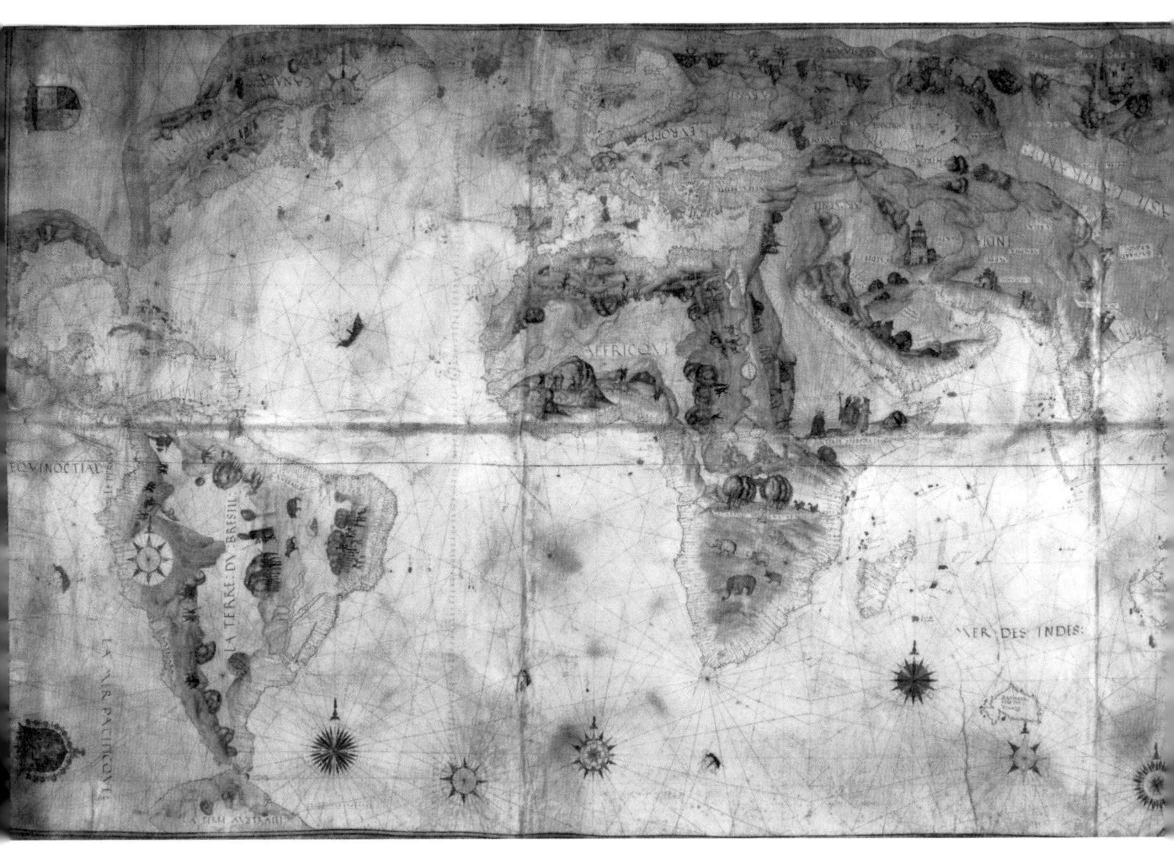

圖12.2：大爪哇地圖

此圖大約繪製於一五四〇年，這幅「大爪哇」地圖裡的「疑似」澳大利亞，等待後人的證明。

中的「大爪哇」，應是葡萄牙航海家最早發現並描述的尚未命名的澳大利亞的證據。

作為未經證明的「由葡萄牙人發現澳大利亞」的一個證據，這幅地圖的尺寸和形狀可能表示了澳大利亞東北部群島，但尚找不到這幅地圖與葡萄牙的確切關係。葡萄牙航海家也缺少這方面的航海日誌來佐證。但是，不論怎樣，此圖對這一地區的描繪，仍是澳大利亞進入海圖的重要時間點的證明。它表明早在荷蘭人與英國人之前，確實有歐洲航海家到過這裡，並精心描繪了這裡的海岸形狀。它也因此被一些研究者認為是最早的澳大利亞地圖。

澳大利亞西海岸的神秘身影

〰海因里希・班廷《歐亞非地圖》〰西元一五八一年

如果說，「大爪哇地圖」只露出澳大利亞的冰山一角，那麼，後來海因里希・班廷（Heinrich Bunting）的世界地圖中，顯示的則是完整版的澳大利亞西海岸。

海因里希・班廷是一位德意志漢諾威的神學評論家和製圖家。這幅地圖是他為自己一五八一年出版的神學書籍《跟著聖經遊世界》（*Itinerarium Sacrae Scripturae*）一書製作的幾幅地圖之一。此木刻地圖並非為了描繪太平洋或澳大利亞而作，它是一幅歐亞非世界地圖。通常人們關注這幅地圖是因為它是這本書中的三幅漫畫地圖之一。前兩幅即著名的亞洲飛馬地圖（**Asien als Pegasus**）和歐亞非三葉草地圖（**Die Welt als Kleeblatt**）。這幅地圖因為將歐洲地形刻意畫成少女形狀，而被稱為「歐羅巴少女地圖」（**Europa als Reichskönigin**）（圖12.3）。

如果橫看這幅歐亞非世界地圖的歐洲部分，或許看不出她的少女形象，但如果把歐洲豎起來看，她就是一位穿著裙子的少女——頭是伊比利半島，兩臂張開，一隻手是伸向地中海的亞平寧半島，一隻手是伸向北海和波羅的海的日德蘭半島，長長的裙子是東歐……

十六世紀的歐洲製圖者製作地圖，不僅要表現歐洲人地理知識的進步，也明顯地表露出歐洲在宗教和文化上的優越感。其中，尤以十六世紀末期一批「奇巧地圖」為典型。他們讓國家和地區的地理輪廓變形，以屈從於人物和動植物的輪廓。中世紀流傳下來的世界各地區地位高下的觀念便蘊含其中。如，

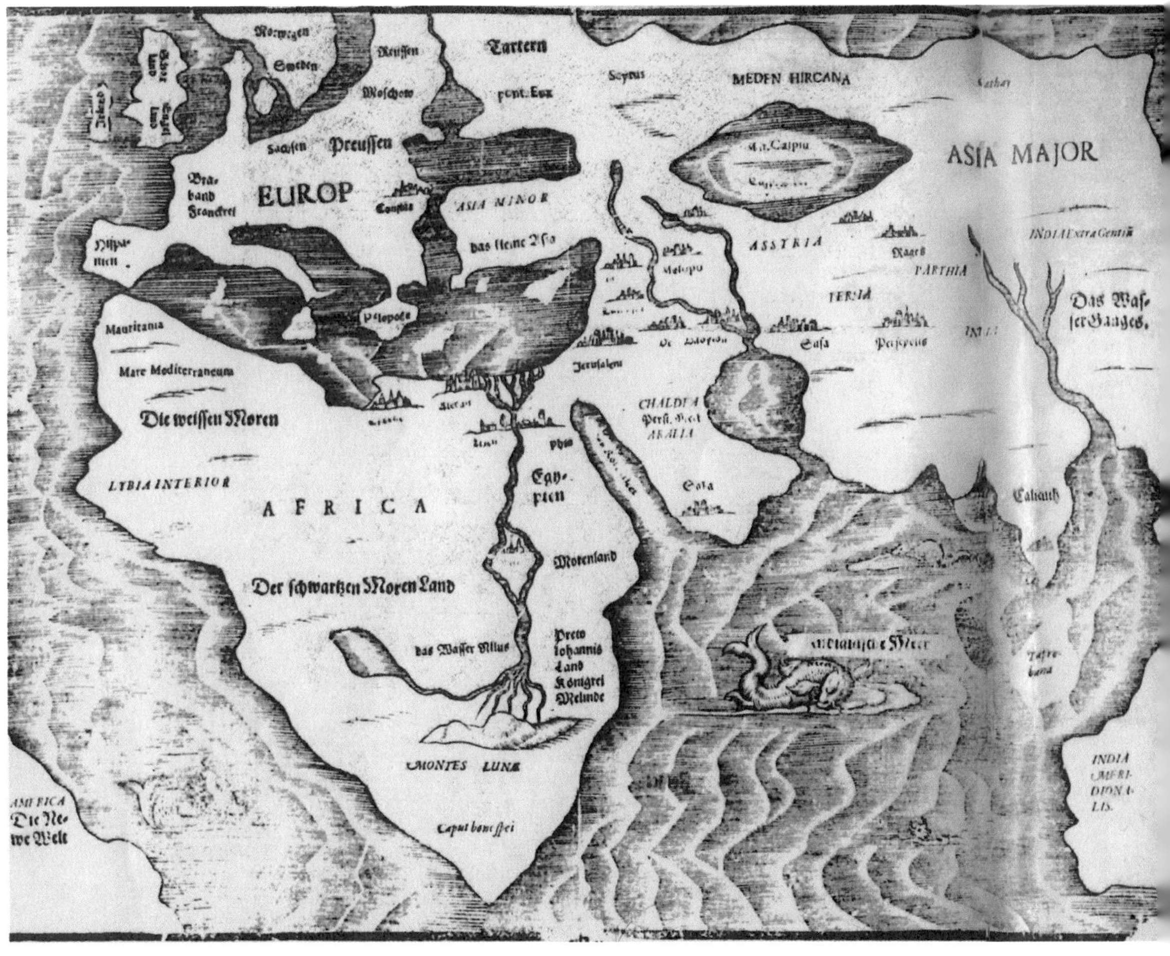

圖12.3：海因里希・班廷歐亞非地圖

原載於一五八一年木刻印刷的《跟著聖經遊世界》一書。「歐羅巴少女」是此圖的一個看點，還有一個看點就是在圖的右下方，繪出了澳大利亞西海岸的海岸線，這是關於澳大利亞西海岸的最早地圖，圖縱二十七公分，橫三十六公分。

一五八〇年代集中出現的幾張少女形歐洲地圖，雖然，僅僅繪製了歐洲地圖，卻掩飾不了歐洲人的自命高貴。歐羅巴少女地圖，恰是這種觀念的具體體現。在古希臘神話裡，歐羅巴（Europa）是腓尼基公主，之後成為宙斯的妻子，歐羅巴正是被化身為公牛的宙斯帶到這片土地上，並以她的名字命名這片大陸為歐羅巴洲。這類少女形地圖的構型即脫胎於這個神話。

原本是突出歐羅巴少女的地圖，無意之間，作者把一片巨大的未被開發和認識的土地扯了進來，使這幅地圖在關於澳大利亞早期地理形象描述中佔有一席之地。此圖的右下角，作者清楚地勾勒出了與今天的澳大利亞地圖沒什麼不同的西澳大利亞海岸線。並且在上面註明了「INDLA」（印度）。在大航海初期，由於歐洲人缺少對太平洋國家的認識，通常會將印度以東的地方，稱為「上印度」或「東印度」。這個澳大利亞西海岸的海岸線，輪廓都比較準確，只是位置偏西了。

那麼，德意志的海因里希・班廷是從哪裡得來的這些最新航海資料，是不是從率先打開香料群島航線的葡萄牙人那裡得來的訊息？目前，人們找不到這方面的線索。

荷蘭人在南方大陸的探索

〰《東印度航海圖》〰 西元一六七五年

荷蘭在葡萄牙打通了東印度航路後，幾乎沒花任何探險代價，沿著前人開闢的航路，順風順水地來到東印度，並佔領了東印度。

據說一六〇六年，西班牙航海家托雷斯（Luis Vaz de Torres）在南太平洋探險時，曾穿過澳大利亞與巴布亞紐幾內亞之間的海峽，但他們沒有留下「發現」澳大利亞的紀錄。有紀錄的是早在一六〇二年荷蘭人即在印尼設立了東印度公司，並於一六〇六年到達了澳大利亞東北部。

十七世紀後半葉，荷蘭雕刻師、出版商兼地圖銷售商德・威特（De Wittur），在阿姆斯特丹開了一家印刷商店。他的出品包括航海圖、掛圖、世界地圖集，以及含有荷蘭與歐洲城市規劃的書籍。這幅德・威特在一六七五年出版的東印度航海圖（圖12.4），可謂十七世紀對這一地區最著名的描繪。此圖為銅版印刷，其方位為，左北右南，上東下西。雖然，此圖名為「東印度」航海圖，它實際包含了後來所說的「西澳大利亞」。日本出現在左上方，澳大利亞在右上方，圖中央是香料群島。細心的人也許會發現，渦漩裝飾標題處還描畫了中國人物，包括一個商人和他的商品。這些恰是東南亞地區對西方殖民者的巨大誘惑。

澳大利亞西部和北部的海岸線十分清晰地被描繪在地圖上，但荷蘭人並沒有接著去探索南部和東部澳大利亞，那裡的海岸線是一片空白。令人不解的是一六四二年荷蘭航海家塔斯曼（Abel Tasman），已

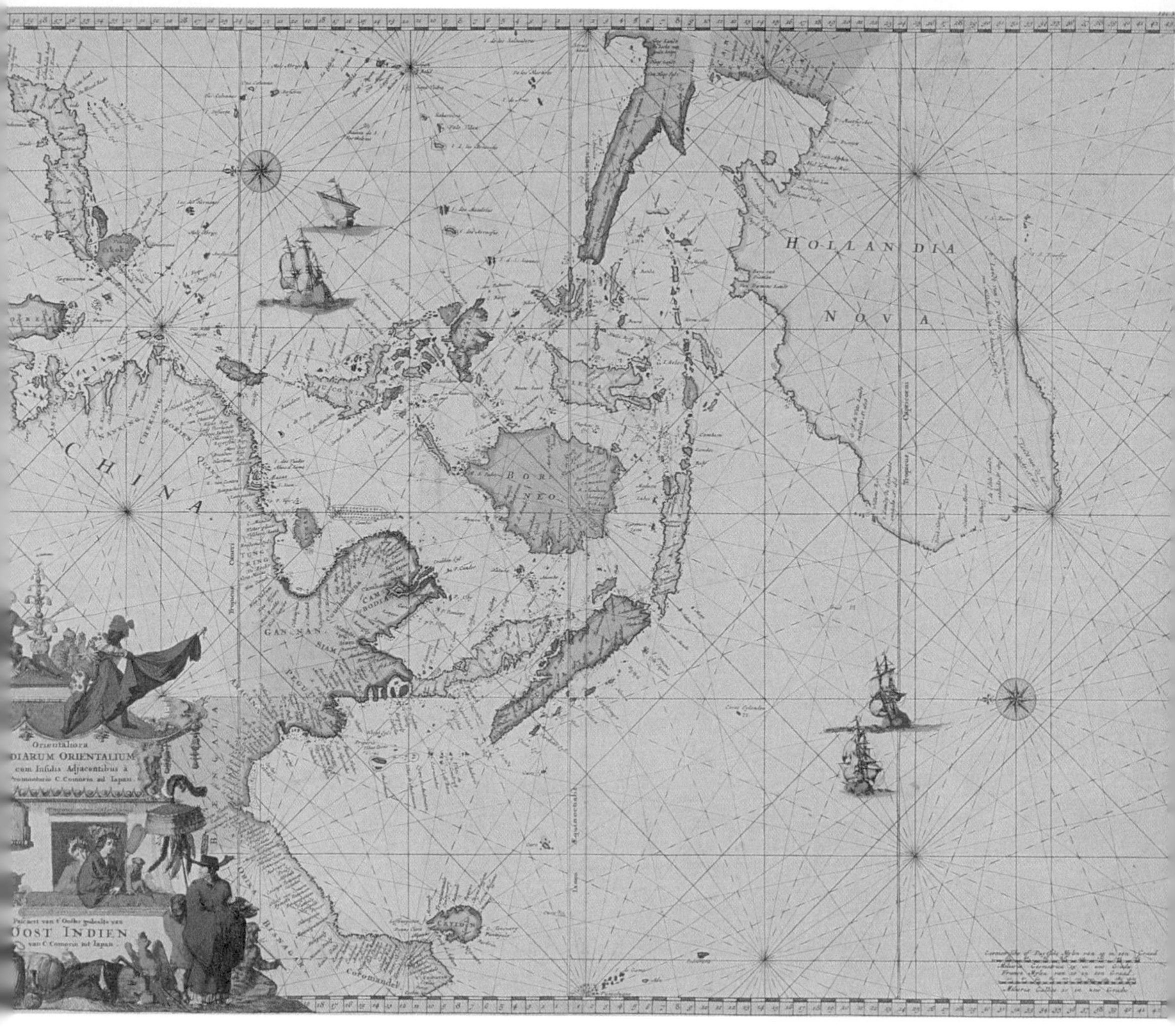

圖12.4：東印度航海圖

荷蘭製圖家德・威特一六七五年左右出版的東印度海圖，此圖名為「東印度」的航海圖，實際上，它包含了後來所說的「西澳大利亞」，銅版印刷，圖縱四十五公分，橫五十五公分。

經發現了澳大利亞南部——後來以他的名字命名的「塔斯馬尼亞島」，這一訊息卻沒有在這張地圖上得到反映。或許，是當時人們還無法將這個島嶼與這個尚未全面認識的大陸聯繫在一起。畢竟這片南方大陸，大得超出了歐洲人的想像。

澳大利亞地圖的完整形象，落到了後來的英國航海家庫克和弗林德斯（Matthew Flinders）的肩上。

庫克拉開澳大利亞殖民序幕

〰《新南威爾斯海岸圖》〰 西元一七九〇年

或許，因荷蘭人最終沒能像英國那樣統治澳大利亞，人們才把「發現」澳大利亞的功勞都算到了英國航海家詹姆斯·庫克，身上。這種根深柢固的錯誤，甚至發生在那些到了澳大利亞並且看了墨爾本庫克小屋的旅遊者身上。

從目前的證據看，不僅是荷蘭人最先登上澳大利亞大陸，而且，第一位登上澳大利亞大陸的英國探險家也不是庫克，而是一六八八年在澳大利亞的西北海岸登陸的英國航海家威廉·丹皮爾（William Dampier）。庫克只是在一七七〇年率先到了澳大利亞的東海岸，並宣佈它為英殖民地，隨後對這一段的海岸線做了科學考察。

一七六八年到一七七一年的三年間，庫克船長在太平洋遠航完成了他的第一次遠航考察。這次航行庫克雖然沒能找到英國政府要找的「南方大陸」，但他先後到達了澳大利亞和紐西蘭，並對這裡的海岸線做了詳細考察。

這幅新南威爾斯海岸圖（圖12.5），方位為，上西下東，南左北右。它從南方的塔斯馬尼亞島（圖左）向北延伸到地圖右方的恩迪沃爾海峽（Endeavour Strait，位於約克角半島（Cape York Peninsula）和愛德華王子島（Prince Edward Island）之間），有恩迪沃爾灣和波坦尼灣（Botany Bay）的小插圖。此圖是以一七七〇年庫克在奮進號繪製的「官方」地圖為基礎進行繪製的，一七九〇年前後在倫敦單獨出

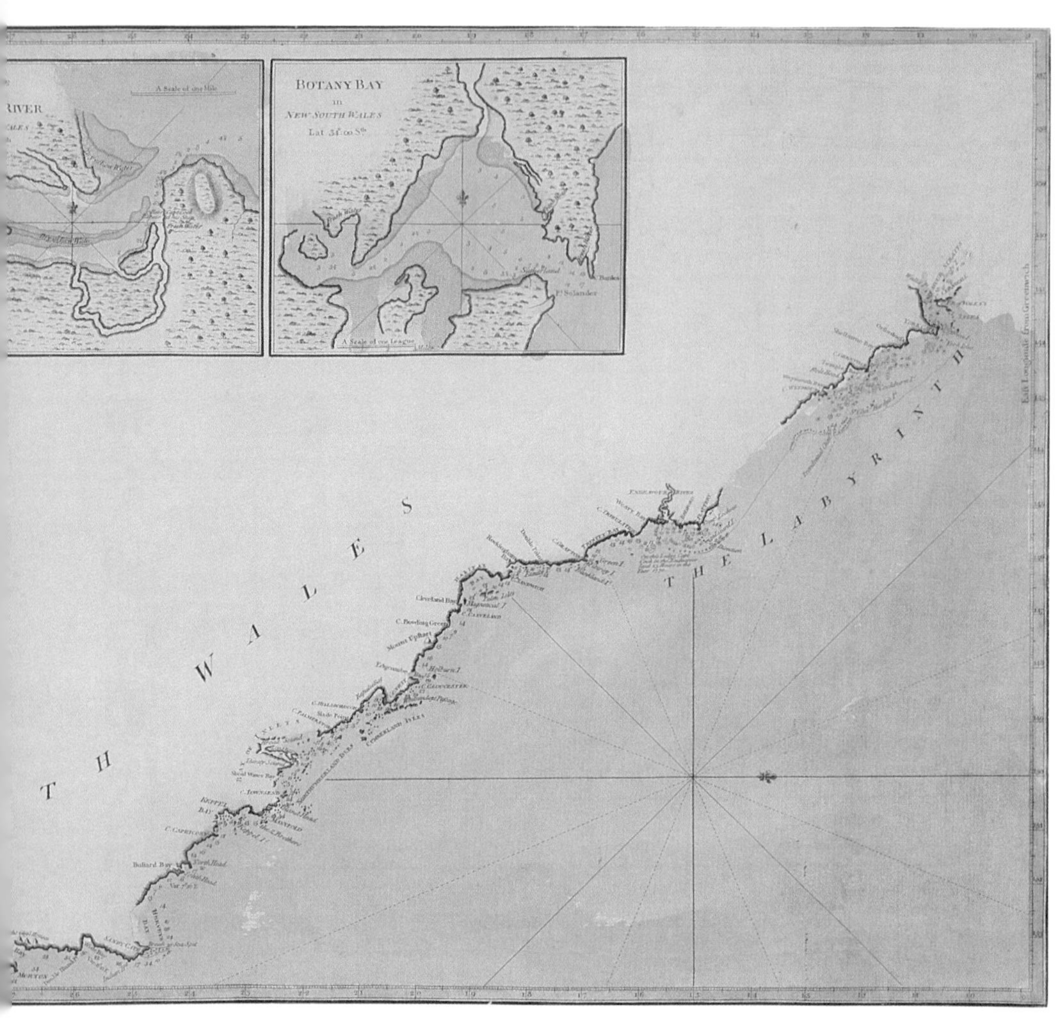

版，是第一幅澳大利亞東海岸印刷地圖。

庫克的航行拉開了澳大利亞作為英國殖民地的序幕：圖中的波坦尼灣小插圖，那個地方就是由庫克船長建議開發的一個著名流放地。庫克船長於一七七〇年在波坦尼灣登陸，它的名字來源於當時此地盛開的鮮花，但這個地方，後來被證明是不適宜居住的地方。

美國獨立戰爭結束後，美洲結束了作為英國囚犯流放地的歷史。英國急需物色新地方建立監禁地。庫克船長的澳大利亞之行，為英國找到了新的安置囚犯的殖民地，由此開啟了這片大陸的移民史。

一七八八年一月二十六日，英航海家菲利普（Arthur Phillip）

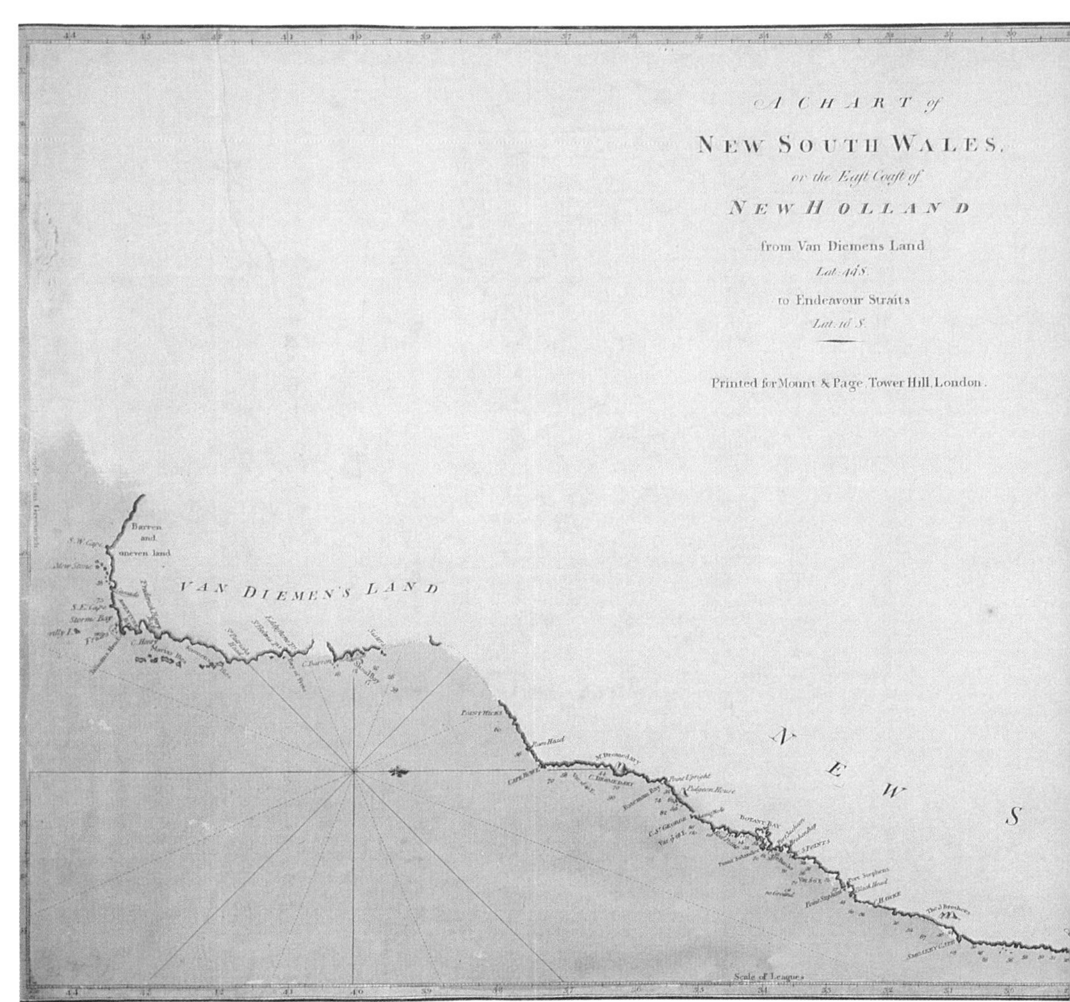

圖12.5：新南威爾斯海岸圖

這幅地圖原刊於《庫克船長的第一次航行》一書，庫克對此地的「發現」，對英國在此建立殖民地意義重大。銅版印刷，圖縱十六公分，橫七十九公分。

總督率領由十一艘船組成的第一艦隊在雪梨登陸。這一天後來被定為澳大利亞國慶日。第一艦隊共載有一千零三十人（包括流放犯七百三十六人）。在以後的八十年中，英國向澳大利亞共運送了約十六萬名囚犯，使這裡成為英國罪犯的重要監禁地。此後，隨著羊毛工業和淘金熱的興起，自由移民的人數大大超過了囚犯，最終使這裡成為具有經濟價值的新殖民地。

庫克澳大利亞東海岸航行

〰《澳大利亞和新幾內亞地圖》〰西元一七九八年

這幅一七九八年在羅馬出版的澳大利亞和新幾內亞地圖（圖12.6），是由喬萬尼・瑪麗亞・卡西尼繪製的。它著重描繪了庫克船長沿澳大利亞東海岸的航行。大部分標註的地方都是由庫克和他的船員在托雷斯海峽和塔斯馬尼亞島之間命名的。

此次航行，庫克留下了兩個空白：一是，他沒有確定塔斯馬尼亞和大陸間的關係，所以，這裡的線條顯示這個島是大陸的一部分；二是，在東北部接近托雷斯海峽的地方，有一個沒有描繪的海域，庫克稱其為「迷宮」，現在叫做珊瑚海（Coral Sea）。因為奮進號已經有過一次在珊瑚礁上觸礁受傷的經歷，他決定不去冒險而留在了珊瑚礁外面，而未能繪製海岸地圖。

在澳大利亞北部，隔海相望的是今天的巴布亞紐幾內亞。一五一一年葡萄牙人成為最早在這一地區登陸的歐洲人。

標題出現在一個裝飾性的花環裡，裡面有兩個澳大利亞土著，他們不僅看起來更像美洲的印第安人，手裡還拿著弓和箭，而實際上澳大利亞土著和美洲土著不一樣，他們從來都沒有製作過弓箭。這個插圖顯然是憑想像畫出來的。

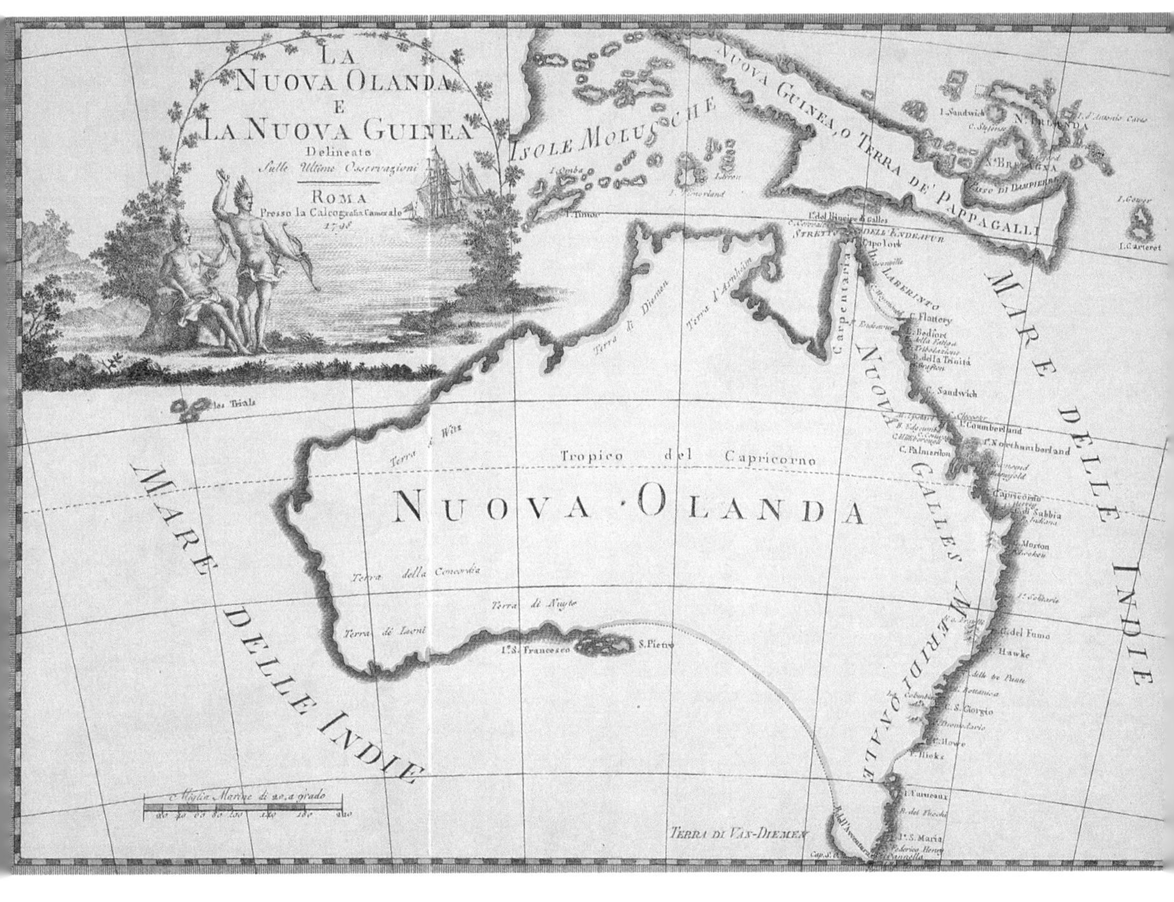

圖12.6：澳大利亞和新幾內亞地圖

這幅一七九八年在羅馬出版的地圖著重描繪了庫克船長沿澳大利亞東海岸的航行。銅版印刷，圖縱三十七公分，橫四十九公分。

弗林德斯命名澳大利亞

〰《澳大利亞海岸線全圖》〰 西元一八〇三年

荷蘭人一六〇六年到達了今天的澳大利亞東北部，一六四二年又到達了今天的紐西蘭。荷蘭殖民者，當時將澳大利亞命名為「Nieuw-Holland」（新荷蘭），將紐西蘭用荷蘭的澤蘭省，命名為「Nieuw-Zeeland」（新澤蘭）。

雖然，有荷蘭人命名在先，但澳大利亞今天的名字，最終還是英國命名的。自從英國航海家詹姆斯·庫克船長一七六九年至一七七一年在南太平洋地區探險以來，英國政府即把澳大利亞看作為可能的新殖民地。但是有關這個大陸的詳細資料很少，一八〇一年英國皇家海軍決定派馬修·弗林德斯船長調查澳大利亞海岸情況。

英國人最初佔領此地時，對攻佔這裡更大的土地興趣不大，因為對殖民者而言，這片巨大的荒地沒有多少實際意義，而內陸還有不可知的危險。所以，英國殖民者一直是沿海岸線安營紮寨，或者外望遙遠的海島，而不是向內開發大陸。

弗林德斯正是在這樣的背景下，於一七九八年和一位夥伴一起，展開了繞塔斯馬尼亞一周航行考察，最後證明它是一個島嶼。自一六四二年荷蘭探險家塔斯曼發現塔斯馬尼亞島以後，人們一直對它的地貌並不瞭解。後來，人們將塔斯馬尼亞海岸外一個較小的島嶼，以弗林德斯名字來命名，紀念他對此地的環行考察。

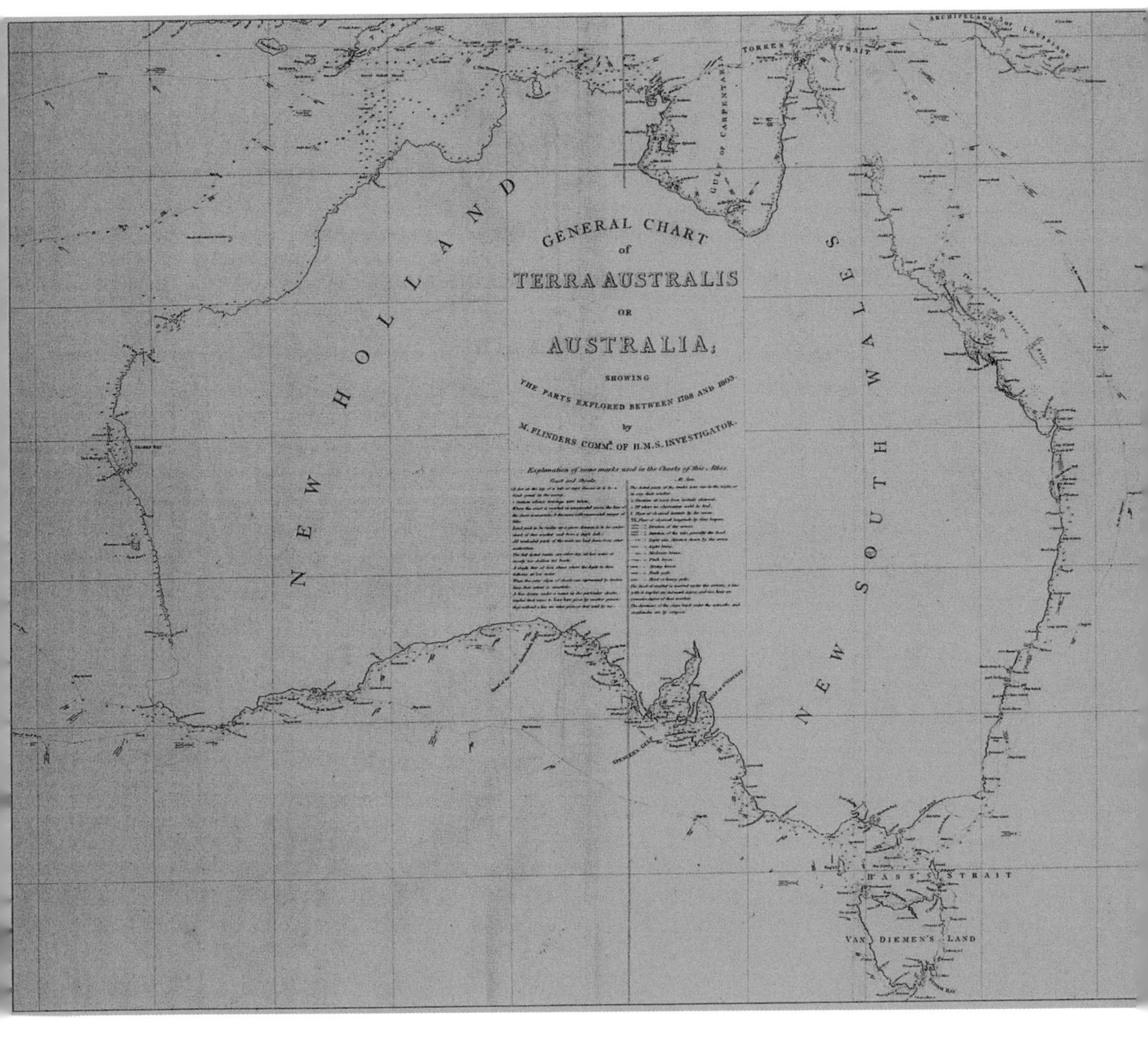

圖12.7：澳大利亞海岸線全圖

英國航海家馬修・弗林德斯一八〇一年至一八〇三年環行澳大利亞，並繪製了澳大利亞第一幅全境地圖。

一八〇一年弗林德斯和另一位夥伴接受了英國皇家海軍的任務，從英國出發，展開了歷時三年的對澳大利亞全境進行考察與測繪。弗林德斯通過環繞澳大利亞整個大陸的航行證明：澳大利亞不是一系列島嶼，而是一個大島。並繪製出第一幅澳大利亞全境圖（圖12.7），也是一幅標準的海岸線圖。

弗林德斯在返回英國的航行途中，船遇到觸礁而失事，他大難不死。但後來又在法屬模里西斯島（Mauritius），被法國人當間諜監禁了六年，直到一八一〇年才回到了倫敦。

一八一四年弗林德斯根據托勒密地圖上的「未知的南大陸」一詞，把「未知的」去掉，用「Australia」即「澳大利亞」，重新命名這個巨大的島。他的命名建議被英國駐澳總督麥奎里（Lachlan Macquarie）採納，遂成為保留至今的澳大利亞國名。

後來，弗林德斯花了四年時間，撰寫了一本關於他環繞澳大利亞航行的書。該書於一八一四年七月十九日出版，弗林德斯於第二天逝世，年僅四十歲。

庫克船長環繞紐西蘭

〰《紐西蘭海岸圖》〰西元一七七一年

據考古人士研究，紐西蘭最初是沒有人類的一片荒島，大約在西元十四世紀左右，那些至今仍生活在這片土地上的毛利人的祖先，從太平洋中的波里尼西亞駕船來到這裡，成為紐西蘭最早的居民。他們用波里尼西亞語「aotearoa」即「白雲朵朵的綠地」命名了這片土地。

所謂「文明人」從十七世紀開始，先後侵入此地。一六四二年，荷蘭航海家塔斯曼曾在此登陸，他根本沒有考慮島上毛利人的存在，就用荷蘭一個省的名字「澤蘭」，將其命名為「新澤蘭」，這是西方人對這片土地的最早「發現」。

一百多年後的一七六九年，庫克船長來到這裡，他也沒管荷蘭人對此地的「發現」，即刻將這片土地作為新「發現」報告給英國政府。此後，英國向這裡大批移民，並宣佈對它的佔領。英國人把荷蘭文的「新澤蘭」，改成英文的「紐西蘭」，遂使這裡成為「名正言順」的英國殖民地。一八四〇年，英國迫使毛利人酋長簽訂《威坦哲條約》（*Treaty of Waitangi*），把這片土地正式劃入了大英帝國的版圖。

這幅紐西蘭海岸圖（圖12.8）來自庫克船長第一次太平洋航行期間（一七六八年至一七七一年）奮進號的航海圖集，它顯示了庫克船長環繞紐西蘭，並證明它是太平洋中獨立的島而非大陸的一部分的航線。

一七六九年至一七七七年，英國航海家詹姆斯・庫克船長先後五次到紐西蘭，環島測量並繪製了

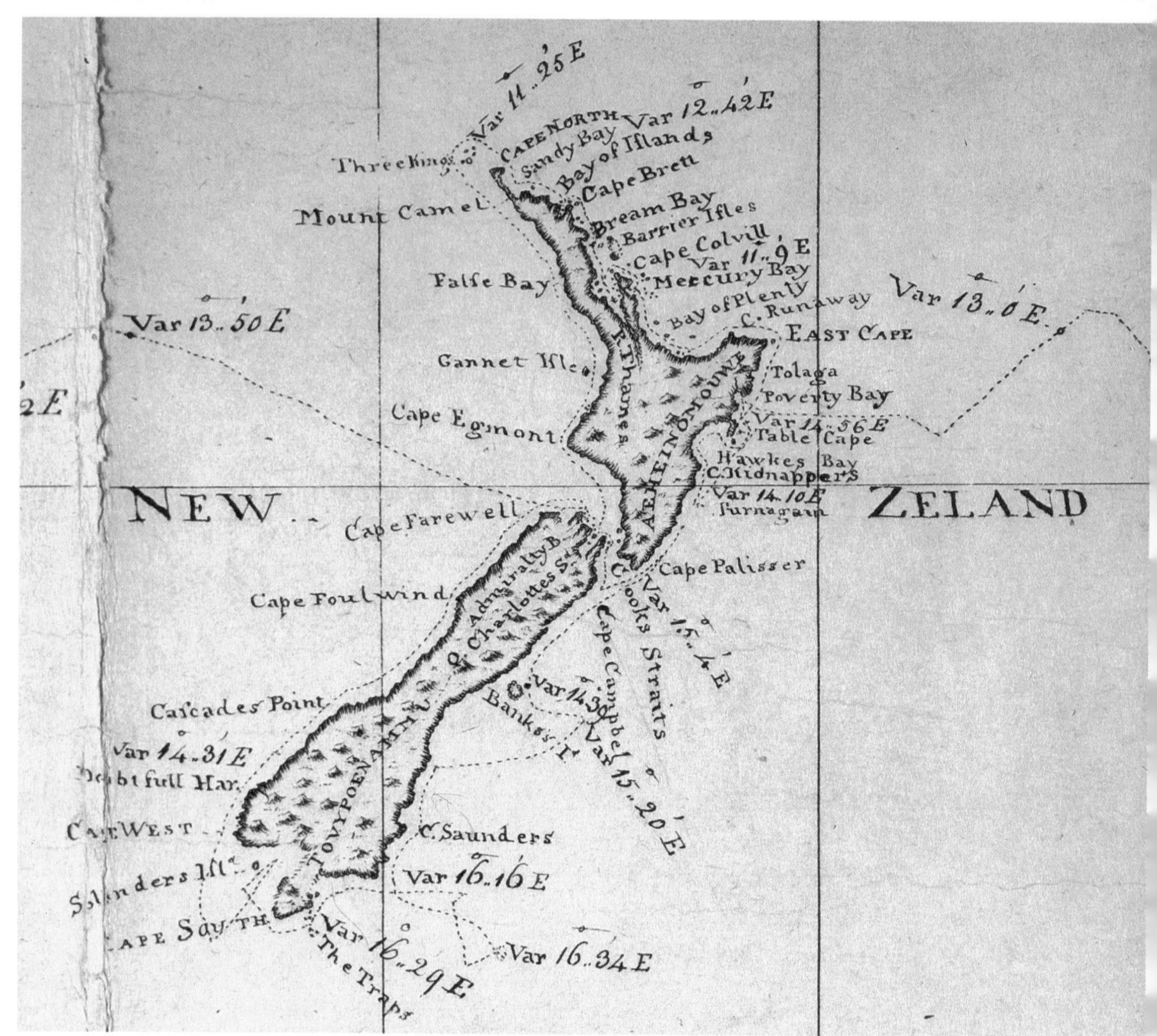

圖12.8：紐西蘭海岸圖

此圖出自庫克船長第一次太平洋航行（一七六八年至一七七一年）繪製的《奮進號航海圖集》。

更精確更完整的紐西蘭海岸圖。庫克的環島測量與完成的海岸圖，使西方世界第一次看出了紐西蘭的全貌。所以，從這個意義上說庫克是紐西蘭的「發現」者，也不為過。

雖然，人們至此還未發現「南方大陸」，但人類對地球南端的探索已經逼近了南極圈，為南極探索提供了可能。

最後一塊被畫上地圖的地方

〰《南極大陸海岸線圖》〰 西元一八四〇年～西元一九五〇年

地理學家和航海家描繪完澳大利亞和紐西蘭海岸圖之後，越發想知道更南邊冰封南極圈裡是個什麼樣子。進入十九世紀，各國航海探險的科學目的已經大於以往對「未知土地」的佔領。南極極地探索正是在這樣的背景下展開。

最先嘗試描繪南極大陸的是美國的查爾斯・威爾克斯（Charles Wilkes）中校，從一八三九年到一八四三年，他對南極海域進行了多次探險。一八四一年初，威爾克斯勘察了位於今天的東經一百六十度到一百度之間（澳大利亞正南方）二千四百一十四公里的南極海岸線，並繪出了這一地區的海岸線圖。

在這幅獨特的古今南極大陸對比地圖（圖12.9）上，作者以紅色部分顯示威爾克斯描繪的南極大陸海岸線和他的探險成就，可以看出威爾克斯不僅確定了海岸線的長度，還確認了南極存在陸地的事實。這是第一次使用「南極大陸」稱謂的南極地圖。

今天的地圖稱南極大陸為「南極洲」（Antarctica），亦稱「第七大陸」，它位於地球南端，四周為太平洋、印度洋和大西洋所包圍，邊緣有別林斯高晉海（Bellingshausen）、羅斯海（Ross）和阿蒙森海（Amundsen）等。包括大陸、陸緣冰和島嶼，總面積一千四百零五萬一千平方公里，約佔世界陸地總面積的百分之九・四。全境為平均海拔二千三百五十公尺的大高原，是世界上平均海拔最高的洲。大陸幾

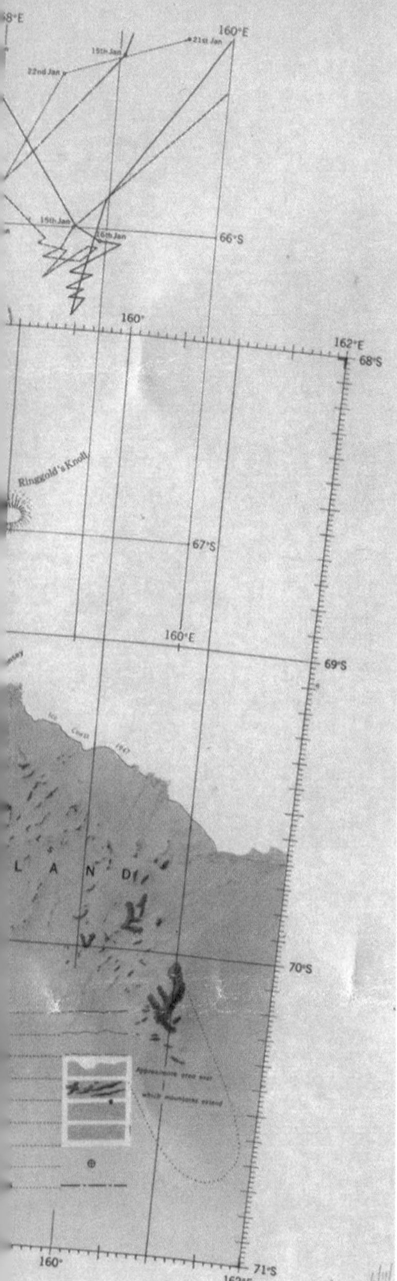

乎全被冰川覆蓋，佔全球現代冰被面積的百分之八十以上。

遺憾的是威爾克斯發現南極大陸的事實長期受到質疑，一直到一九四〇至一九五〇年代，美國和澳大利亞等國科學家先後到達南極上空進行航空勘測後，人們將威爾克斯地圖與航空勘測進行比對，發現兩者有多處相對應的點和重疊處。這幅一九五九年出版的對比地圖中，其黑灰色部分為現代地圖，如，圖左上的皮考克灣（Peacock Sound）和庫克灣。威爾克斯南極大陸地圖，最終得到了它應有的榮譽。這一新聞登上當時的《紐約時報》頭條。後來為了紀念和尊重威爾克斯的歷史功績，人們將那塊冰蓋覆蓋的南極大陸，命名為「Wilkes」（威爾克斯地）。在當代出版的南極地圖上，人們可以看到在澳大利亞正南方所對著的南極大陸，有一片巨大的冰封陸地已被標註為：威爾克斯地。

地理學者通常這樣講——南極大陸是最後一塊被畫上地圖的地方。所以，這幅地圖不僅是歷史對比地圖，同時，也是向古代南極探險家致敬的地圖。

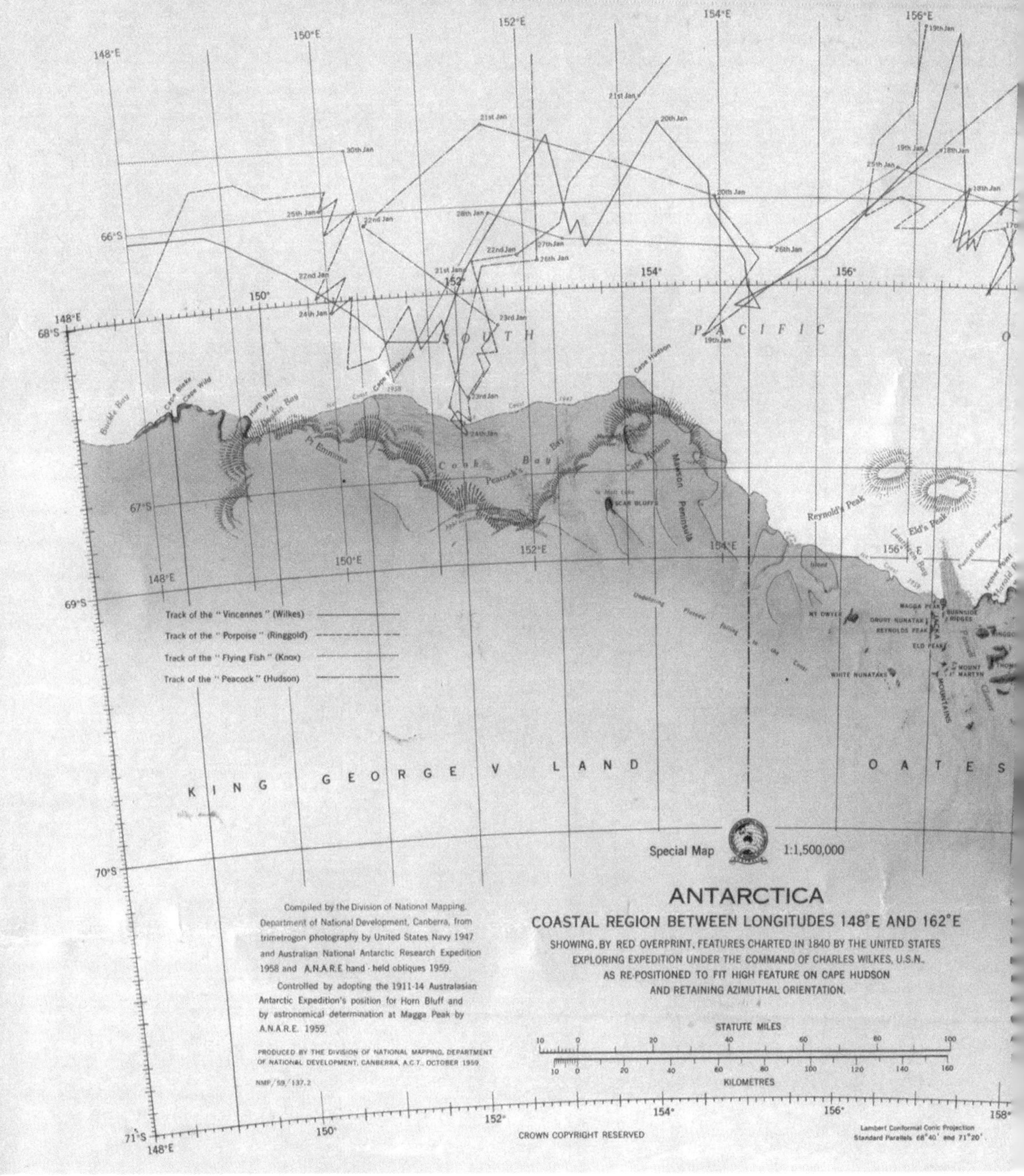

圖12.9：南極大陸海岸線圖

圖上方紅色海岸線圖為威爾克斯船長一八四〇年左右所繪地圖，中央紅色海岸線是威爾克斯一八四四以後，重新繪製的南極地圖，黑色海岸線是一九五〇年代澳大利亞航空勘測的地圖。

英國與挪威角逐南極點

《阿蒙森南極遠征路線圖》西元一九一三年

《英國十次南極探險航海圖》西元一七七二年～西元一九二二年

一九一〇年，英國與挪威的探險家，幾乎同時向南極點發起了挑戰，兩支隊伍都在為國家榮譽爭搶第一。他們留下了不同的南極路線圖，也演繹了不同的歷險故事。

這幅一九一三年英國皇家地理學會出版的「羅爾德・阿蒙森一九一一年至一九一二年南極遠征路線圖」（圖12.10），記錄了這次艱難的遠征：一九一一年九月挪威探險家羅爾德・阿蒙森（Roald Amundsen）帶領探險隊向南極大陸進發。此圖用文字和黑色實線標註了阿蒙森在南極圈裡的行進路線和到達極頂的日期。十月阿蒙森等五人開始向南極極頂發起衝擊——他們乘著由四十二條愛斯基摩犬拉的四架雪橇，一路上每隔八公里設一個路標，一百公里建一個小型糧食倉庫。於十二月十六日到達了南緯九十度——地球最南點。這是一幅記錄成功與勝利的地圖，但我更樂於向大家推介另一幅地圖。

這是一九二七年英國出版的南極航海地圖（圖12.11），它記錄英國皇家海軍從一七七二年到一九二二年一百多年間在南極的十次探險航線，是一幅不尋常的南極探險航線歷史對比地圖，圖右上方圖例框裡列出了英國南極探險隊的航行時間、航線標識和探險家的名字……十次探險路線各有不同，但目標都指向一個地方——南極極點。它是一幅南極航海地圖，更是一部英國人南極探險的悲情史詩。

在這幅英國十次南極探險航海圖上，列在第一位的是庫克船長一七七二年的南極探險。圖上標出了庫

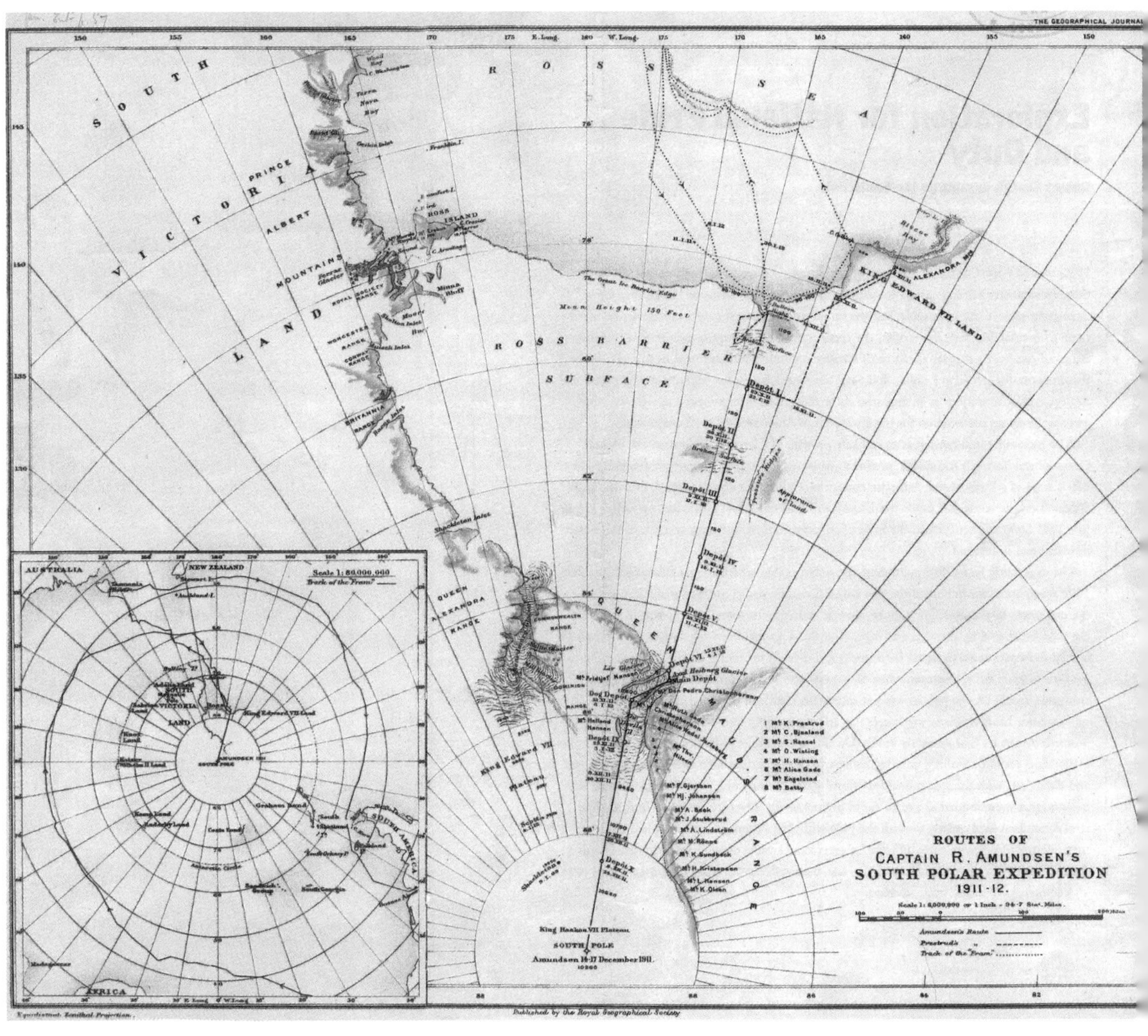

圖12.10：阿蒙森南極遠征路線圖

這幅一九一三年英國皇家地理學會出版的地圖，記錄了阿蒙森一九一一年至一九一二年的南極遠征和征服極點的路線。

克的探險船開至在離南極大陸只差七十多英里的南緯七十一度的位置。但是，庫克的木船被堅冰阻住了航路，沒能繼續前進，這個進入南極深處的探險紀錄保持了半個世紀後，後來才被美國探險家戴維斯（John Davis）打破，並在南緯七十八度見到了南極大陸的一個半島。此後，人類剩下的就是征服南極極點。

在此地圖上還可以看到紅線標出的一九一〇年英國海軍上校史考特（Robert Falcon Scott）探險隊向南極點進發的探險航線。這不是史考特第一次南極探險，圖上還用紅色虛線標出了他一九〇一年第一次南極探險的航線，那一次，他發現並命名了愛德華七世半島（King Edward VII Peninsula），並於一九〇四年安全返回英國。這一次，史考特探險隊的目標是南極點。圖中央顯示了一九一二年一月十八日，史考特終於抵達了南極點。但是在極點他們發現了競爭對手阿蒙森在一個月前已經到過這裡的印記，他們非常失望地踏上了歸程。更為不幸的是，這一次英國不僅沒有搶到第一，史考特探險隊因供給不足，在返回的路上拚搏了兩個多月，最後困在皚皚冰雪之中……

一年之後，人們在史考特遺體旁發現了他寫給妻子的信。信是分幾天寫成的。開頭他還有些樂觀地說，「身體很好，充滿活力」。隨後，告訴妻子「這裡極冷，是零下七十多華氏度。幾乎無法寫字。除了避寒的帳篷，我們已一無所有……妳知道我很愛妳。但是，最糟糕的是我無法再見到妳——這不可避免，我只能面對」。隨著處境的惡化，信裡開始談論身後的事「假如有合適的男人和妳共同面對困難，妳應該走出悲傷，開始新的生活」。他告訴妻子，面對死亡，他沒有任何遺憾和後悔，「關於這次遠征的一切，我能告訴妳什麼呢？它比舒舒服服地坐在家裡不知要好多少。」最後，他談到了年僅三歲的兒子，「我無法成為一個好丈夫了，但我將是你們美好的回憶。我們的孩子會為他的出身感到自豪。」這封遺書寫於一九一二年三月，收信人是「我的寡婦」。

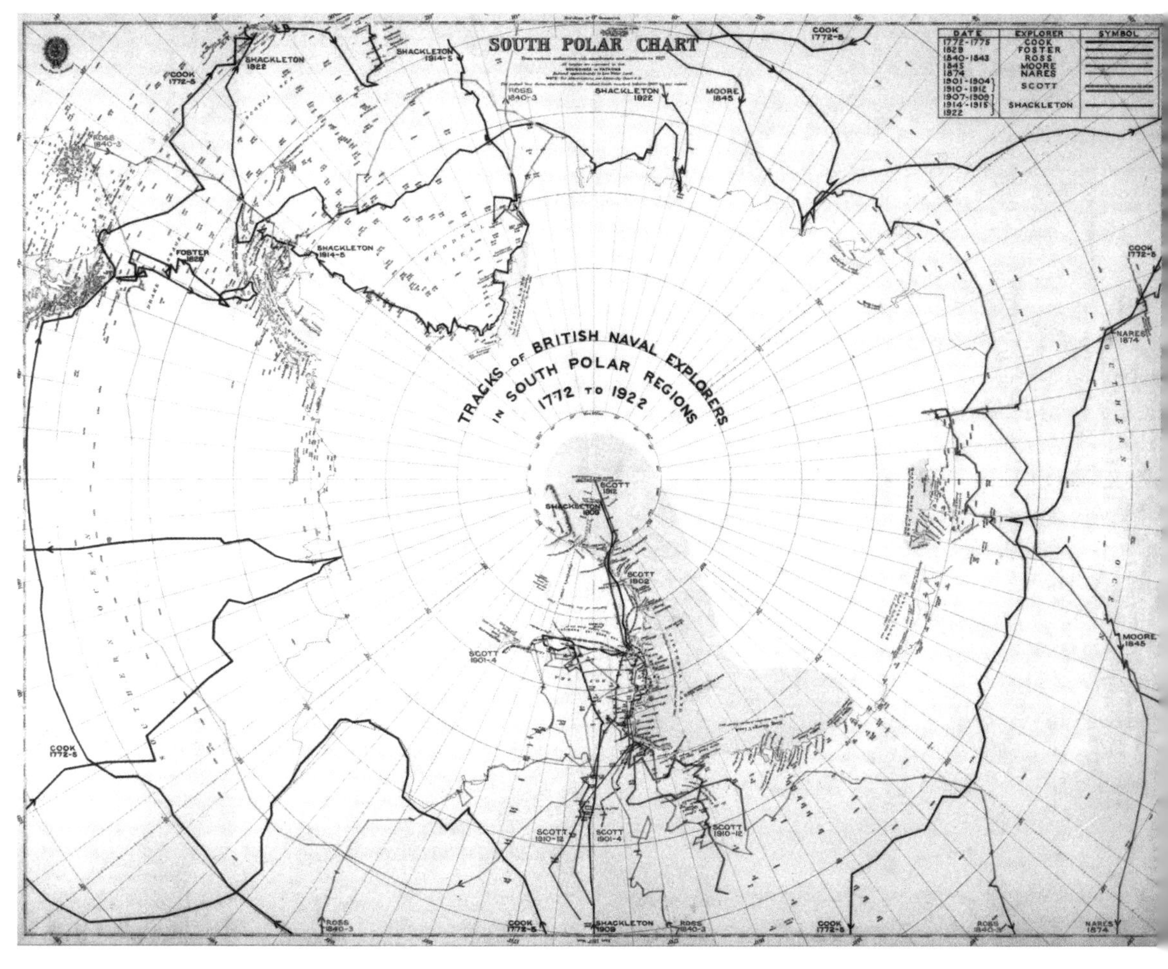

圖12.11：英國十次南極探險航海圖

這是一幅古今南極探險航線對比圖，它顯示了英國皇家海軍從一七七二年至一九二二年，一百多年時間在南極數次探險的航線。

史考特死在了南極，但英國人探索南極的行動並沒有停下來。此圖的左上方，以黑色線標出的沙克爾頓（**Ernest Shackleton**）一九一四年南極大陸探險的路線。這一次，沙克爾頓不以到達極點為目標，因為挪威人阿蒙森已經到過極點了。沙克爾頓要創造的是人類首次穿越南極大陸的紀錄。這已不是沙克爾頓第一次南極探險了，此圖上也標出了他一九〇九年率探險船獵人號進入南極海岸的航線。那一次，沙克爾頓最終將英國皇后所贈的國旗插在南緯八十八度二十三分，此地距南極只有九十七英里（大約一百八十公里）。返回英國後被授予爵士稱號。這次他率領的穿越南極大陸探險船是持久號，一共有二十八人。

從此圖記錄的行進路線看，沙克爾頓最終沒能完成橫穿南極大陸的任務。在行進過程中，浮冰將持久號圍住。沙克爾頓和船員不得不棄船搬到浮冰上住，在十個月後的一九一五年十一月船沉入海底。他們二十八人登上了一塊巨大的浮冰，此後的五個月裡，這塊浮冰不斷碎裂，到了一九一六年四月九日，浮冰徹底碎裂了，他們乘三艘救生船經歷了七晝夜的危險之後，登上了荒無人煙的大象島（**Elephant Island**），此時距探險隊出發已過去四百九十七天。

為了尋找救援，沙克爾頓挑選了五名最強壯的船員乘上最大的救生艇，向東南偏東橫渡，在氣候極端惡劣的海上持續了十六天，划行了約一千三百公里，憑藉航海經驗和運氣，沙克爾頓和五名船員抵達了南喬治亞島（**South Georgia**）。隨後，他們又翻越南喬治亞山脈，去尋找捕鯨站以尋求幫助。一九一六年五月二十日下午，沙克爾頓走到最近的一個捕鯨站。三天後，他們登上了一艘捕鯨船，隨後返回去解救圍困在大象島上的同伴。在八月三十號，經過第四次的嘗試，沙克爾頓終於找到了一條從浮冰上穿過的路，最終看到了所有二十二個同伴都安然無恙的留在島上。每個人都從南極被救了回來。後來，他的一位隊友稱他為「世間最偉大的領導者」。

沙克爾頓後來的南極探險定格於一九二二年，此圖有右上角描繪了這次短短的航行。一九二一年沙克爾頓又進行了一次極地探險，此次探險的目標是環遊南極洲以繪製其海岸線圖。探險船探索號於一九二一年九月十八日離開英國。探險船於一九二二年一月四日到達南喬治亞島，一月五日凌晨，沙克爾頓因心臟病發作去世。應他妻子的要求，他被安葬在南喬治亞島上。今天，這裡已成為進入南極旅行和探險的人要拜謁的一個重要「碼頭」。

最終，南極被證明確有一塊被冰結的大陸，它兌現了古代希臘人的關於「南方大陸」的臆想，但除了它是一塊大陸之外，這裡的一切都與古希臘人的想像不一樣。南極大陸只有歐亞大陸面積的四分之一。這裡不僅不熱，而且極其寒冷，大陸的百分之九十五的面積，被平均厚達兩千兩百公尺的冰蓋所覆蓋。這裡從來就沒有人類生活，人類在此也無法正常生存。雖然，南極的現實讓古人的臆想極度失落，但對於後人，它又是上天賜給人類的最後一塊淨土。

13 尋找「北方樂土」——北極圈裡的東西通道

英國一家教育出版社首席地圖繪製員赫里蒂奇曾經提出這樣的問題：「儘管南半球的土地比北半球大得多，為什麼北方卻永遠佔據地圖的上方？這種地圖繪製傳統使得歐洲和美國看起來像是世界的領導者……上北下南的地圖，嚴重影響到人們在政治軍事外交以及生態上的觀點。」這種觀點看上去很有一種正義感，但把大國沙文主義的帽子，就這樣扣到地理學先師們的頭上，很不公平。

地圖的繪製傳統是在歷史演變中一點點形成的，事實上，古代也曾有過南上北下的地圖，如著名的伊德里西地圖，還有很久的東方為上的歷史，如伊西多爾一類的「T-O」地圖。但是，早期的繪圖——讓人感到北上南下的這種地圖，更便於當時的北半球人們瞭解世界和閱讀地圖。

大家知道，人類活動在相當長的歷史時期內，所有文明社會的活動都發生在北半球。以北極星（即小熊星座最北的那顆恆星，近於北天極正中，幾乎正對著地軸）為基礎方位，是北半球的地理需要和文化傳統。此時，人類的所謂地理認識與地理探險，也僅限於赤道至北迴歸線這一區域。所以，在當時最為權威的托勒密《地理學》中，也是推崇北上南下。後來，在不斷的地理實踐，尤其是航海實踐中，就形成了北上南下的方位定式。

人類對於南半球的科學認知，完全是十六世紀後期的事情。當年，葡萄牙人用了幾十年的時間，才突破了傳說中的赤道禁區將科學考察帶入到南半球。所以，不僅是地圖以北為上，連天球的描繪也是北半球在先，南半球在後。這在天文學與地理學的歷史傳統中，不僅不是一種帝國意識形態，恰恰相反，它是科學實踐一步步戰勝宗教解說的社會進步的結果。

極地與人類生活，尤其是古代的人類生活，其實沒有任何關係。完全是好奇心與神話的鼓動，使人類踏上了南北兩極的探索之路。

維京海盜發現冰島

〰《冰島地圖》〰西元一五八七年

維京人長達數百年的海盜生活中，不僅產生了很多威猛過人的武士，或者說是英雄；同時，也磨煉出許多傑出的探險者，或者說是航海家。

冰島在維京人登島之前，是世界上最後一個無人居住的大島。

傳說，挪威海盜納得多德在一次航行中被風暴吹離了航線，到達法羅群島（Føroyar）西北方向的一座荒無人煙的島。那天正下著大雪，他就把這座島取名為「雪島」。後來他就回挪威了，八七二年左右，一位叫費洛基．維爾格達松的海盜聽說了這個島，就率領全家乘船從挪威駛向這座島。他發現這座冰雪覆蓋的島，完全不適合生活，於是稱這座島叫作「冰島」。

雖然，維京人發現了冰島，但維京人沒文化，他們並沒有留下最初發現此島的地圖和文獻紀錄。後來，還是老歐洲製圖家出版了冰島地圖，這之中最受歡迎也最為精美的是奧特里烏斯一五八七年在安特衛普出版《世界概觀》中的冰島地圖（圖13.1），銅版印刷，圖縱三十九公分，橫四十九公分。

這幅色彩艷麗的冰島地圖除描述了冰島上最活躍的赫克拉火山（Hekla）之外，還有繪出了十三隻神奇的海妖。這些海妖源自馬格努斯（Olaus Magnus）於一五三九年出版的「斯堪的納維亞地圖」。有趣的是這幅冰島地圖上的每隻海妖都用字母標註，並註有簡單說明：

A：是一條魚，通常被稱為「NAHVAL」。如果有人吃了這條魚，會立即死亡。牠的頭的前部有一

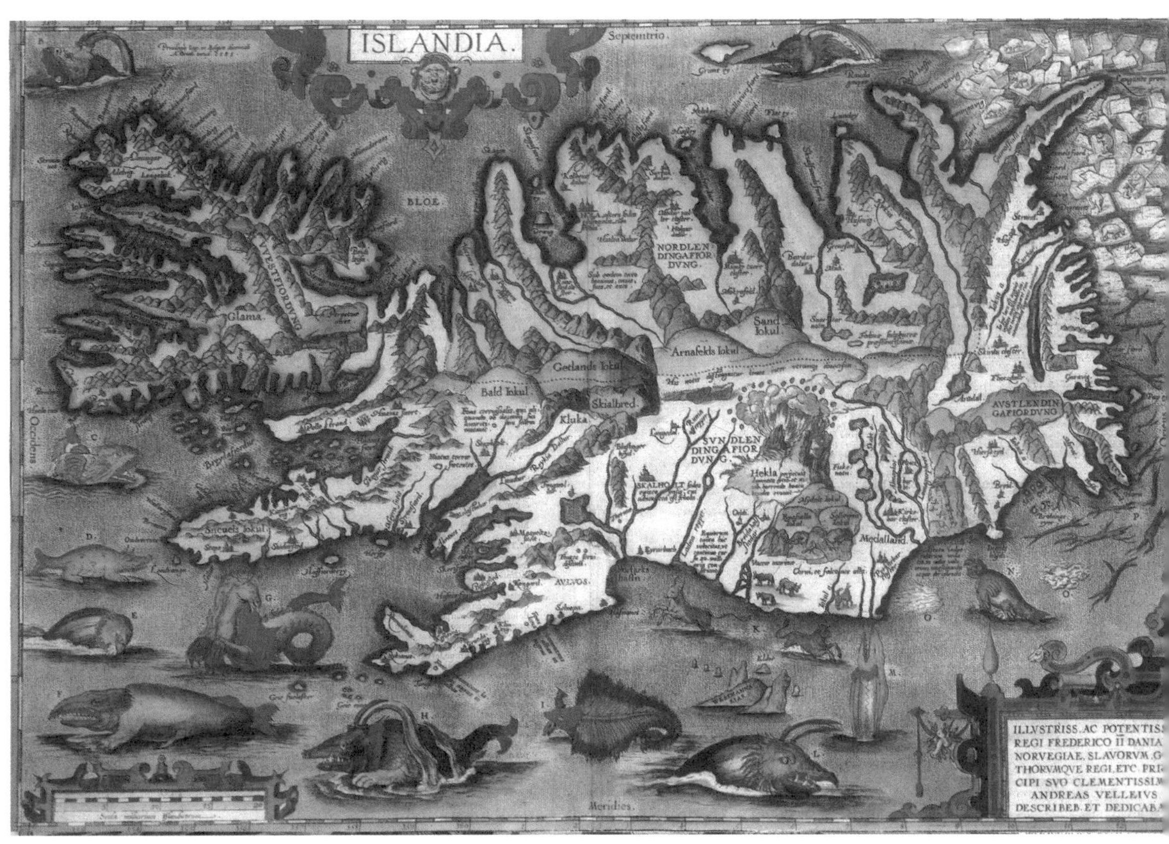

圖13.1：冰島地圖

此圖原載於奧特里烏斯一五八七年安特衛普版的《世界概觀》，圖上除描述島上最活躍的赫克拉火山之外，還有繪出了十三隻神奇的海妖，圖縱三十九公分，横四十九公分。

顆牙齒，超過三公尺長。一些人把它當作獨角頭獸的角出售。人們認為它是一種強效解毒劑和功能強大的藥物。

G：是與海馬差不多的動物，脖子上有鬃毛垂下，像馬一樣。牠經常傷害和恐嚇漁民。

H：是最大的鯨類，較少現身。牠看起來更像一座小島，而不是一條魚。因為牠的身形巨大，無法跟隨或追趕較小的魚，但仍掠食很多，牠會使用自然的詭計和偽裝捕食。

L：是一種最為溫和馴服的鯨，牠為了保護漁民而與其他鯨類搏鬥。官方公告禁止任何人捕殺或傷害這種鯨。牠的長度最少有五十公尺。

M：是一種怪獸，有人曾看到牠用尾巴直立站立了一整天。牠的名稱來自牠的跳躍或騰空躍起。牠是海員和漁民最危險的敵人，貪婪地追人肉。

地圖上還有對極地冰的註記：

Q：巨大的不可思議的冰堆，被潮流從冰凍的海洋帶到這裡，發出巨大和恐怖的聲音。一些冰塊有二十公尺高。在一些冰塊上，端坐著白熊，注視著在旁邊游來游去的魚兒。

現代地理學對冰島的科學描述是：位於北大西洋中部冰島，面積為十·三萬平方公里，為歐洲第二大島。它是歐洲最西部的國家，北邊緊貼北極圈。冰島確實是冰的王國，有八分之一被冰川覆蓋，冰島同時又是一個「熱情奔放」的島，以「極圈火島」之名著稱，共有火山兩百至三百座，其中有四十至五十座活火山。

世界最大的島嶼格陵蘭島

〰《神奇北方大陸航海圖》〰西元一五三九年

〰奧特里烏斯《北方地圖》〰西元一五九八年

在歐洲最北的高緯度地區，天上總是陰雲密佈，這使得古代航海者失去了辨別方位所依賴的太陽和星星，那麼，這一地區的航海者靠什麼導航呢。傳說，北方人用太陽石可以找出烏雲後邊的太陽位置。或許，真是這樣，維京人發現了一個又一個未知海域。

據說，九八二年挪威海盜埃里克（Erik Thorvaldsson），因在冰島殺人被驅逐出境。走投無路的他只好帶上一家老小駕著無篷船，硬著頭皮往西划去。經過了一段相當艱苦的航行之後，他終於看到了一片陸地。當時的氣候正處於全球小溫暖期的最佳氣候階段〔歐洲人稱作「中世紀溫暖期」（Medieval Warm Period）〕，可能使得像格陵蘭島那樣的高緯度地區也變成適於生命存在的環境。埃里克在那裡住了三年，覺得那裡是一塊很好的土地，於是決定回冰島去招募移民。為了使這個地方聽起來更加具有吸引力，回到家鄉以後，他驕傲地對朋友們說：「我不但平安地回來了，我還發現了一塊綠色的大陸。」於是格陵蘭（Greenland）成為了它永久的稱呼。

這片被稱為「綠色大陸」的格陵蘭島，確實是一片巨大的陸地，總面積為兩百一十七萬平方公里，是世界第一大島。但全島約五分之四的地區在北極圈內，全年的氣溫在零度以下，有的地方最冷可達到零下七十度，這裡的氣候條件與它美麗的名字完全相反，它是一片冰雪覆蓋的大陸。

九八六年，埃里克組織一支探險隊探察格陵蘭，導致兩大殖民地的發展：東殖民地，在今尤利安娜霍布（Julianehab）附近；西殖民地，在今戈特霍布（Godthab）附近。這些殖民地在極盛時有農場兩百八十個，人口可能多達三千人。十一世紀時，基督教從挪威傳入格陵蘭，一二六一年格陵蘭成為挪威的殖民地。一三八〇年丹麥與挪威聯盟，格陵蘭轉由丹麥、挪威共同管轄。一八四一年丹麥、挪威分治後，成為丹麥的殖民地。

在歐洲文藝復興時，瑞典神父奧勞斯・馬格努斯，繪製了一幅詳細的北歐地圖。此圖是他一五三九年在威尼斯時為他的資助人——這個城市「最尊貴的君主和大主教」繪製，但此圖與義大利毫無關係，他為它起的名字是「一幅航海圖和關於北方大陸的奇異景觀」（圖13.2）。由於作者的故鄉是斯堪的納維亞，所以，在斯堪的納維亞的土地上，作者畫了很多小插圖，有狩獵的，有打漁的，有戰爭場面，有傳教旅行，在大西洋與波羅的海的海面上，作者還畫了許多海怪和航船，圖面上不僅包括了後來的挪威、瑞典、芬蘭和丹麥，在北方，也畫出了格陵蘭島。這是關於北歐洲諸國的第一幅詳盡的地圖和航海圖。

隨著航海事業的擴展和製圖技術的進步，關於北歐洲的地圖，也有了更為精彩的版本。一五九八年奧特里烏斯出版了銅版印刷的北方地圖（圖13.3）。由於此時橫跨大西洋探險航行數量增加，地圖繪製者也收納了航海家最新消息，對航海圖進行了改進。這幅北方航海圖不僅對挪威、瑞典、芬蘭和丹麥，描繪準確，而且，冰島和格陵蘭島與北極圈的地理關係，大西洋與北冰洋的地理關係，也都描繪得更加精準。

雖然格陵蘭島在行政區劃上，它是丹麥領土，屬於歐洲；但在地理劃分上，它屬於北美洲的一部分。

圖13.2：神奇北方大陸航海圖

此圖是瑞典神父奧勞斯・馬格努斯一五三九年在威尼斯繪製，他為此圖題名為「一幅航海圖和關於北方大陸的奇異景觀」。

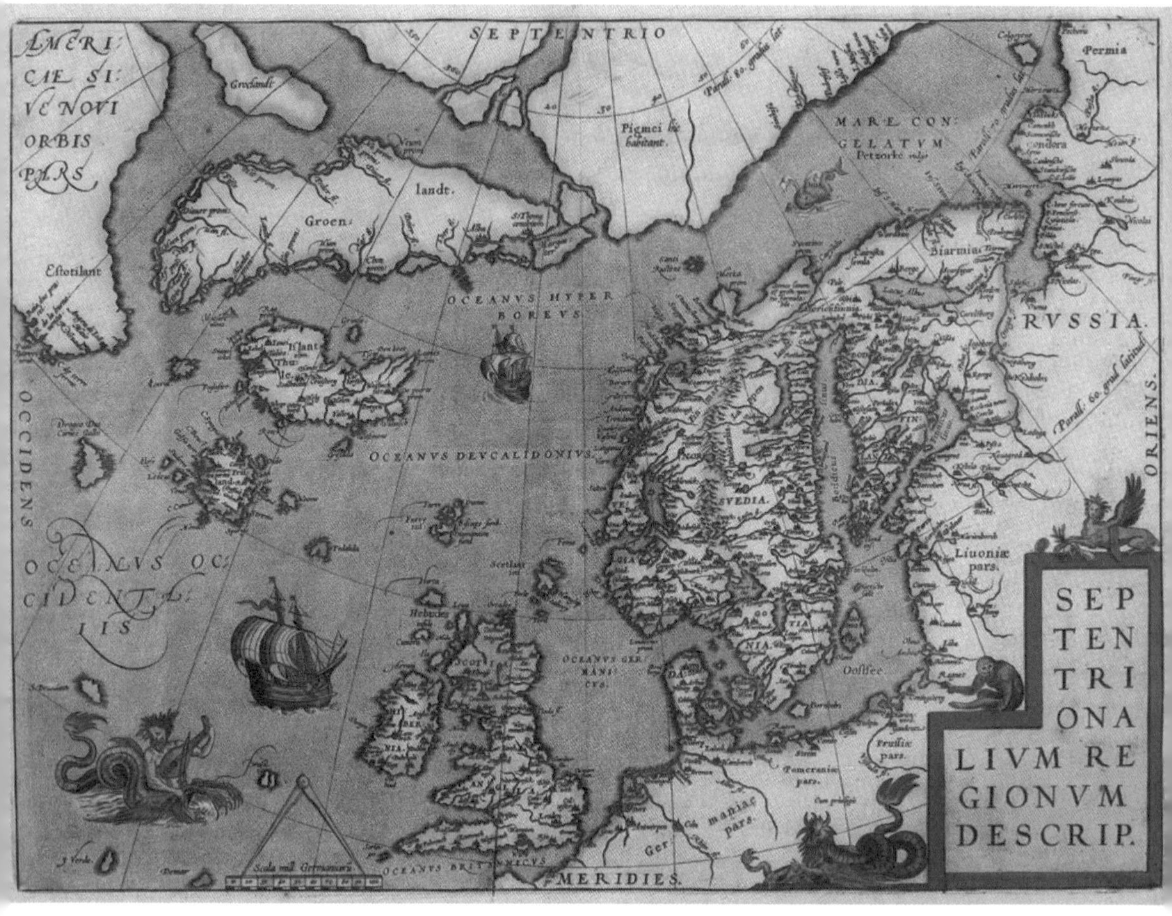

圖13.3：奧特里烏斯北方地圖

這是一五九八年奧特里烏斯出版的銅版印刷北方地圖。由於此時橫跨大西洋探險航行數量增加，此圖收納了航海家的新消息對地圖進行了改進。

希臘神話中的北方樂土

〰麥卡托《北極地圖》〰西元一五九五年

雖然，培根曾說古希臘人「他們的辭藻充滿了智慧，然而，他們的智慧卻毫無建樹……從未進行過任何一項旨在改善人類生存條件的實驗」。但希臘學者對未知世界的預言，卻指引著後人前赴後繼地探索外部世界。

希臘神話是描述北極的最早文本。在希臘人的遠古傳說裡，北極地區有一片永久溫暖、遍地陽光的土地，人們稱它為「北方樂土」。據說，希臘天文學家、航海家畢塞亞斯（Pytheas），大約在西元前三三一年至三二五年間，進入北極圈尋找過「北方樂土」。畢塞亞斯到底在北極做了什麼考察，實在難以證明（有人說，他測量了北極的緯度和地磁偏差）。但他的行動至少標誌著文明人類向北極發起了第一次衝擊。

但這種「北方樂土」概念並不被正統的地理學界所重視，「冰川學說」仍是學術界迄今為止的主流理論。根據「冰川學說」，二萬到一萬五千年前，整個北極圈都被厚厚的冰層所覆蓋，那裡是不可能有人類活動。

現在的地圖上，北緯六十度圈裡有俄羅斯的大片土地。北緯八十度圈上，只有格陵蘭島及加拿大北部的一點陸地和一些零星小島。再向裡，就是一片冰封的極地海洋。所謂「北方樂土」在地理學上，很難確認有一塊「樂土平台」，如果真有「平台」存在，那就是幾千公尺深的極地海盆。「北方樂土」是下沉了，還是正在上升？誰也說不清。

創造出「北方樂土」這個概念後，希臘人對北極的認識，有了進一步的提高，於是，又創造出「北冰洋」這個詞。這個希臘古詞，指的是正對大熊星座或北斗七星的海洋。

十五世紀末開始，西方資本主義迅速崛起，一方面向南尋找通往東方的貿易之路，一方面急切地尋找取道北冰洋到達東方的「北方航線」。

這幅麥卡托在一五九五年製作的地圖，是第一幅北極圈單幅印刷地圖（圖13.4）。

在這幅地圖上，麥卡托錯誤地將北極描述為被四個大群島所包圍；極地中心是一個有四條河注入的巨大漩渦；漩渦將地球上的水吸到北極，再吸入深淵，水再從深淵中冒出，形成世界上的許多河流，如此循環不息。這是關於北極的想像，後來被證明並不存在。但是，他的另一部分想像，卻與後來的科學考察完全一致。一五九五年西方還沒有勘探亞洲與美洲之間是否相連，地圖卻明示海峽，而白令（**Vitus Jonassen Bering**）在這裡發現海峽是一七三五年的事情。

可貴的是麥卡托在這幅地圖中，標註了地理北極和北磁極：圖中央是地理北極，美洲和亞洲之間海峽（即今天白令海峽）附近的另一個岩石島嶼則顯示了北磁極。

麥卡托的地圖還包括了探索北極圈的西北和東北通道的最新航程，標註了圍繞格陵蘭島的發現之旅。在地圖飾邊的小圓圈中是蘇格蘭北部的昔德蘭群島（**Shetland**），另一個是丹麥北部的法羅群島，還有一個是神話中的小島。

在這個有科學描述，又有神話色彩的北極專圖出版的第二年，又有一位北極探險家進軍北極。人們在今天的北極地圖挪威和芬蘭北部廣闊海域上，能看到他偉大在名字——巴倫支（**William Barents**）。

圖13.4：北極地圖

一五九五年麥卡托製作了這幅標註了地理北極和北磁極的北極地圖，這是第一幅北極圈單幅印刷地圖，圖縱三十七公分，橫三十九公分。

第一次北冰洋探險

〰《巴倫支北冰洋航海圖》〰西元一五九八年

由於馬可波羅的中國之行，使西方人相信中國是一個黃金遍地、珠寶成山、美女如雲的人間天堂。於是，西方人開始尋找通向亞洲和中國的最短航線——海上絲綢之路。

一五二七年在西班牙從事商貿活動的英格蘭商人羅伯特・索恩斯提出在大西洋與太平洋存在向東繞行和向西繞行的航線，已經被葡萄牙與西班牙人開通，但是在北方還有一條繞北極圈的「北方航線」沒有開通。當時的歐洲人相信，只要從挪威海北上，然後向東或者向西沿著海岸一直航行，就一定能夠到達東方的中國。也有人認為，在紐芬蘭有一條通往亞洲的海峽。

北冰洋「東北航線」和「西北航線」的發現，一直是歐洲人的重要航海任務。最早進行這方面探險的是葡萄牙人考特雷爾兄弟（Gaspar Corte-Real，Miguel Corte-Real）。他們早在一五〇〇年就開始沿歐洲西海岸往北一直航行到了紐芬蘭島。第二年，他們繼續往北，向高緯度進發，希望尋找那條通往亞洲和中國的航路，但卻一去不復返，成為「西北航線」的第一批捐軀者。

從一五九四年起，荷蘭人威廉・巴倫支開始了他的三次北極航行。一五九六年，他不僅發現了斯匹次卑爾根島（Spitsbergen），而且靠近了北緯七十九・五度的地方，創造了人類北進的新紀錄，並成為第一批在北極越冬的歐洲人。一五九七年六月二十日，年僅三十七歲的巴倫支由於飢寒勞頓而病死在一塊漂浮的冰塊上。

十六世紀中期，英國人在高緯地區尋找通往東方的海上航線失敗之後，正在爭取國家獨立的荷蘭，接續了向「東北航線」航行的偉大使命。荷蘭人的北冰洋探險是一種合資式的商業競爭，伴有荷蘭與澤蘭兩個商業集團的利益。航海家林斯豪頓在剛剛完成了著名的亞洲航行之後，又作為澤蘭的代表投身北極探險；航海家巴倫支則率領荷蘭的團隊。

一五九四年，巴倫支率領三艘船開始第一次北冰洋探險，探險隊最後抵達北緯七十七度十五分，創造了當時人類抵達的最北點紀錄。在抵達新地島（**Новая Земля**）後，探險隊補給告罄，不得不折返。一五九五年，巴倫支再次出海，但這一次沒有什麼重大發現。在兩次探險沒有取得什麼成績之後，林斯豪頓率領的澤蘭船隊失去了信心，宣告退出北極航行。而樂觀的荷蘭人和巴倫支，則堅持繼續探險。

一五九六年，巴倫支第三次出征北冰洋，在途中相繼發現了熊島（**Bjørnøya**）和斯瓦爾巴群島（**Svalbard**）。並到達了七十九度四十九分人類抵達的最北點的新紀錄。八月二十六日，探險隊再次抵達新地島，但船很快被封凍於港內。一五九七年六月船方得以脫身返航，但這時的巴倫支已病入膏肓了。聰明的巴倫支死前寫下三封信，兩封分開交給同伴，一封信藏在他們越冬住房的煙囪裡，以防回程遭到不測，也有一點文字紀錄傳給後人。一五九七年六月二十日，體力不支的巴倫支死在一塊浮冰上，時年三十七歲。兩世紀後的一八七一年，一位挪威航海家來到巴倫支當年越冬的地方，果真從煙囪裡找出了那封信。

巴倫支的航行不僅有詳細文字記載，而且還繪製了極為準確的海圖，為後來的北極探險家提供了重要的依據。這是巴倫支死後第二年，即一五九八年，荷蘭製圖家根據巴倫支的原始地圖描繪出精美闊大的北極投影地圖（圖**13.5**），圖上有北極海區與巴倫支航海線路，同心緯度線分別間隔五度，並會聚

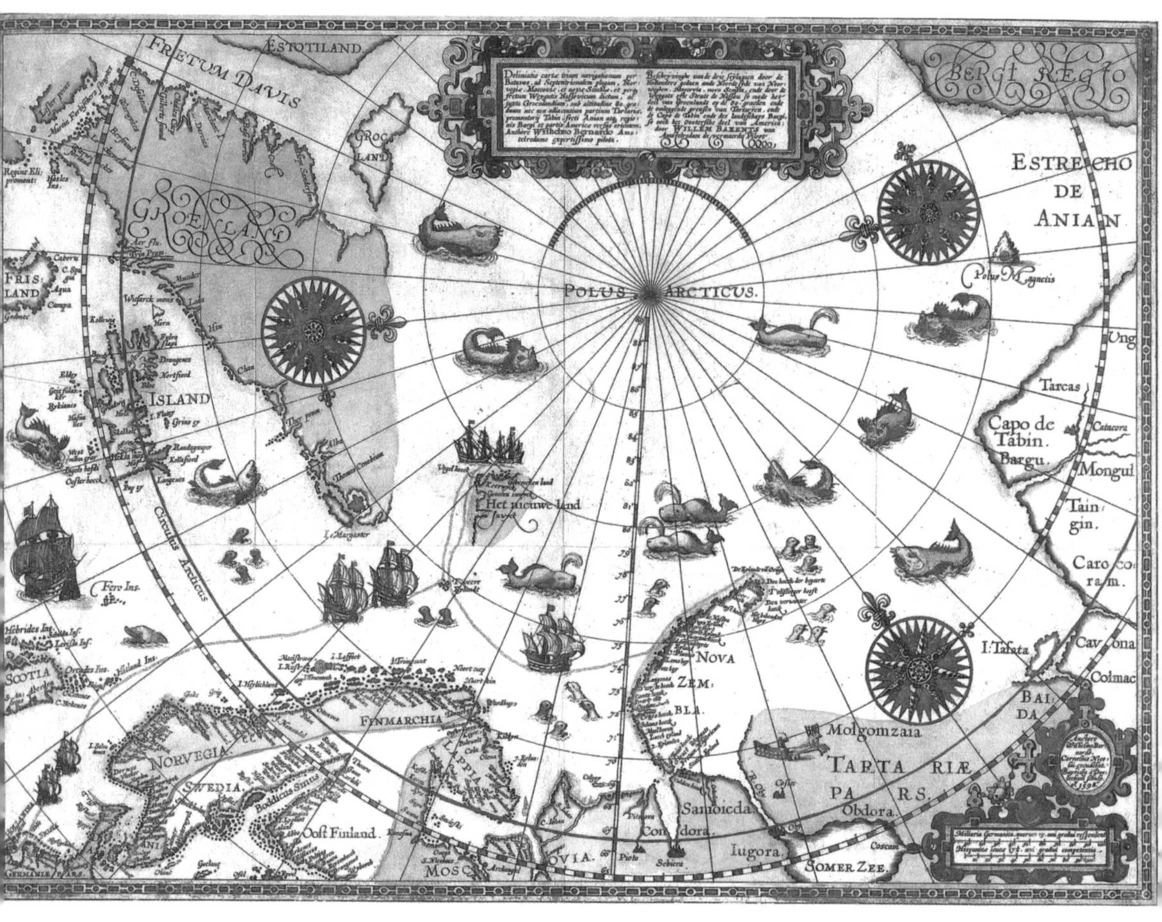

圖13.5：北極航海圖（巴倫支北冰洋航海圖）

這是一五九八年荷蘭製圖家利用巴倫支北極探險航海圖所繪的北極航海圖，圖縱四十二公分，橫五十六公分。

經度線，間隔十度。為了紀念巴倫支，製圖家將新地島與斯瓦爾巴群島之間的陸緣海（圖左下）命名為「巴倫支海」。

這幅北極航海圖繪出的鯨魚比北極的船隻還多，它反映了那裡的鯨魚豐富多產，將為荷蘭和英國帶來更多的利潤，相比之下，鯨魚貿易要好於與俄羅斯的羊毛貿易。

描繪北極與北磁極磁偏角

〰哈雷《太平洋與大西洋磁極航線圖》〰西元一七〇一年

據說，中國北宋時期科學家沈括是世界上第一個發現指南針不正指南北的人。他在《夢溪筆談》中寫道：「方家以磁石磨針鋒，則能指南，然常微偏東，不全南也。」這說明當時他已知道地磁偏角的存在。四百多年後，哥倫布橫渡大西洋發現新大陸時，也發現了地磁偏角。麥卡托在一五九五年製作的第一幅單幅印刷北極圈地圖中，甚至標註出了北磁極。但真正以科學方法將地磁偏角記錄在航海圖上的是英國人埃德蒙多・哈雷（Edmond Halley）。

後世在提到哈雷時會說他是天文學家、地理學家、數學家、氣象學家和物理學家。沒錯他確曾擔任牛津大學幾何學教授，擔任第二任格林威治天文台台長。尤其是他曾計算出哈雷彗星的公轉軌道，並預測該天體將再度回歸。其實，他還有鮮為人知的另一面，他還當過船長，是位了不起的製圖家。如果評選影響世界的一百幅地圖的話，一定會有他在一七〇一年繪製的太平洋與大西洋磁極航線圖（圖13.6）。

幾個世紀來，使用指北針的航海家必須學會區分地磁北極和地理北極的不同。一六八九年至一七〇〇年，哈雷隨英國皇家軍艦帕拉莫爾號做了一次跨大洋的航行，他此行的目的是考察北極與北磁極之間的磁偏角。所謂磁偏角，即指北針指示的北方與實際正北方的夾角。據說，哈雷在十四、五歲時就對這一現象感興趣了，當時還親手測量了幾次。三十多年後的一七〇一年，哈雷根據這次航海羅盤紀錄出

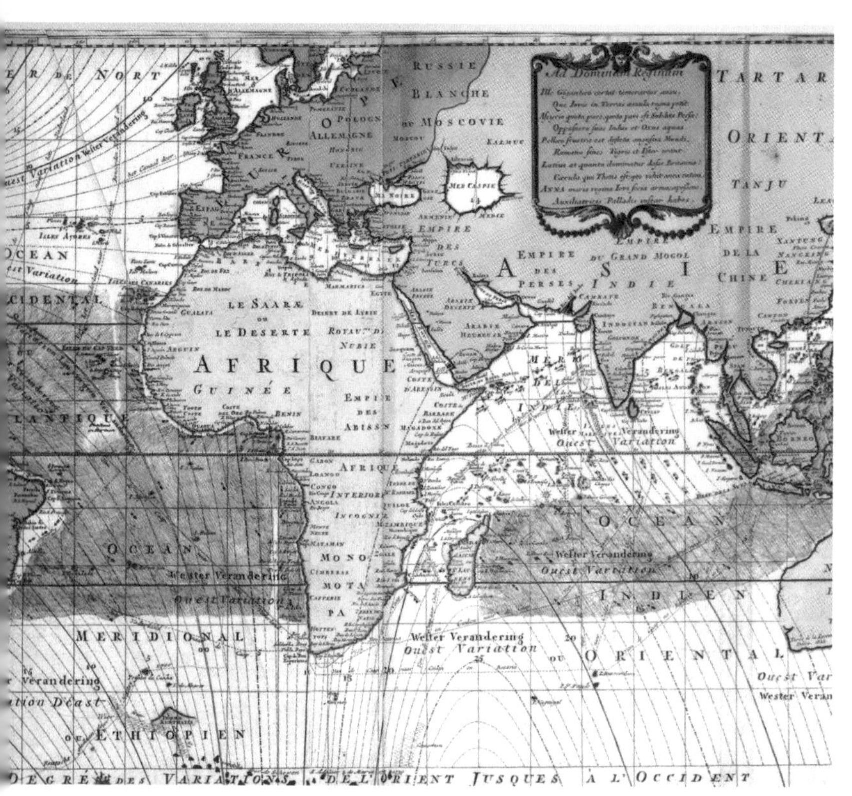

版了大西洋和太平洋磁極航線圖。這幅獨特的航海圖描繪了南緯五十二度以北的太平洋和大西洋各地磁偏角。此圖上繁複的航線，為當時在海上無法確定經度的航海者提供了一定的領航依據。哈雷還試圖通過這種描繪磁偏差的航線圖精確計算出船在海上航行時所處的經度。

必需指出的是，此時航海鐘還沒有問世。

一七一四年英國國會通過了《經度法案》（*Longitude Act*）。以法律的名義宣佈：任何人只要能找出在海上測量經度的方法，誤差在一度以內的獎一萬英鎊；誤差在半度以內的獎兩萬英鎊（兩萬英鎊，等於當時一位船長兩百年的收入）。

一七六二年經度委員會讓哈里森的兒子帶著哈里森製造的第四代鐘錶**H4**，跨過大西洋航行到牙買加，經過八十一天航行，**H4**總共慢了五秒（誤差約等於三公里左右）。誤差率遠遠小於經度委員會制定的半度之內（即二十四小時，誤差不超過三秒，約等於五十公里）的最嚴限度。經度鐘的誕生，這才解決了千百年來海上的經度定位問題。

這幅太平洋與大西洋磁極航線圖，也是第一張繪有等值線的地圖，圖中每條曲線經過的點，磁偏

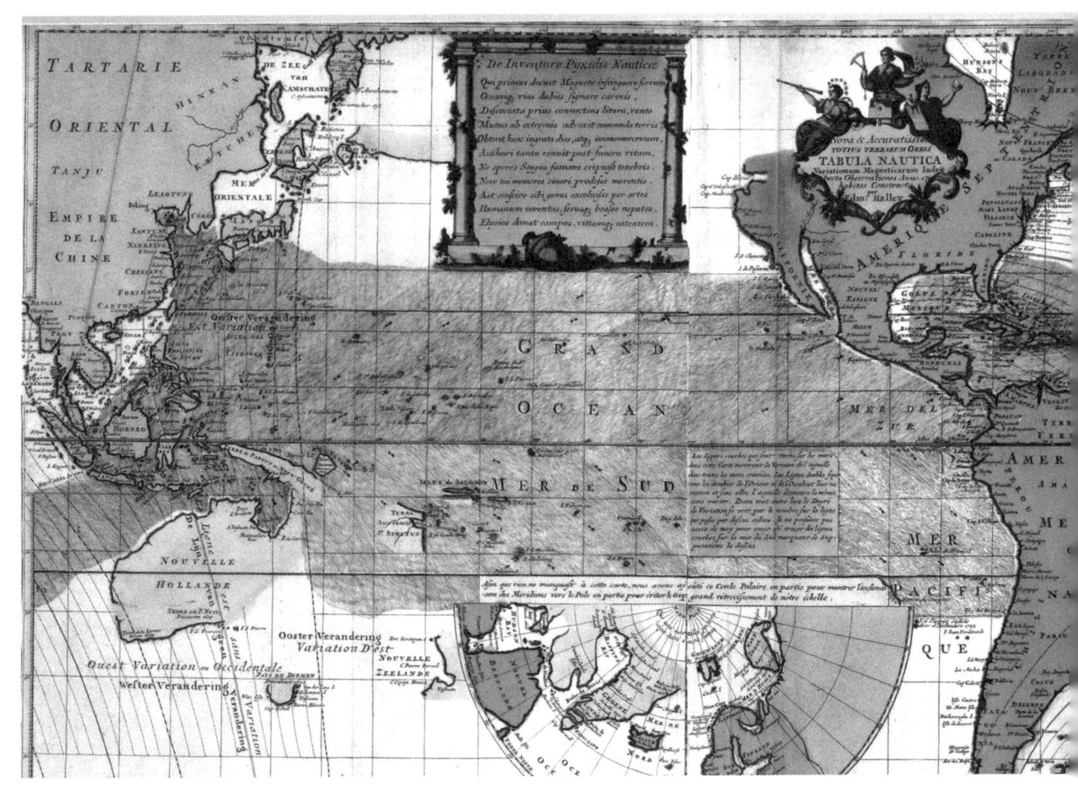

圖13.6：太平洋與大西洋磁極航線圖

一七〇一年哈雷根據英國皇家軍艦帕拉莫爾號航行紀錄繪製的第一張繪有等值線的地圖，圖中每條曲線經過的點，磁偏角的值都是相同的。

角的值都是相同的。今天人們常看到的等高線地形圖、有等氣壓線的天氣圖，其實都來自哈雷的這個等值線地圖的創意，等值線在當時也被稱為「哈雷之線」。

麥卡托北極地圖，曾在美洲和亞洲之間海峽（即今天白令海峽）附近的另一個岩石島嶼顯示了北磁極。但由於北極環境惡劣，直到一八三一年六月一日，英國探險家約翰・羅斯和詹姆斯・羅斯才到達北磁極，才實地證明了北磁極並不在北緯九十度零分零秒的北極點上，而是在離它一千六百公里的加拿大北海岸。在現代地圖上，北磁極被標在北緯七十九・三度、西經七十一・五度，這是二十世紀的數據。實際上，地磁極一直在移動，發生移動的原因仍然是個謎。

北方航線與北極點

〜〜《北極航海圖》〜〜西元一六五七年）

〜〜《南極與北極航海圖》〜〜西元一五九三年

從巴倫支海，再向北極核心圈北緯八十度圈看去，又會看到用另一個人的名字命名的海——南森海，正是這個人幾乎以生命為代價給後人開闢了進入北極核心區的航路。

荷蘭探險家巴倫支死後，兩百多年裡沒有人敢再進入北極核心區。

一六一〇年，受僱於商業探險公司的英國人哈德遜駕駛著他的航船「發現」號向「西北航道」出發，他們到達了後來以他的名字命名的哈德遜灣（Hudson Bay），今天的加拿大北部魁北克與安大略之間的大海灣。不幸的是二十二名探險隊員中有九人被凍死，五人被愛斯基摩人所殺，一人病死，只有七人活著回到了英格蘭。

一六一六年春天，英國航海家巴芬（William Baffin）指揮著小小的發現號帆船再一次往北進發，探尋西北通道，這是這條小船第十五次進入西北未知的水域，發現了大部分位於在北緯七十度以北的海灣和海島，後來分別被命名為「巴芬灣」和「巴芬島（加拿大第一大島，世界第五大島）」。

十七世紀下半葉，荷蘭的探索興趣減弱，航海與描述探險影響力漸漸被英國和法國所取代，法國路易十三和十四時期的皇家地理學家，也是法國製圖之父的尼古拉斯・桑松（Nicolas Sanson）接連出版兩本地圖集，顯示法國在製圖界佔有了主導地位，並注意出版特殊地理位置的地圖。在尼古拉斯・桑松一六五七年出版的北極航海圖（圖13.7）中，可以看出北緯七十度左右已繪出了不很精準的後世所說的「巴芬灣」和「巴芬島」，但北緯八十度以內的北極核心區，卻仍然是巨大的空白。

一七七五年英國延長了發現西北航線提供獎金的法案期限，獎金也增加到兩萬英鎊。英國海軍又派出已退役的庫克船長去西北航線進行探險。於是一七七六年庫克開始了他的第三次太平洋探險。庫克船長的這次航行，來到了北緯七十度，他證明了白令海峽北邊是冰封的海洋，不存在什麼「西北航線」。在去白令海峽的路上，他成為歐洲第一個抵達夏威夷的人，但也不幸地在一場衝突中被當地土著殺死。那一天是一七七九年二月十四日，剛好是情人節。

此後，英國人的熱情轉入了北極探險。一八四五年五月十九日，英國海軍部又派出富有經驗的北極探險家約翰・富蘭克林（John Franklin），試圖進入北極圈更北的地區。全隊一百二十九人在三年多的艱苦行程中陸續死於寒冷、飢餓和疾病，最終無一生還，成為北極探險史上最大的悲劇。

一八九五年，又一位探險家進入了北極腹地，他就是挪威探險家弗里喬夫・南森（Fridtjof Nansen）。一八九三年六月二十四日，南森率領二十四名探險隊員乘他設計的前進號從奧斯陸出發了。九月二十四日，他們到達了北緯七十八度海域。一八九五年三月，沿著巨大的冰裂，前進號漂流到北緯八十五度五十七分的海域，這是北極探險史上，還沒人到達的高緯度。但冰蓋已使前進號寸步難行了。去北極點的唯一選擇只能是駕馭狗拉雪橇了，南森等人告別隊友向極點方向走去。一八九五年四月八日，南森到達北緯八十六度十三分的地方。此地距北極點不到四百公里。但前方是一座座高大的冰山和難以逾越的冰障，南森只好返回。南森的夥伴們走了四個月，一八九五年八月，他們才來到法蘭士約瑟夫地群島（Земля Франца-Иосифа）。此時，冬季到來了，他們只好在島上越冬。熬過漫長的冬季，

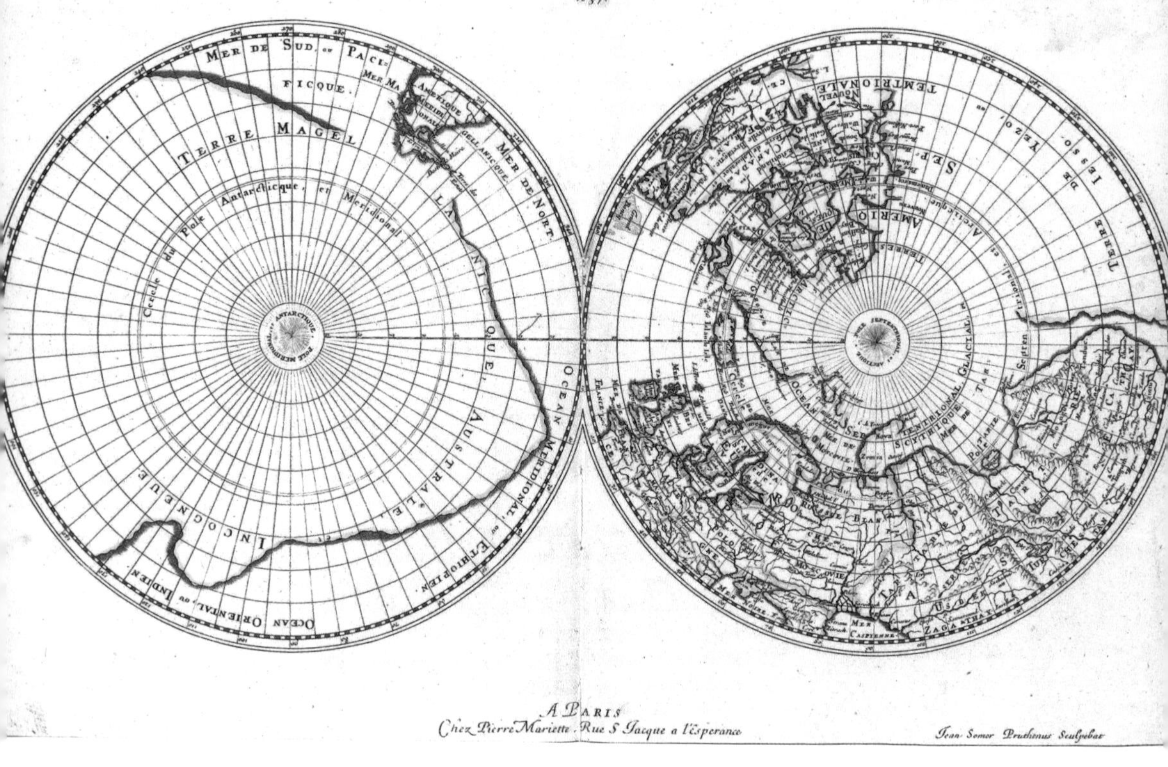

圖13.7：北極航海圖

一六五七年法國出版，圖中北緯八十度以內的北極核心區仍是巨大的空白，一切似在等待南森來改寫。

一八九六年初，恰好英國探險家弗雷德里克・傑克遜（Frederick George Jackson）的船從這裡經過，南森和他的夥伴們才幸運地踏上了回家的路……

頗具喜劇色彩的是，就在南森和他的夥伴們乘船返回之際，一八九六年初夏，英國《自然》雜誌根據南森出征北極探險三年未歸的事實，在該雜誌上刊登悼詞，對他「獻身」北極探險事業表示深切的懷念。悼詞刊出不久，即一八九六年八月十三日，南森奇跡般地返回家鄉，成為北極探險史上又一位傳奇英雄。

南森是有史以來到達北冰洋中心區的第一人，他以行動證明：北極的腹地是一片冰封的海洋而非陸地。後來，人們為了紀念他的偉大發現將北極核心區的海命名為「南森海」。還要補充說明的是，南森不僅是個科學家、探險家，同時，他還是一位傑出的外交家。因為他積極幫助從西伯利亞、中國和世界其他地區遣返的五十萬名戰俘，還有直接援救俄國遭受飢餓的難民，獲得了一九二一年至一九二二年的諾貝爾和平獎。南森面向沒有國籍的難民而設的「南森護照」，後來成為一種被國際承認的身份證。

航海探險證明，穿越北冰洋實在太難了，也毫無商業價值。而關於北極點的探險，最終，也變成了一場場殘酷的國家競賽。甚至，誰率先到達北極點，也成了著名公案，爭了一百年。當然，怎麼爭，美國也不吃虧，因為，那兩個爭的人都是美國人。

通常人們認為，美國著名探險家羅伯・皮里（Robert Edwin Peary）是最早到達北極的人。二十世紀初，皮里曾多次向北極衝刺。一九〇八年羅伯・皮里最後一次衝擊北極點。他先在埃爾斯米爾島（Ellesmere Island）北端過冬，第二年春天，他帶領一支雪橇隊，向極點前進。於一九〇九年六月四日到達北極點。然而，當羅伯・皮里返回美國後才知道，一個名叫弗雷德里克・庫克（Frederick Cook）的美國醫生已經先於他宣佈：弗雷德里克・庫克於一九〇八年四月二十一日已經到達北極。此後，一百年裡，這個爭論一直沒有定論。不過，就地理學而言，一九〇九年德國地理學家、地質學家阿爾布雷希特・彭克（Albrecht Penck）出版了北極與南極地圖（圖13.8），誰先到達的北極點已不重要了。站在二十世紀一〇年代，回頭看幾百年來的南北極航海圖在一代又一代探險家的生死考察中不斷完善，所有的古典猜想完全解密，「發現」被終結了，世界留給我們的是關於發現的傷感回憶。

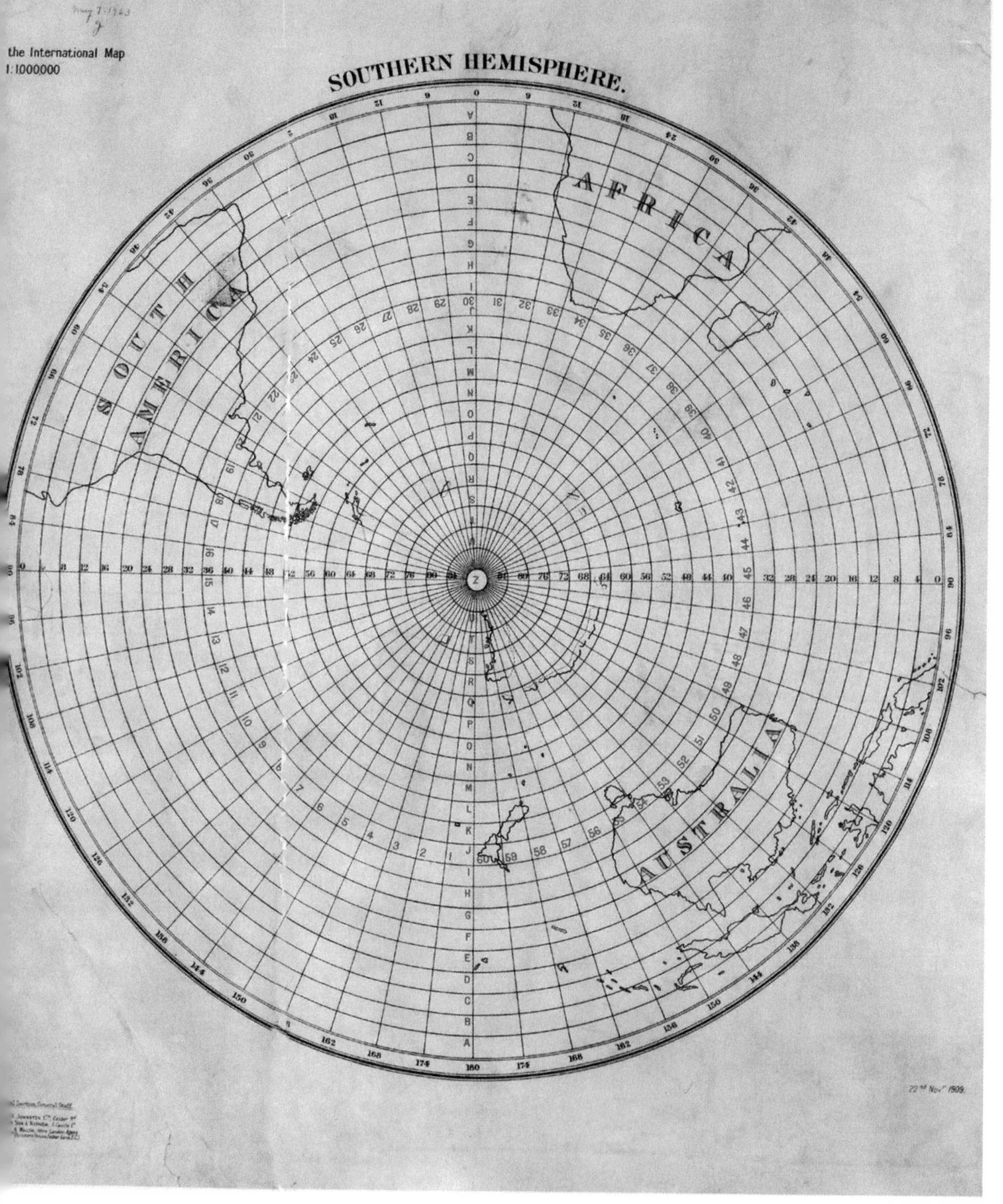
the International Map
1:1000000
SOUTHERN HEMISPHERE.
AFRICA
SOUTH AMERICA
AUSTRALIA
22nd Novr 1909.

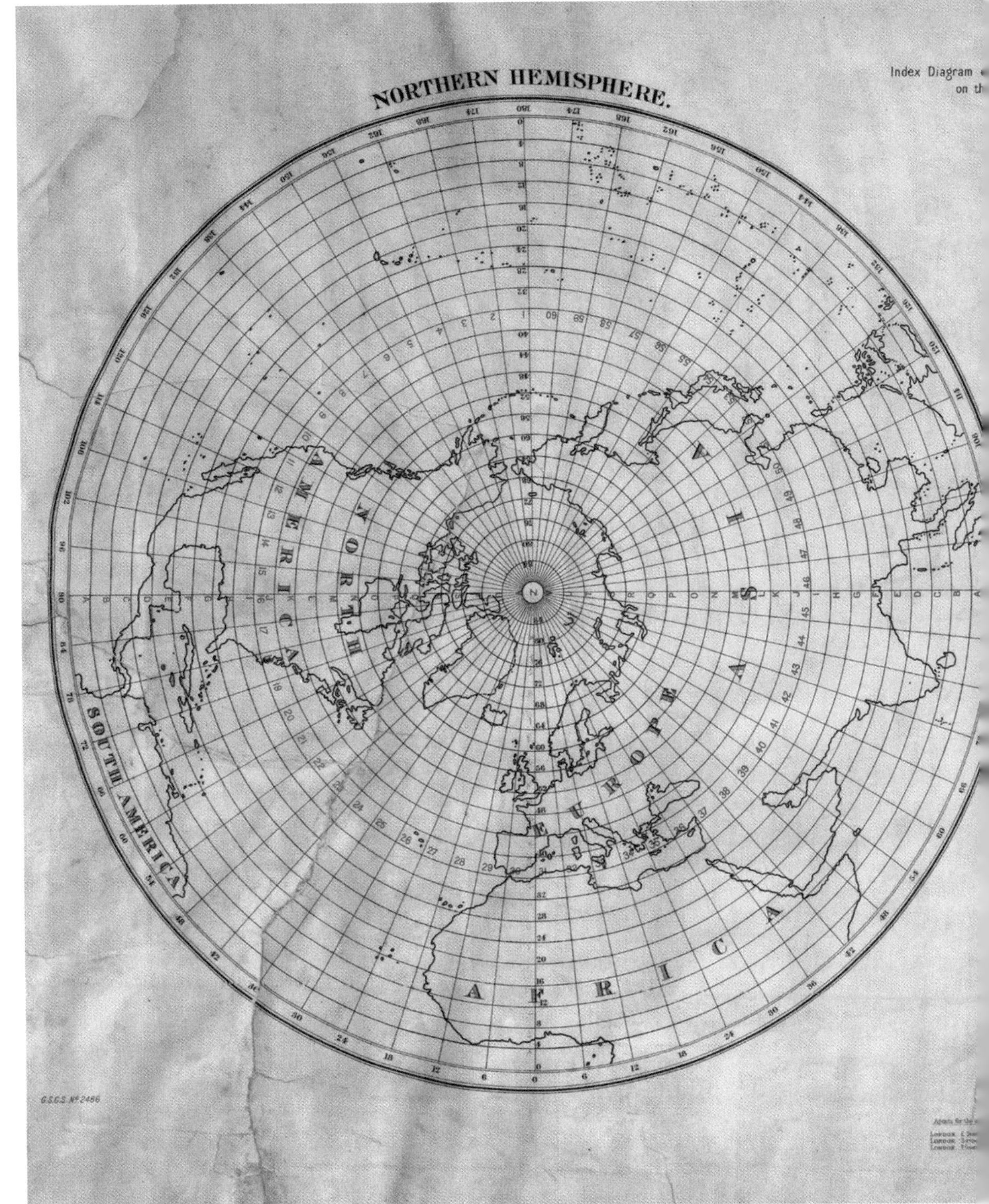

圖13.8：北極與南極地圖

一九〇九年德國地理學家、地質學家阿爾布雷希特・彭克出版了南北極地圖，關於南北極的古典想像，到了二十世紀一〇年代完全解密了。

14 海上咽喉——連接世界的九大海峽

關於海與地球，有三個百分之七十值得注意：

地球的表面積為五億一千萬平方公里，其中百分之七十被海洋覆蓋；

人類近百分之七十的人口在沿海生活；

也有人統計說，人類百分之七十的財富創造來自沿海地區。

從人類生活的角度講，海只有和陸地發生緊密關係的那部分，才對社會發展產生深遠影響和意義。比如，海岸、島嶼、半島，還有一個就是這裡要說的海峽。

地理學的海峽定義是：由海水通過地峽的裂縫經長期侵蝕，或海水淹沒下沉的陸地低凹處而形成的兩塊陸地之間的水域。海峽通常位於兩個大陸或大陸與鄰近的沿岸島嶼以及島嶼與島嶼之間。其中，有的溝通兩海（如台灣海峽溝通東海與南海），有的溝通兩洋（如麥哲倫海峽溝通大西洋與太平洋），有的溝通海和洋（如直布羅陀海峽溝通地中海與大西洋）。海峽多種多樣，與其相關的故事也豐富多彩。

海峽的社會性是因其特殊的地理形態所決定的，自然的海峽往往因人類的活動，成為交通要道、航運樞紐，或者是兵家必爭之地……因此，人們也常把這類的海峽稱之為「海上走廊」、「黃金水道」，或者是「咽喉」與「門戶」。

據不完全統計，全世界至少有上千個海峽，較大的海峽有五十多個，但影響人類生活，或改變過人類歷史的，也就是少數幾個重要的海峽。比如，這裡提到的九大海峽：直布羅陀海峽、荷姆茲海峽、英吉利海峽、博斯普魯斯海峽、莫三比克海峽、麻六甲海峽、麥哲倫海峽、德雷克海峽、白令海峽……

兵家必爭之地：英吉利海峽

〰《盎格魯—撒克遜世界地圖》〰約西元一〇三〇年

〰《高夫英格蘭地圖》〰約西元一三六〇年

大不列顛島孤懸於大西洋之上，其命運注定與海洋緊密相聯，某種意義上講，英國的歷史就是一部英吉利海峽史。

這是盎格魯—撒克遜時代唯一倖存下來的英格蘭版世界地圖（圖14.1），大約在一〇三〇年左右製作於英格蘭。雖然此圖是以地中海為中心描繪歐洲、亞洲和非洲三塊大陸構成的世界，但由於作者立足於英格蘭來製作這幅地圖，因而大不列顛群島的輪廓和細節相對比較精確，連倫敦和溫徹斯特（Winchester）這樣的「大城市」的建築物，也都給以了很好的表現。同時，它還標註了泰晤士河和其他河流。在愛爾蘭方向，首次出現了阿馬（Armagh）和曼島（Isle of Man），並可以找到奧克尼群島（Orkney）。但它畢竟不是英格蘭地圖，中世紀最精質的英格蘭地圖有兩幅，一是前邊講過的馬修・帕里斯的英格蘭地圖，二是高夫英格蘭地圖（Gough Map）。

高夫英格蘭地圖（圖14.2），因理查・高夫（Richard Gough）在一七七四年的一次拍賣會上購得此圖而得名。此圖的來歷不詳，作者不詳，但專家認為它很可能是愛德華三世的宮廷書記員編寫或使用過的地圖，大約製作於一三六〇年。此圖的方位為上東下西，圖中的海陸交通描繪上比馬修・帕里斯的英格蘭地圖更加精細和實用。泰晤士河、塞文河（River Severn）和亨伯河（River Humber）等河流、河口

圖14.1：盎格魯－撒克遜世界地圖

這幅地圖大約繪製於一〇三〇年左右，是盎格魯一撒克遜時代唯一倖存下來的英格蘭版的世界地圖，英吉利海峽自然是圖中重點表現的一筆。

標示醒目。圖的下半部分，也就是西邊，雖然描繪的是英格蘭東海岸，實際上也是對英吉利海峽的一種描繪。

現在來說說這個海峽，海峽兩岸是英國和法國，兩個都是很了不起的古國，自然對這個海峽有著各自的命名。在海峽北部，英國一側有多佛港，英國人習慣稱這個海峽為「Strait of Dover」（多佛海峽）；而對岸法國一側有加萊港，法國人習慣稱這個海峽為「Pas-de-Calais」（加萊海峽）。這一段的海峽是連接北海與大西洋的通道，長三十公里至四十公里，最窄處僅二十八．八公里，後世多稱這裡為英吉利海峽。

在航運不那麼發達的時代，這個海峽更多地表現為兩岸國家的海上戰場。今天的人們通過大導演史帝芬史匹伯的鏡頭，目瞪口呆地觀看了銀幕上的血流成河

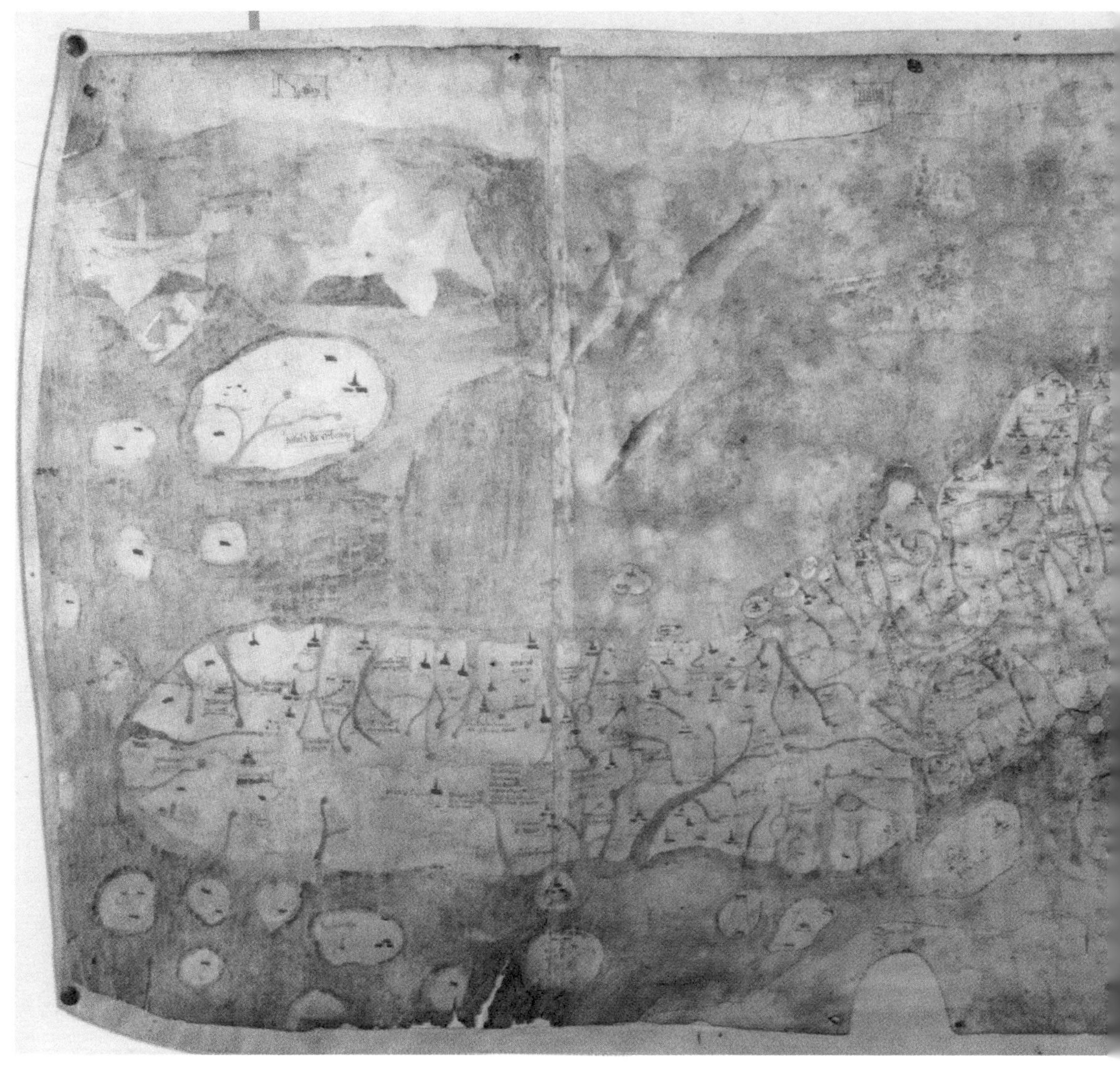

圖14.2：高夫英格蘭地圖

因理查・高夫在一七七四年的一次拍賣會上購得此圖而得名。此圖的來歷不詳，作者不詳，但專家認為它很可能是愛德華三世的宮廷書記員編寫或使用過的地圖，大約製作於一三六〇年。

的諾曼第登陸。這個登陸再慘也就一場戰役，即使把二次大戰全算上，也就是八年；而從一三三七年到一四五三年，英國人與法國人，斷斷續續通過海峽打了一百一十六年——史稱：百年戰爭。

隔著海峽的英法兩國，為何能打這麼長時間的戰爭，根本原因還是利益之爭。一〇六六年，法國諾曼第的威廉公爵跨海攻打英格蘭，為的是爭奪英格蘭王位。百年戰爭的導火線也是王位繼承問題。一三二八年，查理四世去世，法國卡佩王朝（Capétiens）絕嗣，支裔瓦盧瓦王朝（Valois）的腓力六世將繼位；由於王位事關領土等重要利益，英王愛德華三世以法王查理四世外甥的資格，與腓利六世爭奪王位。一三三七年十一月，英王愛德華三世率軍進攻法國，拉開戰爭的大幕。

一三四〇年，英法兩國發生海戰，法軍戰敗。幾年後，雙方在克雷西會戰（Battle of Crécy）。此戰，歐洲人第一次使用了火器。結果英軍大捷，乘勝進入諾曼第。隨後又攻佔法國的加萊。英國完全控制了英吉利海峽。一三六四年，法國王子查理繼位後，改編軍隊。於一三六九年發起反攻，幾乎收復全部法國失地。一四一五年八月，英王亨利五世，趁查理六世即位後，法國統治階級發生內訌之機，進攻法國，十月佔領法國北部。一四二九年，法國民族英雄貞德率軍擊退英軍，解奧爾良城之圍。此後，法國人民抗英運動繼續高漲，英軍節節敗退。一四五三年十月，駐波爾多英軍投降，除加萊外，法國領土全部收復。至此，百年戰爭以法國的勝利而結束。

英國在百年戰爭中不僅一無所獲，還喪失了幾乎所有在法國的領地，迫使其放棄大陸稱霸的企圖，轉而向海上發展，從而走上了海上帝國的道路……

大力神駐守地中海出口：直布羅陀海峽

〰《北非與西班牙地圖》〰 西元一一七三年
〰《地中海航海地圖》〰 西元一三三九年
〰《包圍直布羅陀戰事圖》〰 西元一七八一年

古希臘人講的故事，很多都是亂倫的；如果不是亂倫的，那也是亂了套的。比如，大力神海克力斯的故事，就是人神雜交的結晶。

天神宙斯權力很大，權力大的慾望也強。在天上戀愛沒意思了，宙斯跑到人間跟阿爾克墨涅弄到一起，並生了個孩子海克力斯。天神到人間戀愛生子，天后當然不高興。赫拉天后把嫉妒之火全撒到海克力斯這個力大無比的孩子身上。赫拉天后要求海克力斯為兄長完成十二件苦差事：其中有，殺死銅筋鐵骨獅子，九頭水蛇；金角銅蹄的赤牡鹿，大野豬；趕走怪鳥；捕捉發瘋的公牛；趕走吃人的馬群；將高大的山立在地中海的盡頭——這壁立的山岩就是後來人們所說的「海克力斯之柱」。

人們通常認為，直布羅陀就是西班牙最南端的一個半島，其實，具體說直布羅陀指的就是海邊的直布羅陀岩山，就是那個大力神柱。它高四百二十六公尺，是一個完整的侏羅紀時期的石灰石岩層。地質學上的這個山岩的誕生，顯然要比希臘神話要早得多。地質學家認為，是五千萬年前非洲板塊與歐洲板塊猛烈碰撞，才把這個神柱從海底湧上地表。

大力神守著的這個海峽是地中海與大西洋的分界線，同時也是歐洲與非洲的分界線。從古到今，這裡都顯示著極其重要的地位。在希臘神話中，在柏拉圖著作裡，都有「海克力斯之柱」的記載。但直到七一一年，它才有了現在這個名字——「直布羅陀」。

這一年，阿拉伯人塔里克（Tariq ibn Ziyad）率七千精兵橫渡海峽，擊潰了十萬西班牙守軍，強行登陸伊比利半島（十年間，西北非的摩爾人幾乎征服了整個伊比利半島，直到十一世紀後，才漸漸被驅離）。塔里克為了紀念這次渡海作戰的勝利，就將他在這裡興建的城堡命名為「直布爾・塔里克」，阿拉伯語即「塔里克山」的意思。海峽從此被稱為「直布爾・塔里克海峽」，後來幾經轉譯，轉成英文的「直布羅陀」。

大約有七百多年的時間直布羅陀海峽由阿拉伯人控制，所以，這個海峽的早期地圖和航海圖是由阿拉伯地理學家描繪的，如，這幅阿拉伯地理學家伊斯塔赫里於一一七三年繪製的直布羅陀海峽地圖，原圖名為「北非與西班牙」（圖14.3），但實際上就是一幅直布羅陀海峽專圖，圖縱四十二公分，橫三十公分。這幅海峽地圖詳細地記錄了海峽兩岸的港口，在海峽的出口伊比利半島一側突出描繪了直布羅陀岩山。繪在地中海裡的大山與海島應為馬略卡等島嶼，今天的巴利亞利群島（Islas Baleares）。這些島也被阿拉伯人控制了幾百年。

直布羅陀海峽是地中海的「出口」，也是地中海的「入水口」，大西洋海水通過這個唯一通道進入地中海。受大西洋海流影響，海峽表層的海水永遠是從西向東流，因此船從大西洋駛往地中海，經過直布羅陀海峽時，永遠是順水航行。相反，出去時永遠是逆水行舟。不過，再大的阻力，也擋不住地中海的帆船，衝出去發現新世界。

十四世紀的直布羅陀是西北非洲阿拉伯人，即摩爾人與西班牙人反覆爭奪的要地。一三〇九年西班

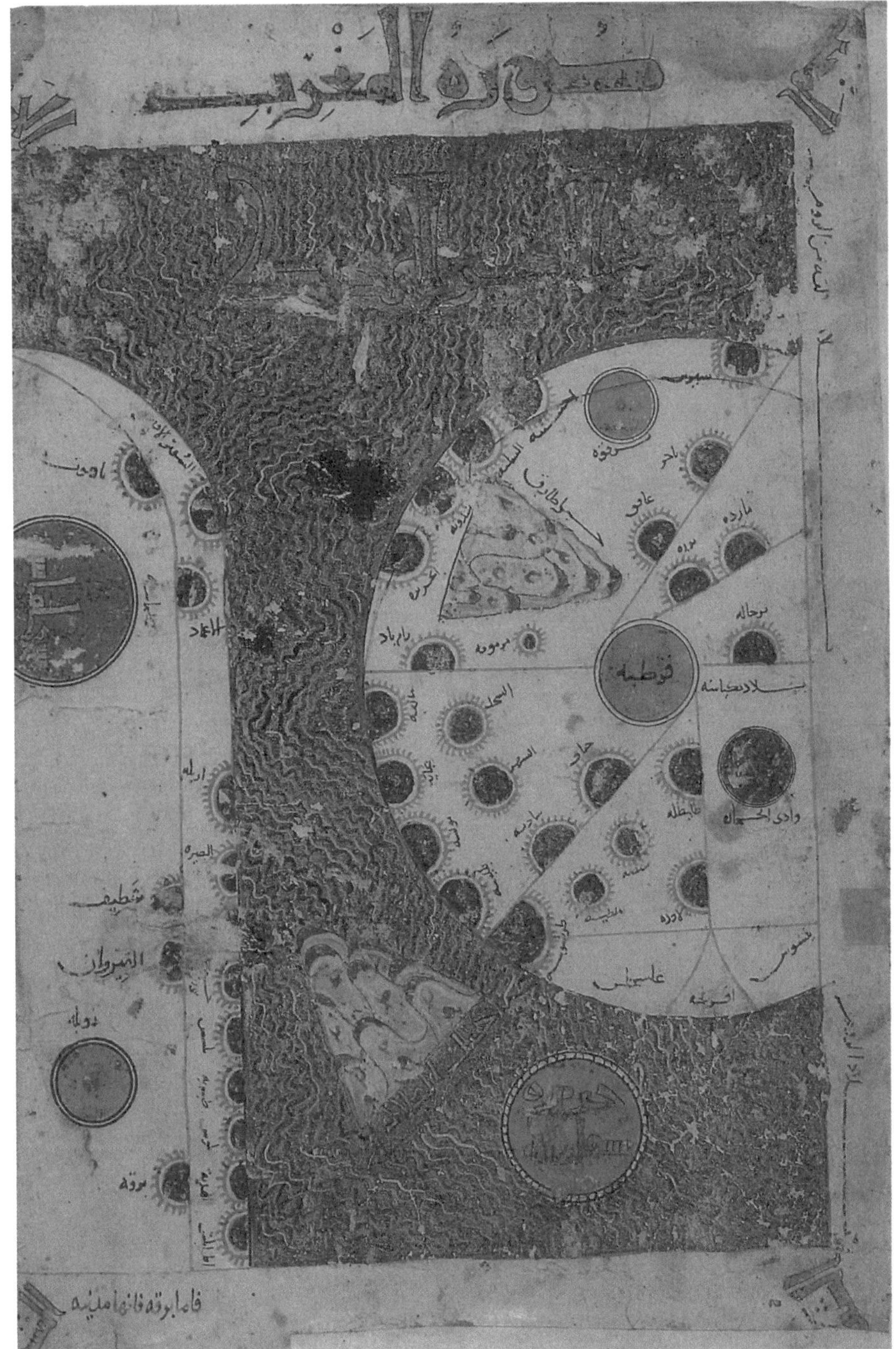

圖14.3：北非與西班牙地圖

這是一幅由伊斯塔赫里於一一七三年繪製的直布羅陀海峽專圖，詳細地記錄了海峽兩岸的港口，在伊比利半島一側突出描繪了直布羅陀岩山。圖縱四十二公分，橫三十公分。

牙人曾奪回了直布羅陀，後來又被摩爾人奪走，直到哥倫布遠航新大陸的一四九二年，西班牙人才將摩爾人全部打出了西班牙。從此摩爾人徹底退出了歐洲。

這是一三三九年安利吉諾・達科特（Angelino Dulcerl）繪在羊皮紙上的航海地圖（圖14.4），此圖北至波羅的海，南至紅海，西邊描繪到了直布羅陀海峽。作者仔細描繪了地中海唯一的出口——直布羅陀海峽，以及大西洋東岸的重要島嶼和港口，可見當時的歐洲對這一地區的高度關注。圖中不僅有用於航海的恆向線，對十四世紀地中海沿岸的北非和南歐的港口城市，都做了精細的標註，並按傳統在重要的地方用旗幟和城堡以及帳篷來標識屬地；北非的山脈被畫成深綠色；紅海按傳統畫成了紅色。此圖縱七十五公分，橫一百零二公分，現藏法國國家圖書館。

直布羅陀太重要了，它不僅是西班牙的寶地，也是其他列強爭奪的要地。

一七〇〇年十一月，沒有子嗣的西班牙國王查理二世去世。按照親屬關係，既可由奧地利哈布斯堡王朝繼承，也可以由法國波旁王朝的人繼承（因查理二世，又是法國路易十四的內弟）。由於法國積極「運作」，查理二世立下遺囑，把王位傳給路易十四的一個孫子安茹腓力普（Philippe, duc d'Anjou）。法國當然高興，因為當時西班牙幾乎擁有半個世界的殖民地。正因為如此，英國、荷蘭、奧地利以及德

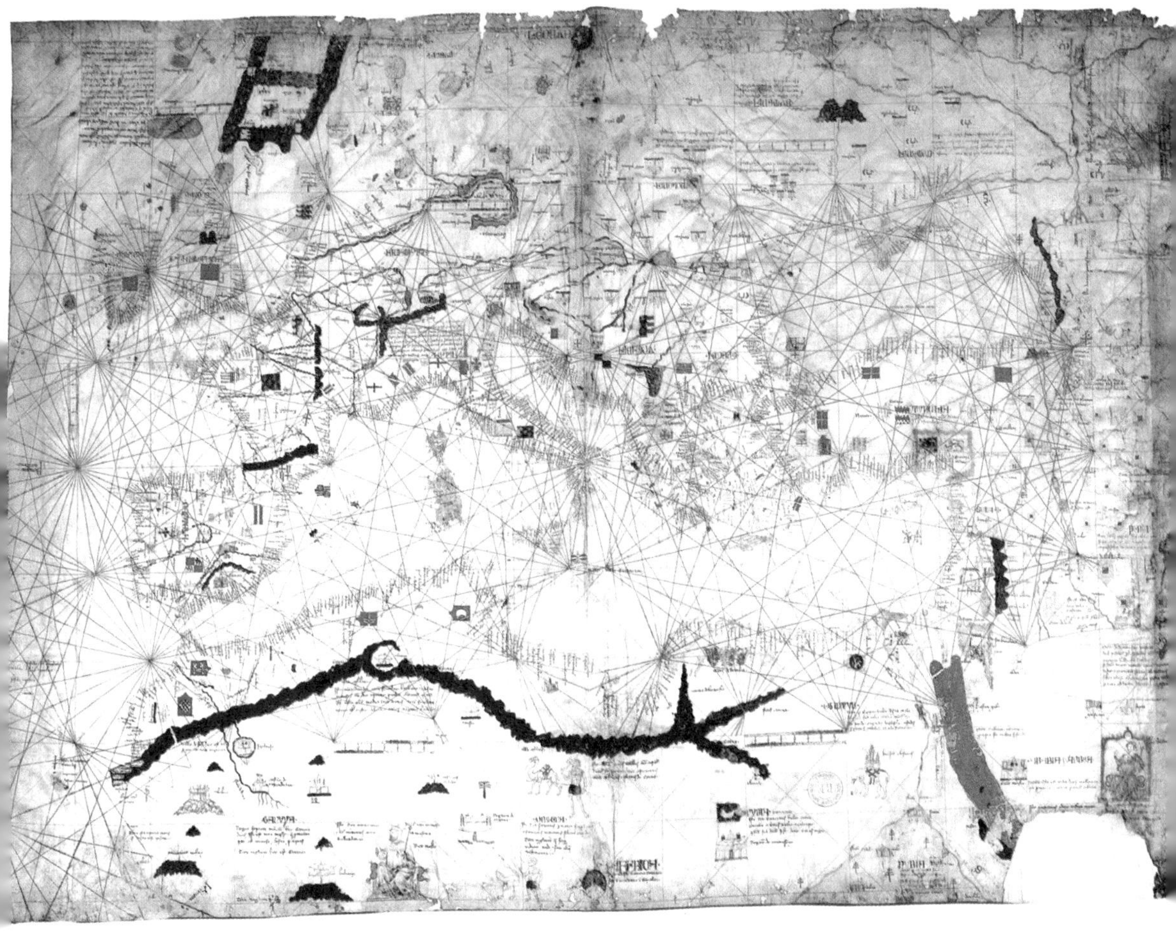

圖14.4：地中海航海圖

這幅一三三九年由安利吉諾・達科特繪在羊皮紙上的航海地圖，北至波羅的海，南至紅海，西邊描繪到了直布羅陀海峽，圖中不僅有用於航海的恆向線，而且對地中海沿岸城市都做了精細標註。此圖縱七十五公分，橫一百零二公分，現藏法國國家圖書館。

意志境內的普魯士群起反對，並聯合對法宣戰——歷史學家把那場複雜的戰爭，叫「西班牙王位繼承戰爭」。

一七〇四年，幫助奧地利來打法國人的英、荷聯合艦隊從海上攻克了直布羅陀，破城後英軍搶先升起了英國國旗宣佈對此地的佔領。一七一三年，佔盡了戰爭優勢的英國、荷蘭、葡萄牙等國，與處於劣勢的法國和西班牙簽訂「和約」。英國在「和約」中，得到了西班牙的直布羅陀。但西班牙人一直想把這個鑲在自己國土裡的英殖民地再奪回來。

這幅英國製圖家威廉・費登（**William Federn**）在倫敦出版的包圍直布羅陀戰事圖（圖14.5），表現的就是一七八一年十月開始的西法聯軍對直布羅陀的大包圍。這場被史家稱為「偉大的包圍」，持續了四年時間，也是對直布羅陀的最後一次包圍。守軍以巨大的勇氣、決心和智謀擊退了多次進攻和幾乎從未間斷的炮擊。一七八三年二月，戰爭以西法聯軍的失敗而告終。這幅地圖上精細的陰影線描繪了這一地區多山的地貌，它也是英國人自一七〇四年佔領此地後，可以成功抵抗西班牙人所有包圍的重要地理原因之一。

這片歐洲現存的唯一殖民地，面積非常小，只有五・八平方公里，中間還被一座拔地而起的大山佔去了絕大地方。但這個只有三萬人口的小地方，卻擁有自己的機場和貨運港口，主宰著海上交通的命脈。它現在還是一個出了名的富人旅遊區，這裡的觀光核心即直布羅陀的最南端——歐羅巴角（**Europa Point**）。站在這個「角」上，如果趕上好天氣，用肉眼就可以清楚地望到海峽對岸的非洲大陸，畢竟這裡只有十三公里寬。

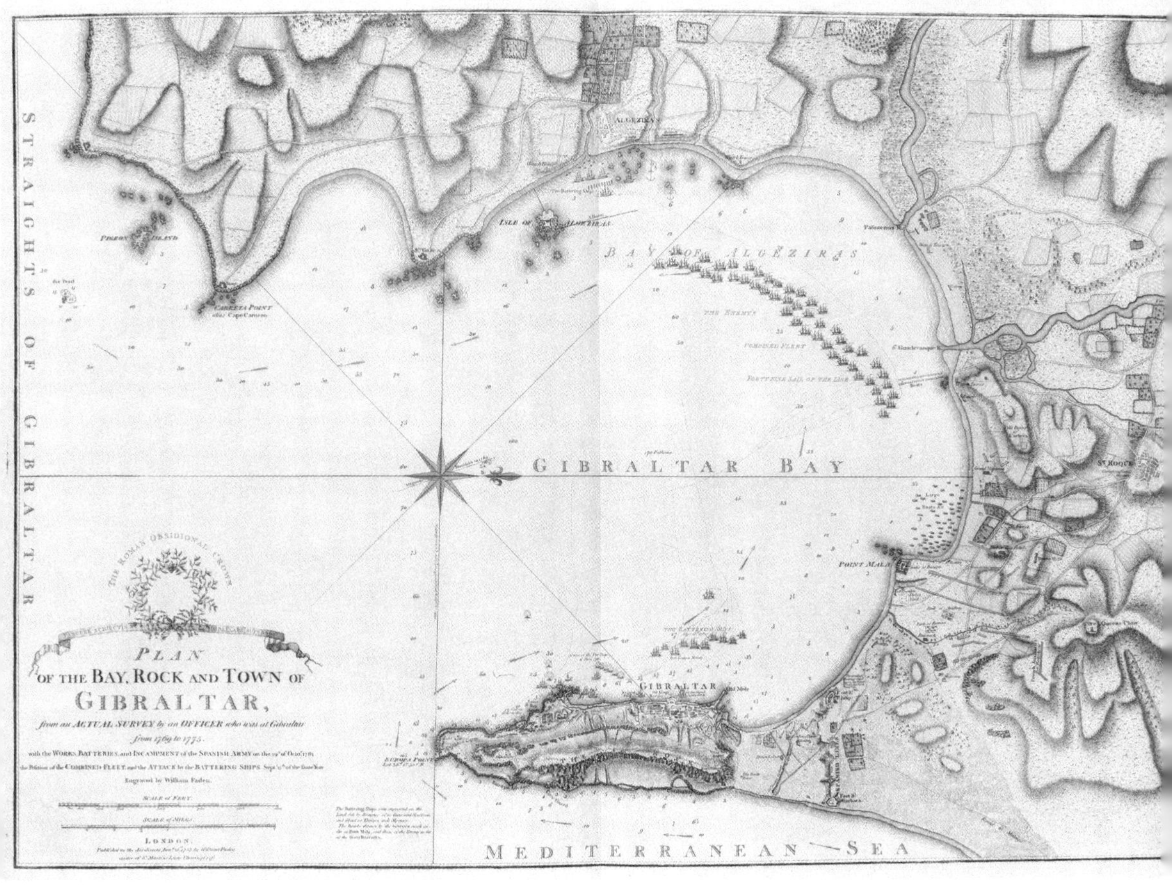

圖14.5：包圍直布羅陀戰事圖

一七八一年英國威廉・費登在倫敦出版的包圍直布羅陀戰事圖，銅版印刷，圖縱五十二公分，橫七十三公分。

阿拉伯鎖鑰：荷姆茲海峽

〰《波斯灣地圖》〰西元五九八年～西元六七三年

〰奧特里烏斯《小亞細亞地圖》〰西元一五九〇年

我們完全有理由推想：荷姆茲海峽所連接的波斯灣是最早被畫入世界地圖的海灣。因為，現在我們能見到的最早的「世界地圖」，即出自波斯灣北部的古巴比倫。這是一塊巴掌大的泥板地圖。由於有阿卡德王薩爾貢的名字鐫刻其中，巴比倫人「一統天下」的景觀，亦呼之欲出……

西元前七世紀末的兩河流域是薩爾貢二世的天下，他的亞述帝國已先後征服了以色列、敘利亞、烏拉爾圖王國……這幅「世界地圖」所描述的當是薩爾貢二世的版圖世界和他們當時的世界觀：地圖中明確標出，世界的中央是巴比倫，穿過巴比倫的幼發拉底河，向南流入一個海灣，即波斯灣。圖的四周有島嶼，島嶼的外面是苦水河，也就是海洋。這幅「世界地圖」，雖然沒有繪出荷姆茲海峽，但是它繪出了海峽北部連通的波斯灣，而波斯灣的盡頭是幼發拉底與底格里斯兩條河流的入海口，出口即是荷姆茲海峽。這是一幅大約繪製於五九八年至六七三年的波斯灣地圖（圖14.6），此為一二〇一年至一二七四年的抄本，它似乎沒有關注海峽，甚至沒有繪出海峽，作者似乎更傾心於描繪海灣或海口的海怪與神仙的故事。

毫無疑問，荷姆茲海峽應是兩河文明走向海洋的一部分。這個海峽緊連最古老的兩河文明，它的命名顯然不會是探險家的事，更應該是一種佔領者的或某個王朝的命名。所以，在荷姆茲海峽名字的諸多由來中，我傾向於時間靠前的一種，即古希臘時代，馬其頓國王亞歷山大派大將荷姆茲雅率艦隊遠征波斯灣，在海峽中的一個無名島上停泊。後來為了紀念這位艦隊統帥，便把他的名字「荷姆茲雅」作為海

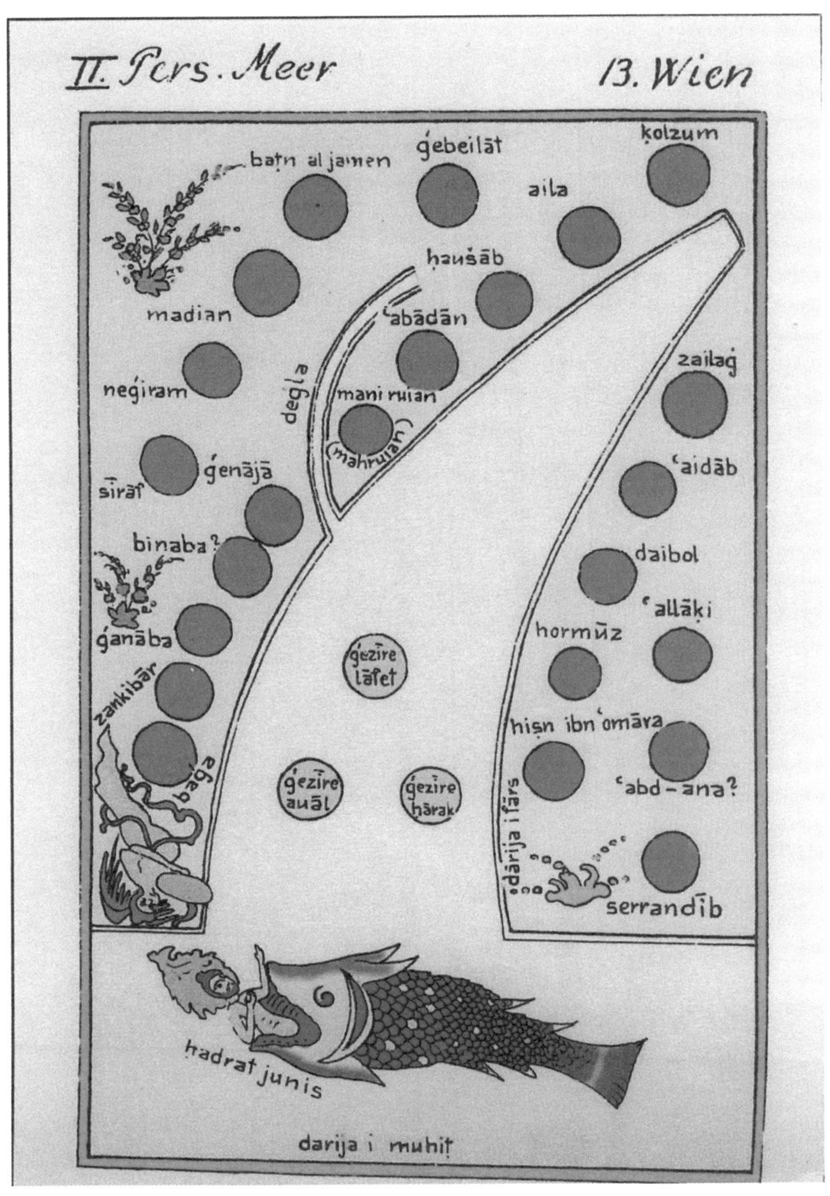

圖14.6：波斯灣地圖

作者佚名，大約五九八年至六七三年成圖，此為一二〇一年至一二七四抄本。

峽和那個無名島的名字。這個名字慢慢阿拉伯化，變成了今日的「荷姆茲」。

另一種說法是，西元一一〇〇年阿拉伯人在海峽中的荷姆茲島上建立了荷姆茲王國，海峽由此得名。這種王朝式的命名也還可信。不可信的是，有人認為「荷姆茲」一名來源於葡萄牙人。一五〇六年葡萄牙殖民者入侵後，發現這一帶貿易興隆，用葡語稱之為「ORMUCHO」，意為這裡金子多，後來「ormucho」就演變為海峽名。因為早在葡萄牙人到這裡之前，「荷姆茲」就已經是聲名遠播的名字了。早在中國元朝即有中國海運千戶楊樞遠航到這裡。其《墓誌》云：「以八年發京師，十一年乃至，其登陸處曰：忽魯模斯」，該「忽魯模斯」即今荷姆茲的異譯。

自古以來，荷姆茲海峽就是重要的商貿通道，西方世界介入是在大航海時代葡萄牙人打開大西洋通往印度洋的航路之後。十六世紀初，葡萄牙打通印度商路之後，開始入侵波斯灣，在阿拉伯半島落腳。其後，這裡成為英國、荷蘭、法國等國爭奪的重要目標。

這幅地圖出自亞伯拉罕・奧特里烏斯一五九五年版的《世界概觀》，名為「小亞細亞地圖」（圖14.7）。此圖的中心位置描述是裏海（上方）和荷姆茲海峽（下方）。

圖的左側，顯示了西元前三三一年，馬其頓國王亞歷山大遠征埃及時，在烏鴉的帶領下穿過沙漠來到阿蒙拉神廟（右下插圖）得到神示的故事（希臘人曾將阿蒙拉視為與他們的萬神殿中的第一神宙斯同等的神）。神廟裡的大祭司告訴他：你是太陽神阿蒙的兒子，注定要統治世界。

圖的右側是波斯灣。荷姆茲海峽長約一百五十公里，寬約五十公里，最窄處僅三十八・九公里，介於今天的伊朗與阿拉伯半島之間，東接安曼灣，西連波斯灣，是波斯灣與印度洋之間的必經之地，因而有「波斯灣咽喉」之稱。

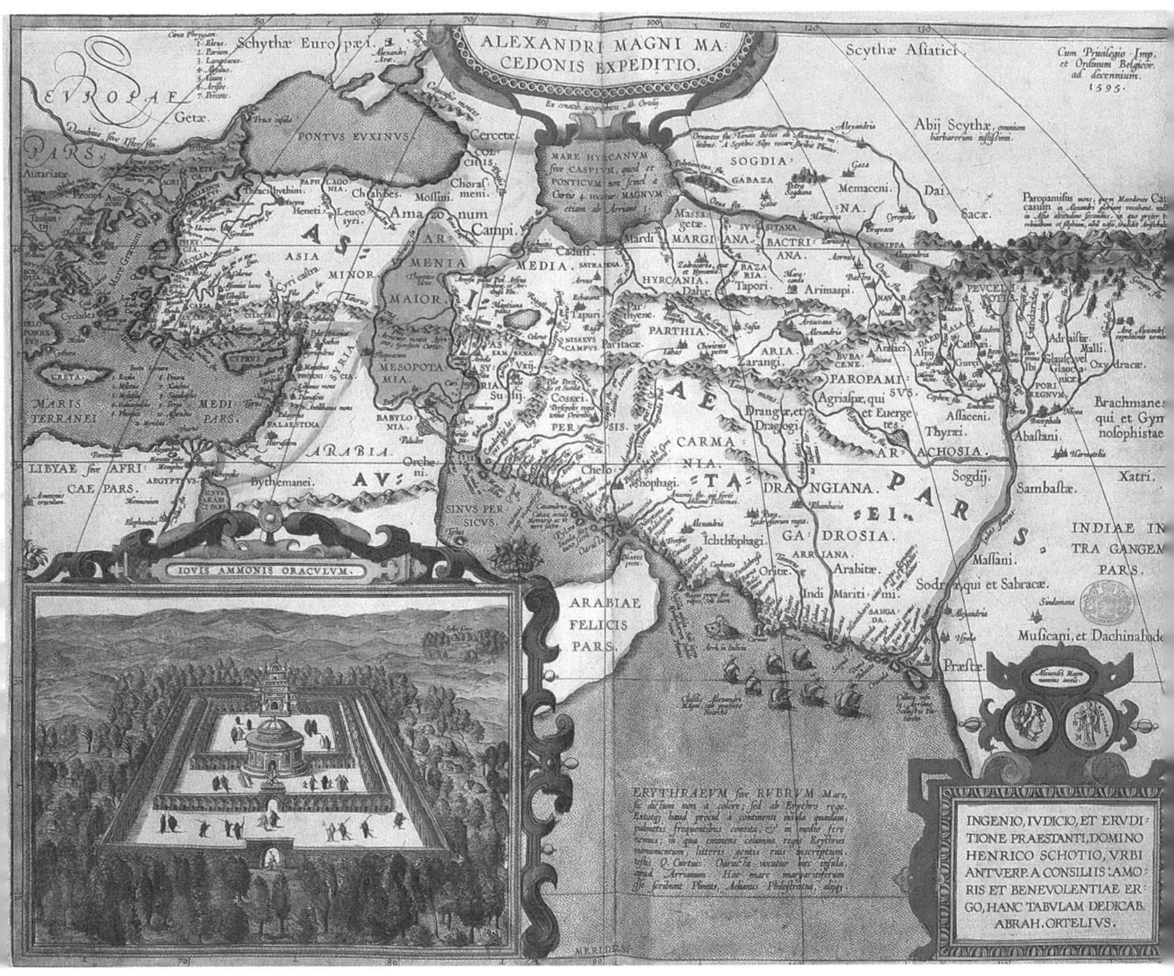

圖14.7：小亞細亞地圖

這幅地圖突出表現了裏海和荷姆茲海峽。原載於奧特里烏斯一五九五年在安特衛普出版的《世界概覽》地圖集。

歐亞橋樑：土耳其海峽

〰《君士坦丁堡地圖》〰西元一四二〇年
〰《莫斯科公國版圖》上的亞速海峽〰西元一四九〇年
〰《達達尼爾海峽專圖》〰西元一五二六年
〰《鄂圖曼土耳其帝國地圖》〰約十七世紀初

地中海的地名，少不了希臘神話的介入，博斯普魯斯海峽也是如此。「博斯普魯斯」這個詞在希臘語中是「牛渡」之意。傳說中，希臘的萬神之王宙斯，愛上了一位人間公主，於是把自己變成一頭雄壯的神牛，馱著這位美麗的公主，從海峽東岸游到了西岸。這個海峽因此有了「博斯普魯斯」——「牛渡」之名。

神話為什麼選擇牛這個陸地動物來渡海，相信是有其現實基礎的。這條把今天的土耳其分隔成亞洲和歐洲兩部分的海峽，最窄處只有七百公尺，最淺處只有二十七公尺，遠古用牛來渡這段海，看上去也有某種可能性。歷史上是否有牛渡海峽，沒有記載。史書只記下了重要的「人渡」——西元前五世紀，波斯帝國的大流士一世西侵歐洲時，就曾在博斯普魯斯海峽上搭建了一座浮橋。東羅馬帝國時期，歐洲人發動「十字軍東征」時，也曾乘船渡過這裡，直逼耶路撒冷。

依海峽而生的這個城堡，原是古希臘移民城市，稱拜占庭，西元前六六〇年為希臘人所建。三三〇年羅馬皇帝君士坦丁一世把它定為首都，改稱「君士坦丁堡」。三九五年東西羅馬帝國正式分裂，君士坦丁堡作為東羅馬帝國（拜占庭帝國）首都，成為地中海東部政治、經濟、文化中心。直到一四五三年，它被鄂圖曼土耳其所攻克。

這是一四五三年鄂圖曼破城之前的一幅君士坦丁堡地圖（圖14.8），它出自佛羅倫斯製圖家博代爾蒙特（Bo Delmonte）的《愛琴海群島圖集》，此圖集製作於一四二〇年，原書已經不復存在，後世出現眾多再版書。博代爾蒙特熱衷於考古，曾數次從威尼斯出航前往愛琴海，為其贊助人紅衣主教搜尋希臘的手抄本。兩次親臨君士坦丁堡這一歷史名城，使得他製作的君士坦丁堡地圖貼近時代又相當精準。

此圖方位為上北下南，可以看清楚君士坦丁堡的大格局，城市橫跨將歐洲和亞洲一分為二的博斯普魯斯海峽兩岸，也橫跨了金角灣（Golden Horn）。圖的右側是馬爾馬拉海（Marmara），右上是博斯普魯斯海峽，右邊的小部分城市是君士坦丁的亞洲部分。圖上處於最顯著位置是城市的核心，經歷一千多年作為拜占庭帝國首都的輝煌後，它已露出風燭殘年的跡象。左下方處最主要的拱柱結構建築已毀壞。一二〇四年，第四次十字軍東征軍在前往耶路撒冷途中曾對君士坦丁堡大肆洗劫，它標誌著自從西元三三〇年由君士坦丁一世建立後這個城堡的首次衰敗。圖左側特別描繪了環繞這座城市的護城河和雙牆結構，還有幾十個瞭望塔的城防體系。佔據地圖中主導位置的是羅馬人於五三七年修建的聖索菲亞大教堂。圖左上方牆附近還畫有君士坦丁君王的宮殿、已不復存在的跑馬場，右下方有大型鬥獸場式的建築和許多科林斯式紀念柱以及左上方的風車……這些描述完好地再現了一四二〇年至一四五三年鄂圖曼人破城之前，君士坦丁堡的真實景象。

此圖右側沒有仔細描繪君士坦丁堡亞洲部分，事實上，早在一四五三年鄂圖曼人攻城之前，這裡已經是土耳其人的天下了。一四五三年蘇丹穆罕默德二世，正是從這裡出發率領十萬鄂圖曼土耳其軍隊攻克了號稱堅不可摧的君士坦丁堡的城防。這裡改為鄂圖曼帝國首都，更名為伊斯坦堡。

博斯普魯斯海峽的歷史，實際上就是這座海峽城市的歷史，而這座城市的歷史，也就是對這個海峽的交通控制史。這個海峽是東西方爭奪的一個焦點，它的北部有兩個海，一個是平均深度只有十三公

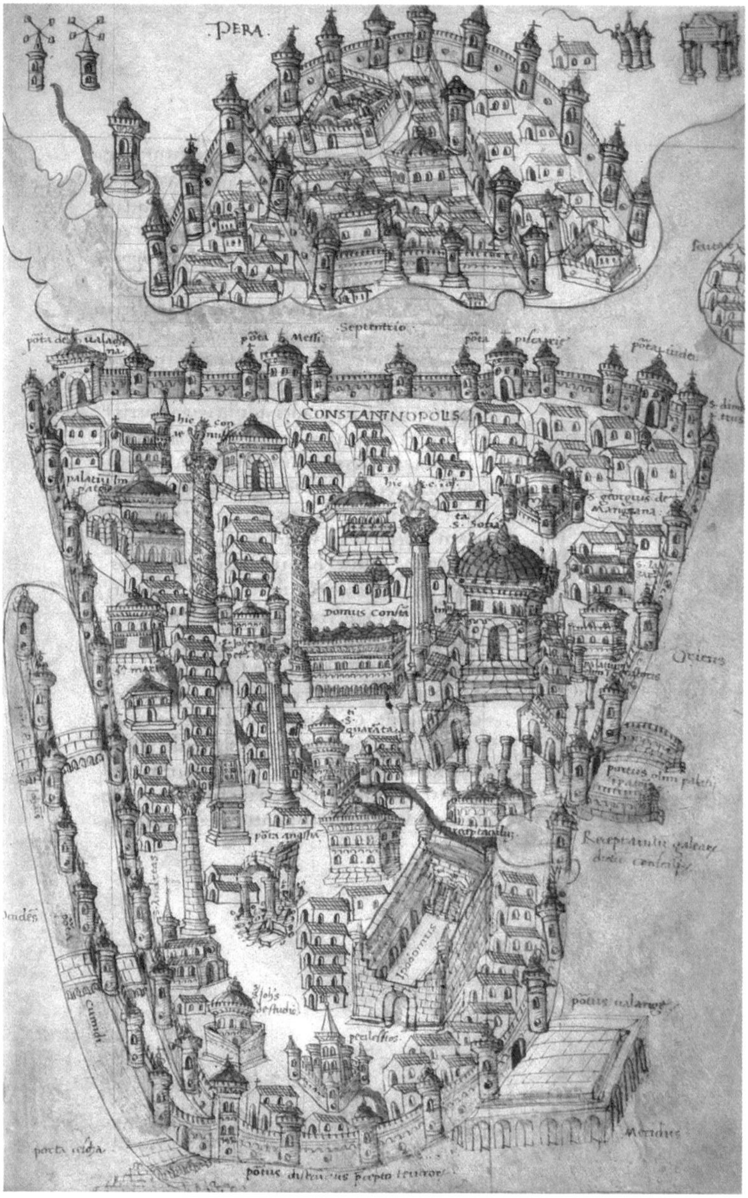

圖14.8：君士坦丁堡地圖

此圖大約繪於一四二〇年，是鄂圖曼土耳其人在一四五三年破城之前的一幅君士坦丁堡地圖，表現這個海峽城堡的特殊地理風貌。圖縱二十五公分，橫十七公分。

尺的世界上最淺的海——亞速海，船要出亞速海，必須通過克里木半島西岸和俄羅斯塔曼半島（Taman Peninsula）間的四十一公里刻赤海峽，才能進入到另一個海——黑海。

在這幅一四九〇年版托勒密式的莫斯科公國版圖上（圖14.9），有以拉丁語標註的「Palus Maeotis」（亞速海），可以看到較早的刻赤海峽的描繪。出亞速海的船要想南下走出黑海，就要經過博斯普魯斯海峽。不過出了博斯普魯斯海峽，也不能直接進入地中海，接下來還要經過馬爾馬拉海，還有一個相鄰的海峽與博斯普魯斯海峽共同構成了這一個亞洲水陸咽喉，它就是達達尼爾海峽。達達尼爾海峽東連馬爾馬拉海，西通愛琴海，是通往地中海的重要通道，是歐洲加利波利半島和小亞細亞大陸之間，架設跳板的最好的地方。由於海峽最窄處僅有一・二公里寬，西元前五世紀，波斯大軍曾在薛西斯一世率領下，搭建了一條用船隻連接而成的橋樑，穿過達達尼爾海峽進犯希臘。一百五十年後，亞歷山大大帝用了同樣的方法遠征波斯。從很早的時候起，這裡就是戰略家和繪圖家描繪的重點。

這是一幅鄂圖曼土耳其製圖師慕尤丁・帕里斯（Muhyiddin Piriris）於一五二六年繪製的達達尼爾海峽專圖（圖14.10）。一五二四年帕里斯護送蘇萊曼大帝的大宰相易卜拉欣・帕夏（Ibrahim Pasha）抵達開羅時，帕夏十分欽佩帕里斯的航海圖，於是委託他編繪一份地中海各港口的地圖集。這種地圖集留存至今的有兩個版本，分別見諸十六世紀和十七世紀很多份手稿當中。它們共包括多達兩百三十九幅地圖。這幅達達尼爾海峽地圖來自這個地圖集的第二個版本，目前，保存在伊斯坦堡的托普卡普皇宮博物館（Topkapı Saray）。

此圖方位為上南下北，圖頂部朝向西南，它準確的繪製了歷史上赫赫有名的連接愛琴海和馬爾馬拉海的六十公里鄂圖曼土耳其管轄的海峽（從地圖中央向右下方穿越）。海上的暗礁用「十」字標明，靠

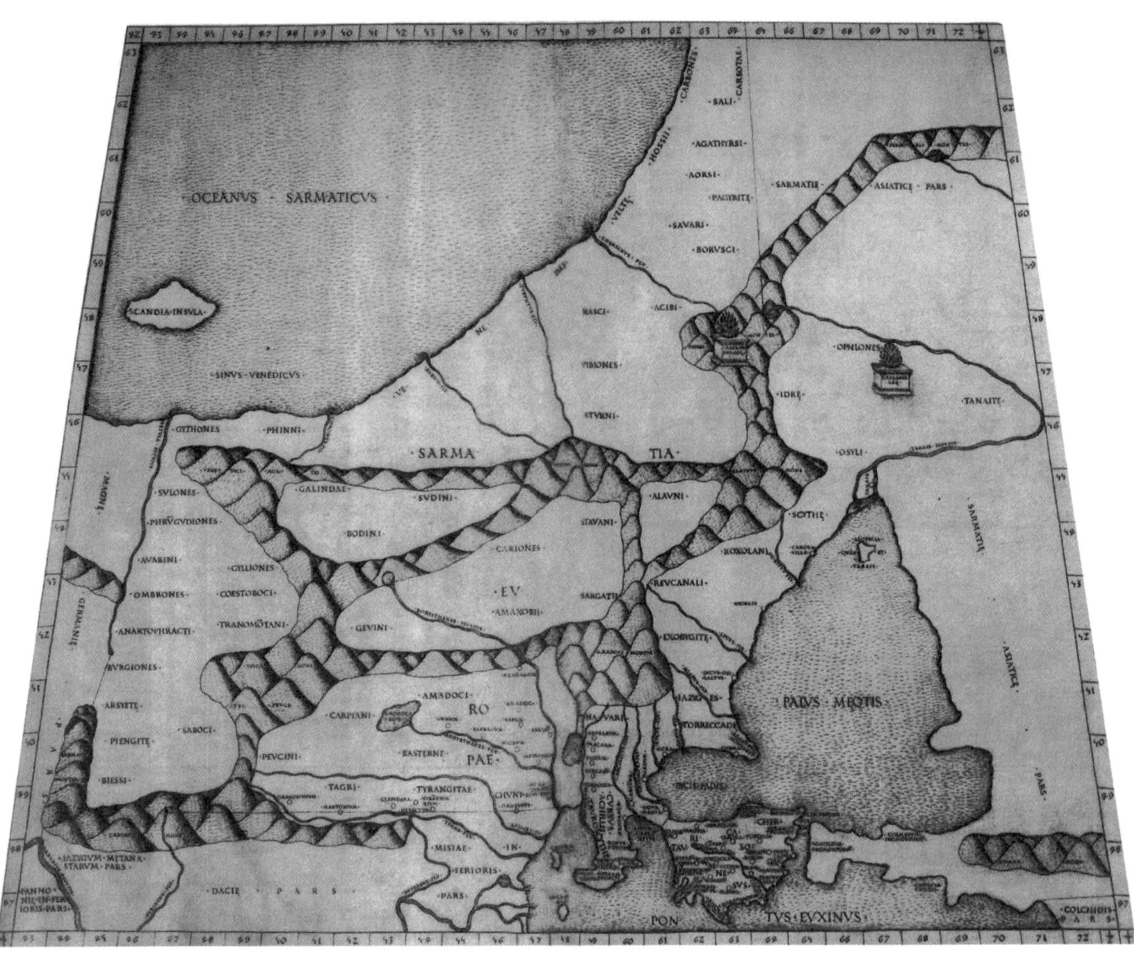

圖14.9：莫斯科公國版圖上的亞速海

在現存最早的一四九〇年出版的莫斯科公國版圖上，有以拉丁語標註的亞速海，圖上繪出了刻赤海峽。出了亞速海的船要想南下走出黑海，還要經過博斯普魯斯海峽。

近海岸的暗礁用黑點標明，而紅點所示則為淺沙灘區域。北面的艾瓦勒克和南面的恰納卡萊構成一對雙子城，保護著通往伊斯坦堡、黑海、波斯、俄國和中亞的海上通道。海峽中繪有一艘三桅帆船，船的左方有一個水井符號，表示這裡有泉水，是水手們獲得淡水的重要來源。海峽兩岸還繪出了流入海峽的河流。

這條海峽地處要衝，它把歐洲的加利波利半島（右側）和小亞細亞（左側）分割開來，在古希臘時期這裡被稱作海勒斯波特海峽（今達達尼爾海峽）。一四五三

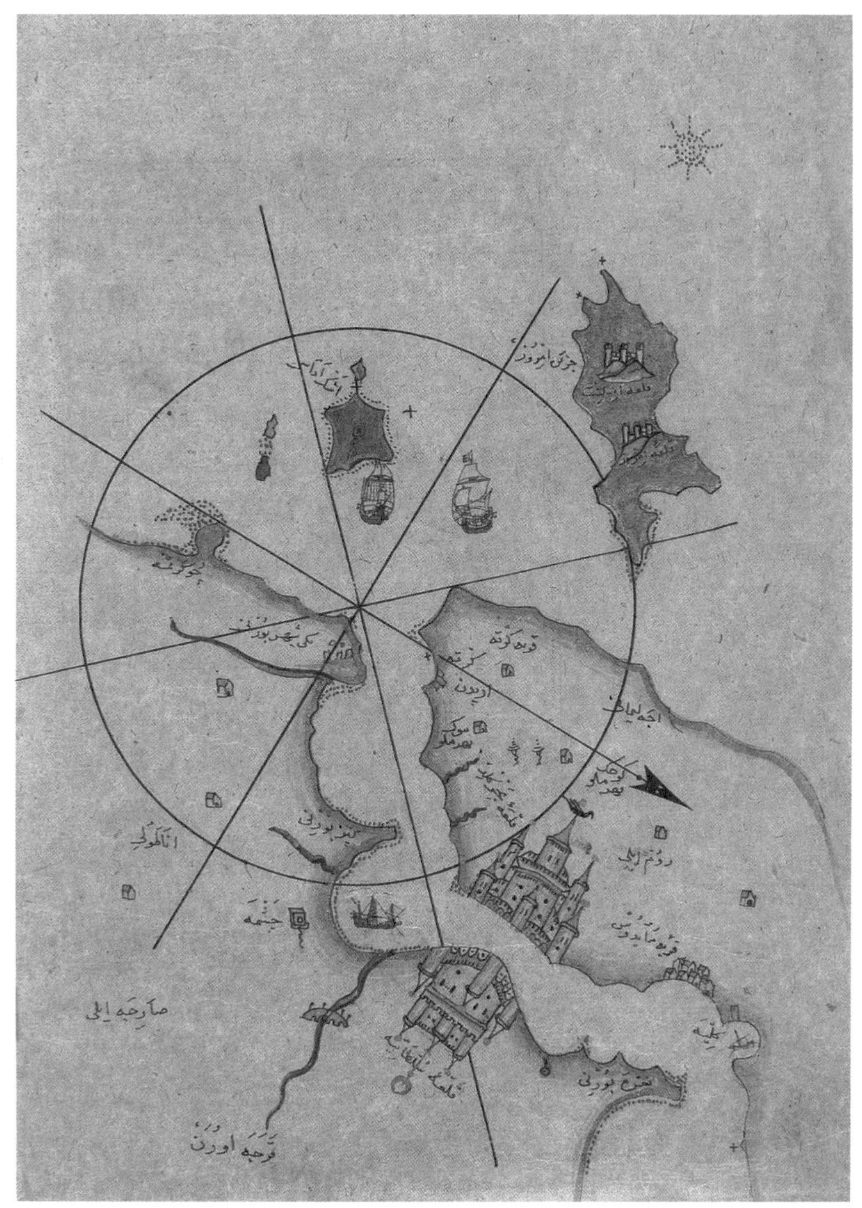

圖14.10：達達尼爾海峽專圖

這是一幅鄂圖曼土耳其製圖師慕尤丁・帕里斯於一五二六年繪製的達達尼爾海峽專圖。圖縱三十二公分，橫二十二公分。

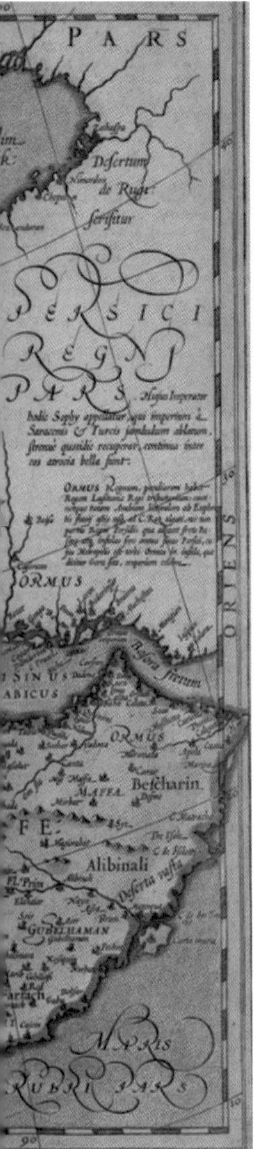

年，鄂圖曼土耳其佔領了君士坦丁堡後，就牢牢控制了地中海東部地區。由於最終博斯普魯斯海峽和達達尼爾海峽被土耳其所控制，所以，後世也將這兩個海峽並稱為「土耳其海峽」。

不過，要想全面審視亞速海、黑海、馬爾馬拉海之間一連串的海峽，這幅十七世紀早期鄂圖曼土耳其帝國地圖（圖14.11）是較好的樣本。它不僅完整地展示了這幾個海和一連串的海峽的相互關係，而且表現了鄂圖曼土耳其帝國的亞洲、非洲和歐洲的疆土，其中包括波斯、外高加索、衣索匹亞，以及其他周邊地區的控制。自然也包括了黑海、愛琴海、地中海、紅海及印度洋的遠航路線的制海權。圖中紅海被稱為「麥加海」，波斯灣則稱為「阿爾加提夫海」。此圖可能依據《洪第烏斯和麥卡托世界地圖集》製作。沒有日期，大約繪製於十七世紀初。鄂圖曼帝國的土地後來被手繪成紅色，可能是在十九世紀希臘和巴爾幹半島脫離鄂圖曼帝國統治之後才添加上去的，所以這兩個地區地圖上沒有著色。

圖中圓頭像一周的名字為「Sultan Mahumet Turcorum Imperat」即「土耳其君主蘇丹穆罕默德」，畫像中的人物可能就是蘇丹穆罕默德二世（Sultan Mehmed II），他也被稱作征服者穆罕默德。自從土耳其海峽被東方人控制後，西方失去了進入東方的重要海上通道。正是東方對西方的封鎖，使得葡萄牙和西班牙人，最終走上了開闢新航路的道路，西方人開始繞過非洲和跨越大西洋，駛向傳說中的「東方」……

圖14.11：鄂圖曼土耳其帝國地圖

此圖不僅完整地展示了歐亞非之間的幾個海和一連串海峽的相互關係，而且表現了鄂圖曼土耳其帝國對亞洲、非洲和歐洲的疆土掌控。大約繪製於十七世紀早期。現收藏在卡塔爾國家博物館（Museo nacional de Catar）。

葡萄牙趟出的新航道：莫三比克海峽

〰莫三比克海峽〰 西元一五一九年

據中國學者說，當年鄭和船隊曾到過馬達加斯加，下西洋文獻中的「比剌」、「孫剌」，可能就是莫三比克。但鄭和航海圖上沒有繪出這個海峽。目前，還沒法確定誰最先畫出了莫三比克海峽的地圖。以「第一地緣」來講，應當是莫三比克人或者是馬達加斯加人。但未及他們的文化發蒙，更有文化的人就從海上來了……

達伽馬的船隊穿過莫三比克海峽，被歐洲人看作是大航海的「發現」之一。實際上，即使以西方人的「發現」而論，達伽馬也不是最先來到這個海峽的第一位西方探險家。早在葡萄牙若昂二世派迪亞士沿西非海岸南緯二十二度，繼續向前探索的同時，他還留了另一手牌：派另一支陸上探險隊，從陸路去小亞細亞和東非去打探印度洋的情況。這支僅有兩人的敢死隊一四八七年從愛琴海出發，其中一個叫巴依瓦的，在走到阿拉伯的亞丁港時，就永遠消失了。另一個叫科維利揚的人繼續探險，先後到過埃及、印度、索馬利亞……大約是一四九二年左右，也就是哥倫布發現新大陸的時間，科維利揚來到了莫三比克，最後落腳於衣索匹亞，八十多歲時死在這裡。

科維利揚一路探險，也沒有忘記他的使命，他為若昂二世寄送了印度洋的情報：「從莫三比克這裡可以通往西方大陸。西方也可以繞過非洲到達印度。世界上的海洋都是相通的。」但至今沒人見到這個情報的原件，也沒人見到他是不是畫了莫三比克海峽圖。最後，留下證據的還是達伽馬趟出的印度航線。

但是，率領達伽馬越過印度洋的又是阿拉伯的航海家，所以，最初趟出東部非洲航線的一定是阿拉伯人，一些中世紀阿拉伯航海圖上也有馬達加斯加島的影子。據阿拉伯史料記載，早在十世紀以前，阿拉伯人就經過莫三比克海峽，「進駐」莫三比克地區，建立了貿易據點。在達伽馬的船隊穿過這個海峽的一百多年前，這裡已經建立過經濟文化相當發達的馬卡蘭加帝國。

莫三比克海峽位於今天的非洲東南部國家莫三比克與馬達加斯加之間。約在一億多年以前，馬達加斯加島是和非洲大陸連在一起的，後來地殼變遷，島的西部下沉，才形成了這條又長又寬的海峽。現代測繪提供的數據是：最深點為三千五百三十三公尺，僅次於德雷克海峽和巴士海峽。海峽長一千七百公里，是世界上最長的海峽；海峽的最寬處達到九百六十公里，最窄處也有三百八十六公里，是一個非常寬闊的海峽。

這幅馬達加斯加航海圖（圖14.12）是葡萄牙製圖師、葡萄牙學派的代表人物羅伯・歐蒙一五一九年繪製的，它不僅有通過海峽的羅盤指示的恆向線，還在印度洋赤道下方位置標出了四個間隔相同的標記有數字的氣候分區。作為南大西洋同印度洋間的自然通道，莫三比克海峽原本沒有什麼特殊的意義。莫三比克海峽的地位是在大航海時代被突然提高。所以，在這幅航海圖上，人們可以看到有歐洲和阿拉伯的帆船高掛自己的十字旗和月亮旗在這裡航行。

一五〇五年葡萄牙人用武力驅逐了在莫三比克索法拉（Sofala）的阿拉伯人，建立了第一個殖民據點。一六二九年，葡萄牙人取得了對莫三比克內陸地區的支配權。十六世紀，葡萄牙人也頻繁襲擊馬達加斯加沿海。一六四二年法國在東南海岸建立了多凡堡（Tôlanaro）據點。荷蘭、法國、英國也先後染指該地區，莫三比克和馬達加斯加，先後淪為葡萄牙和法國的殖民地。為了擴大殖民利益，葡法兩國分別在莫三比克和馬達加斯加修建了大量港口，成為殖民者向東非和亞洲擴張的重要基地。

直到一九六〇年，馬達加斯加才獲得獨立、莫三比克於一九七五年獨立、海峽北端的科摩羅群島於一九七五年獨立……海峽地區從此以自由的姿態慢慢融入國際社會與世界貿易。

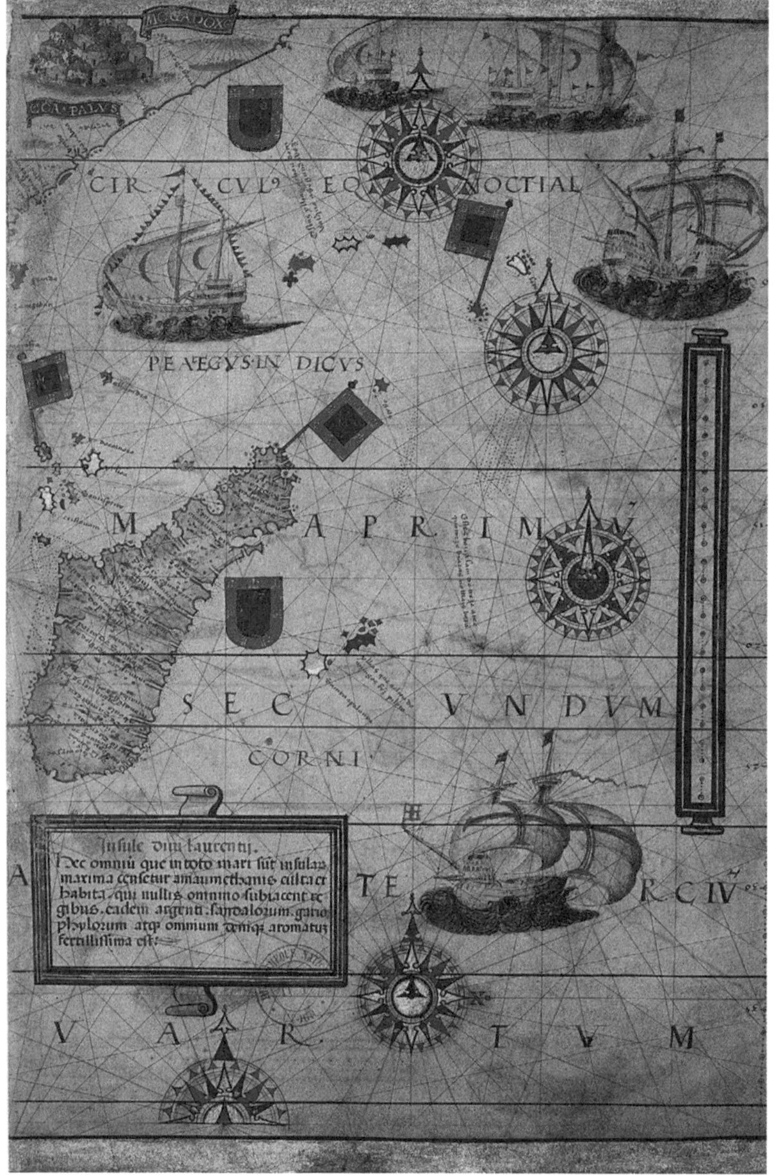

圖14.12：馬達加斯加航海圖

由葡萄牙製圖師、葡萄牙學派的代表人物羅伯・歐蒙在一五一九年繪製，圖面不僅有通過海峽的羅盤線，還在赤道線下標出四個標記有數字的氣候分區。

兩洋通道：麻六甲海峽

〰《東印度群島和摩鹿加群島航海圖》〰西元一五一九年

「檳甲申遺成功」——馬來西亞曾用這樣的標題報導他們在二〇〇八年世界文化遺產大會上成功列入《世界遺產名錄》的喜訊。「檳」即檳城，「甲」即麻六甲城。一南一北兩個相距五百多公里的城市聯手進入「名錄」，有些匪夷所思。其實，這個「遺產」的核心卻是一段「自然」的海域——麻六甲海峽。沒有這條「自然」的海峽，就不會有這兩座城市的「文化」。

麻六甲海峽，因麻六甲城（位於馬來半島西南部）而名。它的名字即是對這一地域的客觀描述。麻六甲是梵語「大的島嶼」的意思（實際上是半島）。這一海域的梵語地名，還有麻六甲對面的「蘇門達臘」，其梵語的意思是「兩島之間」。處於馬來半島與蘇門答臘島之間的麻六甲海峽，呈東南－西北走向，全長約一千多公里，西北部最寬達三百七十公里，東南部最窄處只有三十七公里，是印度洋與太平洋的重要貿易通道。

如果僅從自然地理的位置看，麻六甲只是海上交通的一個十字路口；如果從經濟地理的角度看，麻六甲就是一個繁忙的商貿十字路口；如果從戰略眼光來打量，麻六甲就是一個能控制對手呼吸的咽喉——不過，這麼複雜而又險惡的說法都是後來才有的。

最初的麻六甲海峽，只是一個風平浪靜的海上通道而已。至少，在兩千多年以前，這裡就已經是有船隻往來的航海要道了；至少，在漢代就有中國人從這裡去印度訪問了；至少，在四世紀時，阿拉伯人就從這裡到了南海，而後到達了中國——絲綢、瓷器、香料等「重要物資」從這裡進入阿拉伯國家，又從那裡進入歐洲——至少，這條海峽見證過一千多年相對太平的海上交往和貿易。

那時候，麻六甲僅是個地名而已，還不是一個國家概念。大約在十四世紀末，印尼蘇門答臘島的巨港王子拜里迷蘇剌，受南部的爪哇人進攻，逃到對岸馬來半島上的麻六甲，這裡當時是暹羅的地盤。一四〇三年，朱棣奪權登基後，即派太監尹慶巡訪南洋。尹慶到達麻六甲時，巨港王子拜里迷蘇剌向尹慶傾訴自己深受暹羅的侵擾之苦，希望得到大明的保護。尹慶回國向朱棣報告，「其地無王，也不稱國」。永樂三年（一四〇五年）拜里迷蘇剌派代表來大明朝拜，朱棣遂封拜里迷蘇剌為麻六甲國王，並賜誥印、彩幣、龍衣蓋等物——麻六甲王國在大明的「委任」下誕生了。此後的半個多世紀裡，經幾代麻六甲國王不斷擴張，到第五位國王曼蘇爾・沙（Mansur Shah）統治時，麻六甲已征服彭亨河（Pahang River）流域和霹靂河（Perak River）流域，控制了大部分馬來半島。

此時麻六甲城，已成為東西方重要貿易集散地。印度人、阿拉伯人和波斯人用商船運來棉花、染料和香料藥品，中國商船又帶去絲綢、錦緞、布匹、瓷器等貨物。阿拉伯人和中國人，還有來自印度、錫蘭、波斯、暹羅、緬甸、高棉、占城、爪哇等地的商人都彙集在這裡。最繁盛的時候，麻六甲曾是擁有十萬多人口的「國際化大都會」。

麻六甲海峽處於赤道無風帶，曾被稱作「最平靜的海峽」。它的厄運是跟著它的繁榮結伴而來的，馬來人見到的第一批魔鬼是「紅毛」葡萄牙人。

葡萄牙人繞過非洲大陸南端，發現從大西洋可以抵達印度洋的航路後，不久就拿下了印度的卡里卡特。葡萄牙深知要想掌握印度洋與太平洋通道，還必須拿下咽喉處的麻六甲。一五一一年，葡萄牙印度

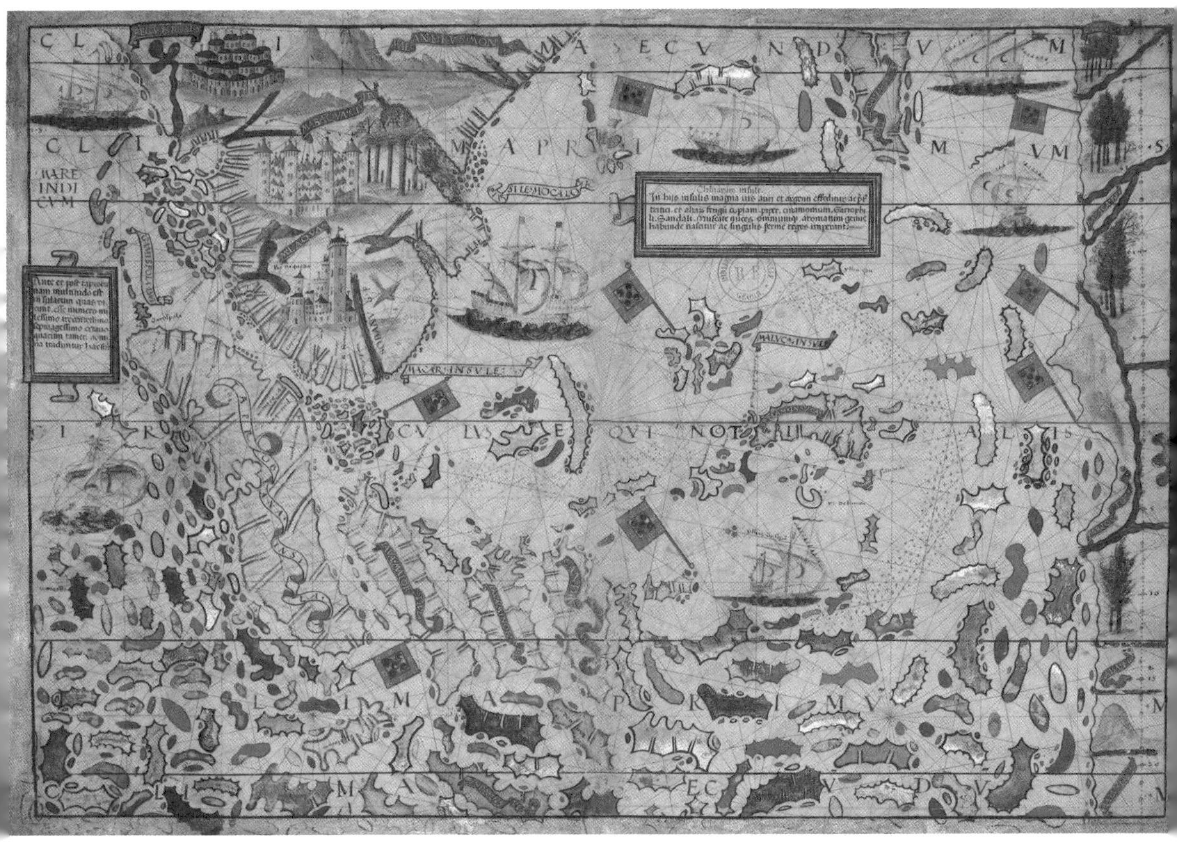

圖14.13：東印度群島和摩鹿加群島航海圖

一五一九年由葡萄牙製圖師羅伯・歐蒙和佩德羅・賴尼爾等人聯合繪製，它首次顯示出可清楚辨認的麻六甲海峽。圖縱四十二公分，橫五十九公分。

總督阿爾布克爾克率領十八艘安裝了大炮的帆船，和一千兩百名士兵組成的葡萄牙艦隊，血洗了麻六甲，成為這個海峽的新主人。

這幅東印度群島和摩鹿加群島航海圖（圖14.13），是葡萄牙製圖師羅伯・歐蒙和佩德羅・賴尼爾等人一五一九年聯合繪製。這幅航海圖有兩個特點值得特別提出，一是它首次顯示出可清楚辨認的麻六甲海峽，並標示出麻六甲城（圖左上，馬來半島南部）這個東方香料與絲綢市場的重要集散地。二是它首次描繪出了摩鹿加群島即通常所說的馬魯古香料群島（中心偏右）的位置。這裡是歐洲人到亞洲探險的主要目標，是香料貿易的主要來源，也是葡萄牙人在東印度群島建立殖民地期間的最大財源。

此圖的右側，仍殘留著托勒密當年所描述的東方盡頭的海岸線，只是那裡多了三面葡萄牙國旗，象徵著他們在此地的永久霸權。此外，作者除了在陸地上精心繪製的歐洲風格的城市，以及動物、植物、武士、騎兵之外，還在海面上隨心所欲地畫了幾艘亞洲和葡萄牙艦船，似乎在強調東印度群島的商業活動主要是海上貿易。

葡萄牙對南亞和東南亞的征服，使這個彈丸小國率先進入了世界強國的行列。葡萄牙獨享麻六甲近百年之後，十七世紀的荷蘭稱霸麻六甲；再後是十八世紀末英國殖民者的侵入；二戰時，這裡又被日本人佔領。直至一九四五年，歷經四百年殖民風雨的麻六甲海峽，才重歸沿岸國的懷抱。

海峽北端的另一城——檳城。它是麻六甲海峽北端的一個小島，馬來文的意思為「檳榔島」。島嶼的中心城，叫喬治市。這裡原為吉打州蘇丹王朝屬地，一七八六年被英國東印度公司的萊特（**Francis Light**）逼迫割讓，歸入海峽殖民地，並將所建立的城市命名為喬治市。

檳城和麻六甲一樣，都是憑藉古老的殖民建築物作為申請加入世界遺產的核心。申請加入世界遺產成功後，檳甲二城都表示要舉辦為期一個月的慶祝活動。先人不會想到屈辱的殖民史，會成為後人載歌載舞來接受的一筆「遺產」。

溝通世界的那條「溝」：麥哲倫海峽

〰第一幅《麥哲倫海峽地圖》〰西元一五二五年

〰《南美和麥哲倫海峽圖》〰約西元一五七六年

麥哲倫的偉大航行，緣自他的朋友的一封信。當年，麥哲倫在葡萄牙海軍服役時，收到朋友謝蘭從印尼寄來的一封信：「摩鹿加群島確實是一塊無價之寶，它擁有全世界的人永遠也用不完的香料。你應該來此地探險，這是人生最大的幸運。」這封信促使他最終踏上了環球航行的道路。

麥哲倫自信在中美洲有一條通往「大南海」（太平洋）的海峽。他於一五一九年九月二十日率領一支船隊開始航行，到達南美洲東海岸後，沿著海岸前進。在南緯三十五度，麥哲倫見到的是後來人們熟知的拉普拉塔河口，它有兩百二十公里寬，是世界最大的河口，但它不是麥哲倫要找的大陸的斷裂帶——海峽。

麥哲倫只好繼續南行，一五二〇年十月二十一日，船隊到達了真正海峽口，被巨大的河口與諸多海灣唬怕了的麥哲倫，不知已經手捧上帝送來的禮物——海峽。他再次下令停船，派兩艘船進入海灣深處尋找出口。幾天後探路船帶回兩條重要訊息：一是海灣沒有像河口一樣越走越窄；二是水一直是鹹的，是不是海峽不一定，但它肯定不是河道。麥哲倫這才將信將疑地起錨向西進發。

上帝對這個執著的航海家，還是網開一面的。這個海峽不是麻六甲那種直腸子海峽。這個海峽幾乎就是一個迷宮，雞爪般的岔路，一會向南，一會向西，一會向北，加上東邊的來路，船隊永遠處在十字路口的選擇中。這個海峽海岸曲折，多漩渦逆流；全長五百六十公里，寬三・二公里；最淺的地方只有二十公尺。海峽處在南緯五十多度的西風帶，東部長年吹西南風，西部長年吹偏西大風，大風使海峽裡低溫、多雨和濃霧。這是一個極不利於航運發展的海峽，但它是麥哲倫時代能找到的南大西洋和南太平洋間的唯一航道。

麥哲倫在這個險惡的海峽裡，付出了慘重的代價。最大的補給船「聖安東尼奧」號叛逃，順著來路溜回西班牙。絕境中的麥哲倫，從十月二十日找到大西洋的海峽口，到十一月二十八日走到太平洋的海峽口，在五百五十公里海峽中摸索進行三十八天，最終進入了風平浪靜的太平洋，為人類第一次環球航行開闢了勝利的航道。出海峽之際，麥哲倫將讓他看到希望的西海角，取名為「狄齊亞多角」，即「希望之角」。

跟隨麥哲倫船隊航行的皮加費塔留下的唯一的航海日誌中，皮加費塔共手繪了二十三張彩色海圖，其中就有對這個海峽的描繪，這是世界上第一幅麥哲倫海峽地圖（圖14.14）。這幅海峽圖四周註記了許多地名，但並沒有為這個海峽命名。許多年以後，人們為了紀念這一偉大發現將南美洲大陸同火地島之間的這個海峽命名為「麥哲倫海峽」。

麥哲倫雖然是代表西班牙進行環球探險，但他畢竟是葡萄牙人，葡萄牙也以他為驕傲，他發現並穿越美洲南端海峽的壯舉，很快被繪入到葡萄牙人製作的最新地圖集中。如，葡萄牙航海家、製圖師和畫家費爾南・瓦斯・多拉多一五七六年製作的南部美洲和麥哲倫海峽地圖（圖14.15），就表現了麥哲倫的這一重大發現，並在海峽處用葡萄牙語寫上了「Magalhaes」麥哲倫的名字。此圖出自多拉多《舊大陸和新大陸的波特蘭航海地圖集》中，這本地圖集是受葡萄牙王室委託，一五八九年在印度西部的果阿完成製作，地圖集主要表現大航海中「發現」的新航路與新土地。

事實上，如果麥哲倫不進入這個後世以他的名字命名的海峽，繼續向南航行的話，不用多遠就到美洲大陸最南端了，他可以輕鬆繞過美洲大陸直接進入太平洋。不過，那時的人們都相信美洲與傳說中的「南方大陸」相連。這幅葡萄牙人製作的地圖對南邊土地的描繪也不是島嶼，仍然是未知大陸。火地島（Land of Fire）還沒有被證明是一個島，合恩角與德雷克海峽，都在等待後來者的發現……

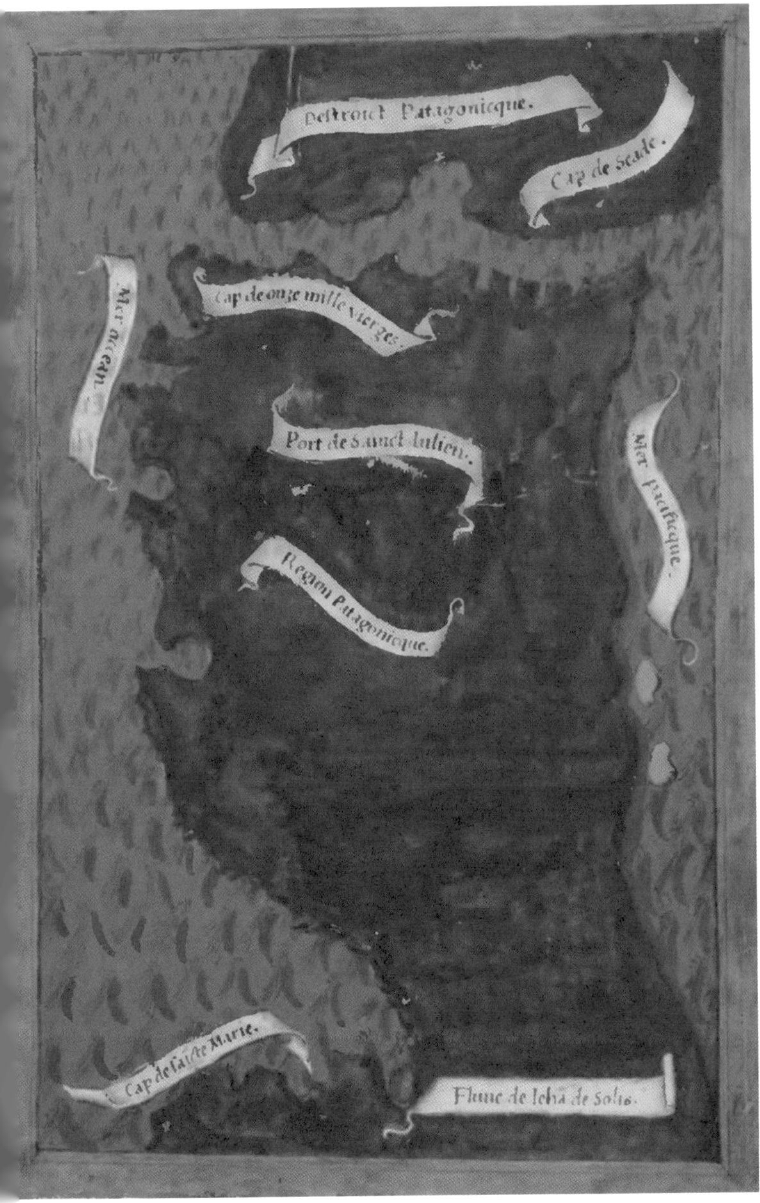

圖14.14：第一幅麥哲倫海峽地圖

跟隨麥哲倫船隊航行的皮加費塔為後世留下了唯一的航海日誌中，共有二十三張彩色手繪海圖，其中就有對這個海峽的描繪，圖上並沒對這個海峽加以命名，後來人們為了紀念這一發現將其命名為「麥哲倫海峽」。

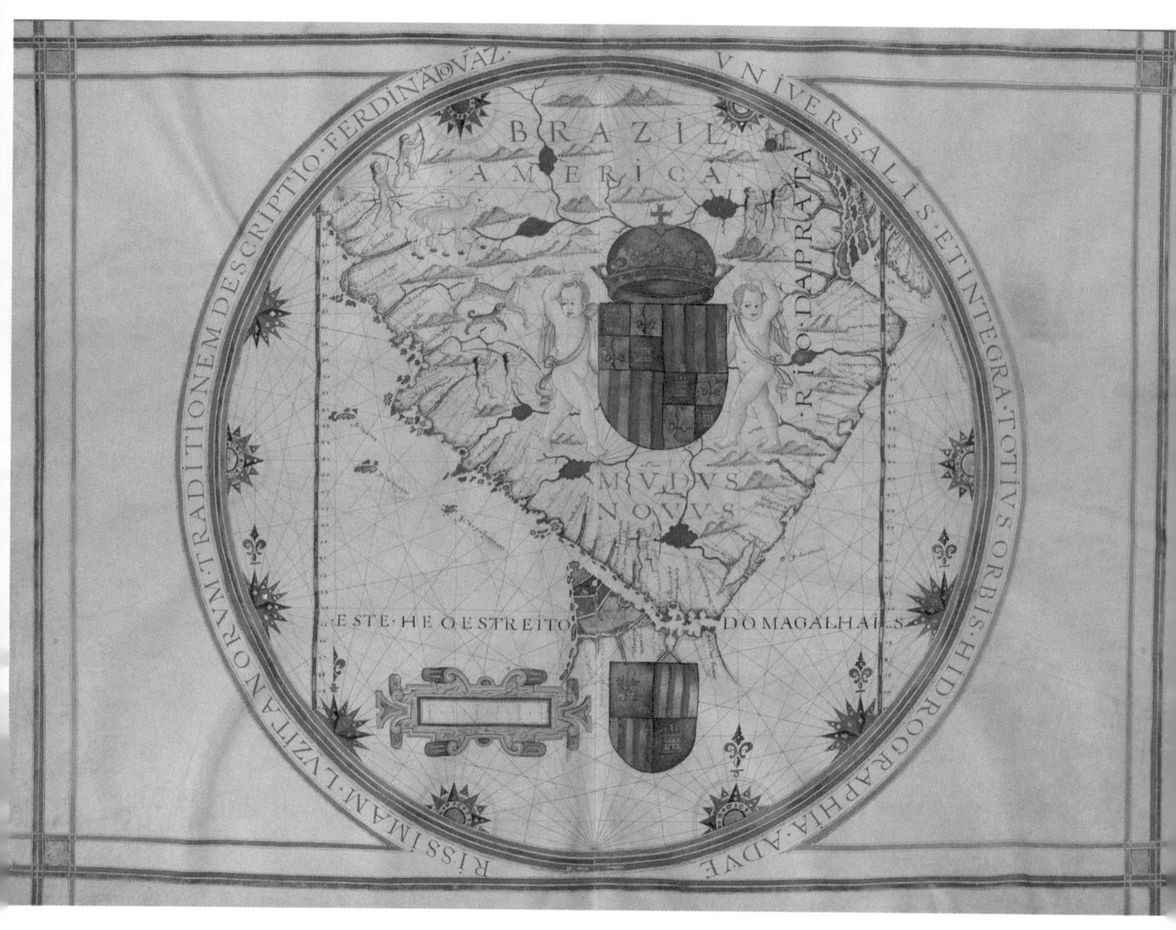

圖14.15：南美和麥哲倫海峽圖

葡萄牙航海家、製圖師和畫家費爾南・瓦斯・多拉多一五七六製作，當時還不知海峽南部是一個島。

海盜發現天的盡頭：德雷克海峽

〰《麥哲倫島與德雷克海峽地圖》〰西元一六五八年

麥哲倫船隊經過他發現的那個海峽時，因見水道南岸有狼煙飄飛，遂稱此為「火地」。但證明它是一個島的，並不是麥哲倫，而是另一位航海家——現今的地圖上，火地島與南極之間那個巨大的海峽，就是用他的名字來標明的——德雷克。

德雷克是一位出色的航海家，更是一位載入史冊的著名海盜。一五七二年，德雷克得到英國女王伊麗莎白支持，率一支船隊躲進巴拿馬地峽，他們先在岸上搶劫了西班牙運送黃金的騾隊，又在海上奪下西班牙幾艘大船。這群海盜凱旋回國時，受到伊麗莎白的召見。一五七七年，德雷克乘旗艦金鹿號再闖南美，沿東岸打劫西班牙商船。在南緯五十四度左右遭遇風暴的金鹿號，被向南吹了五度，來到一個寬闊的海面。德雷克被這意外的發現驚呆了，原來麥哲倫說的「火地」是一個「島」。

麥哲倫海峽自被發現以來，人們一直認為海峽以南是傳說中的南方大陸。德雷克以穿過火地島南面的海峽的行動，向世人宣佈「傳說中的南方大陸是不存在的」，隨後，他乘興向西橫渡了太平洋。完成人類繼麥哲倫之後的第二次環球航行。事實上，眾所周知麥哲倫走到菲律賓宿霧的麥克坦島時被土人殺掉了。德雷克實際上，是第一個親自指揮環球航行，最後又活著回到出發地的航海家。

一五七七年火地島被證明是一個島嶼。不過，從諸多古代地圖看，「火地島」這個名字在麥哲倫死後的一百多年裡，幾乎沒有人在地理典籍中使用。至少在一六六五年和一六七〇年，西班牙版和法蘭西版的南美地圖冊中，還是用「Magellanica」（麥哲倫）來標註這個島，如這幅一六五八年出版的麥哲倫島地圖（圖14.16），在這個島的南邊，不是傳說的南方大陸，而是一個海峽，這個天盡頭的海峽，後來被命名為德雷克海峽。

火地島廣為世界所知，還要等待另一位偉人的到來。

一八三一年底，英國海軍勘測船比格爾號啟程做環球考察，二十六歲的菲茨羅伊（Robert FitzRoy）船長徵集陪他環球航海的志願者，一位比他小四歲的劍橋大學的學生被選中，他就是後來名揚世界的博物學家達爾文。一八三二年至一八三四年，達爾文在火地島轉了整整兩年，於一八三九年出版了《小獵犬號環球航行記》（*A Naturalist's Voyage Round the World*）。這本書成為二十年後出版的《物種的起源》的底本。它在「舊大陸」與「新大陸」的物種對比中，提出了自然選擇的理論。同時，這部充滿奇幻色彩的遊記也使火地島名揚天下。

火地島的南端與南非的南端一樣，也有個海角，它叫合恩角，是以一六一六年繞過此角的荷蘭航海家斯考滕的出生地合恩命名。這裡處在南緯五十五度，是南美大陸的頂端，是「天的盡頭」，海峽的南岸就是南極。

發現德雷克海峽後，就很少有船再走危險的麥哲倫海峽了，但有了巴拿馬運河後，再也沒有船隊繞行德雷克海峽了。在天的盡頭繞海角的事，都歸於體育界的探險家、航海家。二十一世紀之初，中國航海家翁以煊曾駕著信天翁號帆船從這裡走過，成為繞過合恩角穿越德雷克海峽的第一位中國航海家。

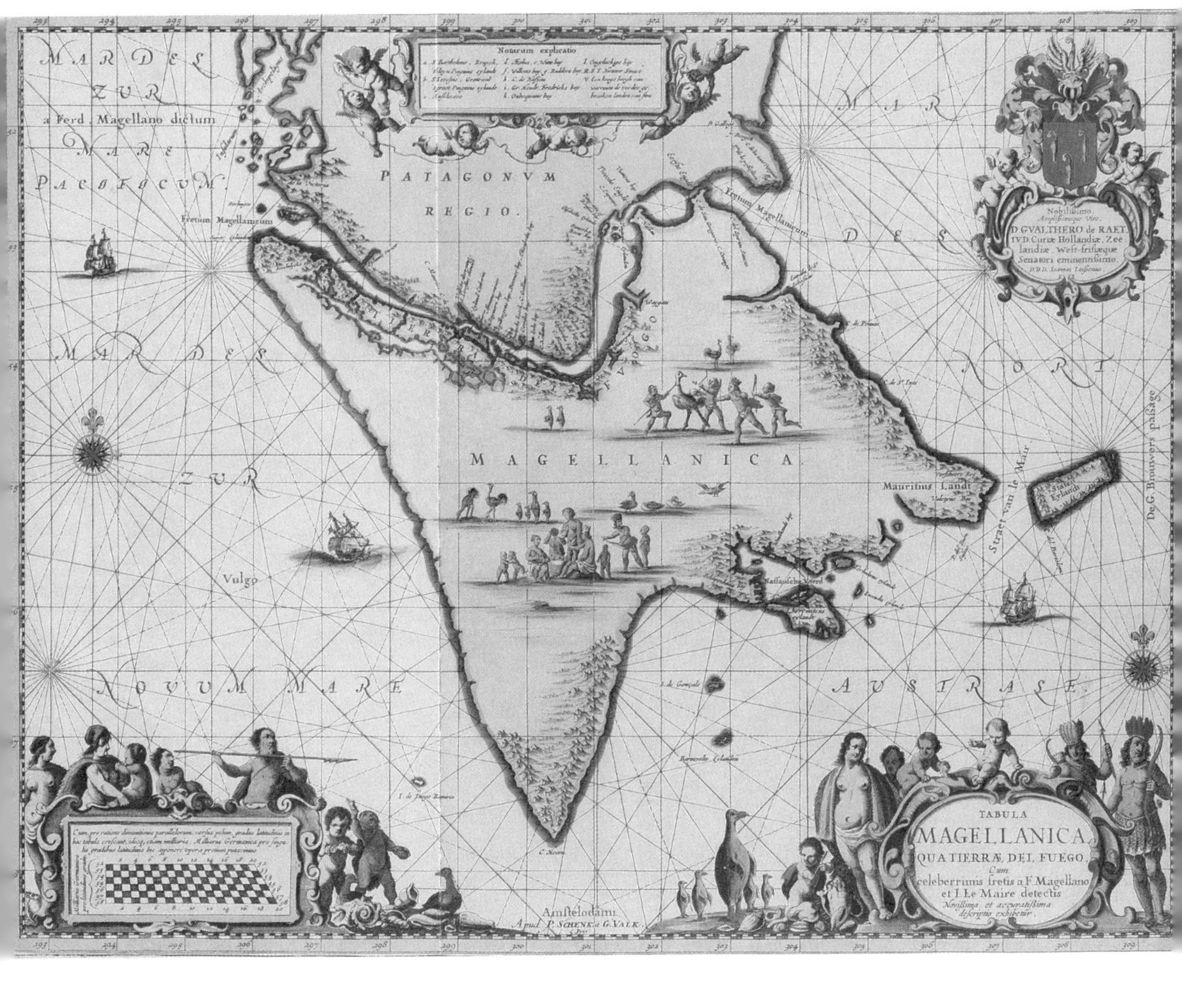

圖14.16：麥哲倫島與德雷克海峽地圖

一六五八年出版的這幅航海圖中火地島還是標註「Magellanica」（麥哲倫），火地島這個名字更晚些時候才被標註在地圖上。

亞洲與美洲的「陸橋」：白令海峽

〰賈科莫・加斯塔迪《世界地圖》〰西元一五四六年

〰洪第烏斯《亞洲地圖》〰西元一六〇七年

〰《白令海峽地圖》〰西元一七三五年

地球上最易認知也最早為人類熟悉的海峽，多是以神的名字命名的，比如，直布羅陀海峽、博斯普魯斯海峽；而位置險要的鮮為人知的海峽，則多是以探險家的名字命名的，比如，美洲最南與最北的海峽。那麼說到白令海峽，就不能不說到探險家白令（Bering）。

在白令之前，美洲與亞洲的地理關係，一直是地理學家想弄清的問題。最初，有人認為亞洲與美洲是相連接的同一塊大陸。這個說法最早被威尼斯共和國官方地理學家賈科莫・加斯塔迪（Giacomo Gastaldi）畫在了他一五四六年繪製的世界地圖上（圖14.17）。在這幅地圖上，亞洲和美洲是一塊陸地，在加利福尼亞半島北面的北太平洋相結合。其他的地理學家遵循他的思想，也出版了類似的地圖。

後來，地理學家們不知道通過什麼渠道，開始確信亞洲與美洲之間應該是一個海峽。賈科莫・加斯塔迪，在他一五六二年製作的地圖上，將這片海峽的亞洲一側命名為「阿尼安地區」。據悉，他是採用了《馬可波羅遊記》中提到的「阿尼烏」即「產黃金的」雲南地區。這個錯誤命名一直延用到一六〇七年洪第烏斯出版的「亞洲地圖」上，在亞洲東部與美洲西北部之間繪出了海峽（圖14.18）上明確標註為「Anian」（阿尼安）。

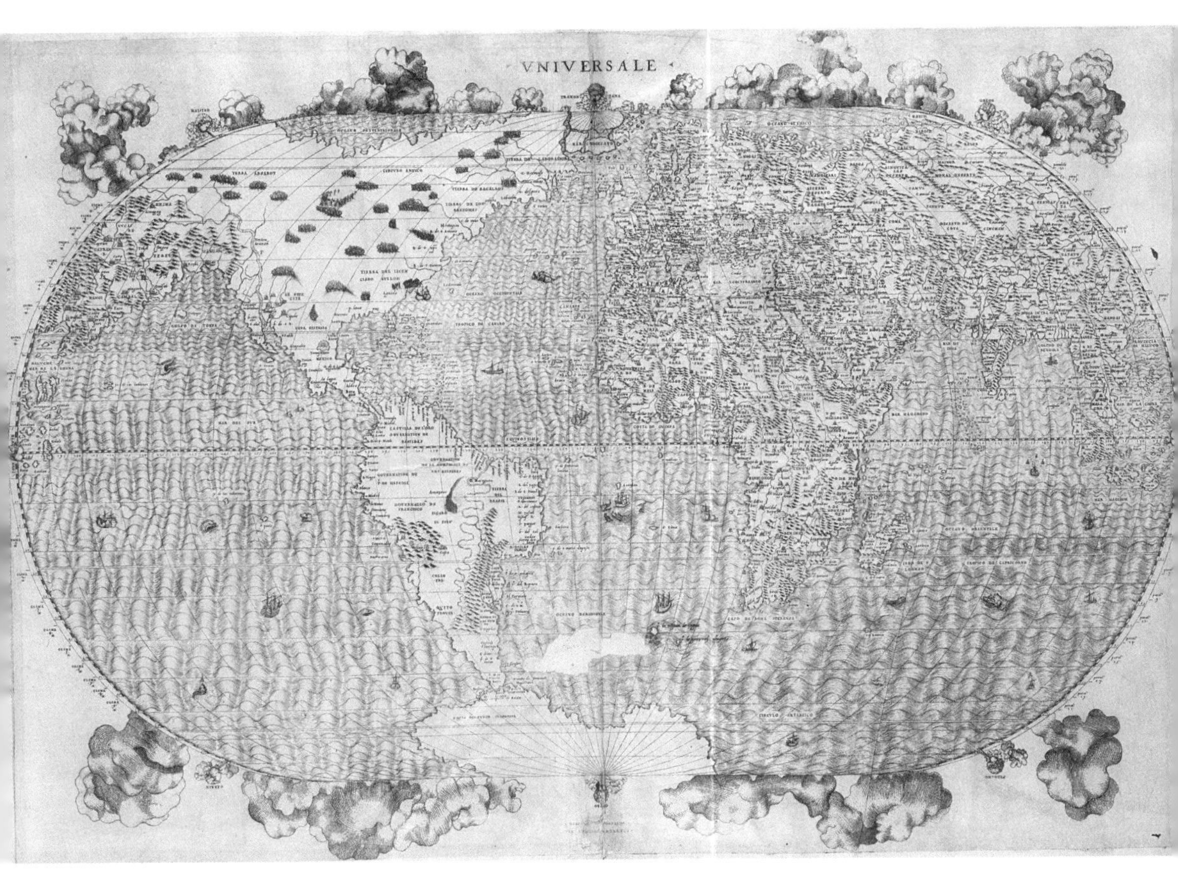

圖14.17：賈科莫・加斯塔迪的世界地圖

這是威尼斯共和國官方地理學家賈科莫・加斯塔迪一五四六年繪製的世界地圖，錯將亞洲和美洲連成一體，銅版印刷，圖縱三十七公分，橫五十三公分。

關於「Anian」這個名字，美國有位華人科學家說：這是中國古代稱呼越南的名字，它的出現證明了鄭和早在哥倫布之前就到過美洲，並用這個名字命名了這裡。中國是從唐朝起就有「安南」一名，明代中國地圖上也在越南的位置上標註過「安南」一名。但請注意在洪第烏斯、奧特里烏斯等同時代的此類西洋海圖中，越南位置上都標註著「交趾支那」（Cochi China），這是當時西方對越南的稱謂。而在一張圖上出現中外兩個「越南」的古名，分別標註在南北兩個不同位置上，

圖14.18：洪第烏斯的亞洲地圖

在洪第烏斯一六〇七年出版的「亞洲地圖」上，亞洲與美洲之間繪有「安南海峽」。

這不像一個成熟製圖家的手筆。所以，當時這個海峽的命名，可能是《馬可波羅遊記》中，說的地名「Anian」阿尼安。

真正實地考察並描繪這個海峽的是白令。在說這位丹麥航海家之前，必須先說說他的僱傭國俄國。現在看俄國很大很強，其實，它的歷史並不長。時光都到了十五世紀末，伊凡三世才在今天的東歐，建立了一個中央集權國家——莫斯科大公國。一五四七年，大公國的伊凡四世自封為「沙皇」，改國號為俄羅斯國。此後的一百年間，伏爾加河流域、烏拉爾和西伯利亞各族先後加入俄羅斯，使它成為一個多民族國家。

在十七世紀與十八世紀交接的三十年中，「放眼世界」的彼得大帝把目光投向了西方。此時，在文藝復興中獲得解放的西方，在大航海中撈足了資本，又開始在工業革命的道路上飛奔。深受刺激的彼得大帝開始擴張，一六九七年在陸上將整個西伯利亞收入了版圖；經過一七〇〇年至一七二一年的北方戰爭奪取了通往波羅的海的出海口，使俄羅斯從內陸國變為真正的瀕海國。

經歷了大航海時代，十八世紀的世界已沒什麼秘密可言了。於是，彼得大帝將目光移向國土東北邊——北太平洋，想在亞洲大陸與北美大陸之間找到一條北方海路。一七二四年彼得大帝欽點正在俄國海軍服役有著極地探險經驗的丹麥航海家白令，讓他率領一支探險隊赴北冰洋探索北方航路。但是還沒等到白令出發，一七二五年彼得大帝就去世了。

經過幾年的準備，一七二八年白令指揮著自己設計製造的聖加夫利拉號探險船沿堪察加半島海岸向北挺進出發，經過近一年的努力，聖加夫利拉號來到了亞洲大陸最東端附近的海面。從這裡向東望去，只見大海煙波浩淼——白令確信北美洲和亞洲之間確實是被水隔開的。遺憾的是由於當時大霧瀰漫，白令沒有看到對面的北美洲，也不知道自己面對的是一個最窄處只有三十五公里的海峽。一七三三年，對北美念念不忘的白令，再次率領探險隊在這裡進行海岸考察，並於一七三五年繪出了海峽西岸的半島圖，這是第一幅白令海峽實測地圖（圖14.19）。

一七四一年七月中旬，白令船隊通過北美大陸與亞洲大陸之間的海峽。駛過海峽的探險船在一個小島停泊，白令不僅清楚地看到了海拔五千多公尺的聖厄來阿斯山。還發現了北美的土著。正是由於他的發現，使得俄國對北美阿拉斯加的領土要求得到了承認。

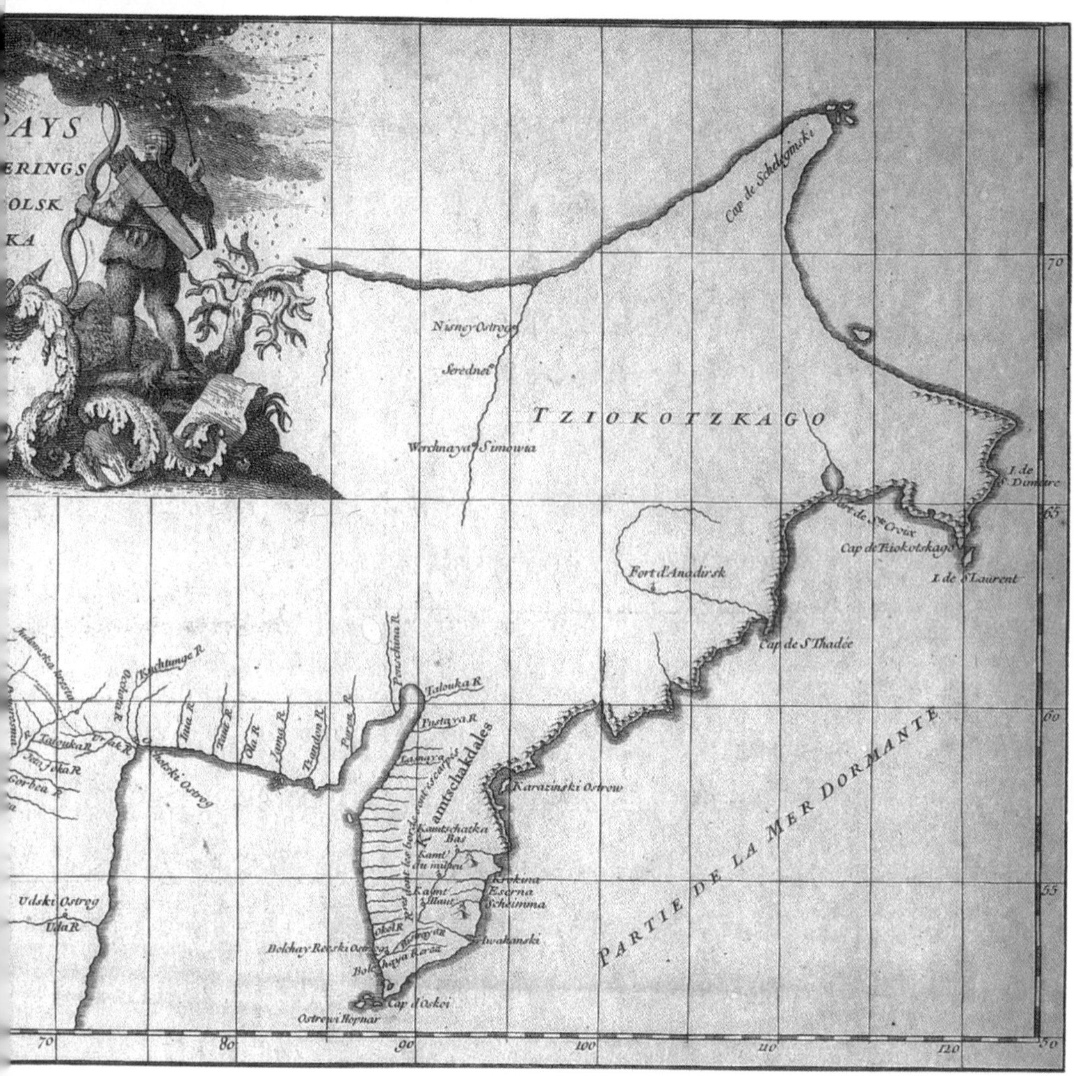

然而，美洲海峽像是有某種魔咒，當年沒有讓發現南美海峽的麥哲倫回家；這一次，也把發現北美海峽的壞血病纏身的白令，永遠留在了海峽旁的一個小島上；後人為了紀念這位偉大的航海家，把那個小島命名為白令島，把他發現的海峽取名為白令海峽，把阿留申群島以北、白令海峽以南的海域命名為白令海——白令海峽帶著這個淒楚的故事走入了現代海圖。

今天看白令海峽，它至少有四重身份：一是溝通北冰洋和太平洋的唯一航道；二是北美洲和亞洲大陸間的最短海上通道及洲界線；三是俄美兩國

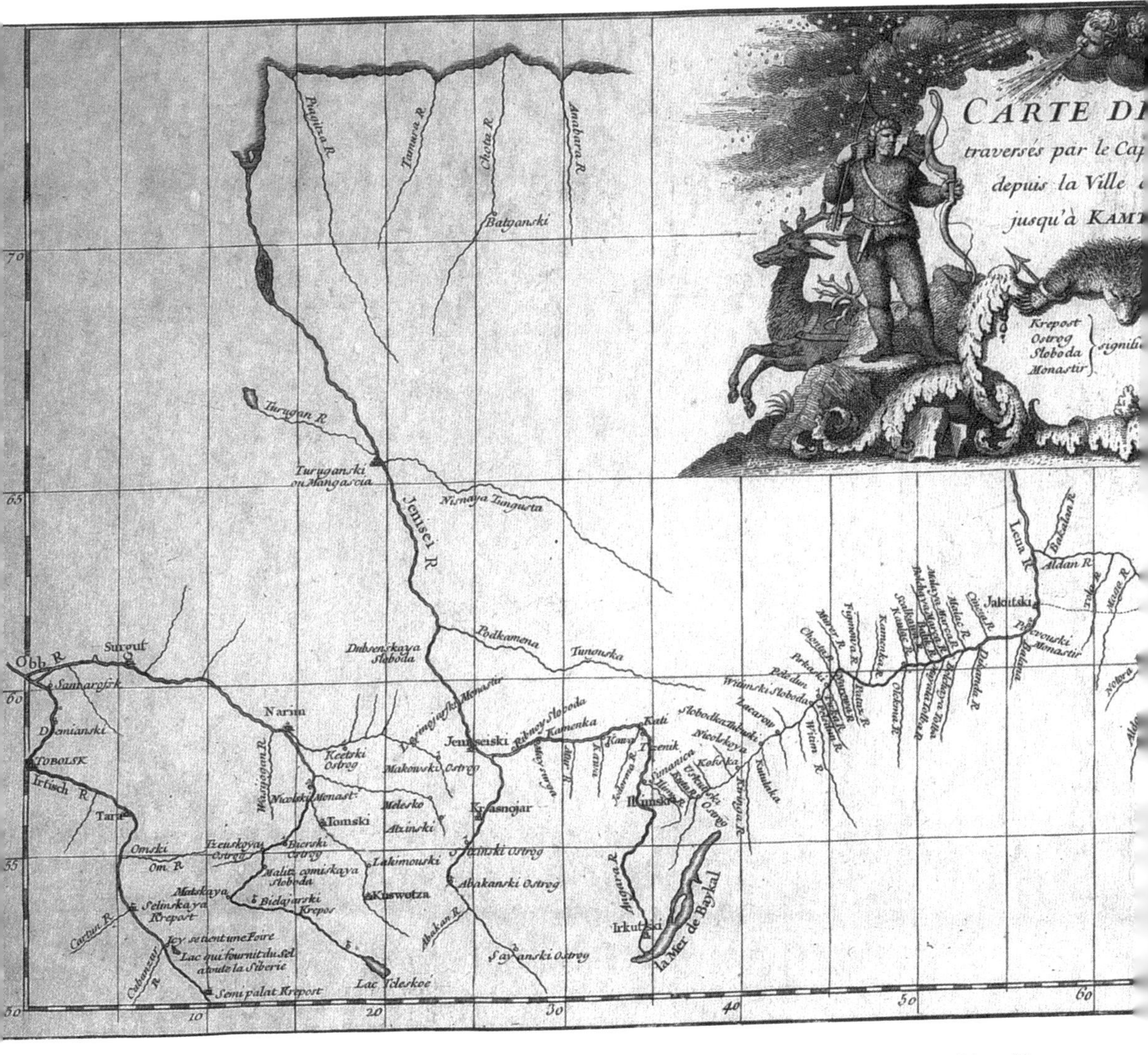

圖14.19：白令海峽地圖

一七三五年白令根據實地考察繪製的海峽西岸的半島圖，後人為紀念他，將此地命名為「白令海峽」。圖縱二十三公分，橫五十三公分。

的分界線；四是國際日期變更線的通過處，令相距僅有四公里分別屬於俄、美的兩個小島，隔著一天的日期。

據地質學家考證，一萬年前這裡曾是連接亞、美大陸的一座「陸橋」。今天的白令海峽，水深僅僅是四十多公尺，每年十月到次年四月是結冰期，嚴重影響航行。這裡基本上是一個不參與商業運輸的海峽。

國家圖書館出版品預行編目 (CIP) 資料

誰在地球的另一邊：從古代海圖看世界 / 梁二平
著. -- 第二版. -- 臺北市：風格司藝術創作坊,
2019.12
面； 公分
ISBN 978-957-8697-52-2

1.東西方關係 2.古地圖 3.世界史

713.9　　　　108012478

誰在地球的另一邊——從古代海圖看世界

作　　者：梁二平著
責任編輯：苗龍
發 行 人：謝俊龍
出　　版：風格司藝術創作坊
235 新北市中和區連勝街28號1樓
Tel：（02）8245-8890
總 經 銷：紅螞蟻圖書有限公司
Tel: (02) 2795-3656　　Fax: (02) 2795-4100
地址：台北市內湖區舊宗路二段121巷19號
http://www.e-redant.com
出版日期／2020 年 2 月　第二版第一刷
定　　價／580 元

ISBN978-957-8697-52-2　　Printed in Taiwan